MÉMOIRES DE 7 VIES

Croire et oser

DU MÊME AUTEUR

Le Bord des larmes, Grasset, 1955.

La mer est ronde, Le Seuil, 1975, et Gallimard, 1980. Prix de la Mer.

L'Europe interdite, Le Seuil, 1977.

Deux heures après minuit, Grasset, 1985.

La Désirade, Olivier Orban, 1988. Prix Maurice Genevoix.

Un héros très discret, Olivier Orban, 1989.

L'Empire nocturne, Olivier Orban, 1990. Grand Prix Paul Morand de l'Académie française.

Ce que je crois, Grasset, 1992.

Le Secret du Roi des Serpents, Plon, 1993.

Mémoires de 7 vies. 1. *Les temps aventureux*, Plon, 1994. Prix des Maisons de la Presse.

L'Atlantique est mon désert, Gallimard, 1996. Prix Saint-Simon.

JEAN FRANÇOIS DENIAU
de l'Académie française

MÉMOIRES DE 7 VIES

2. Croire et oser

LE GRAND LIVRE DU MOIS

1

Le sens du vent — De l'Atlantique à Sarajevo
Profession : assistant libérateur
Un coup de téléphone de Danielle Delorme
De la Roumanie à l'Afrique du Sud
Cadeau de baptême à Bangui
Le peintre Degas et le temps — La pétition non publiée — Un enlèvement au Liban
Encore la Bosnie

Quand on barre par gros temps vent arrière, il est vivement déconseillé de se retourner pour regarder la mer. Pourquoi se faire peur avec ces murs chargés d'écume qui s'écroulent en grondant ? Alors qu'il est plus facile de se maintenir dans l'axe des vagues en l'estimant, devant soi, par l'orientation des crêtes. Peut-être n'est-il pas conseillé non plus de se retourner sur sa vie et de chercher à découvrir le sens d'une existence qu'il ne faut pas cesser de poursuivre jusqu'au dernier moment. Les sillages ne donnent aucune leçon, personne n'y sème, la mer est sans moisson.

N'étant pas historien, n'ayant pas eu le concours de documentalistes ni demandé aux ministères de m'ouvrir leurs archives, ni pris de notes au cours de mes missions et aventures, ce livre est certainement imparfait. Tout ce qui touche à ma famille, mes enfants, en est absent volontairement. Des noms y manquent. Des événements ne sont pas à leur place. La mer vient si vite noyer les sillages. Il s'agit seulement des souvenirs qui pour moi ont surnagé. La mémoire est une autre mer qui trie les images, en efface beaucoup, en ramène d'autres — et celles qu'elle dépose, bois flottés aux formes bizarres, à l'estran de notre vie, ne sont pas toujours les plus riches ou les plus belles. Seuls le vent et la mer ont un sens, et les traces des vagues sur le sable qu'on voit à marée basse et qu'on appelle paumelles ou ripple-marks. Quel est le sens du vent et du sable ? J'ai toujours essayé de faire ce dont j'avais rêvé. Je n'y ai pas toujours réussi.

D'aucuns se sont étonnés : trop d'actions, trop d'éclats. La vie ne peut pas permettre tant de rôles. La réalité ne peut pas permettre tant de vies. Rien que le temps l'interdit. J'ai fait hélas beaucoup moins que ce que j'aurais souhaité ; mais beaucoup plus que ce que j'ai raconté. J'ai même sans doute tellement dispersé ma vie que je l'ai perdue. Sans perdre de temps. Jamais quand l'aventure comme le vent avait un sens.

Le 2 décembre 1995, arrivée à Fort-de-France, Martinique, avec Nicolas Hénard, après une traversée de l'Atlantique à la voile. Six jours des Canaries aux îles du Cap-Vert, treize jours du Cap-Vert aux Antilles. Je viens de subir un triple pontage cardiaque et un mois plus tard une intervention lourde au poumon gauche, alors que le poumon droit est déjà réduit depuis plusieurs années. Un hebdomadaire satirique a écrit qu'il en avait « marre d'entendre parler de la santé de Deniau ». Ma réponse a été très courte : « Pas autant que moi. » Les médecins s'étaient prononcés, comme c'était leur devoir, contre cette traversée océanique : « Les os ne se ressoudent pas à votre âge. » « Une nouvelle infection serait fatale. » « Une crise cardiaque aussi. » Le monde politique croit — et le dit — à un suicide. Seul Gérard d'Aboville prend le risque, par une déclaration publique, de soutenir ma tentative. Il comprend que j'en ai trop rêvé sur mon lit d'hôpital, qu'il s'agit non de disparaître mais de survivre. « Une leçon d'espoir ».

La pointe des Salines au sud-est de la Martinique apparaît vers 6 heures du matin, puis disparaît sous une barre de nuages noirs. Depuis quatre jours les grains violents se succèdent. Le vent monte à 40/45 nœuds. Foc roulé, trois ris dans la grand'voile. 8 h 30, la pointe de la Martinique réapparaît. L'avion de la Marine nationale survole. La côte reste sombre, hostile, l'orage fouette les mains, la visibilité tombe à quelques mètres. Au large de l'îlot du Diamant, 14°20' de latitude nord, 60°55' de longitude ouest, enfin le soleil, et avec lui le paysage prend formes et couleurs, un visage qui sourit. Le patrouilleur *La Fougueuse*, les vedettes du commandant militaire et de la marine font escorte ; ma femme est à bord, et des amis. A quai la bousculade chaleureuse, la fête, l'émotion. Samedi 2 décembre 1995, Fort-de-France. Il est 14 heures, heure locale, 18 heures TU, 19 heures, heure de Paris. Message du ministère des Armées : je dois rejoindre immédiatement Sarajevo.

Deux fois par fax pendant la traversée j'avais demandé des nouvelles de nos pilotes abattus le 30 août au-dessus de la Bosnie et gardés en otages par les Serbes. La mission ne peut pas attendre. Adieu à la semaine de repos et de détente prévue à la Martinique. L'avion du dimanche est plein. Je prends celui du lundi 4 décembre. A l'arrivée à Orly, le 5 décembre à 9 heures, une voiture de l'armée m'attend pour me conduire à Villacoublay où un avion militaire est prêt au décollage. Je n'ai pas eu le temps d'entrer dans Paris, d'aller chez moi prendre une douche ni de me changer.

Dans les états-majors, certains sont convaincus que nos deux pilotes sont morts. Les familles s'inquiètent, parlent de comités de soutien et envisagent une campagne dans les médias. On me demande d'aller tout de suite voir en Bosnie sur place. Depuis plus de trois ans, j'ai été si souvent à Sarajevo que je connais à peu près tous les responsables de tous les camps. Je n'ai jamais cherché à tromper aucun de mes interlocuteurs et chacun sait que je dis ce que je pense aux uns comme aux autres. C'est admis. Cela peut-il maintenant servir ?

Mardi 5 décembre, 13 heures, Sarajevo, 1000 mètres d'altitude, station de sports d'hiver renommée, il gèle et il y a dix centimètres de neige. L'armée prête chandails et parka modèle « polaire ». Dans la pénombre d'un couloir du bataillon français où est accroché le seul téléphone qui fonctionne avec la ville, je prends mes premiers contacts. Pour la discrétion, ce n'est pas l'idéal. Des soldats entrent et sortent. Bruits de gamelles et de bottes. La ligne est coupée plusieurs fois. Un très dévoué adjudant de la Légion à la voix forte fait à la fois la demoiselle des postes et l'interprète. Grâce à lui les messages passent. Les voyageurs visitent les ruines spectaculaires, la bibliothèque foudroyée, les carcasses de vieux autobus ou les containers métalliques empilés aux coins des rues pour protéger des tirs des snipers ; l'immeuble calciné mais droit comme un phare qui abrite le célèbre journal *Oslobodjenje* fabriqué dans les caves, pendant tout le siège, par des équipes qui se relayent sur « couchettes chaudes » comme dans un sous-marin. Je dors sur place au bataillon français où un officier a l'habitude de me céder son lit de camp. Les invités de marque ont droit au train de luxe qui servait aux déplacements du maréchal Tito en Yougoslavie — bloqué en gare de Sarajevo depuis le début de la guerre de Bosnie. C'est l'endroit de la ville le mieux abrité des tirs et le mieux chauffé. On peut y prendre son petit déjeuner sous le portrait de Tito dans la voiture-salon qui servait de salle de conférences. De cette capitale balkanique qui réunissait églises orthodoxes et catholiques, mosquées et synagogues, vieux palais administratifs austro-hongrois, immeubles casernes néostaliniens et faux chalets suisses pour skieurs de la nomenklatura, il est peut-être symbolique que ne demeurent intacts que ces wagons bloqués en fin de rails et un portrait officiel légèrement de travers. A Sarajevo, tout est symbolique. C'est le prix du malheur.

Les deux pilotes sont-ils morts ? Grâce à un ami de la Présidence de Bosnie avec qui je vais dîner en tête à tête dans une auberge folklorique glaciale, j'ai pu poser la question au chef des services de renseignements de l'armée bosniaque. Dans un pays comme celui-ci — et quelques autres — tout le monde sait tout sur tout le monde. Parler est autre chose. Dire la vérité, autre chose encore. Il répond qu'il ne sait pas. Le chef des services de renseignement de l'armée bosniaque qui ignore si nos deux pilotes sont vivants ou morts ? Peut-être déformé par l'Indochine à vingt ans et la Mauritanie à trente-cinq, suis-je devenu plus oriental que si j'étais né à l'est d'Aden, mais le décodage est évident. Si les deux pilotes avaient été tués, les services bosniaques n'hésiteraient pas une seconde à le dire. Leur mort aurait donné un argument écrasant contre les Serbes et privé les mêmes Serbes d'un moyen de chantage sur les Français. Il y a donc toute chance pour qu'ils soient encore vivants... Encore faut-il être sûr qu'il s'agit des *deux* pilotes. Un bruit court localement que l'un a été tué (lynché, ou mort d'une blessure) et que les Serbes ne veulent pas relâcher l'autre de peur qu'il ne raconte comment est mort le premier. Ce genre de bruit a toujours quelque chose de fondé. Une des conditions de la libération de nos deux officiers par le général Mladič sera qu'ils ne racontent pas qu'ils ont été maltraités. La vanité de tels engagements devait apparaître bien vite.

Ensuite, ce furent surtout des vérifications, côté Serbe notamment. Le mercredi soir, 6 décembre, je reprends l'avion militaire pour Paris. Avant le décollage, rencontre avec la presse au bataillon français. Le correspondant de l'agence France-Presse et celui du *Monde* me posent la question : « Les deux pilotes sont-ils encore en vie ? » Je réponds, avec le maximum de clarté compatible avec la discrétion et la prudence nécessaires : « *Est-ce que je serais ici s'il n'y avait pas d'espoir* * ? » Je rentre à Paris et le soir même j'annonce au ministère des Armées : « Les deux pilotes sont vivants, c'est le général Mladič et Mladič seul qui les tient. » Ce que veulent les Serbes de Bosnie ? Trois mois plus tôt, juste après leur capture, le message que j'avais transmis était déjà : « Deux hommes pour deux hommes. » D'autres, J.C. Marchiani en tête, prendront le relais des négociations qui conduiront à la libération.

Fort-de-France-Sarajevo-Paris : passer en quelques heures des cocotiers antillais à la montagne bosniaque, de l'écoute de grand-voile au VAB (Véhicule de l'Avant Blindé), du quart solitaire dans l'Atlantique aux intrigues des Balkans, est-ce vraisemblable ? Non. Mais c'est ainsi. J'ai fait vite. J'ai pu faire très vite, parce que depuis des années, j'étais sur le terrain et je connaissais les hommes. Est-ce Degas qui, à un importun qui lui demandait

* Les astérisques du texte renvoient aux annexes.

combien de temps il avait mis pour faire un dessin, avait répondu quelque chose comme « dix minutes ou trente ans » ? Le 7 décembre après-midi, à 15 heures, j'étais présent à la séance du dictionnaire de l'Académie française. Mes confrères ont eu un petit mot chaleureux pour la traversée de l'Atlantique. De Sarajevo et des pilotes, je n'ai pas parlé. C'est la presse, plus tard, qui mentionnera mon rôle dans leur libération*. Ce que je laisse derrière moi ? Rien que des passages.

Depuis vingt-cinq ans je pratique ce type de missions de libération sur trois continents et sous des couvertures diverses. Les hasards de la vie ? Sauf exceptions, je ne suis pas le négociateur final. Plutôt une sorte de « baliseur ». Je viens, je plante quelques petits drapeaux indiquant le but, le parcours, les conditions. Qui tient qui ? Et pourquoi ? Parfois je vais plus loin et ouvre la discussion. Parfois je conclus. Il est très rare qu'un seul homme puisse se prévaloir du succès de l'ensemble d'une négociation. La libération de prisonniers politiques ou d'otages a peu de règles, plutôt des anti-lois : éviter de faire de qu'il ne faut pas faire et de dire ce qu'il ne faut pas dire, ne pas chercher de gloire personnelle, ne pas se tromper d'interlocuteurs, ne pas répondre aux menteurs par des mensonges. Ces affaires qui mélangent paix et guerre, droit et violence, action humanitaire et drogue, trafic d'armes, secret et tapage, vie et mort, si compliquées, périlleuses — tordues, disons-le —, sont d'autant mieux conduites qu'on est soi-même sage, clair, droit. Mais pas naïf. Il vaut mieux déjà connaître l'horrible pour traiter l'horrible. Je ne pense pas que ceux qui ne croient pas au diable soient les meilleurs pour gagner contre lui.

Il n'est pas facile de discuter avec des preneurs d'otages sans avoir l'envie de les étrangler. Les colères doivent être strictement contrôlées, voire bien imitées. Chaque cas est en fait un cas particulier où autant que la connaissance des lieux et des personnes, comptent l'expérience, l'intuition, parfois le courage, souvent la chance. Peu à peu, délivrer devient un métier, avec ses tours de main. En 1972 le Président Pompidou me charge de renégocier les accords de coopération avec l'Afrique qui, tous, craquent plus ou moins après dix ans d'évolutions diverses. Je commence par le plus urgent — pas le plus facile — Madagascar. Je suis prévenu pratiquement dans l'antichambre du ministre des Affaires étrangères malgache, le capitaine de frégate Ratsiraka, qu'un de mes camarades de promotion, Jean Kientz, qui présidait la Banque d'Émission de Madagascar, a été mis en prison sous d'obscures accusations. Jalousie francophobe ? Ou désir de prendre un gage ? Je ne sais. Je dis seulement au ministre Ratsiraka, du ton le plus calme, qu'un de mes camarades de promotion est en prison et que je ne discute pas avec un gouvernement qui garde en prison un de mes camarades de promotion. La France peut parfaitement nommer pour la coopération avec Madagascar un autre négociateur que moi. Dire naturellement ce qui est naturel. Kientz est tout de suite libéré.

Avec Bokassa, ce fut moins simple. Je suis prévenu par le nonce à Paris qu'une Française est en prison à Bangui dans des conditions épouvantables. Toutes les démarches diplomatiques se sont heurtées à un mur et notre ambassade a renoncé. Le nonce m'explique cette ténébreuse affaire dans les termes choisis de la diplomatie vaticane. Je traduis. Une Française très pieuse appartenant à un tiers ordre, qui n'est plus une enfant mais a peu d'expérience de la vie et moins encore semble-t-il de l'Afrique, décide de se consacrer aux œuvres de charité en République centrafricaine. Très vite elle s'indigne de la corruption, du tribalisme, de la violence des autorités locales, et décide de témoigner. Elle écrit une vingtaine de lettres dénonçant toutes ces horreurs, les réunit en un paquet adressé à un ami à Paris, à charge de les faire parvenir aux destinataires. Elle aurait mis son paquet à la poste, il ne se serait sans doute jamais rien passé et je ne raconterais pas cette histoire. Il y a des précautions inutiles, il y en a de dangereuses. Elle se rend à l'aéroport au départ de l'avion de Paris, aborde un passager français et lui demande si, pour gagner du temps, il peut prendre ce petit paquet léger et le poster à Paris. Oui, bien sûr. Un douanier centrafricain fait ouvrir le sac du passager. C'est quoi, ce petit paquet ? Le voyageur ne sait pas. On vient de le lui confier. Comment, il ne sait pas ? C'est louche. Ouverture du petit paquet. Vingt lettres. A qui ? Il ne sait pas. La police est appelée, le passager français mis en prison, les lettres sont lues, ce sont des cris d'accusation contre le général Bokassa (il n'est encore ni maréchal, ni empereur), son régime, les autorités. Bokassa est averti de ce grave complot et notre compatriote, sœur de charité tertiaire, jetée dans un cul-de-basse-fosse, au secret, pour « atteinte à la sûreté intérieure et extérieure de l'État ».

C'est là que je dois intervenir, à la demande discrète du nonce apostolique. Je le redis, toutes les démarches officielles ont échoué. J'attends une occasion, qui se présente sous la forme d'un bristol gravé grand format m'invitant à Bangui au baptême solennel du vingt-troisième enfant du général Bokassa. C'est le ciel qui me l'envoie. Mon cabinet avait jeté le document à la poubelle. Je l'y récupère avec précaution. Et je réponds que je me rendrai à la cérémonie. Il est d'usage d'apporter un cadeau. Pour quarante-cinq francs j'achète, de ma poche, à la Monnaie, une médaille représentant à l'avers le général de Gaulle, au revers Colombey-les-Deux-Églises. Avec un peu plus de cinq francs supplémentaires, j'y fais graver élégamment : *Pour le général Jean-Bedel Bokassa.* Chacun sait que « Bok » avait une dévotion particulière pour de Gaulle.

Il avait dans son bureau deux photos agrandies dont la juxtaposition était assez spectaculaire. En 1940 le général de Gaulle prononce à Brazzaville, capitale de la France libre, le célèbre discours sur l'avenir de la France et de son empire. Les troupes rendent les honneurs. Le Général salue le drapeau. Sur la photo, à gauche, le général de Gaulle. A droite, le drapeau et sa garde, un gradé de chaque côté. Celui au premier plan est le caporal Bokassa. Le général de Gaulle paraît saluer le caporal Bokassa qui lui présente les armes. Deuxième photo, en symétrie, vingt ans plus tard : le général de Gaulle, président de la République française, raccompagne sur le perron de l'Élysée, selon le protocole des visites de chefs d'État, le président Bokassa de la République centrafricaine, ex-Oubangui-Chari. L'incident survenu après la mort du Général, lors de la visite collective des chefs d'État africains à Colombey, est connu. Devant la tombe, Bokassa se lamente, gémit, éclate en sanglots, crie : « J'ai perdu papa ! Papa ! J'ai perdu papa ! »

Le président de la Côte-d'Ivoire : « Il faudrait le faire taire. Il va finir par énerver tante Yvonne. »

Le président de Madagascar : « Rien à craindre. Il est beaucoup trop noir. »

Je mets ma médaille dans ma poche et j'arrive à Bangui. Après le baptême en grand tralala à la cathédrale, suit une réception intime pour ceux qui ont apporté les plus beaux cadeaux. Au palais présidentiel, Bokassa, son épouse Catherine, un invité grec genre trafiquant, un autre invité américain façon Texas, un ambassadeur qui a apporté un ours en peluche de deux mètres de haut, et moi. Le Grec, qui contrôle plus ou moins le commerce des diamants centrafricains, a offert un bâton de maréchal dans un écrin de velours rouge. Les sept étoiles de maréchal sont d'énormes diamants taillés à cinq pointes. La classe ! Le visage de Bok s'illumine. Au tour du Texan, qui contrôle ou cherche à contrôler les permis de recherche pétrolière. Son cadeau, dans un écrin de velours bleu : un colt en or massif, avec les munitions aussi en or. La classe, toujours. Bok tape des mains, heureux comme un enfant. A moi. Dans un étui de rien du tout en carton bouilli, la médaille de Colombey à son nom. Bok pleure. Oui, il pleure d'émotion et me dit : « Qu'est-ce que tu veux ? » Je dis : « La bonne sœur. » Il me dit : « Tu es un salaud. »

Pour ceux qui ne sont pas diplômés d'ethnologie et ne connaissent pas la thèse fondamentale d'Hubert et Mauss « le don, forme primitive de l'échange », il est rappelé que celui qui donne un cadeau a barre sur celui qui le reçoit, qui devient donc son obligé. La seule façon de se libérer de cette quasi-servitude est d'offrir à son tour un cadeau d'une valeur au moins égale. C'est pourquoi dans les civilisations sérieuses le mot « merci » n'existe pas, il n'y a que des obligations mutuelles. Bokassa ne m'a pas dit merci. Normal.

Bokassa : « Tu es un salaud. Tu l'auras, la fille. Mais

tu ne l'emmèneras pas avec toi. Dix jours après ton départ, elle sera expulsée. Fous le camp. »

On s'embrasse quand même. La Loi a été respectée.

Qu'avait répondu Degas aux commentaires sur le temps passé à faire un dessin ? Dix minutes ou trente ans ? On peut faire très vite si on a pris tout son temps.

Le métier, c'est de savoir changer d'air suivant l'air du lieu et du temps. Et d'avoir des amis sûrs. Un soir de 1977 ou 78 où je suis à peu près tranquille dans mon bureau au ministère du Commerce extérieur, la secrétaire me passe au téléphone Danielle Delorme. Elle se présente ; je dis inutile, tous ceux qui aiment et connaissent le cinéma français aiment et connaissent Danielle Delorme. Elle croit nécessaire de préciser que nous n'avons pas les mêmes opinions politiques, je la félicite de connaître aussi bien les siennes, et accessoirement les miennes. Puis elle m'explique que des amis lui ont suggéré que je pourrais peut-être faire quelque chose pour sauver une vie humaine.

Dans le milieu artistique rive-gauche-café-théâtre — gloire éternelle à La Parade, Orion le tueur, la Rose rouge — les années post-soixante-huitardes ont vu éclore quelques provocations littéraires. Le bon genre est de contribuer à détruire la société bourgeoise en ridiculisant la magistrature, l'armée, la religion et autre institution qu'il vous plaira. Le temps est loin où des militaires se relayaient pour saboter les spectacles de Jean Genet.

A Paris, on est blasé. Pas en Espagne. L'armée qui se considérait gardienne de l'ordre établi a mal supporté tous les changements, y compris dans les mœurs. Un artiste espagnol émigré à Paris est revenu à Barcelone monter un spectacle de mime d'avant-garde. M'est-il permis de dire que les Espagnols ont parfois tendance à en faire un peu trop ? Si j'ai bien compris ce que me disent Danielle Delorme ou plutôt les militaires scandalisés, des nonnes s'y feraient sodomiser par des parachutistes qui eux-mêmes avec des évêques ou des banquiers... je ne sais plus. Mais Barcelone n'est pas encore Paris. L'auteur a été arrêté par l'armée et a disparu. On sait qu'il est incarcéré dans des conditions si terribles qu'il va mourir. Il faut le sauver. C'est un véritable artiste. Danielle Delorme ajoute que tout ce qui compte dans le monde du cinéma et du théâtre en France, et elle me cite les noms les plus prestigieux, est prêt à signer des pétitions et les journaux à les publier.

— Pas un mot.

— Comment ? Mais Yves Montand, Simone Signoret...

— Pas un mot. Pas une ligne. Le silence. Je vais essayer de libérer votre protégé.

Pratiquement, il s'agit d'organiser une évasion depuis une forteresse militaire. J'ai en Espagne un réseau d'amis. C'est le moment de l'activer. Sous je ne sais quel prétexte, je fais un saut à Madrid pour voir le ministre de la Défense, le général Guttierez Mellado, et je préviens à notre ambassade un de mes anciens collaborateurs en qui j'ai une totale confiance. Pas une note, pas un rapport au Quai d'Orsay, pas un télégramme. Le général Guttierez Mellado et moi avons des liens anciens et fraternels. Au début de la guerre civile, jeune officier habitant Madrid, il a franchi les lignes pour se mettre à la disposition du mouvement nationaliste. L'état-major lui a demandé de retraverser pour servir dans la capitale d'antenne de renseignement. Et à la victoire de Franco, des imbéciles de l'état-major ont porté sur son livret militaire la mention quasi infamante « *No ha demonstrado su valor* » parce qu'il n'avait pas fait partie d'une unité combattante ! Je préfère son courage froid à beaucoup d'autres. Dans toute la période si difficile et troublée de la transition démocratique, parsemée d'attentats et de complots, il tiendra bon sur la route du roi et de la démocratie. On peut compter sur lui. Je lui explique donc personnellement le drame de l'artiste barcelonais, sans rien cacher, en rappelant seulement l'évidence : lui faire un procès ridiculiserait l'armée espagnole. Le laisser mourir serait un assassinat. Il me dit : « Je m'en charge. Mais laisse-moi le temps. » La discrétion indispensable, compte tenu des réactions espagnoles habituelles contre toute ingérence française, va de soi. *Abrazo muy fuerte.*

Toutes les semaines, parfois tous les trois jours, Danielle Delorme téléphone. Elle s'inquiète, ses amis s'inquiètent. Pourquoi ne fait-on rien ? Et les pétitions qui sont prêtes ? Et les marches sur l'ambassade d'Espagne ? La cause est-elle abandonnée alors que les nouvelles du prisonnier sont de plus en plus alarmantes ?

— Rien. Pas un mot. Pas une ligne. Silence.

Enfin, un soir, je peux l'appeler à mon tour : « Il vient de passer la frontière française. Il est sauvé. »

Pas de communiqué. Rien dans la presse ni dans les documents diplomatiques. Il faut protéger les amis. Je ne laisse que des passages.

Pour les dictatures la fin justifie tous les moyens, pas pour les démocraties. Djerzinski, fondateur du Guépéou et de la police secrète soviétique, avait proclamé : « Pour ceux qui ne partagent pas nos opinions, quatre murs c'est trois de trop. » Notre but à nous doit être d'abattre les murs, un ou quatre. Ne nous interdisons pas aussi, de temps en temps, de voler la clé de la prison.

Avec le régime communiste de Roumanie, j'avais des rapports subtils comme il se doit avec les Roumains. Alors que j'étais membre de la Commission européenne à Bruxelles, l'ambassadeur de Roumanie vient me voir. Je suis chargé de la politique extérieure de l'Europe naissante, que l'Union soviétique refuse de reconnaître ; elle en est restée au vocabulaire officiel sur les revanchards de Bonn. Dans l'empire de Moscou la Roumanie joue le demi d'ouverture, botte relativement à son gré à l'intérieur du terrain défini par le grand frère et a gardé des relations diplomatiques avec Israël pendant que ses voisins bulgares sont chargés des coups de parapluie, les Tchèques des armes et explosifs (C4), les Allemands de l'Est des télécommunications (dont les détonateurs). Elle reçoit quelques missions d'exploration où elle a même le droit de dire un peu de mal de l'URSS. La crédibilité s'achète. Dans la conversation avec l'ambassadeur, je place quelques remarques sur le folklore roumain ou les différences entre Moldaves et Valaques.

— Mais vous connaissez très bien notre pays. Vous êtes venu souvent ?

— Jamais. J'ai seulement des parents, par alliance.

— Ah, merveilleux. Comment s'appellent-ils ?

— Ils sont très mal vus. Ils s'appellent Ghika-Cantacuzène.

— Les princes ?

— Les princes.

— Excellence, vous vous trompez. C'est *nous* qui sommes très mal vus.

Les pires apparatchiks restent capables d'humour mais sont aussi d'un snobisme inaltérable. Dans un grand dîner au Kremlin, plus soviétique et plus fonctionnaire communiste que mon voisin, c'est impossible. Profil de moujik, stature de catcheur, sourcil noir épais. Ne sachant quel sujet aborder pour lancer la conversation, je lui demande s'il connaît notre interprète, le prince Andronikof. Réponse : « Pas prince. Comte, excellent comte. Mais dans l'émigration... » Et geste d'amicale compréhension pour les difficultés de l'exil.

Revenons aux Roumains. J'accueille un jour à Orly le vice-Premier ministre qui est mon interlocuteur à la commission de coopération franco-roumaine. Dans la voiture du protocole, je lui laisse la place à droite, comme le veut la règle. Il fait beau, le ciel de Paris est léger, le vice-Premier ministre baisse la vitre, passe son bras à l'extérieur pour tapoter la carrosserie, chantonne du Charles Trenet (« revoir Paris,... un petit séjour d'un mois... ») et m'entretient des gloires littéraires franco-roumaines : Anna de Noailles (née princesse Brancovan), Ionesco, Cioran. Il a un véritable culte pour Cioran et ne se croit pas tenu, lui, vieux communiste passé par tous les grades du parti, de s'horrifier rétrospectivement de ses opinions de jeunesse favorables à l'extrême droite comme quelques censeurs parisiens membres à vie du Grand Tribunal de la Pensée. Non. Il aime Cioran et le cite très bien. Charmante conversation. Nous arrivons dans les parages de l'Assemblée nationale, l'ambassade de Roumanie à Paris est rue Saint-Dominique. Manifestation. Banderoles. « Nos 32 heures ». « Nos 7 % ». « Halte à la casse ». Le chauffeur croit pouvoir se faufiler derrière les manifestants. Un groupe repère cette voiture officielle à cocarde, même sans motards (je n'ai jamais eu de motards — ça ne se fait pas en Angleterre, mère des parlements), et nous assaille. Bien sûr c'est le Roumain qui est pris pour le ministre et se fait injurier. Il rentre son bras, remonte la vitre et dit : « La démocratie c'est bien. Un peu. Pas trop. »

Cette ouverture me donne l'occasion de lancer la conversation sur les problèmes de maintien de l'ordre. Lui comme moi avons la chance de ne pas en être responsables. Et je dérive naturellement sur le fait qu'un oncle et un cousin en Roumanie attendent leur libération (toute la famille a, tamponné sur ses papiers d'identité, le cachet « origine sociale malsaine »). Les autorités roumaines veulent bien à la rigueur lâcher les vieux, pas les jeunes qui ont des diplômes. Parlant au plafonnier, je regrette qu'il soit responsable à Bucarest du secteur économique, et pas du secteur politique et intérieur dont dépendent les affaires de sécurité. Il tombe dans le piège tête baissée et déclare qu'il a autant de poids politique, et même plus, que tous les patrons de la police. Et voilà. Il promet la libération des deux Ghika, affaire personnelle, et on verra ce qu'on verra. Merci les embouteillages et la manif. Merci aussi la vanité humaine. J'ai fait pratiquement le même coup en URSS pour libérer un prêtre orthodoxe très connu retenu en camp de concentration depuis des années. Les pétitions semblaient inopérantes. J'avais été saisi cette fois par Irène Chavchavadze, amie de toujours de ma sœur aînée Hélène. J'ai utilisé en plus un « ticket », autrement dit un bon pour échange. En ce monde, on ne fait que troquer. J'avais été utile plusieurs fois sans rien trahir de mes convictions. Notamment, lors de l'attaque chinoise contre le Vietnam, j'avais vivement conseillé à Moscou de ne pas bouger, sinon verbalement. Les Vietnamiens étaient assez bons soldats pour se défendre tout seuls. Ce qu'ils firent. Les Soviétiques ont renvoyé l'ascenseur.

Libérer des prisonniers n'est pas chose facile et peut même se révéler dangereux — pour eux. Michael Collins enseignait que le terrorisme, en jouant sur l'opinion publique, n'est efficace que dans les démocraties et pas dans les dictatures où il n'y a pas d'opinion publique ni de parlement à impressionner ou menacer. Longue discussion un jour à Strasbourg avec le patron norvégien d'Amnesty International pour qui j'ai quelquefois travaillé. Je lui reproche que son rapport annuel contienne six pages contre la Suisse à propos des obligations militaires du citoyen helvétique, et pas une ligne sur l'Éthiopie où le colonel Menghistu exerce une tyrannie particulièrement sanglante ! Les « commandos d'étouffement » — jeu de mots affreux pour signifier à la fois étrangler et empêcher rumeurs et protestations —, il ne connaît pas ? Le fil de fer serré peu à peu autour du cou avec une pince ? Non ?

— Nous n'avons pas de témoignages sûrs, dit-il. En Suisse, nous pouvons citer la presse.

— Alors vous pénalisez les démocraties et vous privilégiez les dictatures les plus dures ! Une dictature « molle » craint sinon son opinion, du moins l'opinion internationale. Un régime totalitaire, au sens propre, ne craint rien. Pourquoi n'avez-vous pas de « parrainages de prisonniers » en Éthiopie ?

— Nous en avons constitué. Les prisonniers ont tous été assassinés dans leurs cellules dans les vingt-quatre heures.

Parfois il faut faire du « tapage », ameuter les journaux,

organiser des sièges d'ambassade : contre les demi-dictatures. Le plus souvent il faut d'abord le silence et ensuite le silence. La devise de Jacques Cœur était : *Dire, faire, taire.*

Albertini est un jeune coopérant sympathique qui travaille en Afrique du Sud comme lecteur de français. Il vit avec une Noire et se montre très hostile à l'apartheid. En France, ses parents, militants communistes respectés, sont conseillers municipaux d'Évreux. Notre ambassadeur conseille au jeune Albertini de rentrer en France, la police sud-africaine le soupçonne. Pour diverses raisons personnelles, il refuse. Il va être arrêté, accusé de trafic d'armes pour l'ANC et mis en prison. Le cabinet du ministre des Affaires étrangères me demande d'essayer d'obtenir sa libération. Dès la première réunion de travail au Quai d'Orsay, quelque chose m'inquiète — le but est-il de faire spectaculairement condamner l'apartheid ou de sauver un prisonnier ? L'avocat choisi par notre ambassade en Afrique du Sud, et considéré comme très bon, est récusé par le PC à Paris qui impose un avocat de choc, plus spécialisé dans « le procès de rupture » rendu célèbre par Me Vergès où, plutôt que de défendre l'accusé, on attaque le tribunal. Pour qu'il n'y ait pas de malentendu, je tiens à me faire confirmer par le PC (qui a donné son accord à ma mission) qu'il s'agit bien de sauver Albertini en priorité. A la même époque, pour répondre à la campagne anticommuniste sur Soljenitsyne et surtout sur Sakharov — gloire de la science soviétique, académicien illustre qui a renoncé à tout, honneurs, avantages, carrière, confort pour s'opposer au régime et dénoncer la dictature en URSS —, le PC français lance à son tour une campagne sur les droits de l'homme. Le risque pour Albertini est de se trouver utilisé comme victime symbolique.

Le cas se présente mal. Albertini a tout raconté à la police sud-africaine. Il a écrit ses aveux, sept pages manuscrites, reconnaissant n'avoir jamais été maltraité. C'est un pasteur noir qui l'a recruté pour l'ANC. Peu à peu il est devenu un militant particulièrement actif. Jusqu'au jour où l'ANC lui achète une Mercedes, dans laquelle ont été aménagées des caches. Il doit aller au Zimbabwe, base arrière de la rébellion, chercher des armes.

Déjà, fournir une grosse voiture à un agent qui roulait jusqu'à présent en 2 CV et vivait comme un étudiant est un acte si peu professionnel que je flaire comme une provocation. Ensuite il est très vite arrêté à la frontière, la voiture fouillée, les caches découvertes. Et dedans, pas des fusils de chasse, mais des pistolets Makarov, fusils d'assaut AK 47 et surtout plusieurs mines-ventouses, la plus terrible des armes terroristes : celle qu'en moto on colle en pleine circulation sur une voiture, qui dix minutes après explose à l'heure de pointe, faisant un maximum de victimes. Albertini risque la corde. Dernier point du dossier : quand il est arrêté par la police, il croise dans un couloir le pasteur noir qui a toujours été son officier traitant, arrêté lui aussi, et qui lui dit : « Tu peux tout avouer. Ils savent tout... »

Avant de partir pour Pretoria, je téléphone à Jacques Soustelle que je ne connais que de loin (mais dont j'ai lu tous les livres d'ethnologie, dont l'admirable *Mexique, terre indienne*). Je lui explique en peu de mots ma mission et lui demande seulement de prévenir « Pik » Botha, le ministre des Affaires étrangères sud-africain, qu'il faut prendre au sérieux ce que je dis. Soustelle, devenu le porte-parole du lobby sud-africain en France, me promet de faire passer le message. Et me voici à Pretoria, après quatorze heures d'avion, dans un vaste bureau très « club » — plantes vertes, grandes baies, fauteuils de cuir sombre —, face à « Pik » Botha qui sait sans doute que je ne suis jamais venu en Afrique du Sud pour des raisons de conscience. J'ai décidé de ne pas « négocier ». Seulement de dire exactement ce que je pense. Albertini a été manipulé. Par qui, je ne sais pas. La sagesse est purement et simplement de l'expulser. Une longue discussion s'engage sur les procédures propres au droit britannique en faveur de prévenus qui acceptent de devenir témoins de l'accusation. Albertini a déjà avoué par écrit, cela me paraît bien suffisant, et je m'oppose à cette formule. Puis s'engage une autre longue discussion sur la possibilité de le libérer si je fais avec l'ambassadeur une visite officielle au chef du Bantoustan où il est incarcéré. Impossible. La France ne reconnaît pas le Bantoustan, décision européenne et internationale, l'ambassadeur ne peut pas y déroger. Blocage. Je reviens à mon discours initial : qui a intérêt à ce qu'il soit jugé et condamné ? Pas lui, pas vous. Vous allez le pendre ? Non. Expulsez-le. Ayant obtenu un accord de principe sur cet objectif, j'irai le week-end découvrir, au cœur du Transvaal, les descendants du frère de ma grand-mère australienne dont la famille était sans nouvelles depuis 1917... Et j'apprends, à ma tante inconnue âgée de plus de quatre-vingts ans pourquoi son père avait quitté l'Australie : il ne supportait pas sa belle-mère. Ma grand-mère me l'avait raconté : « J'ai fait deux fugues, sans succès. Changer de continent est quand même plus facile pour un garçon. »

L'ambassadeur Wibaux a pris le relais de la négociation dans une opération triangulaire particulièrement complexe. Les Sud-Africains, en échange de la libération d'Albertini, ont exigé celle du major Du Toit (descendant de huguenots français), officier des forces spéciales sud-africaines, capturé en Angola par les troupes du gouvernement marxiste de Luanda alors qu'avec une équipe du célèbre « Buffalo commando » il faisait sauter derrière les lignes de front des installations pétrolières. Contre la libération du major Du Toit, les Angolais du MPLA ont exigé la libération d'une centaine de prisonniers de guerre aux mains de l'UNITA de Jonas Savimbi, leur ennemi de vingt ans. Etc.

Albertini est rentré à Paris juste avant la fête de *L'Humanité.* Il a été reçu avec les honneurs. Mais le PC français n'a pas fait donner les grandes orgues médiatiques et l'affaire a même été assez rapidement mise de côté. J'avais prévenu mes correspondants communistes que je ne savais pas *qui avait manipulé qui.* Ce n'était pas ma mission de le découvrir. Ma mission était seulement d'aider à libérer un prisonnier.

1986. Paris, septième arrondissement, rue Saint-Guillaume. Whisky, assiettes anglaises, conversations, rencontres. Réunion amicale chez Jacques Lebas, président de Médecins du monde et admirable militant de la cause des droits de l'homme, en l'honneur d'un Polonais, Marek Edelman, dernier survivant du commandement militaire de l'insurrection du ghetto de Varsovie de 1944. J'entends un industriel parisien très connu, lui aussi Juif polonais, dire en désignant le dos de Marek : « Quand on est passé par où ce type est passé, ne pas émigrer n'est pas de l'héroïsme, c'est de la connerie. » Eh bien, ma soirée n'est pas perdue : voilà quelqu'un au moins à qui je ne serrerai jamais la main. Je vais parler à Marek Edelman. Autour de lui un petit groupe s'inquiète. En prison à Varsovie, deux cent trente détenus politiques refusent le statut de droit commun (dans un régime communiste, *il n'y a pas de détenus politiques.* Tout opposant est soit un traître payé par l'ennemi étranger, soit un fou à expédier en asile psychiatrique). Ils sont nus. Plusieurs ont commencé une grève de la faim. Le régime s'acharne d'autant plus contre eux que beaucoup sont des ouvriers, fils d'ouvriers. C'est une injure à la doctrine marxiste et au Parti. Peut-on, demande Marek Edelman organiser une pétition ou une manifestation de soutien en France ? Oui. Est-ce que je pourrais m'en charger ? Certes. Mais je m'interroge : n'y aurait-il pas mieux à faire qu'une pétition de plus ? Et si, au lieu des vedettes de cinéma, nous la faisions signer — puisqu'il s'agit de faire pression sur une nomenklatura — par notre « nomenklatura » à nous ? Ceux qui ne signent jamais ? Et si au lieu de chercher à allonger la liste des signataires, on jouait la brièveté de la liste, l'effet de choc, pas plus d'une vingtaine de noms ? Et si d'ailleurs on ne publiait pas cette pétition, si on changeait complètement de tactique, si on menaçait seulement de la publier ?

Le brouhaha amical qui suit me suffit comme assentiment. Carte blanche.

D'abord la forme : une lettre personnelle que j'écris le 19 février 1986 au général Jaruzelski*. Enrobée de politesse officielle comme la pomme d'un chausson chaud. Le style, diplomatico-ému, grave. C'est en véritables amis de la Pologne que nous nous plaçons. (Mon frère aîné Xavier comme l'oncle Bertrand sont décorés de Polonia Restituta. Mon frère est le premier en France à avoir milité pour la reconnaissance par l'Allemagne de la ligue Oder-Neisse.) Une vie, deux vies vont servir pour d'autres vies, un instant. Tout est utile. Avec l'aide de la secrétaire de Médecins du monde, Joëlle Eisenberg, nous établissons la liste des signataires, qui va donner leur poids aux mots : tous les anciens Premiers ministres, tous les chefs de partis politiques, tous les présidents d'établissements consulaires (Chambre de commerce et d'industrie, Chambre d'agriculture, Chambre des métiers), les patrons des grands syndicats... Plus quelques personnalités largement respectées. Vingt au maximum. Joëlle est une championne du téléphone caritatif et nous n'aurons que deux refus dont je préfère ne pas donner les noms — la liste comptera donc dix-huit signataires seulement, de tous les bords*. En France nous sommes en pleine période électorale, opposition et majorité se déchirent, l'enjeu n'est rien de moins que le sort de la cohabitation. J'ai fait jurer le secret le plus absolu à tous les signataires. Que l'un veuille se servir de cette opération à des fins politiques personnelles, se vante ou simplement parle, c'est toute l'opération « pétition non publiée » qui s'écroule. Il n'y aura pas une seule fuite.

J'invite l'ambassadeur de Pologne à la maison et je lui donne la lettre. Il fait la moue : « Ce n'est pas un message agréable à transmettre. » Je réponds : « La vie diplomatique n'a pas que des agréments. » Il arrive à la liste des signataires en annexe, par ordre alphabétique, et saute en l'air : « Barre ! Raymond Barre ! Mais Barre est un homme d'État très responsable ! — Oui, monsieur l'ambassadeur. Vous appréciez donc vous-même la qualité exceptionnelle des signatures. » Il poursuit sa lecture et saute de nouveau. « Jospin ! Mais Jospin est premier secrétaire du parti socialiste, il n'a pas pu signer ce texte sans l'accord du président de la République, M. François Mitterrand ! — Les mystères du parti au pouvoir me dépassent, monsieur l'ambassadeur. » L'ambassadeur finit sa lecture, place une remarque sur trois ou quatre noms, dont celui de Simone Veil, constate que la publication de la lettre et des signatures créerait en Pologne une explosion politique et que la menace de publier peut être apparentée à du chantage. Je demande : « Ce sont les paroles qui vous déplaisent, ou la musique ? » J'insiste : cette lettre est un fait, les signatures sont un fait, à prendre comme des faits. Et si c'est une ingérence dans les affaires intérieures de la Pologne, elle est amicale. « Rappelez-vous que la Pologne est pour les Français un pays qui n'a jamais été considéré comme étranger. » C'est un autre fait. L'ambassadeur promet de transmettre au général Jaruzelski. J'ai demandé à Mgr Lustiger de prévenir personnellement le pape, et lui seul. Le coup de « la pétition non publiée » exige des précautions. Pour la suite des opérations et les contacts avec Marek Edelman mon nom de code est « l'oncle ».

Quinze jours après la première entrevue, l'ambassadeur revient avec la réponse ou plutôt, parce qu'il a du métier et même de l'humour : « Voici la non-réponse à votre non-lettre. » Elle est positive mais vague. Je veux davantage. Les détenus politiques en prison subissent toujours le pire et leur nombre ne s'est pas réduit, au contraire. J'explique.

« Je ne cherche pas à faire perdre la face au général Jaruzelski ni à provoquer des émeutes à Varsovie. Seule la libération des détenus m'intéresse. Qu'elle vienne le plus naturellement possible. Comme une initiative de votre part. Déclarez une amnistie à l'occasion de la fête nationale polonaise. » L'ambassadeur va transmettre, avec un avis positif.

Les nouvelles ne sont pas bonnes. Je ne suis pas seul, bien sûr, à m'inquiéter et à agir. Comme une pression française en Pologne garde un poids particulier, j'interviens aux questions d'actualité à l'Assemblée (la séance est télévisée, l'audience maximale, le message a une portée nationale et internationale). Debout à mon banc je m'inquiète du sort des deux cent trente détenus politiques en Pologne et remets au ministre leur liste où devant tous je viens de rajouter à la main cinq noms qu'on m'a communiqués à l'instant. Réponse sympathique du ministre (qui a été ambassadeur en Pologne). Mais, je le sais, le circuit diplomatique français est très réticent à l'idée d'irriter les pouvoirs établis à l'Est. D'ailleurs, la « pétition non publiée » est une opération née et menée en dehors des réseaux officiels et les services n'aiment jamais les idées des autres. En revanche, j'en parle aux Américains, à haut niveau. Il faut ajouter à la menace psychologique une sanction plus précise, matérielle. La dette polonaise est une fois de plus en discussion. La Pologne incapable de faire face aux échéances a demandé son « rééchelonnement ». La France, l'Allemagne sont les principaux banquiers intéressés. Les États-Unis aussi. Le gouvernement américain, à cette époque, me doit quelque chose et me fait confiance. Il se laisse convaincre sans difficulté de s'opposer à ce rééchelonnement de la dette polonaise. Jamais je n'aurais pu obtenir une telle décision du côté français où toutes les administrations auraient renâclé ou refusé, ne serait-ce que pour manifester leurs puissances respectives. La carotte et le bâton sont en place.

Grâce au correspondant de l'AFP (et à Jean Krauze,

du *Monde*) la pression est maintenue directement à Varsovie par des questions au porte-parole du gouvernement polonais, Urban, lors de ses conférences de presse : « Est-ce que le général Jaruzelski entend répondre à la lettre de Jean-François Deniau ? » Sans plus. Mais il n'est pire sourd que celui qui ne veut pas entendre. Il y a bien eu un projet d'amnistie comme convenu, mais il a été renvoyé devant la Diète, et le système politique s'est défendu en le vidant de la plus grande part de son contenu. Je pars pour Varsovie, accompagné d'un administrateur de l'Assemblée nationale, Pervenche Berest, aussi efficace que bonne militante. L'ambassadeur a l'excellente idée de me faire rencontrer les familles des détenus : bouleversant. Ce sont des femmes et des mères d'ouvriers. Le Parti communiste ne leur pardonne pas de ne pas être marxistes. Il a exigé que pour être libérés les prisonniers politiques *reconnaissent par écrit « qu'ils se sont trompés et qu'ils ont commis une faute »*. Son sac posé sur les genoux, une mère, les larmes aux yeux, dit : « Mon fils, c'est un bon garçon. Il n'a pas fait de faute. Il ne dira jamais qu'il en a fait une, même s'il doit rester en prison. » Je commence mes visites officielles.

Mgr Glemp, chef de l'Église catholique, me parle longuement de la nécessité de développer dans le domaine agricole un réseau indépendant de coopération. Il a parfaitement vu que ce sont les paysans qui forment désormais les plus fermes soutiens des régimes communistes (comme ce sera vérifié lors des élections après la chute du mur et l'émancipation des pays satellites) parce que les plus dépendants. Dépendants des structures de base restées communistes pour le fuel de leurs tracteurs, les pneus, les semences, les engrais. Le président de la commission des Affaires étrangères me fiche carrément à la porte quand je lui parle du sort des détenus politiques. Il refuse de m'écouter et tremble pour sa carrière à la seule idée de m'avoir reçu. Je prends rendez-vous avec le secrétaire du comité central, vieux militant du PC que je connais depuis tant d'années. Il se souvient que j'ai été président de la commission de coopération franco-polonaise. Décidément, je ne supporte pas ceux qui disent : « Il n'y a rien à faire », ou « Ça ne sert à rien ». Tout, le moindre mot, le moindre geste, peut un jour être utile. La question est seulement pour qui et quand.

L'ambassade ne participe pas à notre conversation qui risque de gêner la représentation française. Le Quai d'Orsay a ses lois. Seule Pervenche Berest, qui prend des notes pour l'Assemblée nationale, sera témoin d'une discussion qui va durer *plus de trois heures* en français sans traduction. Je résume et simplifie.

— Le régime politique polonais doit évoluer. Jamais vous ne réussirez la réforme économique que vous avez décidée sans un environnement positif, national et international. Le symbole, c'est la libération des prisonniers politiques. La réforme monétaire de 1958 faite par le père Pinay a réussi parce qu'il y avait le symbole du changement incarné par de Gaulle.

Le secrétaire du Parti : — Ne mêlons pas les genres. Il serait plus utile de nous aider en rééchelonnant la dette qu'en posant des conditions inacceptables. Ce que vous faites, vous les Occidentaux, c'est affaiblir la Pologne. Et qui peut gagner à l'affaiblissement de la Pologne ? Vous avez besoin d'entendre dire que c'est un grand voisin de l'Est ou vous pouvez le comprendre tout seul ?

— On ne fait pas bouger un pays dans le sens du progrès en mettant tous les opposants en prison. La liberté ne se vend pas par appartements. C'est un geste utile pour la Pologne, à décider par les Polonais, que je propose. Regardez comment Kadar, en Hongrie, a amorcé la réforme. Les Hongrois peuvent sortir de chez eux et y revenir. Ce n'est pas encore un modèle, mais c'est déjà un signe.

Je connais Kadar, il m'a impressionné un jour en me disant : « J'ai été torturé deux fois, une fois par mes ennemis, une fois par mes amis. Être torturé par ses amis ajoute vraiment quelque chose. » J'aurais mieux fait de me taire. Explosion.

— Kadar ! N'importe quoi ! Le modèle hongrois ! Combien de morts ? Cent mille ! Et ici, tu sais combien il y a eu de tués entre Polonais ? Cinq. Nous n'allons pas nous laisser dicter notre conduite de l'étranger. De Budapest ou d'ailleurs.

— Relis ma lettre à Jaruzelski. Ce que je suggère est une décision strictement nationale. C'est pourquoi la pétition n'a pas été publiée. Et tu ne crois pas que quelques signataires auraient aimé se faire un peu de publicité en pleine bagarre électorale en France ? Tous ont tenu leur engagement de discrétion. Le régime polonais est libre de faire ce qu'il veut. Libérer les prisonniers à l'occasion la fête nationale est un geste *naturel*.

— Qu'ils signent le papier reconnaissant qu'ils se sont trompés.

— C'est pas fini vos complexes à l'égard de l'Église catholique ? Le PC veut aussi administrer le sacrement de pénitence ? Et à quand la communion ?

Le secrétaire du Comité central admet que l'intérêt bien compris de la Pologne serait de « passer l'éponge ».

— Je t'en donne deux cents. Mais plusieurs dizaines sont de vrais délinquants, qui ont agressé les forces de l'ordre, commis des sabotages. Je ne peux pas les relâcher.

— Dommage. Pour vous. La presse, l'opinion ne verront pas les deux cents relâchés, seulement les trente-cinq qui restent en prison.

— Dix. Il y en a dix dont je te jure qu'ils sont des prisonniers professionnels. Si je les flanque à la porte aujourd'hui, ils s'arrangeront pour se faire réincarcérer demain.

— On ne verra que les dix.

Je pense aux femmes et aux mères que j'ai rencontrées. L'un des leurs est-il dans les dix ?

— Bon. Loi d'amnistie après la fête nationale. Pour tous. Et rééchelonnement de la dette.

Utiliser les pressions économiques dans une discussion humanitaire ne me choque pas. C'est le contraire qui m'indigne. Le FMI impose des programmes d'austérité terribles à des populations entières au nom de l'économie. Et il ne serait pas permis de se servir de l'économie au nom de la liberté ?

— Qu'est-ce que tu vas faire en sortant d'ici ? me demande le secrétaire.

— Ne rien dire à la presse ni à personne. La pétition ne sera pas publiée. Seulement déposer des fleurs sur la tombe du père Popieluzko.

— Normal. Moi, quand je vais à Moscou, je vais déposer une gerbe sur la tombe de Lénine.

Et j'ai été déposer des fleurs à Saint Stanislas sur la tombe du père Popieluzko. La gerbe préparée à ma demande avec un petit ruban tricolore avait disparu. Me voyant les mains vides, une vieille femme est sortie de la foule et m'a donné trois fleurs des champs.

Personne n'a jamais parlé de la *pétition non publiée*. Rien d'officiel, sauf un rapport dans les archives de l'Assemblée nationale... Seul Marek Edelman, intervenant en duplex dans une émission publique en France (« La marche du siècle »), a évoqué la libération des 235 prisonniers politiques et m'a remercié de façon émouvante. Il se souvenait de l'« oncle ». Je laisse quelques passages...

Parfois une mention, à peine dix mots, dans la presse, comme pour la libération de deux compatriotes en Erythrée. C'est la plus rapide de mes interventions. Deux Français qui faisaient le tour du monde à la voile s'arrêtent en mer Rouge à l'île d'Hanish pour photographier et filmer malgré la mise en garde catégorique de nos autorités militaires à Djibouti : la grande Hanish est l'objet d'un conflit armé entre l'Erythrée et le Yémen. Ils sont arrêtés par les forces érythréennes. Le ministre des Affaires étrangères m'appelle. Toutes les demandes pour libérer les deux navigateurs, accusés d'espionnage, sont restées vaines. Notre représentant à Asmara vient de se faire très sèchement rembarrer — et définitivement me précise le Quai. Un avion spécial est prêt à m'emmener. J'ai été dans les tranchées de la résistance avec le président de la République d'Erythrée. J'annonce au téléphone que je viens, mais en ajoutant que je ne séjourne pas dans un pays qui retient des compatriotes sous des accusations graves, sans fondement aucun. Ils ont été libérés tout de suite et étaient repartis avec leur bateau la veille de mon arrivée. Coup de téléphone du représentant d'Asmara, un peu anxieux : « Tu viens quand même ? » Oui, je viens. L'avion spécial n'aura pas été inutile.

Dans un autre cas au contraire tout a été médiatisé, peut-être trop ; celui de l'équipage du *Galathée* détenu en Inde, mésaventure de navigateurs qui ont fondé une société à Gibraltar qui s'appelle « Golden Octopus », *la pieuvre d'or*, pour récupérer une caravelle portugaise coulée à l'entrée des passes de Cochin. Ils ont passé un accord avec deux citoyens indiens, dont un député au Congrès, qui se sont « portés forts » pour les autorisations nécessaires. Malheureusement Cochin est la principale base de sous-marins de l'Union indienne et ils vont se retrouver accusés d'espionnage. Plus d'un an de discussions et de travail pour trouver la bonne clé. En ce type d'affaires tout est incertain et rien n'est dû au hasard.

★

La libération d'otages est un monde à part. Les interlocuteurs sont des fanatiques, des fous, des truands, des illuminés. Mais aussi des officiels en costume-cravate dans des bureaux. Qui est derrière, qui est devant ? Qui commande ? Qui se sert de qui ? Aucune règle du jeu, sinon que ce n'est pas un jeu.

Pourquoi prend-on des otages ? Pour les vendre le plus cher possible. Pour les échanger contre des armes, des prisonniers, de l'argent. Pour faire passer un message. Pour se faire reconnaître et faire avancer la Cause. La prise d'otages est l'arme des salauds, mais aussi des pauvres, des désespérés. Il n'y a aucune règle.

A Beyrouth les Libanais ne comprenaient pas que nous attachions une telle importance à la libération de nos compatriotes. Combien de fois ai-je entendu : « Une dizaine de Français ? Et dans une guerre, on ne sacrifie jamais une dizaine de soldats ? Combien de tués avons-nous eus, nous Libanais, depuis quinze ans et dont on ne parle pas en France... » Ils avaient aussi leurs méthodes. Chaque fraction, paraît-il, chaque clan gardait dans des caves depuis des années un certain nombre d'otages d'autres clans, d'autres fractions pour prévenir de nouveaux enlèvements ou assurer les échanges. Les Soviétiques, pour répondre à la prise de deux des leurs, auraient eu recours à la méthode la plus simple : leurs alliés druzes avaient capturé un parent du plus important des chefs religieux hezbollah et l'avaient livré à domicile découpé en morceaux dans du plastique. Nous, nous courions après les informations, les intermédiaires, les parrains, les *clés*. Faut-il jouer le protecteur militaire syrien à Damas, le colonel Kadhafi sous sa tente dans le désert libyen, les services algériens ou directement l'Iran ? Est-ce une affaire locale ou internationale ? Que veulent vraiment les terroristes ? D'abord la libération de Nakache vint en tête puis parut oubliée. L'absurde peut aussi être le ressort du drame.

L'un de nos compatriotes, M. Sontag, âgé de quatre-vingts ans, qui a été le concessionnaire pour le Liban pendant très longtemps d'une grande marque française, décide de quitter le pays avec sa femme et de rentrer en France. Scrupuleusement, il paie ses dettes. Tout son quartier, à Beyrouth Ouest où il habite, est au courant de ses allées et venues, notamment de ce que, le lendemain, il ira à la poste régler sa facture de téléphone. Deux petits loubards de banlieue décident de l'attendre à la sortie du bureau, de l'enlever et de l'obliger à leur signer un chèque... Or le vieux M. Sontag, selon la mode paysanne d'autrefois, a préparé dans une enveloppe, en liquide, exactement le montant de sa facture. Quand il sort de la poste, les deux garçons l'encadrent et le bousculent pour qu'il donne son chéquier. Il n'a pas de chéquier. Son portefeuille est vide. En plus, il est très sourd. Scène burlesque. Quoi ? qu'est-ce que vous voulez ? Parlez plus fort ! Articulez ! Les deux jeunes loubards, affolés, le font entrer de force dans leur voiture et démarrent en catastrophe. Des voisins qui ont vu l'enlèvement téléphonent aux journaux. Et dans la minute la nouvelle fait le tour de Beyrouth et le tour du monde. Un Occidental de plus pris en otage au Liban ! Un otage français de plus ! Les deux garçons sont totalement dépassés par l'écho politique gigantesque de leur agression minable. Pour se débarrasser de M. Sontag, ils le vendent à un petit chef local, qui le revendra à un moyen chef et ainsi de suite.

Il se trouve que je suis à Beyrouth Ouest. Je me rends directement avec l'ambassadeur chez Mme Sontag (qui, elle, a plus de quatre-vingts ans), pour lui proposer de la ramener à l'ambassade, en laissant un homme auprès de son téléphone pour noter tout appel, revendication, demande de rançon.

Cette vieille dame très digne refuse de quitter son appartement. Nous plaçons une garde. Il n'y aura ni appel ni revendication. De mon côté, je remonte la piste, qui finira par aboutir à un très important clan de la Bekaa, spécialisé dans le vol et la revente des voitures de marque. C'est l'un des trafics les plus importants de la Méditerranée orientale et, par exemple, l'une des ressources appréciables de la mafia albanaise. De la Mercedes ou BMW maquillée, ils sont passés aux armes et le reste. Normal. Ils relâcheront leur « acquisition » Sontag (qu'ils déclareront avoir trouvé en chassant aux phares, la nuit, dans la campagne libanaise) contre la libération d'un cousin en prison aux Baumettes à Marseille pour trafic de drogue. Dialogue :

— Il a été pris avec juste un peu de marchandise, un petit peu, quasiment rien...

— 45 kilos ? Vous trouvez cela quasiment rien ?

— La consommation familiale, monsieur Deniau. Seulement la consommation familiale. Nous sommes une très grande famille.

L'Orient est si simple quand on y va avec des idées simples. Quand les interlocuteurs sont des soldats d'Allah, ce sont d'autres logiques dans lesquelles il faut entrer. C'est pourquoi j'ai tenu à obtenir à Beyrouth, de la plus haute autorité religieuse chiite, une décision condamnant les prises d'otages du point de vue coranique. Un fou n'est pas un homme qui a perdu la raison, c'est un homme qui a perdu tout, sauf la raison. La guerre aussi a sa logique, la prise d'otages, encore une fois, est une arme de guerre. En France les médias vont donner un maximum d'écho à la capture de nos compatriotes au Liban, d'autant plus qu'il s'agit pour trois d'entre eux de journalistes de la télévision. Que cette capture et la détention dans des conditions atroces soient un drame pour les familles, c'est évident comme il est évident que les preneurs d'otages espèrent capitaliser sur leur douleur et leur espoir. Y ajouter un problème de politique intérieure française avec surenchère serait encore mieux pour eux.

A certains moments, l'agitation est utile. A d'autres, il faut retenir son souffle. C'est ainsi. Ce n'est pas toujours facile pour les familles de le comprendre.

Je suis invité à un grand débat télévisé avec les porte-parole des principaux partis politiques. C'est un cadeau aux preneurs d'otages ; ils vont doubler leurs prix, si ce n'est tout de suite, au moins pour les suivants. Je crains depuis le début des enlèvements supplémentaires destinés « à renouveler le stock » si leur opération marche trop bien...

Nous sommes donc assis en rond dans une petite pièce attenante au studio en attendant de défiler sur le plateau. Je propose que nous ne revenions pas sur notre présence à l'émission, mais à la condition de ne pas dire un mot. Aucun d'entre nous. Sinon tous les dérapages politiques, même involontaires, sont possibles et exploitables. Le premier à m'approuver est Georges Marchais. Puis les autres. Je préviens les organisateurs. Ils s'étonnent encore que des porte-parole de partis, qui d'habitude se bousculent pour parler, aient choisi de se taire. Mais le silence sera respecté.

Le danger des tentatives de récupération électorale n'est pas négligeable. Reagan a peut-être fait retarder la libération des otages américains en Iran pour en tirer un profit politique. La libération de nos compatriotes otages au Liban la veille de l'élection présidentielle, a peut-être été souhaitée par les spécialistes en communication et autres magiciens de couloirs ; elle n'a en tout cas pas eu l'effet positif attendu. Je n'aime pas les mélanges des genres.

Pour les cinq Pharmaciens sans frontières otages en Bosnie, j'ai été prévenu que leur libération pourrait intervenir samedi matin. Dimanche, élection présidentielle, deuxième tour ! Chirac m'a emmené à sa dernière réunion électorale à Lyon le jeudi soir. Dans l'avion, je lui dis à voix basse : « Les pharmaciens peuvent être libérés samedi. Avec leur accord la libération sera repoussée à lundi matin pour ne pas interférer avec l'élection... » Chirac ne répond rien. Qui ne dit mot consent.

Au pied du mont Igman, ils n'avaient pas pris la bonne route avec leurs camions et se sont retrouvés en zone militaire serbe. Tout de suite arrêtés, isolés les uns des autres et mis au secret à la prison de la caserne de l'armée serbe à Lukavitsa qui domine l'aéroport de Sarajevo, ils sont accusés de trafic de drogue, de devises, d'armes... au profit de l'ennemi bosniaque. Le ministre des Affaires étrangères me demande de m'en occuper, le Quai d'Orsay et Pharmaciens sans frontières me donnent le dossier. Il ne contient pas la moindre preuve pour étayer ces accusations. Je poursuis l'enquête à Sarajevo. Le fait qu'on ait trouvé sur les cinq convoyeurs une somme d'argent français n'est pas le signe d'un trafic de devises. Personne ne se sert de francs en Bosnie, mais de dollars, de deutschmarks ou de cartouches de Malboro. Même l'ambassade de France exige le paiement des droits consulaires en monnaie allemande ! Quant aux cachets bosniaques tamponnés sur leurs documents de transit, ils sont tout à fait explicables. Pour entrer dans Sarajevo, compte tenu de l'enchevêtrement des lignes de feu, il faut passer toutes les douanes. Je me fais donner vingt documents similaires qui portent aussi le cachet de la douane et de l'armée serbes ! Non, il s'agit purement et simplement d'une prise d'otages.

Message de mon interlocuteur serbe habituel, le professeur Kolievič, spécialiste de Shakespeare et vice-président des Serbes de Bosnie (il s'est suicidé depuis), qui a appris que j'étais à Sarajevo. La dernière fois, c'était lui qui était venu me voir au bataillon français. Il voudrait que j'aille le voir à Lukavitsa. Je lui réponds que j'irai seulement si je peux voir les cinq convoyeurs de PSF, qui y sont prisonniers et dont on est sans nouvelles depuis huit jours. Il me dit que notre conversation doit porter sur des sujets de la plus haute importance diplomatique et que cette histoire d'humanitaires français soupçonnés de plusieurs crimes ne le concerne pas. Réponse : je n'irai pas à Lukavitsa si je ne peux pas rencontrer les cinq otages. A prendre ou à laisser. Coup de poker. Il me donne sa parole que j'aurai satisfaction.

Un VAB de l'armée me conduit à la caserne serbe à travers remblais, tranchées, champs de mines. Petit salon miteux décoré de trophées de chasse. Alcools et cafés attendent. Avec le professeur Kolievič, le lieutenant-colonel Indič, représentant direct du général Mladič, qui règne sur Lukavitsa. Je rappelle au professeur sa promesse. Il se tourne, gêné, vers le colonel en bredouillant que les affaires d'espionnage le dépassent. Je dis directement au colonel (d'habitude en Yougoslavie j'ai peu l'occasion de parler le français, mais tous les militaires comprennent ou le russe, ou l'anglais, ou l'allemand) que je suis venu pour voir nos cinq humanitaires et que si je ne les vois pas tout de suite, je m'en vais.

— Impossible, ils sont au secret, répond-il.

— Et pourquoi cinq membres d'une organisation humanitaire française respectable sont-ils au secret ?

— Parce que, au secret, j'espère que l'un finira par craquer.

Nouveau coup de poker, je me lève :

— Il y a erreur. Je m'en vais. J'étais venu rencontrer un officier serbe. Pas un gardien de prison.

Précisons que je suis grand-croix de l'ordre du Drapeau yougoslave. J'ai déjà la main sur la poignée de la porte, quand le lieutenant-colonel me rappelle :

— Je vais moi-même vous conduire.

Un prisonnier qui pour la première fois voit des hommes libres à la lumière du jour est une image qui m'a toujours bouleversé. Tous ont la même façon de cligner les yeux, passer d'un pied sur l'autre, chercher où mettre leurs mains. Les quatre Français me reconnaissent et expliquent à l'Américain qui je suis. Je leur dis que je suis chargé officiellement d'assurer leur libération, qu'ils ne seront plus au secret ni isolés, qu'un officier de l'armée française viendra les voir régulièrement. En attendant cette libération, qu'est-ce qui pourrait leur être utile ou agréable ? La liste est aussi partout la même, aussi chargée d'émotion dans sa simplicité.

— serviette de toilette
— savon
— papier hygiénique
— de quoi écrire
— sortir au soleil
— jeu de cartes.

Je leur propose un poste de télévision et des cassettes. Les Français souhaiteraient des cassettes des « Guignols de l'info » ! Quelle gloire pour Canal+ ! Pour montrer que je n'ai rien à cacher, je traduis toute notre conversation au fur à mesure en allemand pour les deux gardiens de prison présents. Ils demandent :

— Et nous aurons le droit de regarder, nous aussi ?

Parfois il est difficile de savoir quel est le monde réel, quel est celui du cauchemar, où est la vie, où est le songe. Les cinq convoyeurs de Pharmaciens sans frontières me raccompagnent presque jusqu'à la porte extérieure de la caserne. Il y a de la neige sur les bas-côtés, mais les oiseaux du printemps commencent à chanter. A moins de trois cents mètres de la caserne, l'armée française sous casque bleu a ses positions. L'une des plus grandes armées du monde, celle d'un État membre permanent du Conseil de sécurité et détenteur de la puissance nucléaire. Et je ne peux dire qu'au revoir, tenez bon... Je vais vite savoir ce que veut l'armée serbe : de l'argent, des armes, du fuel. Mais d'autres problèmes surgissent de Paris. La publicité donnée à l'affaire a entraîné une rivalité entre cabinets ministériels. Alors qu'avec l'accord de Pharmaciens sans frontières j'ai décidé de prendre au mot mes interlocuteurs qui ont menacé d'un procès. « Faites-le, votre procès ! Le défenseur des cinq sera le meilleur avocat de Belgrade, assisté d'un avocat français, Me de Roux, président à l'Assemblée nationale du groupe Amitié France-Serbie ! Et qui plaidera contre vous ! Allons-y. Vous n'avez pas une seule preuve. Vive la justice. » J'ai aussi dit et répété avec l'accord de PSF que je ne ferai aucune distinction entre les quatre Français et l'Américain qui appartenaient à la même organisation et travaillaient ensemble, alors qu'à Paris la tentation d'un coup médiatique rapide conduirait à dissocier le cas de l'Américain. Les Serbes l'avaient proposé en soulignant que, à lui tout seul, il valait beaucoup plus cher, car il était sûrement de la CIA. Il faut reconnaître que ce jeune homme brillant et polyglotte n'avait pas tout à fait la silhouette du camionneur de base, tricot marcel et mégot. Je ne l'ai vu commettre qu'une seule erreur. Lors de ma première visite, le colonel Indič avait dit : « Ils peuvent même aller déjeuner au restaurant de Lukavitsa, s'ils payent. » Et l'Américain a été un peu trop rapide à répondre : « Il n'y a aucun problème d'argent. »

Quoi qu'il en soit, j'ai tenu bon et quand tous seront ensemble libérés, ils m'inviteront avec beaucoup d'amitié à partager leur première conférence de presse. Je recevrai une très belle lettre de remerciement du gouvernement américain. Care, la plus grande ONG du monde, me décernera son prix international en 96 pour l'ensemble de mon action humanitaire. Mais entre-temps j'avais dû envoyer une note au Premier ministre français pour tempérer les offres de service concurrentes franco-françaises, naviguer entre une demi-douzaine d'officieux amis de la

Serbie et de la France prétendant connaître la vraie pensée de Belgrade, de Pale et de Genève réunies. Je n'ai pas participé à la dernière phase. Je peux seulement dire qu'il n'y a pas eu de procès. Il n'en avait d'ailleurs jamais été vraiment question. C'était une sorte d'alibi pour justifier l'obligation d'une caution. PSF paiera la caution. Le plus dur pour son président, un jour où je l'avais emmené à Lukavitsa, fut de voir ses cinq camions, toujours estampillés d'une croix et de son sigle, charger des caisses de munitions dans la cour de la caserne.

Dire, faire, taire. Les sillages ne durent qu'un moment, surtout par gros temps. Si je me tais, que laisserai-je derrière moi ?

2

Mourir intestat — La grosse bête de Platon
Voyageur et témoin — Du courage politique
Jeanne d'Arc, le lord maire de Cork,
le 18 Juin, Mao Tsé-toung — Aucun mot n'est
innocent — Je n'ai d'autres biens que des souvenirs

Mourir intestat était autrefois une sorte de honte à peu près aussi infamante que de mourir dans la rue, preuve de mépris pour ceux qui vous suivent et ceux qui vous ont précédé, insulte à la chaîne des générations. On en parlait en baissant la voix comme d'une très lointaine grand-tante droguée qui au retour d'une soirée, sans pouvoir attendre davantage, relevait ses jupons pour se piquer devant la porte cochère de son hôtel particulier. Mourir à l'hôpital ne valait pas mieux. J'appartiens à une génération dont les enfants naissaient à la maison et les morts mouraient chez eux dans leur lit. L'hôpital, c'était pour les pauvres, les étrangers, les sans-domicile, les sans-parents, les sans-enfants. Le nom seul faisait horreur. « On n'en sort que les pieds devant », disait la sagesse populaire.

La France que j'ai connue comptait un tiers d'agriculteurs, cependant que les enseignants répétaient aux mauvais élèves du fond de la classe que l'« agriculture manquait de bras » ! L'Empire français, en rose sur le planisphère affiché face au tableau noir, était aussi sacré pour le curé que pour l'instituteur et la République très laïque décorait de la Légion d'honneur les bonnes sœurs missionnaires en cornette, au nom de « la plus grande France ».

La victoire de 1918 fut la victoire du peuple français, de la conscription sans exception, y compris pour « les curés sac au dos », loi qui avait tant scandalisé... L'Église catholique a sans doute été sauvée, en France et pour ce siècle, par les deux textes qu'elle a le plus violemment attaqués : les prêtres soldats dans la boue des tranchées comme tous les citoyens, et la séparation de l'Église et de l'État. Mon grand-père maternel, je l'ai raconté, n'ignorait rien des méfaits de l'« Established Church » imposée par les Anglais à l'Irlande, et, refusant de mélanger le sacré aux statuts administratifs, considérait fermement que les évêques n'avaient pas besoin d'escorte officielle comme les préfets (il se méfiait d'ailleurs autant des préfets) ; il s'opposait depuis l'Australie à son propre père jusque dans le journal de celui-ci, sur le budget des cultes qui était le grand sujet politique du moment, sur lequel se battaient la droite et la gauche, en considérant que celui qui veut une église doit la payer lui-même. Jusqu'à un âge avancé il n'avait toléré qu'un seul moyen de transport, la moto, « parce qu'il était sûr que personne ne pourrait lui adresser la parole », on s'étonnera moins de mon caractère ombrageux voire rebelle.

« La République a montré qu'elle pouvait gagner la guerre », disait fièrement mon père. De droite ou de gauche, la famille était passionnément patriote. Le roman de Pierre Benoit, *L'Atlantide*, était à l'index, « parce qu'un officier français y faisait passer ses sentiments amoureux avant son devoir militaire »...

Les pleureuses de l'Histoire et le chœur des « c'était mieux avant » ne m'ont jamais séduit. « A quelle époque auriez-vous aimé vivre ? » est une question rituelle aussi stupide que : « Préfères-tu ta grand-mère ou la mousse au chocolat ? » (Seule réponse : la mousse au chocolat de ma grand-mère.) Qui vaut bien la bêtise des sondages politiques : « Pour l'an 2000, êtes-vous pessimiste/optimiste/ne sait pas/ne veut pas répondre ? » Un très beau passage de Platon dénonce l'influence des démagogues ayant nourri eux-mêmes l'opinion et « qui ensuite régleraient tout sur les avis de cette grosse bête, nommant bonnes les choses qui lui plaisent, mauvaises celles qui lui déplaisent ».

L'époque préférée ne peut être que la mienne, même si j'aurais aimé être le premier à reconnaître l'embouchure de l'Amazone ou commander la charge de l'aile gauche à Essling. Il faut seulement trouver quels sont, aujourd'hui, le fleuve à découvrir et la bataille à mener. Autrement dit les occasions de courage. Elles ne manquent pas, au loin ou à côté de soi. Fuir son temps, c'est, sous une forme littéraire, se fuir. Restons.

Les siècles ne se distinguent que par les capacités techniques de tuer et la diffusion de l'information. On ne fait pas mieux : seulement plus vite. Pour isoler la Gaule de la Grande-Bretagne, César a exterminé une population, les Vénètes, seul peuple maritime de la Gaule ancienne. Le mot génocide n'avait pas encore été inventé. Quand les cavaliers de Gengis Khan s'arrêtaient sur leurs petits chevaux poilus soufflant à pleins naseaux devant une ville fortifiée, le premier jour ils hissaient un drapeau blanc : si la ville se rendait immédiatement sans combattre, elle ne serait pas pillée. Le deuxième jour, ils hissaient un drapeau rouge. La ville avait encore vingt-quatre heures pour se rendre, et seuls les notables seraient décapités et les riches obligés de payer rançon, mais le peuple serait épargné. Si la ville se croyant à l'abri de ses murailles ne se rendait toujours pas, le troisième jour les Mongols hissaient un drapeau noir : la ville serait punie, mise à sac, brûlée, tous ses habitants tués sur place, une pyramide de crânes en perpétuerait la mémoire. Quelques fils de famille à qui on aurait coupé les pieds et les mains, crevé les yeux, arraché les oreilles auraient la vie sauve, chargés de porter la nouvelle au vaste monde en exhibant leurs moignons. La bombe atomique, est-ce mieux ou moins bien comme moyen de faire capituler le Japon ? Aujourd'hui, les massacres en Afrique sont plus meurtriers, les armes automatiques étant plus efficaces que les arcs et les flèches, et surtout ils sont mieux connus. Le spectacle d'un chef d'État rituellement dépecé vivant au Liberia (le nom, avec ce qu'il portait d'espoir, a aussi son importance) partage l'intimité familiale du journal télévisé de 20 heures. Arrêtons les listes et les comparaisons. Parfois le cri d'un enfant qui pleure est plus intolérable que le souvenir de millions de victimes. Parfois l'idée d'un seul tué est plus intolérable que mille ou cent mille. Non, il n'y a pas de statistique de l'horreur humaine.

Comme toujours, notre temps mêle le plus héroïque au plus pitoyable et le plus surprenant au pire conformisme. Le mur de Berlin est tombé malgré les prévisions de tous les bureaux. J'aurais vu, de mon vivant, le violoncelliste Rostropovitch, assis sur un pliant, jouer du Bach devant la première brèche faite dans le mur. Les passants qui ne l'ont pas reconnu lui jettent des pièces en pensant : « Voilà un mendiant qui sait au moins choisir son emplacement et sa musique. » Ils ne sont pas morts pour rien, les ouvriers allemands révoltés, écrasés Karl-Marx Allee à Berlin, par les blindés soviétiques en 1953 et que tous les sages, et les sérieux, et les avisés, les raisonnables et les raisonneurs, condamnaient au nom du sens de l'Histoire. Un jeune homme inconnu sur la place Tien An Men à Pékin — je l'aurai vu de mon vivant — fait hésiter une colonne de chars, seul, à mains nues. Au Biafra, quelques jeunes médecins français plutôt d'extrême gauche, dont plusieurs sont mes amis et trois seront ministres, si je le leur avais prédit, ils m'auraient insulté, créent la première association qui, par-delà les frontières, les haines, les tabous, et surtout les refus de voir ou d'entendre des pouvoirs officiels, va soigner, ce qui est son devoir, mais aussi témoigner. *Parce que tout homme sur cette terre est d'abord un voyageur et ensuite un témoin.*

J'ai toujours été stupéfié par l'extraordinaire capacité des êtres humains à affronter dignement la mort. D'autant plus que j'aurai sans doute peur jusqu'à la fin de toute peur. On me dira que l'héroïsme est soutenu par le caractère exceptionnel du geste, sa dimension spectaculaire, la valeur de la cause qui l'engendre. Le héros se sait regardé et relève le menton. Pas toujours. Pendant l'extermination des populations juives par les Allemands en Ukraine, la SS, manquant de personnel et de matériel, loue les services d'un industriel allemand en transport. Il a pris des images, gardé des notes. Son journal sera retrouvé bien après la fin de la guerre. Aucune des victimes ne savait que sa mort aurait un témoin et qu'elle « passerait à l'Histoire ». Jusqu'au dernier moment, alors que la fosse commune est déjà prête, plaie ouverte noire dans la forêt enneigée, on voit, sans un cri, sans une plainte les maris protéger leurs femmes et essayer de leur cacher le supplice immédiat et les femmes tenter jusqu'à la dernière seconde de le cacher à leurs enfants qu'elles serrent contre elles.

Le seul qualificatif que je refuse à notre époque, c'est d'être « plus libre ». Une tyrannie peut toujours en cacher une autre. S'il suffisait d'être antinazi pour être démocrate, Staline serait le plus grand libéral de tous les temps. Une hypocrisie peut aussi succéder à une autre : la libération des mœurs est en train de conduire à une sorte de dictature molle antimœurs. L'abus de la loi est une tyrannie, le refus de toute loi en est une autre. Ma mère disait : « Quand tu vois deux chiens qui se battent, tu prends parti pour le chien qui a le dessous », mais elle ajoutait : « Ensuite, tu ouvres la discussion. En écoutant les arguments des deux chiens. » Prenons parti pour l'« underdog », sans oublier que l'un peut avoir plus raison ou plus tort que l'autre. Dans tous les combats auxquels j'ai participé, de l'Afghanistan à la Bosnie, ne manquaient pas les fanatiques qui croyaient à leur propre propagande. J'ai essayé de garder ma capacité de jugement. La première facilité que le combattant doit se refuser est de mépriser ou de haïr l'adversaire. Le véritable ennemi est l'indifférence, le vrai devoir est la passion, le plus grand danger est l'aveuglement volontaire. Gardons la passion calme...

Oui, restons capables de juger, même si le jugement du monde a décidé d'interdire de juger. L'horreur et la provocation sont devenues distractions ? Je n'ai pas envie d'être distrait. Même si les actualités nous ont drogués d'images épouvantables, la petite fille colombienne qui meurt dans un puits de boue sous l'œil des caméras du monde entier, la pelleteuse des camps d'extermination qui ramasse les cadavres en paquets, jambes, bras, têtes ballant hors du chargement..., même si la banalisation des catastrophes est telle, et telle la confusion des genres entre les drames naturels — contre lesquels nous ne pouvons rien — et ceux que commet l'homme contre l'homme, et dont l'homme seul est responsable, il ne faut jamais s'accoutumer.

Même si la violence et la guerre font partie de notre héritage. Le général Championnet, type du héros révolutionnaire humaniste et patriote, qui a ordre de conquérir Naples et d'y établir la République parthénopéenne, fait proclamer : « Toute maison d'où un coup de feu sera tiré sera immédiatement incendiée et tous ses habitants fusillés. » Plus proche de nous, Gallieni, autre général républicain qui avec Joffre sauva la France à la bataille de la Marne, avait donné les mêmes instructions lors de la conquête de Madagascar. Je ne parle pas des horreurs de la Deuxième Guerre mondiale. Mais l'enfer a ses cercles et si la pire des fautes est de nier l'enfer, juste après vient celle de croire qu'il n'y en a qu'un. Le général commandant l'aviation de bombardement anglaise sera le seul grand chef militaire, au moment de la victoire, à ne pas être anobli par la Couronne britannique. Il avait inventé de lâcher les bombes sur les quartiers ouvriers plutôt que sur les usines : plus efficace pour arrêter la production. Il fallait gagner la guerre, certes. Mais ne confondons pas les cercles de l'enfer. *Vive la différence*, disent les Anglais en français.

L'autre grand défaut de notre temps, après la fausse liberté, est le refus de la différence, ce qui va logiquement ensemble. Le refus de la différence, entre bien et mal, entre vie et mort, entre jeunesse et vieillesse, entre santé et maladie, entre races comme entre sexes. Rien à voir avec supériorité. C'est au musée de l'Homme, à l'école du Pr Rivet que j'ai appris à reconnaître sur un crâne la race, le sexe et l'âge du mort. Attention. *L'absence de diffé-*

rence s'appelle l'indifférence. La barbarie par l'indifférence existe aussi.

La révolution de Bucarest contre le dictateur communiste Ceausescu était organisée et soutenue par les amis de Gorbatchev qui souhaitaient un communisme plus ouvert, plus « moderne ». Ce sont eux qui prendront le pouvoir grâce à la « Securitate », la police secrète. Des victimes, il y en eut. Mais il fallait donner au monde l'image d'une lutte populaire héroïque et sanglante. D'où les photos des « charniers » de Timisoara, en fait celles du cimetière de l'hôpital, légendées et mises en scène pour créer un sentiment d'horreur. A Bucarest, la presse annonçait des dizaines de milliers de tués. Une équipe de médecins français, sur place, tentait de démentir ces chiffres en se fondant sur un calcul bien connu de tous ceux qui ont participé à ce genre de combats : la proportion entre tués et blessés est d'environ 1 à 3 ou 4. Or ils connaissaient le nombre de blessés hospitalisés. Personne ne les a écoutés. A Prague, la télévision anglaise, modèle de professionnalisme, fit une longue enquête qui lui permit de retrouver le nom de l'officier du KGB qui joua le rôle de l'étudiant tué, afin d'enflammer la foule et de provoquer le départ du gouvernement de durs hostiles aux réformes de Gorbatchev.

En France, l'audimat a d'autres règles. Ce mot de chaîne qui désigne un canal de télévision n'a pas été donné au hasard. Il peut peser son poids d'esclavage.

L'esclavage par consensus, cela existe. En quelques dizaines d'années, le théâtre, le cinéma, la publicité ont illustré tant de formes de relations sexuelles (trente-deux, disait une chanson d'étudiants) que plus rien en matière de spectacle ne semble pouvoir choquer. Je suis scandalisé qu'il n'y ait plus de scandale. Dire non. Je dis non depuis tant d'années. A la tyrannie, l'occupation étrangère, le refus du droit de choisir son mode de vie, ses croyances, ses amis et, peut-être plus important encore, ses doutes. Je réclame la liberté contre le délit d'opinion et les vérités d'État. La liberté avec responsabilité. Le droit avec devoir, le respect de soi-même qui passe par le respect de l'autre. Le droit de se juger, donc de juger. L'Histoire ne se décrète pas en Conseil des ministres et la seule bonne réponse à un mauvais livre n'est pas de le jeter au feu par la main du bourreau, c'est d'écrire un meilleur livre.

Ce sont les dictatures qui excluent Heine des anthologies de poésie allemande, qui changent les définitions des dictionnaires, maquillent les photos officielles pour y gommer la tête de Trotski et y ajouter celle de Staline ; qui au début de l'occupation allemande en France publient la liste Otto interdisant auteurs et livres qui déplaisent aux autorités ; le Parti communiste français, au lendemain de la Libération, fera adopter par le CNE sa propre « liste Otto », qui excluait des librairies Giono ou Montherlant, et Clouzot des salles de cinéma ! Oui, la vérité est plus importante que la liberté. Mais comment lutter contre le mensonge quand il n'y a plus de vérité ou quand la seule arme qui reste est la dérision ? Je m'inquiète pour l'humour quand on n'aura plus rien à moquer.

Je ne me plains pas d'avoir vécu en ce siècle. Tous les autres ont aussi connu des meurtres, des exils, des famines, des massacres. Voilà près de cent cinquante ans l'Irlande a perdu les trois quarts de sa population. Mais à Pâques 1916, une poignée de patriotes occupa par la force la Grand-Poste de Dublin, sachant qu'à un contre dix, avec des fusils de chasse contre des canons, et alors que l'opinion publique leur était hostile, ils n'avaient aucune chance de gagner contre l'armée anglaise ! Peu importe. Nous sommes des voyageurs et des témoins. Les volontaires se levaient pour prendre l'arme d'un mort alors même que tout était perdu. Pour l'honneur ? Pour la mémoire. Pour l'espérance. Pour qu'on sache partout, dans tous les cœurs, qu'il était possible de se soulever. Gagner, c'était une autre affaire, cela viendrait un jour. Le lord maire de Cork, premier mort d'une grève de la faim pour l'honneur et l'indépendance de son pays et dont j'ai appris héréditairement à vénérer le souvenir, partageait avec les fusillés de Dublin le sentiment que rien n'est jamais perdu jusqu'au dernier moment, puisque la vie se joue jusqu'à la mort, qui lui donne son véritable sens. L'expression « le mot de la fin » ne doit pas se prendre à la légère. Elle veut dire : la fin des mots.

Ma mère me racontait que, dans le couvent où elle était élevée en Australie, les bonnes sœurs irlandaises lui apprenaient à se laver les mains avant les repas et à croire que Dieu était tout-puissant. Exemple : il avait envoyé une jeune fille, Jeanne d'Arc, sauver les Français contre les Anglais ! Le plus invraisemblable pouvait donc devenir vrai. Il suffisait de croire et d'oser. C'est le sens de l'admirable texte de Mao Tsé-toung sur les tigres, que je cite souvent : ils semblent d'acier et invincibles mais, si on ose les combattre, ils se révèlent n'être que des tigres de papier.

La leçon de l'appel du 18 juin est la même. La loi des sondages l'aurait interdit. Les experts l'auraient ignoré.

La vraie leçon est que l'invraisemblable, condamné par les experts politiques et militaires, les sages à bonnet carré, l'invraisemblable peut devenir vrai et possible. « Des forces immenses dans ce monde n'ont pas encore donné. » Il fallait y croire et oser le dire, quand chacun était persuadé que la France avait perdu une bataille et la guerre. A ses débuts la résistance à l'Armée rouge en Afghanistan ne reçoit aucun soutien : un rapport de l'ambassade des États-Unis à Kaboul affirme : « Il n'y a pas et il n'y aura pas de résistance afghane. »

La vérité gêne plus encore que la liberté.

Lors d'une récente hospitalisation au Val-de-Grâce, les bibliothécaires m'ont prêté deux livres que j'ai lus en même temps : l'un sur les écrivains et les artistes sous l'Occupation, l'autre sur les Compagnons de la Libération. L'un rappelle que les grands noms du spectacle et de la littérature, Sartre en tête, avaient continué à vivre « normalement », écrivant des livres, tournant des films dont beaucoup d'excellents. C'est une image que nous essayons de gommer. Elle dérange nos mensonges. Un acteur très connu faisait seulement ajouter à son cachet « un kilo de beurre des Charentes par semaine de tournage ». Picasso, Cocteau, Aragon, Malraux, bras dessus, bras dessous, commentaient le dernier vernissage ou la dernière pièce. Le Casino de Paris avec girls empanachées a rouvert dès le 6 juillet 1940, les Folies-Bergère en novembre. On dînait dans les restaurants de marché noir entre trafiquants et célébrités, certains finissaient la soirée dans des maisons de passe renommées, comme le One Two Two, d'abord réservées aux officiers allemands puis ouvertes très rapidement aux vedettes françaises de la scène, de l'écran ou de la chanson : « *pour l'ambiance* ».

L'autre livre raconte comment certains destins se sont joués au cours de l'été 40. Hors toute hiérarchie et de tout réseau, un homme, seul, souvent sans grade ni expérience dit « non ». Un sous-officier radio isolé prend contact. Un pilote décolle sans assez d'essence. Un modeste commis de l'administration coloniale fait basculer un territoire. Un jeune homme en vacances saute dans un bateau de pêche et rejoint l'Angleterre. Deux jeunes gens en pique-nique sur une plage normande à la fin de l'été 40 recueillent un pigeon voyageur : c'est le début d'un réseau. Au bout, la déportation et la mort pour plusieurs de ses membres. Pas de règle, rien que des cas particuliers. Des « originaux », comme on disait avec mépris. Les originaux ont gagné.

Il faudrait que les honnêtes gagnent aussi. Je suis pour la république des braves gens.

Le devoir d'honnêteté et de réserve était absolu dans les grands corps de l'État et s'accompagnait d'un léger mépris pour le monde politique, considéré d'ailleurs comme plus irresponsable que vraiment malveillant. Un camarade de promotion de mon père à l'X, notre tuteur Vanneufville, aimait raconter que la République serait toujours mal gouvernée tant que les assemblées seraient peuplées d'avocats, de médecins et d'enseignants, trois corporations qui, par définition, ne rencontrent jamais un Français dans un état normal. Il ajoutait à sa théorie une lecture personnelle de l'Ancien Testament. Le pharaon, pour accepter de laisser partir les Hébreux d'Égypte, avait été menacé de dix plaies devenues célèbres : le Nil changé en sang, la mort des enfants premiers-nés, l'invasion de sauterelles, etc. Mais en fait il n'avait cédé qu'à la onzième, si terrible que personne n'avait même osé la relater par écrit : « Je vous souhaite des chefs jeunes... »

Dans les années récentes, le mauvais exemple venant d'en haut, la tradition d'honnêteté publique s'est dégradée avec le pire des alibis : « puisque tout le monde le fait ». Une affaire à gauche, une autre à droite. Un nom en chasse un autre dans les titres de la presse. J'ai été le premier à réclamer qu'un ministre ou un député ne soit pas mieux traité qu'un simple citoyen (et pas moins bien) et que soient supprimés privilèges de juridiction et immunités.

Longtemps nous paierons le prix du génie littéraire qui lança en mai 68 la phrase magique : il est interdit d'interdire. Pas de domaine interdit, autrement dit pas de jardin d'Eden, pas de paradis sur Terre sans fruit défendu, que Dieu fait garder par un archange à l'épée nue. Mauvaise époque ? Non, mauvais âge, le mien. J'ai l'impression qu'il n'existe plus de jardin. J'aime trop la nuit en mer. Peut-être suis-je tombé à côté de la Terre. Peut-être suis-je seulement tombé à côté du jour. Il est grand temps de faire mon testament.

⋆

Je n'ai d'autres biens de valeur que des souvenirs et la mémoire ne s'évalue pas par acte notarié. Dans les propriétés des cousins, les têtes des grands arbres s'agitent le soir dans l'ombre des vitres, les escaliers craquent, les grands se taisent d'un coup « parce que ce n'est pas pour les enfants », et les enfants se demandent entre eux, à voix basse, ce que sont ces mots : la paix, la guerre, l'amour, la mort, qu'ils n'ont pas le droit d'entendre. A l'église du village, au banc familial à côté du chœur, mon grand-oncle Pierre (que je confondais quasiment avec Dieu le

Père) passait en cachette à ses petits-enfants et neveux des morceaux de chocolat pour accompagner le pain béni. La bouche pleine, nous entonnions d'une seule voix *Deo Gratias*. Le seul paradis d'entre les fleuves est derrière nous, pas devant. Peut-on inscrire au patrimoine le regret de l'enfance ? Ma mère n'avait pas voulu faire de testament « parce qu'il ne faut pas s'attacher à ce que les vers et la rouille peuvent atteindre ».

Un soir, mon cousin François, avec qui j'ai été élevé, me murmure à l'oreille : « Les parents m'ont fait jurer de ne pas te le dire, mais je vais te le dire quand même. *Le père Noël n'existe pas*. Ce sont les parents qui achètent les cadeaux et les mettent dans les souliers autour de l'arbre. » Je réponds : « Tu es un incorrigible naïf. Tu ne sais pas à quel point les grandes personnes aiment se donner l'air important. Pas de père Noël ! Les cadeaux, c'est eux ! Trop c'est trop. Avec moi ça ne prend pas. » Et j'ai réussi à le convaincre de nouveau, pour quelques jours ou quelques heures, au moins pour une nuit d'hiver jusqu'au matin très blanc, que le père Noël existait. Je lègue.

Dans un tiroir, j'ai retrouvé les notes de mon père à Polytechnique, promotion 1911, son livret militaire, deux copies de citations, des pages de calculs, des brouillons de brevets, dont celui du béton pervibré. Une vie droite, simple, honnête, imprégnée de Tacite lu dans le texte et de tous ses songes d'inventeur. Une vie trop tôt finie, à quarante-six ans, une carrière devant lui, d'autres inventions plein la tête, amoureux de sa femme comme un jeune homme, sans voir grandir ses enfants, riche seulement de tout ce qu'il aurait pu encore vivre et créer. Le service de l'État n'était pas une phrase toute faite. Elle allait avec le discret mépris de l'argent et du pouvoir. Le bon genre, c'était de voyager en seconde classe — les enfants en troisième, bien sûr. Combien de fois ai-je entendu dire : « Ça se fait », « Non, ça ne se fait pas ». On ne parlait pas de politique à table. Ça ne se faisait pas. La mort de mon père, le rayonnement miraculeux de ma mère ont fait que je ne les ai jamais connus vieux. Dans les tiroirs, des photos de mariage où les officiers font une voûte d'acier, épées tendues au-dessus des mariés, ou en bateau de pêche pour une excursion, ou déguisés pour un dîner de fête, sont un peu jaunies. En les regardant avec tendresse, j'ai l'impression de leur redonner vie. L'âme, c'est aussi la mémoire que les autres ont de nous. Je lègue.

Aujourd'hui, c'est à qui parlera le plus fort contre l'exclusion. Mais qui est prêt à s'inclure ? Je veux dire à accepter comme siennes les peines des autres et d'abord leurs peurs ? « Ce n'est pas mon problème », entend-on trop souvent. Les voyages au bout du monde sont devenus banalité touristique, mais il est rare d'oser sortir de soi. Une forme du courage s'appelle la générosité, qui n'est pas une vertu de droite. Bernard Kouchner m'a dit un jour : « Tu ne feras jamais de carrière politique parce que tu t'intéresses vraiment au tiers monde. A droite, cela ne se pardonne pas. » La gauche préfère le mot « solidarité » à celui de générosité, qui pourrait rappeler la charité. Pour s'inclure, il faut savoir *en quoi*. Il faut un modèle. Les États-Unis sont devenus la première puissance du monde (Claude Lévi-Strauss le note dans *Tristes Tropiques*) parce que quelques centaines de milliers de protestants blancs de Nouvelle-Angleterre ont accepté de se fondre dans des millions d'émigrants pouilleux, irlandais, italiens, polonais, juifs, fuyant la vieille Europe, ses guerres, ses famines, sa misère, ses pogroms et qui rêvaient d'un autre monde, le nouveau monde. Mal vu, le modèle, surtout si c'est le nôtre. Ne peut-on affirmer ses principes et rester logique avec soi-même ? On ne peut pas en même temps refuser l'expulsion de jeunes Maliennes parce qu'elles risquent chez elles l'excision, et refuser de condamner l'excision à Paris au nom du respect d'une société dite multiculturelle.

Il faut choisir. Le droit d'asile, oui, mais la condamnation de l'excision en France, avec expulsion. J'ai passé six ou sept ans au lycée sans pouvoir définir l'opinion d'un seul de mes professeurs. Je suis pour l'interdiction du foulard islamique dans l'enseignement public. Français, réveillez-vous. C'est à vous de dire que l'étranger qui respecte nos lois ne nous est pas étranger, mais qu'il doit respecter nos lois. Combien sommes-nous à avoir un grand-parent sur quatre qui n'était pas français : italien, espagnol, polonais, russe, arménien... Douze millions, quatorze millions ? Plus que les hasards du sol ou du sang, c'est la volonté d'être français qui compte. La volonté d'embrasser l'art, la littérature, les heurs et les malheurs des Français, trahisons et mots historiques compris, le tout mélangé, brassé, lié, monté en pâte, travaillé à la main, Vercingétorix et Victor Hugo, la première du *Cid* et la déroute de Sedan, Jeanne d'Arc et *Le Mariage de Figaro*, la Thiérache et le Boischaut-sud..., on ne choisit pas, on prend tout en bloc ou on refuse. Il y a plus important que la géographie : la mémoire.

Venu de loin ou près, peu importe. On m'a reproché de m'être battu trop loin. Sur les murs de Bourges était écrit en termes accusateurs : « Deniau à Kaboul », « A

Beyrouth », « En Bosnie ». Je n'ai jamais considéré que l'exotisme donnait une prime au malheur. Ma seule excuse est qu'au loin il n'y avait pas foule. Le témoignage le plus émouvant est venu d'un chef d'État, ancien maquisard, qui a dit : « Il était avec nous quand personne n'était avec nous. » J'aime trop partir, pas assez arriver. Dans trois ou quatre pays où les diplomates prient le ciel de ne pas être nommés ambassadeurs, je suis considéré comme une sorte d'ami public numéro un. Quand on a trop voyagé, on ne ressent plus de dépaysement. Quand on a trop aimé le vent, on n'a plus l'air de rien. J'ai trop semé sans attendre la récolte. Au soir, je suis comme la mer sans moisson. Parfois j'ouvre un livre sur un sujet que je pense connaître bien, en tout cas mieux que beaucoup d'autres, et dans un domaine où, sans me contenter de rester un observateur, j'ai agi : le Proche-Orient, les Balkans, le monde musulman, la corne de l'Afrique, la construction européenne, la démocratie en Espagne. Je feuillette le livre, et dans l'index des noms cités je ne me trouve pas. Normal. Avoir été tour à tour ou ensemble l'Européen, l'Africain, le marin, le ministre, le baroudeur, l'académicien, c'est trop. Le défenseur du Liban, le spécialiste de la Yougoslavie, l'expert de la politique agricole commune à Bruxelles, c'est trop. Et pourquoi pas traverser l'Atlantique à la voile ? Et intervenir dans la guerre en Tchétchénie ? Et écrire des romans ? Et survivre à treize anesthésies générales ? C'est beaucoup trop. J'avais écrit à seize ans : « Je choisis tout. » Choisir tout, c'est ne rien retenir. Deng Xiaoping disait : « Le défaut des Occidentaux, c'est de vouloir essayer de prendre dix puces avec dix doigts. » De ses gros doigts courts, il mimait un Occidental insensé cherchant à attraper dix puces avec dix doigts. La leçon, il était trop tard pour l'entendre. Quand j'étais jeune, j'attrapais tout ce que je voulais. Tout, trop longtemps m'a semblé possible.

Une existence suffit à peine pour regretter sa jeunesse. J'ai plusieurs fois entendu annoncer ma mort, j'ai eu peur, peur de quitter ceux que j'aime, peur de ne laisser derrière moi que des mots mal dits, des gestes peu sûrs, des brouillons de textes. Que recommandaient en classe les professeurs le jour des compositions ? « Gardez du temps pour mettre au propre. » Je n'ai pas su garder le temps. A vingt ans, je n'ai pas su avouer à une femme que je l'aimais. J'étais trop jeune et j'avais peur de choisir. J'ai brouillé ma vie. A vingt ans s'ouvrait devant moi une carrière toute tracée de haut fonctionnaire qui aurait pu me conduire à la Banque de France ou à l'ambassade de Washington. Je ne me suis pas laissé conduire. A vingt ans je préférais la littérature à l'administration et l'aventure au roman. Goethe a dit à Eckerman : « Le but c'est le chemin. » J'avais trop de chemins possibles. C'est ainsi que l'on se perd.

Les carrefours ont toujours été des lieux magiques fréquentés des démons. Comment savoir si prendre à gauche conduit au bonheur et à droite au malheur ? Où est la vie, où est la mort ? C'est le doute qui est le mal. Œdipe est interrogé par le sphinx (qui est une sphinge : quel mâle serait capable d'inventer d'aussi subtiles et redoutables énigmes ?) au croisement de trois routes que nous appelons encore une patte d'oie en souvenir de la reine aux pieds palmés, Pédauque au mystérieux pouvoir. Le carrefour de trois voies est le lieu de la Grande Tentation : la possibilité de refuser de choisir par oui ou par non. Il fallait bien un monstre pour le garder, ce domaine interdit où tout est possible. Trop longtemps il a été le mien. A vingt ans je rêvais de vivre un grand amour, d'être un grand capitaine, d'écrire une grande pièce de théâtre. Au carrefour de trois voies, comment les prendre toutes les trois.

3

Dialogue de théâtre — Une natte blonde sur une robe de velours noir — Marche doucement sur cette terre — Tout est possible
Une croisière amoureuse — L'Italie du cœur
La littérature est le deuil du bonheur
Je ne l'aimais pas assez puisque je voulais qu'elle m'aime — Chanson

(La scène représente une place d'une ville italienne. Une maison à gauche, celle où habite le jeune auteur, Gilles ; une maison à droite, avec un balcon, celle où habitent Laure, sa mère et son oncle. C'est le soir. La scène est sombre. Un homme entre avec une lanterne, hésite un moment entre les deux maisons, puis frappe à la porte de gauche. La porte s'ouvre, éclairant la place, et apparaît Gilles sur le seuil.)

L'HOMME. — Pardon, c'est bien ici que l'on prépare une comédie ?

GILLES. — Mais oui, monsieur.

L'HOMME. — Charmant. Et l'auteur en est ?...

GILLES. — C'est moi, monsieur.

L'HOMME. — Charmé. Et le metteur en scène ?

GILLES. — C'est moi aussi, monsieur.

L'HOMME. — Parfait. Et le meneur de jeu ?

GILLES. — Le meneur de jeu ? Eh bien ! moi, sans doute.

L'HOMME. — Au mieux. Et le jeune premier ?

GILLES. — Moi encore, moi.

L'HOMME. — Bravo. Et le cocu ?

GILLES. — Mais moi, monsieur, moi, vous dis-je. Hé là !

L'HOMME *(vite)*. — Excellent. Supérieur. Le cocu est un rôle capital, et je vous félicite d'avoir su vous le réserver. De même qu'il n'est pas de bonne pièce sans cocu, il n'est pas de bon cocu sans talent et...

GILLES. — Permettez...

L'HOMME. — Non, non, je ne permets rien. Vous avez choisi la meilleure part, la plus difficile, je ne vous l'enlèverai pas. Il n'y a toujours qu'un seul type d'amant, l'amant, alors qu'il existe cent façons plus ou moins nobles, drôles, graves, passionnées d'être cocu. Entre nous, l'amoureux, c'est de la mandoline, il n'y a pas trente-six manières d'en jouer. Mais le cocu, quelles plaintes de cordes, quelle partie de basson, quels accords de cuivre on peut en tirer ! Comme tout cela vibre, s'esclaffe, râle ou éclate, en mineur, en majeur, pincé, pizzicato, déchaîné, rinforzando ! Ah ! quel orchestre vous avez choisi là, monsieur.

GILLES. — Monsieur...

L'HOMME. — Ne protestez pas. Rien de plus plat, de plus terne, de moins scénique qu'un amoureux comblé. Alors qu'être cocu, cocu conscient, quel drame vous monte subitement au front, quelle école des passions, quelle occasion pour une scène des stances, quelle crise, quel nœud, quel ressort !... Être cocu, monsieur, mais c'est la chance de tout homme d'un peu de caractère pour atteindre d'un seul coup au grand, au très grand. — Si, si, n'importe quel godelureau avec moins de poil que de boutons peut faire un amant. Il n'y a qu'à le pousser au lit. Mais, pour faire un cocu digne de ce nom, il y faut vingt ans. Vingt ans ! Que dis-je, le plus souvent, il y faut une vie, monsieur, on ne s'en tire pas à moins.

GILLES. — Vous n'êtes, je vois, qu'un mauvais plaisant.

L'HOMME. — Et vous, monsieur, un de ces grands acteurs qui savent choisir leurs rôles.

GILLES. — Monsieur, je vous claque la porte au nez.

L'HOMME. — Et moi, monsieur, j'irai vous applaudir.

(La porte se referme. La scène est sombre de nouveau. L'homme traverse la place et va frapper à la porte de l'autre maison. On ouvre. Lumière. Une jeune fille, Laure, sur le seuil.)

L'HOMME. — Pardon, mademoiselle, c'est bien ici que se joue la tragédie ?

LAURE. — Mais non, monsieur.

L'HOMME. — Comment, vous ne songez pas à vous tuer ?

LAURE. — Monsieur, excusez-moi, mais vous faites erreur.

L'HOMME. — Ne serait-il pas question de vous enfermer dans un couvent ?

LAURE. — Je ne sais ce dont vous parlez.

L'HOMME. — Voyons, mademoiselle, au moins, on vous a séduite...

LAURE. — Aucunement, monsieur, et...

L'HOMME. — Dites-moi, vous avez bien le sentiment de perdre votre vie et de gâcher votre jeunesse.

LAURE. — Vous divaguez.

L'HOMME. — Ce soir, mademoiselle, vous vouliez fuir, fuir dans la nuit, n'est-ce pas ?

LAURE. — Il n'en est pas question.

L'HOMME. — D'ailleurs, vous aimez quelqu'un.

LAURE. — Non, monsieur. Personne. Et bonne nuit.

(Elle veut fermer la porte.)

L'HOMME. — Ah ! non, mademoiselle, ici je vous arrête, vous n'aimez personne. Pas bonne nuit, mademoiselle. Vous n'aimez personne. Ah ! le voici, le drame. Tragique, en vérité. Triste cadavre d'ailleurs que celui d'une personne qui n'a jamais pensé perdre la vie. Affreuse prison, cette maison où ne vient même pas l'idée de fuir. Pauvre vie, celle que vous ne craignez même pas de gaspiller. Aveugle, sourde-muette et paralytique, oui, vous, affreux cas médical, vous qui n'avez jamais été séduite. Personnage d'histoire à faire peur, pitoyable emmurée vive, vous qui n'aimez personne. Tragique, tout ceci, tragique, tragique, vous dis-je.

LAURE. — Vous êtes ivre et je vous claque la porte au nez.

L'HOMME. — Vous êtes belle et je me demande comment ce drame va finir.

J'ai perdu la suite de cette pièce. Peut-être cela vaut mieux. Je ne suis bon que dans les débuts.

C'était l'époque de l'après-guerre où, l'été, les jeunes gens littéraires descendaient sur la Côte d'Azur en voitures d'occasion anglaises, décapotées et inconfortables. J'avais une Lancia 1935 à l'intérieur de cuir bleu et de bois exotique beau comme l'Orient-Express, qui avait fait suite, et pour le même prix, à la petite moto gagnée au célèbre concours de Radio Luxembourg avec Zappy Max et Monsieur Champagne, « Quitte ou double », matière géographie. Par quel pays, du Cap au Caire, sous puissance anglaise devrait passer le chemin de fer voulu par

Cecil Rhodes ? Le drapeau d'Haïti est bleu et rouge. Savez-vous pourquoi ? Le candidat sait. Il continue. On l'applaudit. Il va s'acheter une moto. On l'applaudit.

Plus rentable que le concours général officiel des lycées et collèges (prix de géographie, et accessit de français) jamais remis, car en juin 44 le ministre Abel Bonnard, illustration des lettres françaises et de la collaboration, devait avoir autre chose en tête que de ceindre la mienne de lauriers.

Le président Pompidou, qui pour plusieurs motifs n'aimait pas Maurice Couve de Murville (les ambassadeurs disent : *mon prédécesseur est un incapable, mon successeur est un intrigant*), mais qui savait que je lui étais tout dévoué, m'a demandé un jour, parlant du concours général : « Il paraît que Maurice Couve de Murville aussi a été lauréat ! Incroyable ! Et en quelle matière, s'il vous plaît, vous qui êtes de ses fidèles ?

— Géographie, monsieur le président de la République.

— Ah, dit Pompidou, qui se tasse de soulagement dans son fauteuil élyséen. Ah ! J'en étais sûr. Seulement un descriptif.

L'été était devant moi, et la mer, et la vie. Sortir de l'ENA dans les premiers ouvrait beaucoup de portes et assurait déjà un traitement d'officier, alors que, élevé sans un sou, je gagnais mon argent de poche d'étudiant comme enquêteur Gallup payé au questionnaire. Mais je ne pensais à aucune carrière faite de grades, avancements, postes et retraite. J'écrivais des éditoriaux dans *Arts*, où je tranchais de la gloire et du style. La Table Ronde et La Parisienne me demandaient des textes. Plutôt que de commencer en plagiant les autres (ce qui d'après Malraux est l'enfance de tout art), je m'amusais à attribuer à d'autres mes écrits. Ainsi à un prolifique poète italien au nom superbe, le Cavalier Marin, qui a dû écrire plus de 60 000 vers au XVIe siècle, des exercices de style en forme de rondel. Tout est possible.

Ne chasse pas d'un baiser ce silence
Trop frêle oiseau pour tes lèvres trop vives
Pose entre les dons que tu dispenses
Et mes désirs les plus chers qu'il avive.

Accorde-moi cette extrême jouissance
D'attendre un peu l'amour dont il nous prive :
Ne chasse pas d'un baiser ce silence,
Trop frêle oiseau pour tes lèvres trop vives.

Ne hâte pas l'heure où nos espérances
En souvenirs iront vieillir, captives
Un bel oiseau entre nous se balance
Un seul instant reste encore attentive.
Ne chasse pas d'un baiser ce silence.

Apprendre à vieillir n'a jamais été inscrit au programme de l'Éducation nationale. Seul. Vieillir apprend parfois à vieillir. Je n'ai jamais su ni même essayé. J'ai toujours assez bien tiré à la carabine, pas trop mal skié, à vingt-deux ans j'avais un diplôme de skipper d'un club anglais de voile. A côté de la maison de campagne de La Rocheguyon, je faisais du vol à voile avec Claude Luter, beaucoup plus doué que moi et champion de clarinette. J'y gagnai une entrée gratuite à vie au Vieux-Colombier à la grande époque de Claude et de Sidney Bechet.

L'Indochine, je n'en parlais pas. Peut-être parce que j'ai survécu alors que les deux autres Français avec qui je participais aux opérations de la Garde montagnarde, le jeune et enthousiaste administrateur Vidal, si patriote, et le maréchal des logis Herbelin, avaient été tués tous les deux à quelques semaines de distance. Les Vietminhs visaient d'abord les Blancs et les gradés. J'avais beaucoup appris.

Qu'on ne voit pas son adversaire à vingt mètres, que l'ouïe est plus importante que l'œil, et que peu importe d'avoir une chemise bleue ou jaune pouvu qu'elle soit froissée : c'est le pli qui n'est pas dans la nature qui se remarque ; à me nourrir de riz gluant et d'insectes, à marcher pieds nus, à ne prendre jamais deux fois la même trace, à savoir tout de suite en entrant dans l'ombre enfumée d'une case sur pilotis, à qui parler et à qui ne pas parler parmi ces silhouettes de vieillards cracheurs de salive jaune. A écouter. A attendre. A déjouer les pièges silencieusement. A monter les pièges silencieusement. A tirer. A ne pas tirer. Et que l'audace est parfois l'école de la survie.

Rien de tout cela n'était racontable à Paris où l'on attend en une phrase la réponse à la question « Qu'est-ce que vous alliez faire là-bas ? ». Je n'ai jamais su répondre : je n'ai jamais su ce que là-bas veut dire. Si ce n'est partout.

Les soldats américains, pendant la guerre de Sécession, employaient une étrange métaphore pour dire qu'ils avaient été au combat, « au feu ». Parce que cela ne se raconte pas. Ils disaient : « As-tu vu l'éléphant ? » A vingt ans, j'avais vu l'éléphant.

Oublie-t-on les images de ses vingt ans ? J'ai passé ma vie à ne pas oublier. Sur la route de l'été, entre les rangs de platanes qui présentaient les armes, il me semblait qu'une vie entière était déjà derrière moi parce que j'avais survécu et qu'une vie entière, une autre, était devant moi parce que j'avais vingt-cinq ans. Les alpinistes anglais, pour désigner cette sorte de faim intérieure qui les pousse à vaincre les pics et à enchaîner les sommets, disent : « Il faut nourrir le rat. » Mon rat a toujours été assez affamé.

Aux toits des maisons, les tuiles changent de forme. Nos machines anglaises ou italiennes, avec leurs caprices de diva en représentation exceptionnelle, nous transforment en spécialistes de la courroie de ventilateur pétée et du changement sauvage de joint de culasse. Mon bagage de sous-officier de réserve comporte une excellente brochure : *La Recherche systématique des pannes*. Pour trouver un garagiste, il faut sortir de la nationale. Des villages déserts font la sieste au seul bruit d'une fontaine. Demain, en Avignon, rendez-vous est pris avec le prince de Hambourg. Ou Gérard Philipe ? Ils sont si liés, lequel joue le rôle de l'autre ? Après-demain à Aix, avec Mozart. Saluer au passage le premier olivier, puis le premier cyprès, dialogue du rond et du droit, de l'utile et du pur, des œuvres et de la foi — Marthe et Marie —, des paysages de Provence. Devant moi deux mois de vacances, plus riches dans leurs seules nuits que tous les jours de l'année grise. Le plus beau répertoire du monde se réchauffe aux pierres dorées des plus beaux de nos murs. Doña Elvire crie sa peine : « Sauvez-vous, je vous en prie, ou pour l'amour de vous, ou pour l'amour de moi. Encore une fois, don Juan, je vous le demande avec des larmes. »

A la terrasse des Deux-Garçons les véritables amateurs,

qui ont suivi *Cosi* sur la partition, se demandent si la Stich-Randall ne manque pas un peu de *legato*. Les véritables amateurs ne supportent que l'éloge ou la critique de détail. Reconnaître qu'il n'y a pas plus beau monument que les Invalides, ni plus éblouissante démonstration *d'architecture à plat* que la place de la Concorde ? Non. Ils s'extasient sur le chapiteau mal éclairé d'une église de style composite. Pour changer de domaine culturel, et si la comparaison ne choque pas, ils aimeront toujours le boudin pour la moutarde qui va avec le boudin. J'ai connu à Madrid un très éminent conservateur du Prado qui refusait de signaler ses tableaux les plus célèbres, de Vélasquez ou du Gréco, et interdisait de lutter contre les reflets, faux jours et autres terreurs muséales de ses collègues. Il faut mériter une œuvre, d'art, disait-il — et d'abord la découvrir avec difficulté. L'absence d'écritaux, la poussière et les zones d'ombre sont mes alliés objectifs.

Avant de rencontrer M., j'aimais déjà le *Don Juan* de Mozart, ce qui choquait un jeune cousin plus cultivé : « Il y a trop de cris », disait-il doucement. Le peu d'italien que je sais, je le dois aux premières leçons de l'Assimil, et au livret de Da Ponte. En général, le monde me paraissait naturellement un livre où lire sa vie. J'avais appris l'allemand en Allemagne, en 1950, sur les directives de l'ambassadeur André François-Poncet, professeur agrégé, mais aussi grâce au frais bavardage d'une amie allemande, très blonde, jolie, et rieuse. Elle avait mon âge et répondait au prénom champêtre et wagnérien de Waldtrout. Je pense qu'elle m'avait d'abord dragué pour avoir accès à ma carte de PX, ces magasins hors taxes croulant de tous les fruits de l'Eden réservés aux forces occupantes. (Des enfants qui n'avaient jamais vu des oranges et des bananes essayaient de les manger avec leurs peaux.) Quand je quitterai l'Allemagne, on se promettra de s'écrire et de se revoir. Il n'en fut rien. J'appris plus tard d'un collègue de bureau et à sa propre surprise, qu'il avait pris ma suite. Il n'est jamais mauvais de temps en temps de rappeler aux garçons que ce sont les filles qui choisissent et qu'elles n'en font qu'à leur tête.

Ma sœur aînée Hélène, d'une beauté à couper le souffle, portait des galons de capitaine dans les services français à Berlin. Elle devait avoir dans les vingt-quatre ans, et avait séduit, rapporte la famille, le maréchal Joukov, héros de l'Union soviétique, représentant Moscou au Conseil militaire quadripartite. Parce que Joukov lui faisait la cour, elle avait décidé dans sa forte logique que son frère cadet devait apprendre la langue de Tolstoï. Soit, me voilà inscrit aux Langues orientales. Le professeur Pascal explique que l'honneur de la langue russe est qu'on ne peut l'apprendre comme une langue vulgaire avec un manuel de conversation simplifié. J'apprends donc de façon compliquée et difficilement. Le général Bertrand, au déjeuner hebdomadaire paternel et éducatif chez lui, me demande :

— Ils ont déjà fait la photo ?

— Pardon ?

— Oui, la phote de groupe avec toute la classe.

— Ah oui, oncle Bertrand. Un élève a fait venir un photographe pour prendre un souvenir sympathique de nous tous.

— Ils la font toujours, dit le général Bertrand. Utile

pour le jour où l'Armée rouge occupera la France. Avoir déjà fiché dans la population tous ceux qui parlent le russe. Sérieux.

C'est à peu près vers cette époque que j'ai dû commencer à entendre parler de « Gladio », un réseau de résistance mis en place en cas d'occupation soviétique de l'Europe de l'Ouest. Jules Moch, ministre socialiste à poigne, reprenait une à une les casernes de gardes mobiles peu sûres. Le PC français, dont l'objectif était de préparer l'avance inéluctable de l'Armée rouge jusqu'à Brest, n'avait pas hésité à organiser des attentats sur les voies ferrées dans un climat de guerre civile. Un matin, ordre de Moscou : « Laissez tomber. » L'Amérique montrait les dents ? Ou plutôt une très vieille règle du Komintern avait été rappelée : *ne jamais tenter de prendre par la force le pouvoir dans un pays qui n'a pas une frontière avec un pays déjà communiste.* L'Union soviétique peut attendre. Elle ne doit jamais reculer.

Le mouvement était donc Yougoslavie, Italie, France. Dans l'ordre. Les démocraties peuvent se permettre le désordre, les pas de clercs et les allers et retours. Elles *sont* le désordre. Pas les dictatures. Quand l'URSS reculera en Afghanistan, l'URSS tombera. J'avais d'ailleurs été dire en tout sincérité à Moscou dès le début que cela finirait comme le Vietnam pour les Américains. J'ai déjà raconté la réponse qui n'aurait pas déplu à la reine Victoria impératrice des Indes : « Les barbus dans la montagne ne nous gênent pas. Ils y mourront de faim ou de vieillesse. Mais leurs enfants descendront dans la plaine pour recevoir une éducation, adhérer aux Komsomols et bénéficier d'une carrière normale. »

Pourquoi ce fou furieux klaxonne-t-il derrière moi ? Il n'a qu'à doubler, s'il y tient tant. Valence est loin et le Rhône à main droite roule des eaux gris jaune d'Orénoque inconnue. J'ai oublié le russe comme j'oublierai l'arabe, sauf que je peux encore reconnaître quelques mots. En fait, je parle très mal beaucoup de langues. Ma vraie vocation aurait dû être portier de nuit. Vive la nuit.

Déviation pour Orange : 19 kilomètres. Ralentir, hôpital. J'avais déjà croisé M. dans un dîner à Paris, chez sa mère sans doute. Elle m'avait semblé un peu effacée — mais dans le protocole de la séduction, sa mère n'avait pas l'habitude de passer les portes en second. Le dos rond, le visage doux, une mine plutôt de nièce méritante que d'héritière triomphante, un mélange de gaieté forcée et de coups de tristesse qui l'isolait dans le monde et que d'autres trouvaient déconcertant, tandis qu'il fut pour moi, dès que je la connus, le lien de soie noir parfilé d'or qui me noua à elle. Sa mère distribuait les rôles. J'avais ce soir-là celui de l'ombrageux jeune homme qu'il conviendrait d'attacher. Aucun collier ne me plut.

Un ami donnait ce conseil : si tu sens que tu t'endors au volant, conduis plus vite pour t'obliger à faire attention. Le plus grand pilote, Fangio, prétendait qu'on ne saura jamais le nombre d'accidents que l'excès de vitesse permet d'éviter. A vingt-cinq ans, conduisant vers la côte ma vieille Lancia bleue décapotée, je chantonnais des bouts de chansons à la mode entremêlés aux souvenirs de vacances passées et de films vus en compagnie de deux ou trois amies, un peu plus que des flirts. La circulation sur la route du Midi en ce début d'été était diabolique. Ce serait trop bête de mourir ce soir, avant une si belle nuit. L'Europe des festivals, de Hambourg à Venise, s'est réveillée. Richard III, bossu royal, m'attend pour séduire la veuve de l'homme qu'il vient d'assassiner. Le Cid va tuer en duel le père de celle qu'il aime. Sur tous nos trésors et toutes nos illusions, la nuit de l'été, noire souveraine amie des arts, a posé le fabuleux diadème de la reine de Saba.

Je ne me souviens plus à quel spectacle et dans quel palais illuminé j'ai revu M. Sans doute un *Don Juan*, à Aix, puisque plus tard je l'emmènerai écouter *Don Juan* à travers toute l'Europe : à Hambourg, en Angleterre, à Salzbourg, à Vérone... Oui, c'était *Don Juan*. *Aria grazioso.* Zerline chante à son amant gémissant et battu qu'elle possède le meilleur médicament du monde, son cœur.

E un certo balsamo
Que porto addosso
Sentilo battere ?
Toccami qua.
Sentilo battere ?
Toccami qua.

A dix rangs devant moi, j'aperçois une natte blonde sur une robe de velours noir. Le monde va changer, le temps va changer. Je n'ai pas rajeuni ou vieilli, grandi ou rapetissé, maigri ou élargi. Je parais sans doute le même : un mètre quatre-vingts et quelque, longiligne poussé tard, un grand nez dévié par un accident de moto à dix-sept ans, la tête un peu dans les épaules, des rides au coin des yeux. Un romantique qui sait démonter un moteur et plaît bien aux mères des jeunes filles amies. J'ai l'air d'un enfant gâté. Je suis gâté : j'ai toujours fait ce qui me plaisait.

Je viens de changer. Bat désormais à la place de mon cœur l'image d'une natte blonde sur une robe de velours noir. Coule dans mes veines une natte blonde sur une robe de velours noir, dans le système lymphatique, la moelle épinière, le cortex cérébral, qui sait, la fonction glycogénique du foie. C'est impressionnant d'être ainsi habité d'un corps à distance. Les femmes possèdent la magie qui transforme les citrouilles en carrosses et les plus durs en esclaves, un anneau d'or dans le nez. Pour séduire, un homme doit paraître, causer, être au pouvoir, faire rire, en un mot attendre, se fatiguer, encore se fatiguer, parler, hélas, parler. Une femme possède ce philtre unique, le pouvoir de séduire tout de suite, à vue. Quelques arrangements de cheveux, une heureuse répartition à quelques millimètres près du cartilage nasal ou des os maxillo-faciaux, et peu importe la précession des équinoxes, l'inclinaison de la terre sur le plan de l'écliptique, la loi de Coriolis et l'enchaînement des alizés : à dix rangées de théâtre, seule compte une natte blonde sur une robe de velours noir.

Quelle idée, l'égalité des sexes ! Il y eut même une campagne pour interdire aux hommes de faire davantage avec les femmes qu'une femme elle-même, « contre la pénétration ». Dieu merci, la politique est une chose et la vie une autre. Il faut avoir lu les lettres d'amour de Simone de Beauvoir à son amant (pas Jean-Paul Sartre, qu'elle jugeait manquant tout à fait de vivacité au lit), pour être réconcilié avec notre époque comme avec la grande prêtresse de la libération des femmes et de la contestation intellectuelle et sociale. « Tu es mon mari, mon homme, et serre-moi fort dans tes bras d'homme. Et je suis ton esclave arabe, et je te laverai tes chaussettes, en chantonnant, etc. » Contradictoire ? Ridicule ? Non. Sympathique, madame Simone. Vraie. Nature. Contre la haine de la différence, la seule réponse est la différence. Que disait le devin Tirésias qui fut successivement des deux sexes ? Que les femmes jouissent neuf fois plus. Et le droit d'être émue et d'émouvoir ? Et le droit de chanter et de pleurer ? Et le droit de changer de couleur pour changer d'humeur ? Et celui de laisser croire aux hommes qu'ils peuvent vaincre et gagner ? « Ça nous coûte si peu, commentait une femme d'esprit du XVIIIe siècle, et ça leur fait tellement plaisir... » Où est-elle, la vraie égalité ? « Ah, répondent les femmes, nous ne voulons plus être des objets. » Holà ! N'est pas objet qui veut. « Attention, fragile, objet d'art », dit Garance au commissaire de police qui l'embarque, dans *Les Enfants du paradis*. Quel est l'homme, le plus sûr de lui et dominateur, qui n'a pas un jour rêvé en secret d'une autre vie, sous un autre nom, un autre appareil, où il serait enfin objet ? Vive les objets adultes, libres et conscients ! Objets de tous les pays, unissez-vous ! Un sujet, ce n'est même pas un citoyen. Aux armes !

Le visage de M., tel que je l'avais vu un instant ce jour-là, je ne pourrai plus l'oublier, éclairé du sourire de cette nuit de fête. Mais une mélancolie le tirait un peu en arrière comme un chignon trop lourd à porter. Pourquoi cette lassitude, si jeune ? Dans le brouhaha de la sortie, je l'ai perdue. Je suis prêt à attendre. Tout est possible.

Sorti du flot des camions et des vacanciers de la RN 7, je m'aventure sur une route transversale.

Je ne sais plus si ce qui va suivre s'est passé dans les ruines de Glanum à la sortie de Saint-Rémy, à la chapelle romane de Saint-Sixte au-dessus d'Eygalières ou au moulin de Daudet lui-même. Le merveilleux est qu'il ne s'est rien passé, comme dans les *Confessions* de Rousseau, lors du miraculeux épisode des cerises. Le jeune Jean-Jacques qui errait, rêveur solitaire, rencontre deux jeunes filles parties goûter à la campagne. Elles le prennent en croupe sur leur cheval pour traverser à gué une rivière. Elles lui passent en riant par-dessus l'épaule les cerises de leur panier. Il ne se souvient ni du jour, ni du lieu, ni des prénoms des jeunes filles. Peut-être n'a-t-il pas osé les leur demander. Et pourtant jamais il n'oubliera ce moment lumineux de bonheur. La Provence a remplacé la Savoie. A l'ombre mince d'un cyprès une jeune fille un peu boudeuse, sa longue robe repliée sous ses pieds, qui paraît chez elle comme si elle était la maîtresse de maison de ces ruines, rêve à ses souvenirs futurs. Je salue et lui baise le bout des ongles. Elle me fait visiter. Elle est peut-être d'ailleurs la maîtresse de maison. Elle tient à me montrer un angle de vue inattendu, à me faire respirer un pied de romarin qui lui est familier. Main dans la main, nous contournons le vieux figuier bourdonnant d'insectes en posant nos pieds doucement sur un sol aux dalles incertaines. Marche doucement sur cette terre, a écrit le poète arabe, elle est faite de tous nos morts. L'été est suspendu, un doigt sur les lèvres. Nous nous sommes séparés sans avoir échangé plus de vingt mots. En plein soleil, nos vies se sont croisées comme dans la nuit se croisent les navires. Tout a été possible.

A Saint-Tropez, le charme de Colette et de Dunoyer de Segonzac n'est pas tout à fait dissipé. Le sable de la plage de Pampelonne reste largement désert sur quatre kilomètres. Chez Palmyre, un piano mécanique rappelle les dix-sept bordels à matelots que comptait Saint-Tropez quand la route n'était pas encore ouverte et que le commerce du liège de la presqu'île se faisait par tartanes à voile, de Barcelone jusqu'à Livourne. Tout est possible.

Au retour d'une expédition de quelques jours en mer avec un ami, je tourne un bout à terre quand un quidam nous hèle du quai.

— Vous êtes occupés ce soir ?

— Occupés ce soir ? Non, pas vraiment.

— Alors, allez sur la route des Salins. Deux kilomètres, deux kilomètres et demi. Vous verrez de la lumière à gauche, vous entendrez du bruit, c'est là, vous êtes invités.

A la nuit, le chauffeur qui nous a pris en stop vers les Salins ralentit après deux kilomètres, deux kilomètres et demi.

— Vous entendez du bruit ? demanda-t-il.

— Oui, vaguement. Rythme sud-américain, semble-t-il.

— Vous voyez la lumière ?

— Oui, à gauche. Vous savez où vous allez ?

— Non. Pendant que je garais ma voiture sur le port, un type est passé, m'a regardé sous le nez et nous a dit : Vous êtes libres ce soir ?

— Ouais.

— Eh bien, vous prenez la route des Salins, deux kilomètres, deux kilomètres et demi, etc.

Vignes, vieux murs, grands arbres. Éclairages indirects dans les massifs de fleurs. A l'entrée, un joyeux compagnon en chemise à fleurs avec un papillon tatoué haut sur la cuisse droite sert à la louche un punch de bienvenue. Musique. Mon camarade de bateau répond à une dame allurée qui lui demande ce qu'il fait dans la vie : « Explorateur. » Je proteste. C'est moi, l'explorateur ! Ethnologue diplômé ! Membre du Club !

— Les dames sont toujours à découvrir. Longitude et latitude incertaines. Tu n'avais qu'à ne pas te raser.

Une actrice célèbre explique à trois minets, et à un érudit, qui a le tic de mirer ses grosses lunettes même quand il fait nuit après avoir soufflé dessus, que Stendhal n'a rien compris, les fiascos masculins n'ont pas d'importance, parce que jamais une femme ne les racontera. Cela pourrait donner l'idée à d'autres de faire mieux. Un notaire me propose très professionnellement d'acheter pour quasiment rien l'immense domaine de la Chartreuse de la Verne au cœur du massif des Maures. Il reconnaît « qu'il y a des travaux à faire » mais souligne la stabilité du revenu des châtaigneraies. D'un coup de 2 CV, avec des copains, j'irai voir. Superbe. Mais pourquoi ici, et pas ailleurs ? Le monde est vaste, le temps immense. Je repasserai. Quand le général Bertrand voudra que j'achète un autre domaine, celui de Maure-Vieille, au débouché de l'Esterel sur la ville de Théoule dont il est maire — avec l'espoir non caché que je lui succéderai un jour à la mairie. Je viens quelques jours chez lui aux Oules vertes, visite avec lui les lieux, admire, rêve. Je repasserai. J'accumule les souvenirs d'escale sans être propriétaire de rien. La soirée rhum-matelas continue. De vagues relations me reconnaissent : Ah ! tu es là. Sur ton bateau ?

— Mon voilier a cinq mètres de long, non ponté, sans moteur, 40 centimètres de franc bord...

Je suis embarqué pour une nuit dans le lit d'une princesse proche-orientale, sœur de roi et de reine. Elle voulait un marin. Le lendemain je couchais de nouveau dans le fond de mon bateau, un bout de voile sur la tête pour ne pas être réveillé par le soleil. Même si ce monde n'était vraiment pas celui de mon éducation, j'avais au moins reçu la leçon familiale de ne jamais m'étonner de rien. C'est mal élevé. Comme il est aussi mal élevé de poser une question dont on ne connaîtrait pas déjà la réponse. On pourrait gêner. D'ailleurs, ça ne se fait pas à l'est d'Aden.

Je ne sais plus à quelle soirée, chez qui ou quand, j'ai retrouvé M. Retrouver est inexact. L'ovale de son visage ne m'avait pas quitté, ni son air mi-attristé, mi-étonné de la vie. Je lui proposai, pari insensé, de l'emmener à la voile découvrir les îles d'Hyères. Mon bateau, je le répète, avait cinq mètres de long, pas de roof, pas de cockpit étanche, pas de moteur, pas de cuisine, pas de toilettes. Un casque de la MP américaine répondait aux plus impérieuses nécessités. Une pastille de méta sur un couvercle en fer permettait de faire chauffer du café. Un sac de couchage pour deux. J'avais embarqué du pain d'épices, des grappes de raisin et trois bouteilles d'eau minérale. M. a accepté. Tout est possible.

Nous avons largué l'amarre au matin et jeté le grappin à la nuit sous le cap Camarat, où un restaurant isolé servait de la langouste à quelques initiés. Nous nous sommes passés de langouste mais pour moi, c'était clair, les étoiles étaient de notre côté. Le lendemain, pour traverser jusqu'à l'île du Levant, j'ai comme seul instrument un compas portable. Petite brise de beau temps de l'ouest. Nous touchons terre après le cap Lardier pour refaire, dans une vigne qui borde la mer, provision de raisins verts. Comment M. a-t-elle pu accepter cette équipée ? A Port-Pothau j'achète un pot de confitures. Il n'y a encore qu'une cuillère pour deux. On entre de nuit, à la voile, dans Port-Man silencieux, et on mouille par cinq mètres de fond, sable et rocher de bonne tenue, à la lumière de la lune en tirant des bords entre quelques rares silhouettes de yachts (nous sommes dans les années cinquante), sur lesquels des silhouettes de serveurs proposent le whisky d'après dîner à des silhouettes de passagers sur la plage arrière. Des amis de M., peut-être. Au matin elle se refait un chignon sage, les bras levés derrière la tête. Je ne me demande même plus pourquoi elle a accepté de monter à mon bord. Brise diurne. Croisière à Porquerolles où toutes les senteurs de l'été nous accompagnent. Je mouille le soir juste devant le cap des Mèdes. A la nage (je n'ai pas non plus d'annexe), dans la nuit tombante, nous gagnons la plage pour nous coucher sur le matelas d'algues sèches déposé par la mer. Je suis réveillé juste au lever du soleil : le mistral se déchaîne en quelques minutes. La ligne d'horizon devant nous est attaquée par le vent comme à coups d'herminette et vole en copeaux d'écume. Il n'y a pas une seconde à perdre. Nous nous jetons à l'eau, nos affaires sur la tête, remontons à bord, je hisse la grand-voile, dérape le grappin, et, sans chercher à trop remonter au vent tant que je n'ai pas assez d'erre, je tire trois ou quatre bords à ras des vagues qui commencent à taper sur la côte, en gagnant de l'eau mètre par mètre, écoute tenue à la main. Le mistral est nord-ouest. Dès que je peux mettre assez d'est dans mon cap, nous sommes sauvés et le bateau aussi. Laisser porter. M. ne m'a pas posé une question, pas fait un reproche ni un compliment. Pourquoi a-t-elle accepté ? J'en suis sûr, elle ne m'aime pas.

Au Lavandou, elle trouve une cabine téléphonique et appelle un ami italien, lui demande de venir la chercher.

Ce n'est pas le mauvais temps, l'inconfort invraisemblable, le risque démesuré qui lui ont fait peur. Non, je crois qu'elle me trouve *collant*. Quelle pire condamnation pour ceux qui aiment que ce mot dans la bouche de ceux qui n'aiment pas ? Tout n'est donc plus possible ? Fin de l'été.

A l'automne elle m'appelle. Peut-être une fille, même non amoureuse, trouve-t-elle commode, ou même réconfortant, d'avoir à disposition quelqu'un d'heureux à sa vue. Sa mère m'invite. Son père propose de me trouver un domaine près de ses domaines. L'argent, la puissance, sinon la gloire. Tout de suite. Comment expliquer que je suis attaché à un chignon sage noué par-derrière les bras levés, mais que je redoute les chaînes que recherchent la plupart ? On me trouve capricieux. Je n'ai jamais été si sûr d'avoir raison d'être ombrageux. Parce que j'aime. Je fais découvrir à M. le monde des ciné-clubs, *Vampire* de Dreyer ou *Symphonie des Brigands*, et les bistrots d'étudiants. Elle m'entraîne dans un mouvement politique révolutionnaire qui a quelques années d'avance : « Soulèvement de la jeunesse ». Le fondateur animateur signe Marc 'O. Il exploite le thème de la lutte contre un monde qui exclut les jeunes. La jeunesse est le prolétariat de la vie. Il s'indigne qu'un ouvrier du secteur de la chaussure soit moins bien payé parce que le secteur de la chaussure va mal (Marc'O est de Limoges) que l'ouvrier du secteur de la porcelaine parce que la porcelaine va bien. Est-ce la faute de l'ouvrier ? Il réinvente l'utopie socialiste, toujours d'actualité. Le journal est vendu aux terrasses de Saint-Germain-des-Prés. Mais comme les ventes au numéro ne suffisent pas à faire vivre l'auteur et l'imprimeur, M. fait équipe avec une parente bien née qui a obtenu un prix Lénine pour un reportage sur Castro, et toutes les deux tapent les nobles familles du Faubourg.

— Mais, ma chère petite Sophie, ce n'est pas un journal communiste, au moins !

— Non, tante Marie-Berthe. Je vous le jure. Seulement un journal pour les jeunes.

— Tiens, ouvre mon sac. Prends ce qu'il y a. Tu me laisses cinquante francs pour la coiffeuse.

Les saisons passent. S'attendre l'un l'autre. Se retrouver. Peu à peu quelque chose d'assez doux est en train de naître.

Le corps de celle qu'on aime est la plus belle des maisons de campagne où enfant on a passé ses vacances. Il possède plus de coins et recoins où se cacher entre soi, plus d'arrière-buissons, de caves, de faux greniers, de jardins secrets où se retirer pour marmonner tout seul ses jeux ou ses colères. Le creux du coude, l'angle du cou, l'ombre de la joue, la paume de la main sont là pour me recevoir et abriter mon visage.

Qui aurait cru qu'un corps était fait de tant de couloirs à prendre, de seuils où hésiter, de haies que l'on écarte, de retraites où l'on se retrouve haletant comme après avoir couru ? J'ignorais que le corps qu'on aime, du creux du genou à la hanche, possède tant d'allées qui montent, de chambres interdites, d'arbres où se faire des maisons ; et aussi d'heures d'été trop lourdes, de mois trop courts, d'années passées ?...

Une idée en l'air, un coup de tête, et nous partons ensemble pour un grand voyage en Italie, avec elle, je m'interroge sur l'âge des monuments historiques — pas l'âge de leur construction, non, celui de leur cœur, le vrai : des palais sont nés vieux, d'autres pétulants. La basilique Saint-Apollinaire à Ravenne n'ignore rien des grandeurs et servitudes militaires. Alors que le Palais public de Sienne, qui a à peine de barbe au menton, doit encore faire son service militaire, dans les hussards sans doute. De quels instruments de musique jouent-ils, en privé, pour leur propre plaisir, ces hauts lieux de la culture ? La Signoria à Florence, du fifre, et Saint-Antoine-de Padoue, du basson ? Je ne dirai pas les noms des amateurs de grosse caisse.

Qu'il est doux, le temps perdu ensemble ! A l'Italie succède un voyage à Salzbourg. On nous trouve un couple assez charmant et les maîtres d'hôtel se font complices : des fleurs pour nous accueillir, la bonne table au restaurant, des places au concert. Mais la vérité, c'est que M. ne m'aime pas. Que cherche-t-elle ? Je ne sais pas. Elle a du pouvoir sur moi, et il n'y a pas de pouvoir sans mystère. Je ne me préoccupe plus de littérature, plus de mon métier, en rien de ma carrière, je suis avec M. et le temps s'est de nouveau arrêté. Puis brusquement elle met fin à ces promenades enchantées en me faisant savoir qu'elle aime un Américain qui habite New York. Je recommence à écrire, ce qui n'est pas un signe de bonheur.

Avant d'apercevoir en tes yeux si limpides
Le reflet de l'amour sur nous deux se penchant,
J'ignorais que les yeux de l'amour étaient vides
Et donnaient cet air triste à son masque d'enfant.

Le temps reprend. Le service de l'Inspection générale des finances me sermonne : un jeune agent ne roule pas en Lancia bleue décapotable 1935. C'est un genre, et se donner un genre c'est mauvais genre. Un jeune inspecteur roule dans une 4 CV de marque nationale Renault, payable par mensualités. Des camarades plus anciens, qui souhaitent m'attirer dans le service diplomatique, me réprimandent paternellement : un jeune agent n'écrit pas des vers. Cela fait léger. Il ne faut pas faire léger en début de carrière. Que recommandait l'ambassadeur André François-Poncet ? « Fumez le cigare, jeune Deniau. Cela donne du poids aux gestes. » Un temps viendra de signer des essais historiques sur des sujets qui ne toucheront pas trop à l'actualité. Un temps viendra d'écrire des romans, des pièces de théâtre ! Il y a d'illustres précédents. Il faut respecter le temps.

Moi qui ne respecte rien, j'ai publié en 1953, sous mon nom, deux articles très critiques sur l'ENA, parus en première page du journal *Combat* ! Sous le titre « Le règne des mots », je dénonce le verbalisme de la formation, qui risque de couper des réalités la société dirigeante française. En 53... Le frère Smadja, qui dirige *Combat*, tient à me voir, ravi de ce « coup » de presse.

Les réactions à l'ENA sont sévères. On reçoit un jeune homme et il crache dans le potage. Je continue à inspecter les finances, plus ou moins bien. Provoquer une terreur respectueuse chez les comptables du Trésor ne me paraît pas un objectif vital.

Le cinéma, maintenant. Je suis lié avec une jeune femme remarquable, Annette Wademant, scénariste/dialoguiste attitrée d'un des plus grands réalisateurs français, Jacques Becker, auteur de *Casque d'or*. Jacques Becker, sans que nous nous connaissions encore, met en scène le personnage que nous étions quelques-uns à jouer dans le Saint-Germain-des-Prés de l'après-guerre, celui du jeune homme qui rêve de partir en expédition ethnologique en Afrique. (Nous serons trois à le faire...) Le film s'appelle *Rendez-vous de juillet*.

Mais j'ai déjà raconté mes débuts ratés dans un film de Becker où Orson Welles devait jouer le rôle de l'affreux marchand de canons Basil Zaharoff, et moi un jeune aviateur pur et dur de l'escadrille des Cigognes. La vie n'arrête pas de couper.

En littérature, je continue. A seize ans j'avais déjà écrit trois pièces de théâtre dont, que l'on me pardonne, un *Faust* ! Le dessin, j'ai abandonné. Les leçons de piano ont été arrêtées quand mon père est mort, pour cause de restrictions du train de vie. Je regretterai toujours de ne savoir jouer d'aucun instrument de musique. Le conseil de famille en avait ainsi décidé : déménagement, remplacement de la bonne (qui pleure) par une femme de ménage ; vacances assurées en relais par l'oncle Yves à Granville et par tante Mimi à Bussy. Mais on tient son rang : ma mère ne travaillera pas et les filles continueront d'apprendre le piano. Ma sœur Mona, la plus poète de nous tous, fera des gammes.

Bernard Grasset me pousse à tirer un livre d'une nouvelle publiée dans *La Parisienne* : « Le Cours Avenir », apologue en hommage à Swift et au tueur de cygnes de Villiers de l'Isle-Adam sur la façon de ne pas laisser au hasard l'apparition de génies. Le livre, qui s'appelle *Le Bord des larmes*, est publié en 1955. Je me rappellerai toujours Bernard Grasset dans un couloir obscur de sa maison signalant qu'un de mes personnages dit page 73 quelque chose qui n'est pas cohérent avec ce que je lui attribue page 191... La critique est très bonne. La vente honorable, sans plus. « Succès d'estime », opinent les sages en hochant de la barbiche. « Il doit continuer. » Oui, mais je ne continue plus.

Un ressort, quelque part, s'est cassé dans les engrenages mystérieux qui nous font tenir ensemble, ce que les anciens Aztèques appelaient la *ligature du monde* et qui exigeait tant de cœurs saignants offerts aux dieux. A cause d'un détail, comme si souvent.

En fait, voilà des mois que, dans tous les domaines, je repasse. Je n'ai répondu ni à la lettre de Paul Morand ni à celle de Chardonne. J'ai oublié d'aller au dîner donné par Billy. Si, pour la première fois, j'ai été invité à la télévision dans une émission littéraire grand public, j'ai perdu mes propres traces. Je manque à une promesse faite à une jeune fille amie qui m'attendra la soirée entière. Je me conduis mal. Comment faire autrement quand on ne sait pas choisir ? J'aime partir, pas arriver. Il n'y a pas de bonne navigation pour celui qui ne sait pas où il veut aller.

La mère de M. m'appelle tôt un matin et me demande de venir la voir tout de suite. Elle vient de prendre son petit déjeuner, le plateau est posé à côté d'elle sur le lit. Elle me dit : « Est-ce que tu acceptes d'épouser M. ? Elle attend ta réponse dans sa chambre. » J'avais su par des amis que M. venait de rentrer de New York après rupture avec son Américain. Amour-propre ? Trop « beau mariage ? » J'ai peur d'hier et de demain, de moi et des autres. Je dis : non.

Je ne l'aimais pas assez puisque je voulais qu'elle m'aime.

Chanson du premier amour perdu

Tu n'as pas su oser le dire
L'amour secret de tes vingt ans
Par peur de quoi de faire rire
Tu vas pleurer longtemps longtemps

Une fois tu m'as entendu
Chanter mon chant aux mariniers
Heureux ceux qui s'en sont perdus
Je t'ai gardé pour prisonnier

Tu peux tenter de fuir mon fleuve
Tu m'entendras comme autrefois
Tu peux chercher des rives neuves
Il n'en est pas où je ne sois

Tu peux passer mers et montagnes
Fuir en Orient et toujours fuir
Chercher des fruits chercher des femmes
Qui font perdre le souvenir

Tu peux en trouver de plus belles
Bien plus que moi sans m'oublier
A ton oreille et plus près qu'elles
Tu m'entendras toujours chanter

Il va sombrer le cœur des hommes
Et leur gaieté, et leur ardeur
Et s'ils étaient roi leur royaume
Au fil de l'eau avec leur cœur

Une fois une fois suffit
De ce chant entendu sur l'onde
Ils étaient beaux, jeunes, bien mis
Et qui voulaient courir le monde

Ils étaient trente ou davantage
Et reprenaient tous au refrain
Aucun n'est sorti du naufrage
L'un devait se marier demain

Une fois où tu n'as pas dit
Que tu aimais que tu aimais
Tu as eu peur ils ont péri
Il faisait doux comme à fin mai

L'un portait une fleur au cou
Ils ont péri tant mieux pour eux
Était-ce en mai ou début août
Je reste seul à être vieux

4

Rattraper ses rêves — Un cheval gris dont on pourrait dire qu'il est blanc — Première mission en Iran — Mission à Mogadiscio — Mission à Riyad — Le ministre de l'Économie inférieure au téléphone — Escales en mer Rouge
Débarquement à Maurice et aux Seychelles
Au pays de l'arrière-arrière-grand-père

Il est interdit de se retourner. Ce monde est peuplé d'Orphées, et l'autre d'Eurydices. Revenir en arrière, en un mot corriger, n'est pas permis. Trop souvent j'ai jeté l'ancre en escale dans une île, et le bonheur est en forme d'île, trop souvent je me suis dit, du Pacifique aux Antilles, de la Corse à Mayotte : je reviendrai, et cette fois ce sera pour de bon. Il n'y a pas de pour de bon une autre fois. Qu'il s'agisse d'amour, amitié, aventure, carrière, œuvre, de tout ce qui se croit, se crée ou se rêve, voici l'insupportable vérité : il n'y a pas d'autre fois. Pas permis de refaire ses entrées, de relire son texte, d'étudier ses gestes. Nous ne sommes pas au théâtre ici, monsieur. Pas de répétition générale. Le temps ne laisse pas de temps.

Le professeur : « Élève Deniau, pourquoi levez-vous le doigt ? Il faut prendre ses précautions avant la classe.

— Monsieur le professeur, ce n'est pas pour sortir, c'est parce que je crois que je viens de trouver la réponse à la question. *(Sonnerie.)*

— Trop tard, la classe est terminée. Je ramasse les copies. »

Et la semaine prochaine ? Lundi pas de cours de

mathématiques. Mardi, après la gym, c'est trop fatigant. Mercredi, composition de sciences naturelles. Jeudi, congé. Vendredi, inspection par l'inspecteur. Samedi, étude. Dimanche, connais pas. La semaine est finie. Le trimestre est fini, l'année est finie, la vie est finie. Pas de session de rattrapage. Il ne reste que le temps de se tourner contre le mur.

Il faut donc renoncer à bien faire, désespérer ? Non. Très bas, je vais dire une autre vérité seulement pour ceux qui savent lire sur les lèvres. Si on court après sa vie — et bien sûr il faut la volonté, le courage, le souffle — si on court comme un fou après la vie, *il n'est pas impossible de réussir à rattraper ses rêves.*

⋆

La bibliothèque familiale était le premier trésor où puiser les rêves à réaliser. Pour le désert, *Vent de sable* de Kessel, Saint Exupéry, l'*Escadron blanc* de Joseph Peyré. Même *L'Atlantide*, avec son goût de fruit défendu. Si je paraissais assez à l'aise en Mauritanie, c'est qu'avant d'y venir j'avais *déjà lu* le désert. Pour la mer tous les Conrad, tous les London, tous les Paul Chack, Alain Gerbault. Les frères Tharaud pour le Maroc. Pierre le Moï et ses éléphants pour l'Indochine. J'ai tardé à parler de l'Indochine alors qu'on n'oublie jamais ses vingt ans, parce que ce n'était pas mon rêve, c'était celui de mon frère.

Tout Kipling. La Khyber Pass est un des hauts lieux de mon enfance bien avant que j'aille en quelque sorte vérifier sur place. J'ai déjà raconté comment, après avoir franchi clandestinement en plein hiver déguisé en Afghan, *pakol et chawarkami*, plusieurs fois la frontière nord-ouest là où normalement on ne la franchit pas, j'ai été solennellement reçu par le plus fameux régiment de ceux qui servirent autrefois Sa Très Gracieuse Majesté la reine Victoria : les Khyber Rifles, colonel en tête, troupes présentant les armes, tambours battants et musique militaire écossaise. De la littérature ? Des faits, inscrits dans les rapports, consignés sur les registres officiels. Inutile d'inventer. L'invention serait moins extraordinaire que la réalité. Inutile d'arranger, enjoliver, retailler. Les images du passé sont si pures, leurs arêtes si vives, leurs feux si intenses : des diamants noirs.

Avant l'attaque de Djellalabad, dans une bâtisse de pierre à l'afghane, sans fenêtre ni cheminée, quarante hommes sont écroulés à même le sol, empêtrés dans leurs armes, AK47, PK20, RPG7, roulées dans leur *patou*. J'ai droit à un *charpoï*, lit local, cadre de bois et lanières de cuir, dans le fond de la pièce. J'étouffe. Deux fois dans la nuit j'étouffe tellement que j'enjambe à tâtons, dans le noir, les dormeurs et leurs armes jusqu'à la porte pour aller respirer. Réveil et départ avant l'aube. Quelques *nan* rapidement trempés dans un bouillon graisseux. En avant, ce qui se dit : *zou !* Je ne l'oublierai jamais, ce coup d'épaule de tous les soldats du monde avant l'attaque pour remonter la bretelle du sac ou du fusil. Six heures de marche vers les premières lignes dans les ravins creusés par les orages qui servent de tranchées d'approche. Des maisons fortes abandonnées, ceinturées de hauts murs aveugles, les habitants sont dans la montagne et leurs familles réfugiées à Peshawar. Des kolkhozes ravagés, toits éclatés, tracteurs incendiés, déserts eux aussi, miliciens et fonctionnaires de l'autre camp se sont repliés dans la ville assiégée. Vers 11 heures du matin,

Alain Boinet est frais et dispos, moi je me traîne de fatigue. Le cœur m'a lâché pour la première fois dans ces neiges afghanes, il y a deux ans. Je m'arrête, la colonne s'arrête. Je demande :

— Puis-je rappeler qu'à mon âge et mon grade, j'ai droit à un cheval ?

Toute la colonne s'accroupit, l'arme entre les genoux ou en travers des épaules. Beau sujet. Aucun guerrier afghan ne va rater une occasion pareille.

— C'est vrai, ce qu'il dit. Regarde sa barbe, elle est blanche.

— Tu sais comme on l'appelle, lui, dans la Kunar ? Émir Khan. Bien sûr qu'il a droit à un cheval. Nous sommes en faute de ne pas y avoir pensé.

— La honte sur nous, *El Hamdou Lillah !*

— El Hamdou Lillah !

— Oui, mais pas n'importe quel cheval. Son âge et son rang exigent un cheval blanc.

C'est à ce moment que deux avions soviétiques commencent à bombarder la piste où nous progressions. Je me permets d'intervenir dans la conversation générale (que ne trouble en rien l'intervention aérienne), avec un léger énervement dû à la fatigue.

— Que le cheval soit à pois roses ou jaune rayé bleu ciel, cela m'est égal. Mais je ne peux plus faire un pas.

Rumeur dans le vaste cercle de combattants accroupis qui m'entoure : ils ne vont pas abandonner si rapidement le débat.

— Blanc. Un cheval, bien sûr, mais blanc. Où avions-nous la tête et le cœur ? Dieu nous pardonne.

— Son âge.

— Son grade.

— Un cheval blanc.

Alain Boinet, qui marcherait encore douze heures sans fatigue, croit aider en proposant un mulet. Scandale. Dérision. « Son âge et son grade » ne peuvent pas s'accommoder d'un mulet. Injure. Si nous ne faisons pas la guerre pour des principes, une cause, un idéal, alors déposons les armes, retournons chez nous. Je ne sais plus où bombarde l'aviation soviétique, mais il me semble qu'elle fait un deuxième passage. Le soleil brille très haut, très dur. Les crêtes des montagnes brillent, très haut, très pur. Un combattant lève une main avec l'autorité de celui qui sait.

— Un cheval gris dont on pourrait dire qu'il est blanc.

Dans les dix minutes, le cheval gris était là, doux et courageux comme un cheval afghan. Je suis en selle, la colonne repart.

Combien de temps pour transformer un rêve d'enfant en vie ? Un peu moins de cinquante ans et quelques risques.

Dans le coffre magique du rêve et des souvenirs brillent aussi quelques perles baroques. La première mission discrète reçue du président Pompidou alors que j'étais officiellement membre de la Commission européenne à Bruxelles (désigné par le général de Gaulle comme Raymond Barre, vice-président) était de régler au Moyen-Orient un étrange drame diplomatique. Le shah d'Iran, au sommet de sa splendeur, avait invité tous les grands de ce monde aux fêtes de Persépolis. En France la presse de gauche tirait à boulets rouges sur ces fastes « d'un autre âge ». Pompidou, qui voyait dans un refus une opération de politique intérieure, déclara qu'il ne pourrait pas s'y rendre et enverrait à sa place le Premier ministre

Jacques Chaban-Delmas et son épouse Michèle. Elle y gagna pour longtemps le surnom amical de Chabanou. Le shah, furieux, refusait de recevoir l'ambassadeur de France ou même de lui parler. Mon chef de cabinet à Bruxelles, l'ami Duchateau, n'était pas éloigné des services français. Il fut contacté tant du côté (officieux) français que du côté iranien : il fallait quelqu'un pour s'entremettre et rétablir les ponts. Des intérêts considérables étaient en jeu.

J'ai dit oui. Je ne connaissais du protocole impérial que l'anecdote racontée par le prince Demetrius Ghika, ancien ministre des Affaires étrangères du royaume de Roumanie, qui faisait aussi partie du trésor familial. L'ambassadeur de Louis XIV doit présenter ses lettres de créance au shah. Le chef du protocole persan, qui règle la cérémonie, le prévient qu'en entrant dans la salle du trône il doit se jeter par terre front contre le sol et progresser ainsi à quatre pattes jusqu'à un adjoint de l'adjoint du chef, et tendre le document sans lever les yeux sur Son Impériale Majesté. A un silence réticent, à un frémissement de sourcil, le chef craint que ce sauvage de Français ne respecte pas intégralement le rite. Le lendemain, quand l'ambassadeur se présente en grande tenue, lettres sous le bras, le protocole a fait construire dans la nuit un mur de briques coupant la salle du trône au ras des marches. Au bas du mur, il désigne une chatière, il faut passer par là. Ainsi l'étranger sera bien obligé de se présenter en rampant. L'ambassadeur hésite quelques secondes sur la façon d'accomplir sa mission, puis plonge. Mais à l'envers, et ce n'est pas sa tête mais l'opposé, son cul, qu'il présentera d'abord à la Lumière sacrée des Perses. L'honneur est sauf.

1971. Je venais de me marier. Voyage de noces en Iran.

Jamais nous n'oublierons la mosquée du Vendredi à Ispahan, le plus sacré de tous les édifices sacrés. Un couloir obscur en angle débouche d'un coup sur la lumière, comme la suite de cours et de palais de l'Alhambra de Grenade. Les Iraniens que nous rencontrons se déclarent au bout de trois minutes tous résolument anti-shah ; ils viennent du fond des campagnes, du Bazar, de l'université, du vieux nationalisme de Mossadegh, du parti communiste, de la bourgeoisie libérale ou des intégristes religieux. Peut-être est-ce le signe d'une civilisation trop ancienne qui se détruit elle-même. Il n'y a que des opposants.

A l'occasion de dîners dans la bonne société où je pouvais apprécier le charme des princes de l'ancienne dynastie et entendre les intrigues de la nouvelle, j'ai connu et admiré le Premier ministre Hoveidah, protecteur des Bahais honnis des musulmans, dont le vrai chef était le shah lui-même, mais il paiera à la place du shah. A Abadan, capitale du pétrole, des dames roucoulantes comparaient leurs bijoux, diamants, rubis, émeraudes.

Je demande à ma voisine quelles pierres elle préfère :

— Les plus grosses.

Ma mission en tête et la guerre des Turcomans de Gobineau dans ma poche, je suis présenté au shah.

Le shah qui, au début, l'avait pris de haut, se met à me parler naturellement parce que je lui parle naturellement. Il justifie Persépolis par la publicité faite à l'Iran : les vingt pages de photos de *Match* lui auraient coûté beaucoup plus cher s'il avait dû les acheter. Il s'étonne de l'hostilité de la presse française. En cela, il ne sera ni le premier ni le dernier. Il rappelle qu'il est la seule puissance sérieuse pro-occidentale entre Beyrouth et Tokyo, que sans lui ce serait le chaos ici et ailleurs, que sa réforme agraire est un modèle social et progressiste. Il sera abattu par la coalition impossible des communistes, des libéraux et des mollahs, clergé à qui un Premier ministre imbécile imposé par les Américains avait supprimé les millions de dollars qu'Hoveidah versait sur les fonds secrets, au lieu de les garder pour lui, en dédommagement de la réforme agraire.

Le shah avait raison de s'être vexé sur un point précis : que le Président français ait annulé sa visite avec deux mois d'avance. Si le président Pompidou ne voulait pas y aller, il aurait dû *annuler la veille* pour cause de catastrophe minière ou de grève du métro, peu importe. Il aurait ainsi sauvé la face de son hôte. Faut-il avoir été élevé à l'est d'Aden pour sentir cela ? Je comptais désormais parmi les rares personnes en qui le shah avait un peu confiance, ce qui me valut dans les derniers mois de son régime une convocation en Iran : comment sauver la monarchie iranienne, autrement dit, le trône du Paon...

Étrange tête-à-tête. Dehors l'Iran brûle de séditions et de complots. Carter, le président américain qui a tout en main, un jour est pour la force, un jour pour le dialogue. Quelqu'un avait-il parlé au shah de ma mission en Espagne ? Il me demande comment a fait Juan Carlos Ier. Je raconte un voyage dans une région difficile où, avec ma femme, j'accompagnais le roi et la reine d'Espagne.

Le shah : — Vous dites que vous étiez en voiture ?

— Oui, sire. En voiture.

— Sur la route ?

— Sur la route.

Le shah : — Impossible que je me déplace en voiture par la route dans ce pays. L'impératrice, elle seule, pourrait peut-être le faire.

Les bons conseils tourneront court, c'est Carter qu'il fallait convaincre.

Les relations reprirent normalement entre Paris et Téhéran. La rumeur se répandit que je savais discrètement porter des messages, voire régler des problèmes là où la diplomatie traditionnelle est assez impuissante ou mal placée, sans demander de prébende ni (ce qui serait pire pour le Quai d'Orsay) me vanter devant la presse. Ni Georges Pompidou ni Michel Jobert ne l'oublieront.

Un autre cas plus délicat, et à traiter aussi discrètement, venait de se poser. Mon frère, à l'époque ministre des DOM-TOM, m'alerta de la part de l'Élysée et de Matignon, Pierre Messmer étant alors Premier ministre.

Le président de la République française devait faire une visite officielle dans tous les départements et territoires français, dont Djibouti (territoire des Afars et des Issas). Quand le général de Gaulle avait respecté le même rite, le voyage avait tourné à la catastrophe avec émeutes, tués et blessés. L'administration parisienne considérait que la clé de notre présence et de notre sécurité à Djibouti était à Addis-Abeba. Pour le Quai d'Orsay l'Éthiopie représentait l'un des seuls pays africains respectables, avec un empereur à sa tête, ancien compagnon de guerre à Londres du Général, et libre du péché vulgaire d'avoir été une colonie française. Le général de Gaulle avait donc couplé visite à Djibouti et visite en Éthiopie. Les experts avaient tenu pour négligeables les réactions des Somalis eux-mêmes, notamment celles du général Syad Barré, chef d'État marginal et dictatorial tout dévoué aux régimes de type soviétique, qui tenait Mogadiscio et Berbera et militait pour une « grande Somalie ». C'est lui qui avait organisé les troubles, destinés à rappeler qu'il avait aussi des revendications territoriales et ethniques sur Djibouti, autrement dit pour rééquilibrer le jeu par rapport aux Éthiopiens. A l'époque, je présidais le Fonds européen de développement à Bruxelles. J'avais été ambassadeur en Afrique, j'étais l'auteur de l'essentiel de la convention de Lomé qui remplaçait la convention de Yaoundé avec les pays africains et Madagascar. Qui pourrait-on envoyer à Mogadiscio voir ce général infréquentable ? Deniau l'Africain — ainsi m'appelait-on dans les couloirs. J'ai accepté cette obscure mission sans perspective de succès et je suis parti pour la Somalie parce que, dans la bibliothèque familiale, j'avais rêvé à la Somalie et aux secrets de la mer Rouge avec Henry de Monfreid.

Henry de Monfreid était l'un des auteurs chéris de notre enfance. Nous ne pensions qu'à rétablir le drapeau français, sur la côte interdite de l'Arabie, à Cheikh Said, minuscule point rose sur l'atlas des possessions françaises de mon père (qui sait encore aujourd'hui où a pu se situer Cheikh Said ?). Jamais nous n'aurions confondu un *nakouda*, patron de boutre, avec un *nagali*, conducteur de caravane. Ou appelé un bateau local un *sambouk* s'il s'agissait d'un *zaroug*. Nous n'ignorions pas que le blanc incomparable des maisons est dû au fait que les Dankalis mêlent à la chaux des coquilles grillées d'escargots de mer. Combien faut-il d'années pour transformer un rêve d'enfant en vie ? Une vie.

La Somalie indépendante, en tant qu'ancienne colonie italienne, bénéficiait dans le traité du Marché commun d'un protocole particulier portant essentiellement sur l'importation préférentielle de bananes. La « couverture » de mon voyage prévoyait que je représenterai la Commission européenne à la fête nationale, représentation dont jusqu'ici chacun s'était fort bien passé de part et d'autre. Djibouti mijotait dans la moiteur, à Mogadiscio c'était pire encore. La ville immense et plate semblait vouloir se protéger de la chaleur en s'écartant le plus possible du ciel, autrement dit par le bas. Les seuls monuments notables à s'élever modestement, cathédrale et palais officiels, témoignaient de l'ancien Empire italien. Un ambassadeur se demandait ce qu'il avait pu faire au bon Dieu et à son ministre pour être nommé à ce poste où les sous-chefs de bureau ne se donnaient pas la peine de répondre à ses invitations à dîner. Je ne suis pas sûr qu'il connaissait tous les aspects de ma mission, les excellences du Quai d'Orsay ne jugeant pas souvent utile de prévenir qui que ce soit — rendons-leur cette justice —, y compris leurs propres agents.

Ma première épreuve consistait à assister intégralement au grand défilé officiel. Représentant spécial de l'Europe, j'étais assis à la tribune à la droite du général Syad Barré, chef de l'État. Je m'étonne encore que le soleil de 10 heures n'ait pas fait fondre le bronze des décorations, que les militaires portaient pendantes, à la russe, sur cinq rangs. Banderoles rouges géantes brandies à la gloire du tiers monde marxiste combattant, uni derrière ses chefs illustres. Portraits géants des chefs illustres. Associations sportives au pas gymnastique, modèle tchèque. Blindés, fusées, artillerie, modèle URSS. Parti unique, organisations de masse, modèle nord-coréen. Transmissions et services secrets, Allemagne de l'Est. Syndicat unique, je ne sais plus lequel des satellites. Parapluies, bulgares. Amitiés internationales, Cuba. Pas de parade façon place Rouge. Par chance pour eux, les officiels de Mogadiscio n'avaient pas été invités à s'habiller comme à la tribune du Kremlin, lors du grand défilé anniversaire de la révolution d'Octobre, en chapka, col de fourrure et moufles.

Peut-être le général Syad Barré a-t-il senti comme une vague onde négative de ma part. Il se penche légèrement de côté et, en regardant loin devant, me parle très bas à l'oreille sans remuer les lèvres.

— Ça ne vous plaît pas beaucoup, tout ça ? A moi non plus.

Drapeaux, saluts, ovations. Un aide de camp me fait un signe de la paupière. Il y aura une suite.

Suite la nuit suivante. Vers 1 heure du matin, un officier vient me chercher pour me conduire dans un baraquement au fond d'une vaste caserne : résidence du chef de l'État. Un peu de lumière tremblote. Les lampes sont-elles faibles par mesure de sécurité ou parce que le courant électrique est de mauvaise qualité ? Ce n'est pas le seul pays à économie planifiée où ce phénomène m'a frappé. Lénine a bien dit : « Les Soviets plus l'électricité. » L'électricité résiste.

Dans la pénombre le général me tend la main, puis me donne l'accolade traditionnelle en pays musulman.

— Je suis musulman dit-il. Pas un bon ou un mauvais musulman. Musulman. Je n'ai rien de commun avec ces pays de l'Est et le système soviétique. *Un jour je les mettrai à la porte.* (Je laisse dire.) Pourquoi sont-ils ici, pourquoi tiennent-ils tout, l'armée, le parti, l'administration, la base navale, l'aéroport, l'École des cadres ? Parce que personne, à part l'URSS, ne s'intéressait à nous. Pays pauvre, la Somalie. Pas de pétrole. En faisant venir les Russes, j'ai cru attirer les Américains, par concurrence. Pas intéressés, les Américains. Comme les Israéliens ils jouent tout sur l'Éthiopie. Alors reste la France. Je ne parle pas français, je ne connais pas la France, elle ne m'a jamais aidé et joue aussi l'Éthiopie. Mais la France a une qualité : elle s'intéresse vraiment à l'Afrique.

Toujours dans le même sabir anglo-italien (il est meilleur en italien, je suis meilleur en anglais, mais je comprends l'italien : *grazie mille, signor Da Ponte)*, la conversation s'est poursuivie. Sans jamais élever la voix, sans se regarder en face — attitudes, on le sait, très mal élevées. Il fait une chaleur de bains turcs. Nous faisons semblant de l'ignorer. Mal élevé aussi de prêter attention au climat. Comme aux femmes, aux enfants, aux vieillards, aux chameaux. Je connais les rites. Il ne m'est plus difficile à ce stade d'expliquer le but de ma mission. Le président Pompidou va faire une visite officielle à Djibouti et à Addis-Abeba. Pour l'instant, envisager de venir aussi à Mogadiscio serait prématuré et incongru. Mais si ces deux visites se passent bien, Dieu aidant, Mogadiscio bénéficiera d'une sorte de crédit. Bien sûr, je ne peux rien promettre.

La moitié de la nuit, nous continuerons notre entretien à voix basse à la mauvaise lueur des lampes socialistes. Sur la politique française ? Sur la Somalie ? Sur l'Islam. Avec Syad Barré chef d'un État officiellement marxiste et totalement satellisé par l'Union Soviétique. Il faut tout trouver naturel, toujours. Quelques années plus tard, je serai témoin d'un dialogue entre le colonel Kadhafi, alors jeune, riche et brillant, et le président du Congo-Brazzaville, Marien Ngouabi :

Le colonel K. : — Il faut te convertir à l'Islam.

Le président M.N. : — Impossible. Je suis un Socialiste Scientifique Marxiste Africain.

Le colonel K : — Arrête de dire des idioties. En quoi cela t'empêche-t-il de te convertir à l'Islam ?

Le président M.N. : — Un Socialiste Scientifique Marxiste Africain est Athée.

Le colonel K. : — Attention. On ne peut pas être chef d'État et ne pas croire en Dieu.

Quand le Président français viendra à Djibouti et à Addis-Abeba, il n'y aura ni mort ni blessé, aucun incident. Je retournerai quelques mois plus tard à Mogadiscio, mandaté pour inscrire la Somalie sur le Fonds français d'aide et de coopération. La suite, malheureusement, est sinistre. Il existe à Paris une guerre de tribus gauloises entre le ministère des Affaires étrangères et celui de la Coopération. Le premier considère le second comme une sorte de verrue qui aurait abusivement poussé sur le nez de la diplomatie française. Le second se cache le nez dans son mouchoir mais résiste. L'entrée de la Somalie dans les « pays du champ » (anciennes colonies et pays francophones) fut considérée au Quai d'Orsay comme une agression.

Mort de Georges Pompidou, changement de président, changement de gouvernement. Le premier geste du nouveau ministre des Affaires étrangères est de retirer la Somalie du « champ ». Résultat : un attentat particulièrement dramatique contre un car scolaire sur la route de Djibouti. Des morts, des blessés. A Paris, si un membre d'un cabinet a cru qu'en Afrique il était permis de ne pas tenir sa parole, il a vraiment du sang sur les mains.

1976. Érythrée. Les combattants du FPLE (Front populaire de libération de l'Érythrée), qui se battaient contre l'Éthiopie pour l'indépendance étaient formés depuis quinze ans et soutenus par l'URSS. Les Soviétiques, sur l'échiquier de la corne de l'Afrique, ont l'occasion d'occuper le centre du jeu après la prise du pouvoir à Addis-Abeba par le colonel Menghistu, dictateur « de gauche ». En bons joueurs d'échecs, ils laissent tomber leur stratégie par les ailes — Somalie et Érythrée. En quelques jours, trois mille conseillers militaires soviétiques changent de camp. Les combattants du FPLE sont convoqués à Berlin-Est où, sous la présidence de Honecker (le président est-allemand dont Chevarnadze me dira un jour : « Il est l'homme d'origine non soviétique qui a rendu le plus de services à l'Union soviétique »), ils sont sommés de se soumettre à Addis-Abeba au nom de l'internationalisme prolétarien. Ils refusent et mettent leur slogan au pluriel : mort aux impérialismes.

Nouvelle offensive des troupes éthiopiennes soutenues par les Soviétiques et les « camarades internationalistes ». L'artillerie, de modèle soviétique, qui est dotée d'un fort pourcentage de munitions en obus chimiques, attaque à l'obus chimique. Qui va aider les Érythréens ? Marxistes, ils sont en rébellion contre Moscou. Combattants de la liberté, ils sont en guerre politique contre les États-Unis.

Le FPLE s'adresse à la France. Le circuit Marenches-Giscard d'Estaing fonctionnait. Avis favorable. J'aime les combattants entêtés. Trois cents équipements ABC ultra modernes furent fournis d'urgence à la résistance, pour lui permettre de faire monter en ligne sur le front d'Érythrée un bataillon qui ne craignait pas les obus chimiques et semblait, avec ses combinaisons spéciales, débarquer d'une autre planète. A moderne, moderne et demi. L'effet « positif » de terreur de l'arme chimique sur le plan militaire était annulé. Restait sur le plan médiatique et politique, un effet d'horreur. Bilan négatif pour l'URSS. Arrêt de l'offensive à l'obus chimique.

A quelque temps de là, le président Giscard d'Estaing m'envoie en mission auprès du souverain saoudien voir si l'Arabie Saoudite pourrait aider un peu les Érythréens. Le roi Khaled, saint homme, me reçoit sur de vastes tapis où il est assis avec, entre ses genoux, l'illustre Dr Pharaon, ancien médecin capitaine de l'armée française en Syrie et accoucheur de centaines de princesses royales arabes. La vie du Dr Pharaon étonnerait les scénaristes les plus imaginatifs. Il s'était enfui en Arabie Saoudite avant la guerre — désert à l'époque très peu fréquenté, en tout cas pas du tout par les Français — après avoir participé à une rébellion en Syrie contre nous. Un vrai médecin français ! La Cour se l'arrache. Sa puissance et sa fortune ne cessent de croître. Quand le Président Pompidou veut lancer les relations franco-saoudiennes, à peu près inexistantes, le roi d'Arabie lui propose le meilleur de lui-même, le Dr Pharaon comme ambassadeur. Agrément accordé sur-le-champ dans l'enthousiasme. La veille de son arrivée à Paris un amateur d'archives découvrira qu'il avait été condamné à mort par contumace. Il faudra réunir dans la nuit un tribunal militaire spécial pour que le protocole puisse l'accueillir à sa descente d'avion conformément au rite, et pas les gendarmes.

J'essaye donc de convaincre le roi d'aider l'Érythrée. Sa Majesté me répond par une considération médicale : « Toute maladie découle d'un seul mal, un coup de froid ; de même, tous les maux de cette terre découlent d'un seul mal, le communisme. » En regardant la voûte étoilée des cieux, je remarque que la présence communiste politique et militaire massive au Sud-Yémen ne semble pas donner la fièvre à tout le monde. (Le but prioritaire des Saoudiens est d'empêcher l'unification des deux Yémen.) Réponse du roi Khaled, l'œil fasciné par un motif latéral du tapis : « Mon grand-père m'a toujours dit : ne mets pas la main là où ton chameau ne pourrait pas poser le pied. » En connaisseur, je salue cette recommandation. Le roi ne sait pas que je sais — trois ans de Mauritanie — que la semelle d'un chameau d'erg, le sable, n'est pas celle d'un chameau de rag, les cailloux. Autrement dit : ne va pas dans la montagne.

Le Dr Pharaon me fait signe. La conversation devenant vraiment sérieuse, nous allons la continuer dans son bureau.

Je reviendrai sur les rives de la mer Rouge dans les maquis du Front populaire de libération de l'Érythrée. J'écrirai un long récit à la demande du FPLE qui sera traduit en anglais et en arabe et diffusé dans toutes les ambassades. Parler, aussi, peut parfois être utile. Nous avons passé la frontière Soudan-Éthiopie en pleine nuit, dans la montagne, sous une lune glacée, par un col qui vient d'être miné. Les partisans de tête ont piqué des épines en rond dans le sable pour marquer la place de chaque mine faute d'avoir eu le temps de les enlever. Quand notre file indienne a fini de traverser le champ, en me retournant j'ai découvert une sorte de jardin zen, de bouquets de fleurs dessinés par la mort et le silence.

Au soleil couchant un Mig me tire à la roquette alors que je suis tout seul ; mais, m'expliquera Isaias Afeworki, il n'y a pas de rapport qualité/prix dans une guerre de terreur. J'aurai la satisfaction de prévenir le FPLE si fier de son PC souterrain avec central téléphonique, que le tracé de la canalisation d'eau enterrée qui l'alimente est une ligne droite parfaitement repérable par avion. J'aurai la joie, rare pour un clandestin de la montagne, de descendre jusqu'à la mer me baigner à Marsa Teklaï, point de débarquement de l'aide militaire soviétique qui vient d'être capturé dans une offensive éclair.

Aden était alors la plus grande base de l'URSS après Vladivostok. Le matériel pour les armées éthiopiennes du Nord était transféré sur des barges de débarquement dans l'île de Dalak Kebir. Les Soviétiques quitteront en vingt-quatre heures Dalak Kebir laissant leurs canons toujours pointés sur Massaouah et le portrait de Brejnev au-dessus du bar des officiers. Quand un régime a tout joué, bonheur et malheur, gloire et massacres, espoir et sacrifices, sur le sens de l'Histoire et que l'Histoire n'a plus de sens, il n'y a pas de demi-échec. Le système tenait en bloc, il tombe en bloc. L'île de Socotra à l'entrée de la mer Rouge, qui dépendait du Sud-Yémen, base d'entraînement de terroristes triés sur le volet (avec moins de risques de publicité qu'au Liban dans la Bekaa), sera abandonnée dans le même mouvement qui fit tomber le premier panneau de ciment, trois mètres sur deux, du Mur de Berlin. Ensuite, Moscou devra arbitrer une guerre civile entre deux factions du parti communiste sud-yéménite qui dépasse tout ce que le plus médiocre romancier antimarxiste pourrait inventer. Guerre commencée à coups d'AK 47 en séance du bureau politique et poursuivie dans les rues d'Aden. Où est le sens de l'Histoire ? Moscou, pour fixer sa position, cherche à savoir de quel côté vont pencher les blindés de l'armée... Oui, mais de quel côté va pencher l'aviation ? Aucun penseur français ne voulait entendre parler de toutes ces fariboles odieusement incorrectes politiquement. Les faits n'ont aucun respect pour les penseurs. Sachons-le, ils peuvent être odieux. Chevarnadze, le ministre des

Affaires étrangères, eut la seule bonne réponse quand il me dira : « Je vous donne ma parole qu'il n'y aura plus un seul soldat soviétique en dehors des frontières de l'Union soviétique. » C'était la fin d'années ou de siècles d'expansionnisme de type impérialiste du Caucase à la Guinée-Bissau et de Cuba au Vietnam. Mais Paris n'admettait pas que l'URSS fût aussi un empire colonial. Consulté par des amis à Moscou j'avais seulement fait la remarque à propos des rivalités sanglantes de clans à Aden que gérer un empire colonial est très fatiguant. On ne cesse pas d'être obligé de choisir.

Certains animaux, quand ils mordent, ne lâchent pas. Et celui qui est mordu et qui ne lâche pas, il existe ? Mon rat affamé ne lâche plus. Une aventure en entraîne une autre, une mission appelle une autre mission.

Un dimanche après-midi, je fais la sieste à la maison, dans le Loir-et-Cher. La gardienne me réveille : téléphone.

— Qui me demande un dimanche après-midi ?

— Un ministre.

— Quel ministre ?

— Le ministre de l'Économie inférieure.

Je le jure sur la tête de mes petits-enfants, c'est ce que ma gardienne a compris.

Quel est celui de mes copains, pas vraiment socialiste, assez taré pour faire encore des blagues au téléphone, avec assez d'humour pour inventer par les temps qui courent un ministère de l'Économie inférieure ? Kersauson, bien sûr ! Je me lève, prends l'appareil et en direct :

— Olivier, vieux con...

Je suis coupé par une voix aussi suave que diplomatique :

— Monsieur le ministre ? Je vous passe M. le ministre des Relations extérieures.

C'est Roland Dumas en ligne.

— Jean-François, toi, tu dois savoir ça, où se trouve le Tigré ?

— Oui, je sais.

— Tu es bien le seul. Les habitants, tu les connais ?

— Leurs cousins d'Érythrée.

— Un Transall français s'est posé ce matin dans la nature pour apporter de l'aide alimentaire. Plus aucune nouvelle. Un vol a photographié l'avion abandonné, portes ouvertes. Radio muette. Des traces de pneus. Nous pensons que les cinq membres de l'équipage ont été enlevés. Personne ne connaît ce secteur et personne ne sait quoi faire. Peux-tu t'en occuper ?

— Oui. Où puis-je te rappeler ce soir ?

Dumas, un peu estomaqué, me donne deux numéros de téléphone dont un dans la soirée, à Bordeaux, où il tient une réunion. Je rentre immédiatement à Bourges pour bénéficier d'un standard. J'appelle le préfet, et, ton de commandement, je lui demande de bloquer les lignes pour pouvoir passer à tout moment mes appels ou ceux qui me seraient destinés. Je vais entrer en contact avec les deux échelons avancés responsables du Front en Europe, Londres et Rome. Eux peuvent communiquer avec le PC souterrain et le central téléphonique de la Résistance. Les rapports sont très bons avec les Tigréens, un coup de main heureux sur les arrières des lignes ennemies a permis de prendre un énorme dépôt d'armes soviétiques. Le FPLE a donné, cadeau, trois mille kalachnikovs aux cousins.

A 19 h 30 je sais quel est le bon relais : ce n'est pas Londres, c'est Rome. A 20 heures, au journal télévisé du dimanche soir, l'enlèvement de nos cinq aviateurs fait le titre. A 20 h 30, le contact est établi avec le commandement en Érythrée, à 23 h 15 j'appelle Roland Dumas à Bordeaux.

— Ils seront libérés demain.

— Pas possible ! Ça va sûrement nous coûter une fortune. Qu'est-ce que tu leur as promis ?

— Rien.

— Aïe ! Il n'y a rien de plus cher qu'un avocat qui ne se fait pas payer. Combien ?

— Rien. J'ai promis de transmettre aux autorités françaises qu'il est vivement souhaitable que la France et l'Europe ne livrent pas de l'aide alimentaire *seulement* par l'intermédiaire des armées de Menghistu. C'est-à-dire seulement aux armées de Menghistu. Message transmis.

Lundi, à 11 heures du matin, sans commentaire, les cinq aviateurs étaient ramenés à leur Transall.

Pas de remerciements officiels.

En revanche, Dumas conforte son image d'esprit ouvert au-dessus des querelles politiciennes. *Le Point* publie un écho manifestement dicté par son cabinet : « Roland Dumas dans l'affaire des cinq aviateurs disparus au Tigré n'a pas hésité à consulter un membre de l'opposition, Jean-François Deniau. » Soit.

De nouveau l'Érythrée pour assurer une libération de prisonniers et le progrès d'une procédure internationale dans le conflit avec le Yémen. De nouveau en Somalie avec les soldats français en action sous casque bleu, à Baidoa et à Mogadiscio en plein combat, le jour où les Américains perdent le quart de leur unité d'élite dans un piège de guérilla classique : un faux objectif attire un convoi de secours, et c'est le convoi de secours qui est le véritable objectif. L'amiral US commandant les opérations me demande l'intervention de deux bataillons français en ville « parce que vous avez une connaissance de l'Afrique que nous n'avons pas ». Je lui ai répondu que je transmettrai aux autorités compétentes avec avis négatif.

— Vous savez ce que dit la population devant votre affiche, style western, avec la photo du général Aïdid « wanted » et promesse d'une récompense de 25 000 dollars ? Que le chiffre est vraiment mesquin pour le plus riche et le plus puissant pays du monde. Elle dit : « Attendons qu'ils arrondissent. »

Je retournerai à Djibouti pour aider à un échange de prisonniers dans un conflit interne et délivrer quelques messages personnels. La presse a mentionné discrètement ces différentes missions impossibles. Les morts qu'on évite ne peuvent pas être comptés.

J'ai relu Henry de Monfreid. Son style est meilleur quand il raconte que quand il commente ? Son rôle d'agent secret douteux inquiète ? Ses incessantes querelles judiciaires lassent ? Peu importe. Il était à la barre quand j'étais jeune. Qu'on ne s'étonne pas d'escales répétées en mer Rouge.

Pour l'océan Indien le maître du coffre à rêves est le capitaine Corcoran, qui, aidé de sa tigresse Louison, redonne à la France l'empire de Dupleix et de Suffren. En prime, des récits relatant les hauts faits de quelques corsaires malouins sur les côtes de Coromandel ou des Malabars. Mon frère aîné, président de France-Québec, témoin et acteur sur place avec le Général du fameux « Vive le Québec libre », s'est réservé le Canada, les Acadiens, la Louisiane, bref, l'Amérique. L'empire des Indes, sans le concours de la tigresse Louison, c'est vraiment un trop gros morceau.

Le modeste cadet que je suis va essayer de reconquérir l'île Maurice et les Seychelles, perdues par la France, tard, sans vraie défaite, par le pire des crimes : l'inattention et la légèreté. Ministre de la Coopération sous Pompidou, le Premier ministre Messmer et le ministre des Affaires étrangères Jobert m'ont laissé carte blanche pour la renégociation des accords qui depuis les indépendances nous liaient avec les États africains et malgache. J'en profite pour lancer quelques opérations de débarquement. A Maurice, je l'avoue maintenant, j'ai été trop fort. La flotte française devant quitter Diégo Suarez, je passe un pacte avec le ministre des Affaires étrangères de l'île, le flamboyant Gaëtan Duval : la France retrouverait une base à Maurice dans une rade au nom hautement symbolique gravé sous l'Arc de triomphe à Paris, Grandport, puisque nous y avons gagné en août 1810 une bataille navale ! Tout était prêt : droits de mouillage, installations à terre, convention, etc. Peut-on imaginer ma jubilation secrète devant cette délicate correction de l'Histoire ? Mais le Premier ministre de Maurice nous « cafte » aux Anglais. Londres attaque. Pourquoi ? Par principe : le fait que nous, Anglais, ne nous intéressions plus à l'île Maurice n'est pas une raison suffisante pour laisser d'autres s'y intéresser, et surtout pas des Français ! Je dois d'urgence tout démonter. Par une inadvertance qui n'est pas de mon fait, le Premier ministre mauricien a dans son coffre un exemplaire de l'accord. Ce coffre sera forcé et le document récupéré. Plus de trace. Beau temps stable. L'île Maurice aujourd'hui, bien que la population indienne y soit très fortement majoritaire, est un pilier du tourisme français et de la francophonie dans l'océan Indien. Cela vaut largement quelques droits d'escale.

Aux Seychelles, je fais affaire directement avec le Premier ministre, Mancham. Nous avons passé une soirée entière sous les cocotiers à boire du rhum et à chanter le répertoire de chansons françaises qu'il connaissait très bien, y compris quelques chansons de marins antianglaises dont le célèbre « 31 du mois d'août ». Il faut toujours manœuvrer avec prudence dans les eaux anglo-françaises. A la fin de la soirée, Mancham se lève pour entonner le « God save the Queen ». L'honneur du Commonwealth est sauf. Je pensais à cette histoire qu'on m'avait racontée quand j'étais jeune : « Pourquoi, à la fin du banquet annuel du Parti communiste anglais à Londres, porte-t-on un toast à la reine ? — Parce que, sinon, on n'aurait pas le droit de fumer. » Le président Giscard d'Estaing, quand je n'étais plus à la Coopération, a bien voulu continuer la partie. Étudiants, nous jouions aux échecs ensemble. C'était encore un jeu mais où les cases porteraient les noms de quelques îles exotiques, et les petites victoires seraient de grandes joies sentimentales.

Giscard accepte de recevoir Mancham à l'Élysée. Une légende très vivace aux Seychelles est que Louis XVII, enlevé du Temple par des royalistes fidèles, avait été caché dans cette colonie encore française où il aurait fait souche. A Mahé, capitale de l'archipel, un restaurant connu s'appelle le « Louis XVII ». Il n'est pas contesté localement que son propriétaire, d'un noir d'ébène, est le descendant du malheureux Dauphin.

Mancham, piloté par Giscard, visite les salons. Arrêt devant le grand portrait de Louis XV. Le Président :

— Le roi Louis XV.

Le Premier ministre des Seychelles s'incline.

Le Président :

— Mon ancêtre.

Le Premier ministre, surpris :

— Mais, pourtant, vous n'êtes pas nègre ?

★

La caverne merveilleuse des livres d'enfant n'est pas la seule réserve de rêves : la légende familiale et ses attaches lointaines est un autre trésor où puiser.

Ce qui se passe en Yougoslavie (comme en Irlande) a toujours été d'un autre ordre qu'une nouvelle lue dans les journaux ou entr'aperçue à la télé. Je suis convaincu, après Churchill, que là se jouent l'équilibre et la paix de l'Europe.

En 1968 à Bruxelles, quand Milos Opresnik, l'ambassadeur de Tito, vient me trouver pour engager des conversations sur un accord éventuel de coopération Yougoslavie-Communauté européenne, je ne dissimule pas mon intérêt et même plus. La Yougoslavie qui souhaite travailler avec l'Europe, c'est déjà une victoire pour ceux, comme moi, qui croient depuis toujours que l'Est de l'Europe fait partie de l'Europe. Alors que l'Union soviétique refuse encore de reconnaître la communauté européenne ! Même si Tito est un cas à part, il ne peut pas bouger sans que l'Est bouge. Un jour peut-être le mur tombera. La négociation que je vais conduire et signer à Belgrade, Bruxelles et chez moi dans le Loir-et-Cher avec Thomas Granfil, vice-Premier ministre et vieux partisan, sera sympathique mais très délicate. Il n'y a aucun précédent d'un accord de ce type entre l'Ouest et l'Est. Deux fois, Tito interviendra lui-même pour en préciser les limites. Je lui ai expliqué en tête à tête qu'un véritable contenu économique ne pouvait être donné que dans le cadre d'un accord préférentiel défini par les règles du GATT... Pour Tito, le mot « préférentiel » est de trop. Il craint pour l'équilibre de ses relations avec le bloc soviétique. Aussi, me dit-il, pour son image de leader du tiers monde. « Trouvez autre chose. Le plus possible sans être préférentiel. » La négociation durera des semaines sur les exportations de *baby beef* yougoslave à destination de l'Europe, et après signature et ratification les Yougoslaves s'apercevront qu'en fait ils n'ont pas de *baby beef* à exporter... Ainsi en est-t-il si souvent des grandes querelles diplomatiques.

C'était la première fois que j'allais au pays de l'arrière-arrière-grand-père Chrismanovich-Milovic. Comme l'Histoire aime boucler des boucles ! Au palais Chrismanovich à Belgrade, grand dîner officiel. La conversation est tout à fait libre. Quelqu'un pose la question : « Si vous aviez un grave problème, à quel pays étranger feriez-vous appel ? » Et la table se coupe en deux. Les Serbes et les Monténégrins répondent d'un trait : à la Russie. Les Croates et les Slovènes : à l'Autriche. La très vieille frontière de l'Europe vient d'apparaître, celle de l'édit de Théodose qui en l'an 297 sépare l'Empire romain entre Rome et Byzance. Celle du xe siècle après J.-C. qui sépare la chrétienté entre catholiques et orthodoxes. Celle de quatre siècles d'occupation turque. Celle de l'attentat de Sarajevo et de la Première Guerre mondiale. Oui, elle partage la table de banquet, la plus vieille cicatrice de notre continent. Il suffit de gratter un peu la plaie et le sang et le pus couleront.

La fin du dîner est plus folklorique. Un membre de la délégation européenne croit bien faire en demandant à son voisin, colosse moustachu, « si dans sa région pendant la dernière guerre il n'y a pas eu trop de tués ». Le colosse moustachu le regarde comme s'il était un insecte et répond d'une voix caverneuse : « Je suis monténégrin. Apprenez, monsieur, que dans mon pays c'est en temps de paix qu'on se tue. En temps de guerre on s'égorge. »

En 1968 la Yougoslavie prend une certaine liberté de ton. Le marxisme, le parti unique, le culte de la personnalité sont compensés par le côté « yougo » qui signifie « du Sud » : un grand appétit de vivre, un irrépressible sens de l'humour, une pagaille organique assez naturelle. Je suis invité à la chasse du maréchal, propriété de 50 000 hectares au bord du Danube, qui fut le majorat donné par l'empereur d'Autriche au prince Eugène de Savoie après la victoire qui avait libéré Belgrade. Les calèches découvertes tirées par deux chevaux noirs passent dans les allées enneigées de la forêt. La qualité du gibier à tirer est fixée en points, suivant l'importance des hôtes. Les guerres peuvent se déchaîner, les mondes s'écrouler, une constante au moins résiste : le protocole des visites officielles. Sauf imprévu. Grand dîner au siège du Comité central. On m'explique que c'est dans cette salle qu'ont lieu les réunions de travail et que l'usage, avant de passer à table, est de projeter un film dont le thème est approprié à l'ordre du jour. Comme demain je vais à la chasse de Tito, ce sera un film sur la chasse. Noir. Silence. Moteur. Et devant l'assistance qui ne pipe mot, se déroule un film porno ! Une élégante en vison commence un strip-tease dans une exposition de sculpture ultramoderne. Vernissage cochon ! C'est manifestement le film projeté hier à la séance du Comité central du Parti, et quelqu'un a oublié de changer de bobine. On en est à la deuxième bretelle de soutien-gorge. Bruits dans la cabine de projection. Patatras. Arrêt sur image. Disparition de l'image. Noir. Silence. Nouvelle image : la chasse en Yougoslavie. Ouf.

Printemps 1991. L'ambassadeur de Yougoslavie à Paris, qui est slovène, vient me voir en ami. Il m'annonce que la fédération est morte, que le conflit va être sanglant, que la France du président Mitterrand en s'entêtant dans un conservatisme figé pour sauver la Yougoslavie et le communisme actuel, précipitera la perte de tous. Il existe un projet de confédération signé du Macédonien Gligorov et du Bosniaque Itzebegovič. Normal : en cas de guerre, ce sont la Macédoine et la Bosnie les plus menacées d'éclatement ou d'absorption. Une confédération pourrait sauver un minimum de relations pacifiques et de coopération. Est-ce que j'accepterais de faire la tournée des capitales des républiques yougoslaves, au moins la navette entre Belgrade et Zagreb, pour essayer de trouver un accord sur cette base, même amendée ? « Votre fonction de vice-président de la commission des Affaires étrangères de l'Assemblée nationale, vos titres d'ancien ministre et de spécialiste des questions européennes vous donnent l'autorité nécessaire. En plus, nous nous connaissons. Vous avez négocié et signé le premier accord entre la Yougoslavie et l'Europe. Et peu de Français ont un ancêtre originaire de Dubrovnik, aide de camp dans les armées napoléoniennes. »

Voilà le passé mobilisé par l'avenir ! On rappelle la classe des aïeux ! Les souvenirs sac au dos ! La vieille saga familiale est prise en croupe par l'Histoire galopante. Mon arrière-grand-père avait épousé une jeune fille « sans dot, mais parée de toutes les vertus chrétiennes, de race bosniaque » (il n'y a pas de race bosniaque...), dont le grand-père Georges Krsmanovic-Milovic (1785-1849) — en français on écrit Chrismanovich — né dans l'ancienne Raguse, aujourd'hui Dubrovnik, avait été recruté par le maréchal Marmont quand la Dalmatie était française. Après avoir fait toute la campagne de Russie avec l'Empereur, il s'était établi à Paris et dans le panthéon familial nous conservons avec émotion son portrait. A défaut de ducs et pairs reconnus, avoir dans ses aieux un officier demi-solde napoléonien est assez élégant pour les amateurs de barouds d'honneur. De même les grands-parents irlandais qui ont eu un mauvais avocat en 1848 et se sont retrouvés en Australie. Vive les minorités combattantes et l'under-dog qui tient bon.

L'existence de palais aussi, quelque part entre Danube et Méditerranée, dont chacun pensait *in petto* qu'ils n'étaient qu'embellissement imaginaire du passé, le présent n'étant pas si gai. Même quand mon frère aîné racontait qu'il y avait été reçu à Belgrade. Un Chrismanovich qui avait lu les *Mémoires de 7 vies* m'écrira en 1995 très amicalement pour m'envoyer en cartes postales les deux maisons : l'une, le Palais du protocole, l'autre, l'ambassade d'Autriche. Au départ, ce serait le même clan de Bosnie qui a divergé partie vers le nord, partie vers le sud ? Mon correspondant le croit. Il est au moins permis de continuer de rêver.

Dans les milieux dirigeants yougoslaves on aimait bien l'histoire de l'aide de camp des armées de Napoléon. On pouvait dire enfin que des membres du gouvernement français avaient un peu de sang de cette région des Balkans. Depuis si longtemps nos gouvernements ont toujours compté au moins un ministre d'origine polonaise. J'en cite quelques-uns pour les années les plus récentes : Bokanowski, Poniatowski, Lipkowski, Fiterman... et le plus polonais de tous, Michel d'Ornano. Ce privilège ministériel monopolistique polonais énervait beaucoup les Yougoslaves, heureux donc que la famille Deniau l'ait un peu ébréché. Le maréchal Tito m'ayant parlé directement un jour de mon ancêtre local, j'avais répondu prudemment : « Est-ce qu'il n'était pas un peu collabo ? » et Tito avait éclaté : « Ah, pas du tout, c'est le contraire. C'était un patriote et un résistant, il a bien fait de suivre l'armée française quand elle a quitté la Dalmatie ; s'il était resté les Autrichiens l'auraient fusillé. » Ainsi parla le maréchal, ancien sous-officier de l'armée impériale et royale. Il m'en dira bien d'autres sur les Russes et leur vieille stratégie du « droit de passage », et le « danger serbe », et la paix et la guerre. Et pourquoi Churchill l'avait choisi, lui, le communiste, et pas Mihailovich le monarchiste.

Où est le présent, où est le passé ? Souvenons-nous de l'avenir. Je suis convaincu par l'ambassadeur de Yougoslavie et je fais savoir à la commission des Affaires étrangères de l'Assemblée nationale que je compte partir en mission de paix en Yougoslavie. Le bureau de la commission consulte le Quai d'Orsay. Veto du Quai d'Orsay. Pas de mission Deniau. Veto de la commission. J'essaye de convaincre un haut diplomate en charge du dossier du drame qui se prépare et de l'urgence de proposer une solution nouvelle qui puisse servir de base à une coopération pacifique. Réponse : « Nous avons décidé de ne pas envoyer de *signaux négatifs.* » Les autorités qui font des phrases dans les réunions de cabinet ont-elles jamais compté le poids de leurs mots en morts ?

Deux mois de perdus. La Croatie et la Slovénie proclament leur indépendance le 25 juin. L'armée fédérale (serbe à plus de 80 pour cent) intervient en Slovénie. Les tracteurs locaux bloquent les chars, isolent les casernes et les jeunes filles en robes folkloriques offrent du vin blanc aux sentinelles. Les ministres européens prennent l'avion et inventent un compromis de façade qui fait illusion deux semaines : l'élection d'un Croate à la tête de la fédération.

En juillet les forces serbes se retirent de Slovénie mais le conflit armé s'aggrave en Slavonie. Les ministres des Affaires étrangères réunis dans l'île de Brioni, ex-paradis personnel de Tito, décident l'embargo sur les armes, le gel des crédits, et bien sûr un cessez-le-feu. Des « observateurs européens » sont envoyés en Slovénie, où il n'y a plus de problème et rien à observer. La Grande Hypocrisie commence. La conférence de Brioni restera historique pour une autre décision : l'interdiction de la langue française dans les communications entre observateurs européens. Seul l'anglais doit être utilisé. Cela donne, à l'exécution, un assez pittoresque sabir du genre : « Ousque le drailleveur a planqué la car ? »

Les forces serbes progressent dans Vukovar assiégée en Slavonie, sur la route de Zagreb au Centre, en Kraïna vers le Sud.

Devant le refus du cabinet de Roland Dumas, c'est l'ambassadeur de Yougoslavie à Paris qui tente d'organiser ce voyage, qu'il considère de la dernière chance. Un grand photographe, Benoît Gysembergh de *Paris Match*, m'accompagne. (Mon fils Grégoire prendra le relais.) Sur place, un excellent journaliste du *Figaro*, Xavier Gaultier, se joint à notre équipe. Notre ambassade à Belgrade sabote ouvertement.

Pendant plus de trois ans je vais forcer les blocus, parcourir les lignes de feu, écrire des articles, parler à la télé, essuyer barrages d'artillerie et tirs de snipers, rédiger des notes pour le Président français et ses ministres pour tenter de les convaincre qu'il faut sortir du mandat des Nations unies et qu'une action est possible. Il faudra attendre l'une des premières décisions du nouveau président de la République en 1995. Aujourd'hui ce n'est pas encore la paix mais ce n'est plus la guerre. Je me demande ce qu'en pense dans son cadre, entre ses favoris broussailleux et au-dessus de sa haute cravate noire, l'arrière-arrière-arrière-grand-père.

5

Pirates, flibustiers, corsaires — Un continent à découvrir — Kojève et saint Thomas contre le libéralisme — Jean Monnet, technicien supérieur de l'évidence — Tintin et Courteline à Bruxelles
Expert en préambule — Matignon — L'Algérie
De Gaulle à l'Assemblée — L'Europe comme espoir

Lors de la Première Guerre mondiale, le croiseur-corsaire allemand *Emden* écumait l'océan Indien. Mais ma mère disait de son commandant : « C'est un gentleman. »

Tout jeune, elle m'avait appris à ne pas confondre pirates, flibustiers, corsaires. Les pirates sont des bandits solitaires qui pillent pour leur compte les navires de commerce quels qu'ils soient, en temps de paix comme en temps de guerre. La réputation de terreur qu'ils inspirent est leur principale arme. Le « Jolly Rodger », pavillon noir à tête de mort, est envoyé appuyé d'un coup de canon, suivi de l'abordage pour amener très vite à la capitulation. Ils évitent les navires de guerre contre lesquels ils ne font pas le poids, même les plus fameux d'entre eux, Barbe-Noire, Captain Kid ou Roberts. S'ils sont pris, ils sont pendus chargés de chaînes. Dans leur langage être pendu se disait « bénir la foule avec ses pieds ». Leur grande époque a été le début du XVIIIe siècle. En mer de Chine, la tradition de la piraterie n'a jamais cessé. A bord du croiseur porte-hélicoptères *Jeanne-d'Arc*, devant Singapour j'ai entendu en 1988 à la radio l'appel de détresse : « *Maiday, maiday, we are attacked by pirates !* »

Les flibustiers vivaient en troupe à la Jamaïque pour les anglophones, à Saint-Domingue pour les Français. Parfois ils couraient les mers, plus souvent ils montaient des expéditions contre des villes à terre, dont le nom magique évoque encore tous les trésors de l'Eldorado : Panama, Vera Cruz, Carthagène des Indes, Maracaïbo... Ils ont inventé les premières formes du commandement démocratique et de la sécurité sociale. Les « frères de la côte » élisaient leurs chefs au suffrage universel direct et par les « charte-parties » qu'ils signaient avant l'expédition, ils fixaient les objectifs, les parts de butin en fonction des responsabilités, les indemnités pour blessures, les conditions d'héritage. A part cela très souvent des brutes sanguinaires. Morgan finit anobli et gouverneur, Jean Nau dit l'Olonais dans le ventre d'Indiens anthropophages.

Les corsaires, grands marins, possèdent un document officiel appelé « lettre de course ». En accord avec le gouvernement de leur pays, ils attaquent en temps de guerre les navires des adversaires, à leur profit mais paient une redevance à l'État. Pour le ministère français des Finances, à qui il manque toujours dix-neuf sous pour faire un franc, c'est le système idéal : pas d'investissement dans la construction d'une flotte, pas de traitements et soldes à verser aux équipages, et, en prime, des rentrées fiscales ! Les plus célèbres corsaires français sont les Malouins Dugay-Trouin et Surcouf ou le Dunkerquois Jean Bart. Mais bien avant eux, il y eut les Dieppois de Jean Ango. Les premiers, ils vont attaquer la flotte espagnole et révéler les richesses fabuleuses du Nouveau Monde qui étaient secret militaire.

En 1523, une escadre apporte à Séville les trésors d'un empereur aztèque. Sur le pont du navire amiral, deux jaguars dans des cages, animaux inconnus en Europe et cadeau spécial au roi d'Espagne. Le mauvais temps, l'océan, les vagues, les voiles, la peur, l'enfermement excitent tant l'un des jaguars qu'il réussit à briser sa cage. L'enfer se déchaîne à bord. Les marins fuient dans les haubans, les arquebusiers tirent les uns sur les autres. Le sang qui coule affole encore plus le jaguar fou. Avant qu'il ne meure percé de piques, on comptera des dizaines de tués et blessés. L'équipage crie : « Le diable, le diable ! » et exige d'abattre préventivement l'autre jaguar dans sa cage. L'amiral refuse : c'est pour le roi. L'équipage tue le jaguar. Le vaisseau dérive sur l'Atlantique avec ses cadavres de fauves inconnus, ses marins terrorisés, ses officiers qui ne commandent plus. Les corsaires de Jean Ango, qui le suivaient depuis les Açores comme une meute de loups, s'en emparent facilement et le ramènent à Dieppe. L'ouverture des cales est un événement dont toute l'Europe parlera : des perles et de l'or à la tonne, des manteaux de plumes d'oiseaux féeriques, des parures éclatantes de pierreries pour dieux barbares.

Si j'ai été député, ambassadeur, ministre, ou envoyé spécial, c'est toujours pour des missions. Quand les corps réguliers ne paraissaient pas les plus indiqués, ou simplement, refusaient.

Oui, j'ai été corsaire en Afghanistan, en Bosnie, au Liban et bien ailleurs. Avec lettres de course. Mais je n'ai jamais capturé de trésor. Je n'ai enterré ni perles ni diamants sur une plage déserte sous les cocotiers ou au creux de la quille d'un navire coulé. Quand j'étais enfant et qu'on me demandait ce que je voulais être plus tard, je répondais « ingénieur hydrographe de la marine ».

Cache ton Dieu, disaient les anciens. Ingénieur hydrographe était le voile technique dont je masquais mes rêves : découvrir un continent. L'Amérique, c'était fait depuis longtemps. Très jeune il m'a semblé qu'il restait l'Europe.

Personne, pendant des siècles après les géographes grecs, n'a plus employé le mot « Europe ». On disait « la chrétienté ». L'année de la chute de Constantinople, alors que la chrétienté est particulièrement menacée, un pape, pour la première fois dans les temps modernes, appelle l'Europe à l'union et à l'action. Ensuite, chaque génération aura son projet d'unité européenne. Signé d'un roi de Bohême, d'un soldat huguenot, d'un moine français, d'un gentleman américain, d'un abbé philosophe, d'un baron balte, d'un agitateur italien... Dante, Sully, Saint-Simon, Victor Hugo, Nietzsche, Alexis Léger (Saint-John Perse), est-ce assez comme parrains ? Cela fait des siècles que cette vieille idée neuve n'en finit pas de naître.

Ma chance exceptionnelle est que la période 1955-1958 est celle de la grande relance de la construction de l'Europe. Le sujet, avec son mélange de technique et d'idéal, m'a toujours passionné. L'administration française n'a ni le temps ni le goût de tels exercices. La place de négociateur est largement à prendre. Première grande mission avec lettre de course, nouvelle aventure qui va chasser le goût d'écrire en redonnant un but à l'action quotidienne.

Dès que mon temps de pénitence à l'Inspection est terminé, fin 1955, j'entre au Secrétariat général de la présidence du Conseil pour les questions de coopération économique européenne (SGCICE). Le président du Conseil est Guy Mollet, le secrétaire général Jacques Donnedieu de Vabres, mon professeur de Sciences Po et ami. Le superbe intitulé administratif du papier à lettres est une réponse à un conflit franco-français. Quand l'aide Marshall a été lancée et l'Organisation européenne de coopération économique (OECE) créée à Paris pour la gérer, le Quai d'Orsay a affirmé sa compétence puisqu'il s'agissait d'une aide étrangère et d'une organisation internationale. Évident, non ? Mais les Finances ont répliqué qu'aide et coopération économiques veulent dire argent, donc sont de leur domaine. Pas touche. La solution « politique », typiquement française, d'addition des privilèges a été de reconnaître compétents les deux ministères, en créant sous l'autorité du président du Conseil une sorte de ministère supplémentaire pour amortir les chocs, voire faciliter quelques compromis. Quand, deux ans plus tard, la Communauté européenne du charbon et de l'acier (CECA) sera instituée à l'initiative de Jean Monnet, même type de conflit. C'est européen et international, disent les Affaires étrangères, c'est à nous. Pas du tout, dit le ministre de l'Industrie : le charbon et l'acier m'appartiennent, et depuis l'organisation de l'économie française par le régime de Vichy, c'est sacré. Bon, dit le gouvernement. A rattacher au SGCICE. Il va sans dire que sans la compétence et l'habileté du secrétaire général, les conflits se transformeraient en guerre civile. Les Français n'apprécient que les guerres civiles : au moins on sait sur qui on tire.

Après l'échec de la Communauté européenne de défense (CED), en 1954, qui avait coupé la France en deux, les experts pensaient que l'idée européenne était tuée pour au moins une génération. Erreur. Il n'y aura même pas deux ans de pause. Les Américains avaient très intelligemment lié l'aide Marshall à un effort de libéralisme économique et de coopération européenne. Ce fut la tâche de l'OECE. Un plan hollandais proposa avec le soutien américain de relancer l'OECE dans le domaine tarifaire. La France, ultraprotectionniste de toujours et qui va de crise politique en crise monétaire sous la IVe République, refuse. Comment baisser les droits de douane alors que nous sommes déjà en exception sur toutes nos autres obligations ? L'Angleterre refuse aussi, parce que le Commonwealth s'appuie sur la préférence impériale, qui est une préférence douanière. Réduire les droits de douane aurait abouti à réduire la préférence impériale. Grâce au British Empire, le protectionnisme français fut sauvé. Pas pour longtemps.

Monnet reprend alors l'idée et la propose aux six pays de la CECA comme base de toute la construction européenne. Réunis à Messine en Italie, les six ministres des Affaires étrangères décident de faire « étudier » un projet encore à écrire. Généralement, qui dit étude dit enterrement. Mais Monnet veille. Il connaît trop les mécanismes nationaux et internationaux pour ignorer cela. D'abord, il fait fixer un calendrier. Ensuite il établit un questionnaire précis, pour éviter les réponses littéraires et les faux-fuyants politiques. Enfin, il choisit les rédacteurs de l'étude, le Français Pierre Uri et l'Allemand Van der Groeben. Enfin, il exclut les chancelleries normalement compétentes pour confier la responsabilité de l'opération, personnellement, à un ministre belge de grande envergure, Paul Henri Spaak. On appelle plaisamment l'Europe des Six le Spaakistan. Ça tourne. Un jour, je ferai remarquer au général de Gaulle que le système européen, à la différence de l'ONU, n'est pas un machin mais une *machine.*

L'administration française, qui ne manque pas de ressources intellectuelles pour bloquer tout effort de libéralisme, va expliquer la nécessité d'une « approche globale » : on ne peut pas baisser les droits de douane sans harmoniser les charges sociales, on ne peut pas développer la concurrence dans l'industrie sans garantir la survie de l'agriculture, on ne peut pas... Etc. Autrement dit, tout est dans tout, et si on ne fait pas tout, on ne peut rien faire.

Deux amis, le Pr Kojève et Van Ruymbecke qui me créditent, je ne sais pourquoi, d'influence au Vatican, me contactent pour essayer de lancer l'idée d'une « zone européenne à prix élevés », en tant que signe et instrument d'une civilisation humaniste qui nous soit propre. Ce décrochage de principe par rapport à toute notion de coût et de concurrence flatte les oreilles françaises privées ou publiques. Modèle soviétique ? Il n'est pas non plus le contraire de la théorie chrétienne du « juste prix », chère aux thomistes. Le Pr Kojève est le seul hégélien français, mais on le dit parfois de droite, ce qui l'écarte des milieux pensants qui dominent la capitale. D'autres le jugent inclassable, ce qui en France n'est pas un compliment. Quand il ira en Union soviétique qu'il a quittée très jeune en 1917, pour revoir sa vieille mère à Leningrad, bien avant le moindre soupçon d'ébranlement du régime, à son retour je lui demanderai son impression.

— Le paradis, Deniau ! Le bonheur intégral ! Enfin un pays où tous les intellectuels sont anticommunistes ! »

Esprit profond, rapide, d'une culture phénoménale, il est le confident et le conseiller de la demi-douzaine de grands directeurs de ministères français qui essaient de maintenir la France, malgré les faiblesses et les inconséquences de la IVe République. Mais Jean Monnet est plus rapide que Hegel et saint Thomas. Sous son impulsion, la France sera prise au mot. Elle veut du protectionnisme et du dirigisme ? Elle en aura, mais européen. Le Marché commun entre les six pays s'inscrira dans le cadre d'une Union douanière assortie d'engagements de politiques communes et réalisée par étapes. Voilà. On appellera officiellement le traité : « Communauté économique européenne ».

A Venise, en mai 1956, dans l'île de San Giorgio Maggiore face au palais des Doges, le printemps est très chaud. Les fenêtres de la grande salle de conférences sont ouvertes. Le clapot des vaporetti et le roucoulement des pigeons couvrent les discours résignés des ministres. Il fait trop beau, Venise est trop belle pour un débat si technique. Et qui prendrait la responsabilité de dire non à l'Europe ? Le rapport Spaak est adopté. La négociation va commencer à Bruxelles. Malgré toute leur intelligence, les ministères français n'avaient réussi qu'à gagner un peu plus d'un an.

Dans l'aspect de Jean Monnet, rien ne permettait de deviner sa puissance. Il est de taille moyenne. Il a une voix moyenne. Il a l'air moyen. C'est un fumeur de pipe, plutôt taciturne, habillé comme un médecin de campagne. Seulement, il prend le pouls de la planète. Et ses ordonnances sont des ordres pour une demi-douzaine de chefs d'État ou de gouvernement. Ses idées ne sont pas très nombreuses, il les exprime souvent malaisément. Il a un autre génie, bien plus rare : de la suite dans les idées. On peut dire de lui — ce qu'on ne peut dire que de quelques hommes par siècle : sans lui, l'Histoire aurait été différente. Quelqu'un, un jour, paraphrasant Plutarque, et toutes proportions gardées, écrira sa vie en parallèle de celle de De Gaulle. Ils étaient faits pour ne pas s'entendre.

Monnet a la confiance des Américains et leur fait

confiance. Le système Monnet, c'est aussi faire progresser l'Europe pour résoudre des difficultés internationales, notamment franco-américaines. La CECA, le premier de tous les traités européens, est lancée en 1950 pour répondre à une décision américaine de supprimer les quotas qui limitent la production allemande de charbon et d'acier, et ainsi relancer l'économie allemande en même temps que favoriser la création d'une Allemagne démocratique, la République fédérale. L'Angleterre suit, la France refuse : la guerre est trop près, les mythes de la Ruhr et de la Grosse Bertha encore trop vivants. Transformons, propose Monnet, le contrôle des Alliés en contrôle européen. Soit. La Communauté européenne de défense est créée en 1953, de nouveau pour répondre à une décision américaine, celle de réarmer l'Allemagne à une période où la menace d'un conflit Est-Ouest paraît particulièrement grave (les analystes ont prévu la guerre autour des années 55). Le traité de Communauté économique à six, malgré l'opposition de l'Angleterre, n'a été possible qu'avec le soutien déterminé des Américains qui y voyaient un renforcement de l'Alliance et une façon de « visser l'Allemagne à l'ouest ».

J'ai été témoin de l'influence de Monnet. En 1962, à un moment crucial du Marché commun, le passage à la deuxième étape, tout le mécanisme est bloqué. Les Allemands refusent la mise en œuvre de la politique agricole commune, pour eux une charge absurde, mais, dans l'approche européenne de la France essentielle.

Bruxelles, le 23 décembre. Le ministre français Couve de Murville fait les cent pas dans le hall sinistre de la conférence, entre Olivier Wormser et Bernard Clappier, dans une odeur de mauvais café et de cigare froid. Le Président allemand vient de lever la séance en déclarant qu'en Allemagne Noël est une fête familiale sacrée et qu'il doit aller préparer le sapin. Si le calendrier que nous, Français, nous avons fixé est interrompu, c'est le pacte de base franco-allemand et toute la chaîne des engagements réciproques de l'Europe à six qui vont casser. Olivier Wormser pense que seuls les Américains, au plus haut niveau, peuvent influencer les Allemands. Bernard Clappier rappelle que seul Jean Monnet peut influencer les Américains. Silence. Le ministre ne souhaite pas demander lui-même à Monnet. Clappier suggère que Deniau soit chargé d'appeler Monnet et de lui expliquer les risques graves de rupture si la séance ne reprend pas sur de nouvelles bases positives. Wormser ne dit rien. Le ministre approuve. Je n'ai pas fini ma phrase au téléphone avec Monnet que celui-ci a déjà calculé le décalage horaire et où et comment joindre le secrétaire d'État américain. *Dans l'heure qui suit*, le chancelier allemand reçoit l'appel de Washington, puis le ministre allemand qui préside reçoit celui du chancelier. La séance reprend, les négociateurs rallument leurs cigares froids, une nouvelle tasse de mauvais café circule. On arrête la pendule. La machine européenne continuera à tourner.

Le seul échec patent du système Monnet a été la Communauté européenne de défense. Il ne voudra plus jamais s'occuper de questions militaires : « Les raisonnements n'y sont pas normaux », me répondra-t-il chaque fois. Quant à l'entrée de l'Angleterre dans le Marché commun, il en était chaud partisan, comme les Américains, avec un raisonnement pour moi aussi étrange que ceux des militaires pour lui : « Quand les Anglais seront entrés, ils diront que ce sont eux qui ont inventé l'Europe et ils voudront donc que ce soit un succès. »

En attendant, la France corporative et protectionniste,

à gauche comme à droite, redoute ces mécanismes de suppression des barrières aux échanges et se méfie des protections européennes qu'on lui promet. L'administration parisienne toute-puissante voit dans ces institutions un risque d'empiètement sur ses propres plates-bandes. Le résultat est que pendant trente ans la délégation française va nager en pleine contradiction : en faveur des politiques communes qui nous protègent et limitent la concurrence sur le modèle traditionnel de nos interventions étatiques, mais résolument contre les organes de Bruxelles, et notamment la Commission européenne chargée de les promouvoir et de les appliquer... Quant aux Français de la Commission, qu'ils fassent ce sale travail mais en se faisant oublier. Les courtisans se bouchaient le nez d'un air écœuré quand Jean Bart fumait la pipe devant le roi.

Dans les milieux économiques et politiques, même ceux qui, à priori, ne sont pas hostiles à l'Europe considèrent que l'approche est totalement irréaliste. Nous allons de crise monétaire en crise monétaire, chaque nouveau président du Conseil à qui l'Assemblée nationale veut bien accorder sa confiance, doit se précipiter à Washington pour négocier un emprunt qui lui permette de tenir quelques mois contre des engagements léonins d'achat de céréales ou de films américains ! La guerre d'Indochine a un aspect peu connu de « pompe à dollars » où, par le biais de mécanismes triangulaires, nous essayons d'équilibrer nos comptes en devises. Une fois par semaine, dans le bureau de Donnedieu au SGCICE je participe à la réunion des principaux directeurs des Finances et des Affaires étrangères qui font les comptes pour voir comment tenir la semaine suivante.

La France est pour l'Euratom. Ce traité qui met en

commun l'énergie nucléaire, comme la CECA l'a fait pour le charbon et l'acier, a déjà l'avantage, son application étant limitée, de ne pas être porteur de risques fédéraux à vocation générale, le diable pour l'administration française. En outre, et c'est peut être le plus important, c'est un domaine où la France a de l'avance et ne peut que la garder. Le gouvernement Mendès France avait approuvé le principe d'une bombe atomique. Le gouvernement Guy Mollet va donner à cette décision un caractère formel et écrit. L'Allemagne, quant à elle, a renoncé à toute arme nucléaire. Notre privilège dans le domaine militaire devrait nous permettre de garder dans le domaine civil le rôle prééminent. La négociation sera difficile parce que, parfois, la ficelle est un peu grosse. Mais la conviction de tous les milieux intéressés, scientifiques et diplomatiques, est que l'atome est l'énergie de l'avenir, et qu'en Europe nous resterons les premiers. L'Euratom est donc le grand projet français, celui qui doit être le modèle de l'Europe française. Des experts de haut niveau consultés ont écrit ce qu'on avait envie de lire : « Le charbon est dépassé, le contrôle de l'atome est le moyen de la suprématie de demain. » Pas de chance, ils ont oublié le fuel et le gaz.

Les meilleures têtes pensantes sont au service de l'Euratom. Savant, comme Perrin, grand juriste comme le Pr Vedel. Tout le Quai d'Orsay est mobilisé. Le Pr Vedel écrit une pièce en cinq actes et en vers sous le titre *Euratom en Aulide, ou le sacrifice d'un frère* : pour assurer l'avenir du triste Sunmarkos (le Marché commun), le méchant roi barbare Germanos (les Allemands), exige du bon roi Morisphore (Maurice Faure !) de livrer en otage son autre fils, le merveilleux, beau, sympathique Euratom. Le messager porteur de la mauvaise nouvelle s'appelle Isotope. Fidèle à un humour perceptible aux seuls esprits scientifiques qui savent apprécier que le chien du savant Cosinus s'appelle Sphéroïde parce qu'il est vaguement de la race des (boule) dogues, j'avais tenu à ajouter à la fin du premier acte le vers suivant :

C'est Isotope ? Alors, c'est la séparation !

Le Pr Vedel, s'était indigné : « Je fais du Racine, et vous voudriez y coller du Rostand, jamais. » Cela montrait bien la différence de qualité littéraire de nos deux délégations. Il était convenu que nous ne nous occupions que de commerce.

La discrimination était telle entre les négociateurs de l'Euratom et du Marché commun que les uns avaient le droit au Pullman dans le train Paris-Bruxelles, pas les autres. Mais le problème demeurait qu'aucun fonctionnaire français de rang élevé n'acceptait d'aller négocier à Bruxelles le Marché commun quatre ou cinq jours par semaine, enfermé dans un château néo-gothique de la banlieue appelé Val-Duchesse sous la houlette de Spaak. Maurice Faure, secrétaire d'État, menait la négociation au niveau politique au nom du ministre des Affaires étrangères Christian Pinault. Auprès de lui, Robert Marjolin était coordinateur et animateur général, passionné et passionnant, autodidacte chaleureux, un homme de Monnet. Guillaumat, qui sera le premier ministre de la Défense du général de Gaulle, dirigeait l'équipe chargée de l'Euratom. Il m'apprendra la règle de base de toute négociation : ne jamais se laisser isoler en position de mauvais élève ou de perdant. Toujours trouver un autre pour faire échouer ce qu'on a envie de voir échouer. Autrement dit, et par référence à un jeu de cartes bien connu, ne jamais se faire coller le mistigri, en allemand *Schwarzpeter*.

Qui sur place va aller discuter le Marché commun où, c'est inévitable, nous avons déjà le mistigri... ? Bernard Clappier, directeur de la DREE, très lié lui aussi à Robert Schuman et à Monnet, et qui fut l'un des vrais pères dc l'Europe, n'a vraiment pas le temps. Pas plus qu'Olivier Wormser, directeur des Affaires économiques au Quai d'Orsay. Un haut fonctionnaire des Finances a seulement accepté de se déplacer quelques semaines pour poser un barrage de mines jugé infranchissable par les bureaux de Paris : exiger, avant toute réduction du protectionnisme, une harmonisation préalable des charges sociales dans trois domaines où la France se croit particulièrement avancée, et pense que nos partenaires sont bien incapables de nous suivre. A eux le mistigri. Il s'agit de la durée des congés payés, du coût social du travail, de l'égalité des salaires masculins et féminins. C'est le genre d'incantations que le patronat français a toujours adoré. Malheureusement, ces grandes victoires sociales que nous nous attribuions (même ceux qui étaient contre) se révélèrent très largement partagées. Il y avait autant de jours de congé en Allemagne qu'en France, mais autrement répartis, le régime des heures supplémentaires n'y était pas plus défavorable aux classes laborieuses, bien au contraire. Quant à l'égalité des salaires féminins et masculins, elle n'était respectée par personne, l'astuce pratique pour tourner les lois et règlements étant la classification différente des postes de travail. Le barrage de mines fait donc long feu et de nouveau il faut trouver quelqu'un qui se dévoue pour aller tenter d'empêcher le pire à Val-Duchesse.

Un ambassadeur refuse d'un air écœuré : « Tout ça, ce sont des histoires de fédérastes. » Puis quelqu'un remarque : « Mais c'est un domaine incontestablement interministériel, c'est donc pour Donnedieu. » Donnedieu a déjà beaucoup de travail, et passer la semaine à Bruxelles ne l'enchante pas. Je me jette à l'eau et me propose pour le représenter. Un corsaire ! Adopté. Comme la négociation se passe largement en français le permanent de la délégation française jouera un rôle dépassant de très loin sa compétence technique et son ancienneté. J'ai vingt-huit ans et tous mes interlocuteurs sont des ambassadeurs chevronnés. Dans la pièce pseudo-grecque en alexandrins anti-Marché commun du Pr Vedel, je suis le confident omniprésent, sous le nom, bien sûr, de Denios...

La machine tourne.

Lors d'une séance historique à Matignon, Guy Mollet impose à l'Allemagne et aux Hollandais qui ne souhaitent ni payer, ni être liés au colonialisme français (nous sommes en pleine guerre d'Algérie) l'« association des pays d'outre-mer », en fait nos anciennes colonies d'Afrique. Adenauer a réussi un coup de maître : le protocole « Allemagne de l'Est », quelques lignes discrètes en annexe qui excluent des obligations du traité et du contrôle de ses institutions *tout ce qui concerne les rapports entre les deux Allemagnes* ! Quand on sait ce qu'on veut et qu'on ne cherche pas à attraper dix puces avec dix doigts, on gagne. La délégation française arrache à nos partenaires du Nord des garanties sur le niveau du tarif extérieur commun, sur les objectifs d'une politique agricole commune, sur la durée des transitions. Elle parvient aussi à réduire le caractère pour elle trop « fédéralisant » des institutions.

La tentative globale de blocage la plus spectaculaire, bien que restée pratiquement ignorée, fut celle de Jean Monnet, qui réussit à convaincre Conrad Adenauer qu'il fallait *que l'Allemagne renonce temporairement au Marché commun qui ne pouvait que gêner la ratification de l'Euratom, seul traité porteur d'avenir.* Notre collègue von der Groeben, chef de file de la délégation allemande, reçut un soir ces instructions stupéfiantes. Il se jeta en voiture, arriva à Bonn, réveilla son ministre, le convainquit de convaincre le chancelier Adenauer en pleine nuit que le traité de Communauté économique était la vraie base de la construction européenne, qu'il n'était pas possible de ne pas le signer et le ratifier. A 10 heures du matin, il était de retour pour présider.

La séance continue. De nouveau la machine tourne. Les experts de Paris avaient raté leur coup. Qui se souvient de l'Euratom ? Ils n'ont pas été les seuls à se tromper.

Au début, un fonctionnaire britannique assistait aussi aux séances de travail, l'Angleterre ayant été invitée. Jamais son digne représentant n'ouvrait la bouche, sinon pour y insérer sa pipe. Enfin, un jour, à la surprise générale, il demanda la parole. C'était pour tenir le discours d'adieu suivant :

« Monsieur le Président, messieurs, je voulais vous remercier sincèrement de votre hospitalité et vous indiquer qu'elle va cesser à partir d'aujourd'hui. Je regagne Londres. Je tiens à vous dire que le futur traité dont vous parlez et que vous êtes chargés d'élaborer :

a) n'a aucune chance d'être conclu ;

b) s'il est conclu, n'a aucune chance d'être ratifié ;

c) s'il est ratifié, n'a aucune chance d'être appliqué.

« S'il l'était, il serait d'ailleurs totalement inacceptable pour la Grande-Bretagne. Il y est question d'agriculture, ce que nous n'aimons pas, de droits de douane, ce que nous récusons, et d'institutions politiques, ce qui nous fait horreur. Monsieur le Président, messieurs, au revoir et bonne chance. »

Le travail au quotidien ne manquait pas de pittoresque. J'ai essuyé deux fois des colères de Spaak qui déclara qu'il préférait l'avis de sa cuisinière au mien. Elle avait sûrement davantage de bon sens et n'était pas obligée de défendre les instructions contradictoires de Paris. Seule l'imagination créatrice des participants permettait parfois une solution positive. Le temps aidant, une sorte d'enthousiasme discret nous prenait pour ce projet si mal vu des états-majors parisiens. Une confrérie naissait entre soldats de première ligne et autres enfants perdus. On avançait. Un jour, Jacques Duhamel était venu défendre la nécessité d'exclure de la concurrence diverses corporations françaises, dont celles des avocats, des coiffeurs, des enseignants, etc. Il veut utiliser l'expression de Dupont et Dupond bien connue des lecteurs de *Tintin*, mais il se trompe et dit : « C'est totalement inacceptable, et, *je dirais même mieux*, c'est totalement inacceptable. » Je m'empare du micro et le corrigeai par la citation exacte : « *Je dirais même plus.* » Jacques s'empare du micro et insiste : « Je dirais même mieux. » J'insiste : « Je dirais même plus. » Devant ce débat franco-français sur un aspect essentiel de l'œuvre d'Hergé, le président décida de suspendre la séance et de consulter officiellement l'auteur qui habitait Bruxelles.

J'ai gagné avec éclat ce débat international et l'enjeu du pari qui était le droit prioritaire de faire la cour à une jeune personne de la délégation.

A Paris, tous les vendredis une grande réunion avait lieu à Matignon pour faire le point des négociations de Val-Duchesse. Elle était présidée par Alexandre Verret, l'un des collaborateurs les plus proches de Guy Mollet, pilier de la SFIO du Nord-Pas-de-Calais, vrai démocrate, vrai socialiste, et l'un des hommes les plus respectables que j'aie connus dans la vie publique, qui fumait sa pipe de mineur en essayant de canaliser les flots d'indignation des différentes administrations face à nos projets plus ou moins libéraux. La palme du protectionnisme, grand premier prix et hors concours, devait revenir au ministère de l'Éducation nationale qui pendant plusieurs mois refusa purement et simplement de répondre aux convocations.

En tant que responsable de l'ordre du jour, je prévins Donnedieu qui prévint Guy Mollet, et enfin un représentant du ministère accepta de pénétrer dans la superbe salle du Conseil à Matignon, au rez-de-chaussée sur les jardins. Il refusa de s'asseoir en expliquant que l'Éducation nationale ne pouvait être ni de près, ni de loin, concernée par un traité international, tous les textes depuis plus de cinquante ans, si ce n'est un siècle, prévoyant expressément de réserver strictement la fonction enseignante aux seuls nationaux. Et pourtant au XIIIe siècle les plus grands noms de l'université de Paris étaient Thomas d'Aquin — un Italien —, Albert le Grand — un Allemand —, Duns Scot — un Irlandais. Deux huissiers le firent asseoir de force pour qu'au moins Donnedieu et moi puissions expliquer comment se posait la question.

Les avocats furent plus rusés. Ils sortirent un article inconnu du Code qui permet qu'un avocat soit appelé à compléter un tribunal s'il manque un juge. C'est la pièce de Courteline, *Un client sérieux*, où Me Barbemolle commence par défendre le pauvre Mapipe qui a vendu du cresson à la place de buis béni à la porte de l'église de la Madeleine, puis change de camp en application de la disposition précitée, et accable le pauvre Mapipe. Les fonctions relevant de l'exercice de la puissance publique étant exclues des articles généraux d'application du traité sur la non-discrimination entre citoyens des pays-membres, par cette astuce, les avocats français évitèrent que leurs collègues italiens, belges, ou allemands puissent venir plaider en France et leur faire concurrence. Ils renonçaient aussi pour des années à jouer un rôle international sérieux sur le plan européen, rôle qui fut pris notamment par les Américains. Quand les Français ne sont pas bons, ils ne sont vraiment pas bons.

Des événements dramatiques de portée mondiale vont rendre dérisoires les arguties de Val-Duchesse où on se bat des semaines sur un demi-point de tarif douanier à appliquer dans douze ans. L'expédition de Suez organisée par la France et la Grande-Bretagne avec le soutien d'Israël contre le colonel Nasser tourne au fiasco. Les Soviétiques menacent de leurs fusées. Les Américains non seulement ne prennent pas le parti des Franco-Anglais mais laissent hurler les chiens. Après les succès militaires initiaux, les deux pays peut-être les plus prestigieux de l'histoire européenne, membres permanents du Conseil de sécurité des Nations unies, doivent purement et simplement abandonner. L'Europe comme dimension de prestige et de force me paraît encore plus évidemment nécessaire, dans la mesure où elle pourrait être réellement indépendante, comme le souhaitera le général de Gaulle. Au même moment, l'Armée rouge écrase dans le sang à Budapest les combattants de la liberté, poussés à l'insurrection par Radio Free Europe, et que l'ensemble de l'Occident laisse tomber dans des conditions scandaleuses. Les Nations unies déploreront, sans prendre jamais la moindre mesure effective. Aux morts des combats s'ajouteront les pendus de la répression. Je suis convaincu, là encore, qu'une Europe qui n'a pas d'identité fondée sur un but qui lui soit propre n'a pas de sens.

Et ce but ne peut être, en dépassant de loin les droits de douane et les mécanismes de rapprochement des parités monétaires, que l'affirmation d'une civilisation fondée sur nos principes et notre culture et la volonté de la défendre. Ce n'est l'opinion ni de nombre de nos partenaires ni des bureaux dans leur ensemble. « L'Europe doit parler d'une seule voix », entendrai-je réclamer pendant quarante ans dans les meetings. Et si d'une seule voix elle se tait, comme dans l'ex-Yougoslavie, dès qu'il y a un risque, c'est-à-dire dès qu'il y a une mission ?

La signature solennelle des deux traités Euratom et Marché commun est fixée au 25 mars 1957 à Rome. La tradition du pouvoir en Europe, c'est Rome. Clovis, roi des Francs, s'était fait nommer consul de Rome. Les empereurs germaniques seront empereurs du Saint Empire *romain* germanique.

Huit jours avant la signature, quelqu'un s'aperçoit qu'on a oublié le préambule du traité officiellement appelé Communauté économique européenne ! Je suis chargé de l'écrire. Je soumets le texte aux cinq autres ambassadeurs réunis d'urgence et, là, surprise. Le Pr Erhard, père du miracle économique allemand et qui a été tenu à l'écart systématiquement de toute la négociation comme tous les ministres de l'Économie et des Finances (Spaak disait : « Ils ne s'entendent que pour dire non »), intervient personnellement. Il est contre le principe de l'Union douanière parce que, pour lui, tout protectionnisme est un mal. Quand je lui réplique que nous en avons besoin, ne serait-ce que pour des motifs de négociation avec les Anglais et les Américains qui ont des tarifs très élevés, il me répond que supprimer un protectionnisme est un bien en soi et n'a donc pas besoin de réciprocité. Il est aussi contre l'association de pays africains obtenue si difficilement grâce à Spaak et à Guy Mollet lors des négociations à Matignon. En fait, il est contre tout. Il pense que l'économie est mondiale et que la liberté doit être mondiale. Ambiguïté fondamentale : le traité est-il un instrument transitoire vers un libéralisme plus large, ou le cadre définitif d'une construction politique ? Les huissiers de Val-Duchesse n'ayant pas hésité à annoncer nos réunions comme celles du Comité des « experts en préambules », je garderai longtemps cette amicale qualification, le texte étant intégralement de ma plume.

> Les chefs des États membres :
> Déterminés à établir les fondements d'une union sans cesse plus étroite entre les peuples européens,
> Décidés à assurer par une action commune le progrès économique et social de leurs pays en éliminant les barrières qui divisent l'Europe, assignant pour but essentiel à leurs efforts l'amélioration constante des conditions de vie et d'emploi de leurs peuples,
> Reconnaissant que l'élimination des obstacles existants appelle une action concertée en vue de garantir la stabilité dans l'expansion, l'équilibre dans les échanges et la loyauté dans la concurrence,
> Soucieux de renforcer l'unité de leurs économies et d'en assurer le développement harmonieux en réduisant l'écart entre les différentes régions et le retard des moins favorisées,
> Désireux de *contribuer*, grâce à une politique commerciale commune à *la suppression progressive des restrictions aux échanges internationaux* [c'est le compromis exigé par le Pr Erhard],

Entendant confirmer la solidarité qui lie l'Europe et les pays d'outre-mer, et désirant assurer le développement de leur prospérité, *conformément aux principes de la Charte des Nations unies* [autre amendement mondialiste de la délégation allemande qui ne veut pas paraître s'engager à soutenir le colonialisme français],
Résolus à affermir, par la constitution de cet ensemble de ressources, les sauvegardes de la paix et de la liberté, et appelant les autres peuples de l'Europe qui partagent leur idéal à s'associer à leur effort,
Ont décidé de créer une Communauté économique européenne...

Le plus surprenant est que ce texte, écrit au fil de la plume, très littéraire et pas du tout juridique, sera utilisé dans les interprétations les plus fondamentales de la Cour européenne. J'évite le débat empoisonné entre les fédéralistes et les antifédéralistes par la formule « *une union sans cesse plus étroite* ». Les gouvernements ne sont pas cités. Mais, trois fois, revient le mot *peuples* ! Et dans un traité économique, apparaissent les mots de *liberté* et de *paix*. Et le mot *emploi*. Et le mot *idéal*...

Aujourd'hui, après quarante ans, je n'ai pas une ligne à changer.

*

Le chef de la délégation luxembourgeoise, qu'on appelle affectueusement le père Bech et qui porte le titre rare et très civilisé de ministre des Affaires étrangères et de la Viticulture, vint me trouver un soir alors que je mettais la dernière main aux calculs de pondération des voix des États membres pour les votes à la majorité qualifiée prévus par le traité, une voix pour le Luxembourg, deux pour la Belgique, deux pour la Hollande, quatre pour chacun des trois « grands », France, Allemagne, Italie. Il me demanda si la seule voix du Luxembourg suffirait à entraîner une majorité au profit de l'Allemagne contre la France, ou l'inverse. Après vérification, la réponse est oui. Alors le père Bech me dit : « Refaites tous vos calculs. Placez le niveau de la majorité qualifiée autrement. Je ne veux pas que mon pays puisse être celui qui met en minorité l'Allemagne contre la France ou la France contre l'Allemagne. » J'arrondis mes chiffres autrement pour qu'il ait satisfaction. D'autres auraient vu, par vanité, la possibilité de jouer un rôle et sauté sur l'occasion ; lui, par sagesse, voulait savoir quel serait son rôle et n'acceptait pas n'importe lequel.

Enfin, tout est prêt, et je fais partie de la délégation très peu nombreuse qui aura l'honneur d'aller signer les deux traités, Marché commun et Euratom, au palais du Capitole à Rome le 25 mars 1957, et d'être sur la photo historique. La veille, une séance de travail a été improvisée pour régler deux problèmes réapparus au dernier moment. La libre circulation des chicons (les endives de nos amis belges) et le régime douanier des bananes (d'un côté, les Français partisans du « doigt de fée » antillais, de l'autre, les Allemands amateurs de « gross Michel » produits par l'United Fruit en Amérique centrale). On trouvera une formule d'armistice, pas de paix, et la guerre continue quarante ans après.

Le matin, un orage épouvantable noie les cortèges officiels et les plumets des carabiniers. Le soir, grande réception. Je retrouve dans une modeste trattoria l'ambassadeur Beyen, en habit et décorations, qui est à l'origine de tout et que le protocole a oublié. Nous mettons au point, soutenus par quelques verres de *spumante*, la première histoire européenne, au sens de la dernière bien bonne, qui est la définition du Paradis que sera le Marché commun à la fin de la période de transition. (Il y avait déjà eu des définitions humoristiques de l'enfer, où le policier serait allemand et le cuisinier britannique.) Nous, c'est le paradis qui nous intéresse, où chaque pays apportera sa qualité nationale essentielle. Les Allemands, l'humour. Les Italiens, l'exactitude. Les Hollandais, la générosité. Les Belges, le sens de l'union. Les Luxembourgeois, la largeur de vues. Et les Français ? Les Français, la modestie. Encore un coup de spumante à la santé de l'ambassadeur.

Bourgès-Maunoury, président du Conseil, m'appelle à son cabinet à Matignon. J'ai le plus beau bureau de la République, à côté de la salle du Conseil. Cela me permettra de rendre un jour un petit service à deux professeurs de droit. Le président souhaite faire adopter par l'Assemblée une solution évolutive sur l'Algérie, où la guerre ne cesse de s'aggraver, qui aurait le mérite de ne pas trancher dès le début par tout ou rien mais d'organiser des carrefours de possibilités. Une « table ronde » réunit tous les porte-parole des diverses tendances politiques françaises. Il sont près de quarante. Les deux auteurs du projet de loi cadre m'ont demandé l'hospitalité. En ouvrant l'une des doubles portes capitonnées qui me séparent de la salle du Conseil, et en collant leur oreille à la serrure, ils ont l'espoir d'entendre les délibérations. Ils me disent : « Comprenez, cette loi cadre est notre enfant. » Ce sont eux les enfants. Ces deux très célèbres professeurs ont mal apprécié la capacité d'absurdité de la IVe République. Dans la salle de Matignon, les représentants de toutes les formations politiques vont approuver massivement le projet de loi cadre, et, le lendemain, à l'Assemblée nationale, ils voteront exactement le contraire.

L'Algérie n'est pas dans mes attributions, mais il se trouve que les responsables du secteur algérien au cabinet ne parlent pas un mot d'anglais. Après le massacre de Melouza, horrible tuerie où trois cent quinze villageois sont assassinés par le FLN, le Président a décidé de publier une brochure relatant les faits et montrant les photos des cadavres mutilés. Un déjeuner est organisé avec les quatre plus importants journalistes américains, où je suis invité pour faire l'interprète. Plus on leur montre des horreurs, plus les journalistes américains nous condamnent ! Pour eux, c'est le colonialisme français qui est responsable. Si les Français n'étaient pas là, à s'accrocher à leurs privilèges absurdes, le FLN n'aurait pas à massacrer. Partez. Partez le plus vite possible. Quelques jours auparavant, j'ai eu une autre expérience inquiétante. En l'absence du président du Conseil, je reçois plusieurs maires importants d'Algérie. Tous, bien sûr, sont français. Soustelle a complètement échoué dans sa tentative initiale d'« algérifier » les cadres locaux. Mais ce qui me frappe encore plus, c'est que seuls les maires du Constantinois, région où les Français de souche sont tout à fait minoritaires, à la fois parlent l'arabe et sont réceptifs à des idées d'évolution des structures. En revanche, les maires de l'Algérois et de l'Oranais ne disent pas un mot d'arabe, sauf *becif* et *fissa*, et ne veulent même pas envisager l'application des principes les plus simples de la République, par exemple « un homme, une voix ». Le fils du caïd de Khanga Sidi Nadji qui commentait *Autant en emporte le vent* en contemplant les étoiles entrevoyait mieux l'avenir que ces élus qui avaient pour réponse à toute suggestion une seule phrase, comme un réflexe : *on fera tomber le gouvernement à Paris*.

Jacques Donnedieu de Vabres m'a confié la mission de le représenter à Alger au Bureau industriel africain, qui rêve encore en 1956 de grands projets impériaux mettant en valeur le charbon algérien uni au fer de Mauritanie, voire au chemin de fer Méditerranée-Niger reliant le Maghreb français et l'Afrique occidentale française. Nous sommes là pour l'éternité. Des préfets se battent pour la plus belle prébende de la République : administrateur des mines de Ouenza. Un arbitrage interministériel a placé Tindouf en territoire algérien, « parce que la France y est définitivement », alors que le Maroc n'est qu'un protectorat peut-être transitoire. En 1961, le général de Gaulle proposera au jeune chargé d'affaires marocain à Paris de corriger cette erreur *en rendant officiellement Tindouf au Maroc avant l'indépendance de l'Algérie*. Le gouvernement marocain refusera, préférant « faire confiance aux frères algériens ». Il en résultera quasiment une guerre entre Algérie et Maroc. Comment, jusqu'au dernier moment, les sociétés peuvent-elles se faire illusion sur elles-mêmes, à quel point ceux qui ne veulent pas voir et ne veulent pas entendre ne voient pas et n'entendent pas ? J'ai longtemps cru que la seule philosophie de l'Histoire avait été exprimée du haut du Golgotha : « Père, pardonnez-leur ; ils ne savent pas ce qu'ils font. » C'est plus grave : ils ne veulent pas savoir.

Le sort de l'Algérie et l'avenir de la construction européenne s'entrecroisent dans les débats sur la ratification du Marché commun et de l'Euratom. La seule majorité parlementaire stable est « européenne ». Mais il y a des opposants aux traités européens sur tous les bancs, et pas seulement chez les communistes et les gaullistes. Désigné comme commissaire du gouvernement, je siège donc juste derrière les ministres, au milieu de l'hémicycle. Je n'entendrai que deux bons discours contre le Marché commun. Celui de Pierre Cot qui cite le Gatt — qu'il est bien le seul à connaître — et explique que les garanties nombreuses obtenues par les négociateurs sont illusoires. Il faudra payer chaque jour notre existence de zone préférentielle en réduisant la préférence. Ce n'est pas mal vu, seulement un peu trop pessimiste ; la vraie question est de savoir *si les progrès internes de solidarité entre les membres garderont toujours quelques longueurs d'avance sur la mondialisation du commerce et des économies.* Le débat reste ouvert aujourd'hui pratiquement dans les mêmes termes.

L'autre discours sérieux « contre » est celui d'un député de droite, Valentin, qui reproche au gouvernement d'avoir pris ce détour économique parce qu'il n'avait pas le courage de faire directement l'Europe politique. Et quand nous voudrons faire l'Europe politique, accuse-t-il, nous aurons l'opinion contre nous, celle des paysans chassés de leurs terres et des ouvriers dont les usines ont fermé sous les coups des concurrences étrangères. Tous, de la gauche à la droite, s'inquiètent de la puissance de l'Allemagne par rapport à la nôtre, alors qu'il y a dix ans l'Allemagne n'existait plus... Qui a gagné la guerre ?

Les députés ne sont pas nombreux en séance. Un argument qui n'est pas de fond l'emporte sur tous les autres : après le refus de la CED, le Parlement français ne peut pas dire une seconde fois non à l'Europe. On somnole au banc du gouvernement. J'écris un rondel adapté aux circonstances et à la présence du ministre des Affaires étrangères, Christian Pineau, dont je surveille la tête ronde juste devant moi.

Peu importe si cela dure
L'Europe avec qui et comment
Tu dois en débattre et conclure,
Parlement

Faut-il craindre la concurrence
Faut-il aimer les Allemands
Quel est l'avenir de la France
Parle-m'en

Le ministre que rien ne lasse
Elu sarthois croit sûrement
Que l'axe Paris-Berlin passe
Par Le Mans.

Il fait une chaleur écrasante. Un élu du Sud-Ouest — qui sera ministre et sénateur, dont chacun sait qu'il est le porte-parole de certains intérêts du patronat — me prend à partie personnellement parce que j'ai soufflé à Maurice Faure des réponses qui ne lui ont pas laissé le dernier mot. Maurice Faure manifeste sa solidarité avec moi d'une façon un peu surprenante : il quitte solennellement le banc des ministres. Beau geste, certes, mais qui me laisse donc seul au milieu d'un Palais-Bourbon déchaîné, un incident de séance en provoquant un autre. Le commissaire Dides, qui vient d'entrer de joyeuse humeur, suscite les invectives du groupe communiste. On entend crier en réponse : « Un flic de Paris vaut bien un flic de Budapest. » Les huissiers en col cassé, cravate blanche et queue de pie, plus efficaces pour l'interposition que tous les casques bleus de l'ONU, se répartissent entre les travées pour empêcher que les insultes ne dégénèrent en coups de poing. Ma mère, qui est dans le public, est tout à fait scandalisée par ces mœurs. Puis un débat d'une autre nature surgit : *Que se passera-t-il si l'Allemagne est réunifiée* ? Pierre Cot mène l'assaut. Personne n'évoque la solution qu'Adenauer était seul à avoir entrevue sous ses lourdes paupières : une absorption de la RDA communiste par l'Allemagne de l'Ouest. Toutes les interventions des députés tournent autour d'une autre idée, négative : en cas de réunification, *la France pourra-t-elle se dégager de ses obligations* ? Pressé de questions, le ministre des Affaires étrangères, M. Pineau, répond oui. Le prince Douala Manga-Bell, député du Cameroun, qui a la particularité d'avoir été élevé à Potsdam à l'École des pages de Guillaume II, avant 1914, quand le Cameroun était encore colonie allemande, veut intervenir sur un point d'histoire africaine pittoresque. Il est trop tard, les quelques rares députés présents sont épuisés, le Président lui coupe la parole et lève la séance. M. Daniel Mayer, président de la commission des affaires étrangères, socialiste, mais qui a refusé de rapporter en faveur du traité, avait protesté contre l'heure tardive en s'écriant : « Adenauer peut attendre ! » Il attendra, le vieux, trente ans et bien après sa mort, et il gagnera. Le refus de Daniel Mayer avait obligé le gouvernement à chercher dans la précipitation un autre rapporteur. Alain Savary, député socialiste lui aussi, avait été choisi. J'ai été mis à sa disposition et, pendant deux mois, nous avons travaillé ensemble presque chaque soir. Sa connaissance des problèmes européens était au départ inexistante, mais sa volonté d'apprendre admirable, ses qualités de conviction et de conscience émouvantes. Nous sommes restés liés d'amitié par-delà toutes les fantaisies politiques.

Nous obtiendrons à l'Assemblée pour le Marché commun une majorité plus forte que pour l'Euratom. En pensant à lui et à quelques autres, quarante ans plus tard, je me dis que si l'Europe a été une force d'attraction pour l'Est, si aujourd'hui elle existe un peu pour nous, au moins assez pour que je puisse lui reprocher de manquer dramatiquement d'âme, c'est quand même parce que nous avons cru, à quelques-uns, que les préambules ne sont pas tout à fait inutiles.

6

Offensive anglaise et contre-offensive — Gagner le temps — Souvenirs du 13 mai et ensuite De Gaulle et le rang de la France — Une autre vie La guerre des tapis rouges — Première négociation sur l'entrée de l'Angleterre — Au bal des faux derches — L'appel du désert — « Au revoir, monsieur l'ambassadeur »

Le cabinet Bourgès-Maunoury tombe. Pourquoi ? Mystères du théâtre d'ombres. Est-ce sur l'Algérie, est-ce sur le prix du blé ? Quelle raison a servi de prétexte à l'autre ? Bourgès me confie comme conseiller technique, dans le nouveau cabinet, à un ministre de ses amis. C'est moins noble que Matignon, et moins divers. Je ne trouve plus à tout instant Shimon Peres dans mon bureau et n'ai plus à répondre au téléphone au très digne M. Coty, président de la République, les soirs où je suis de permanence. Désormais, je suis spécialisé dans les affaires européennes.

Puisque le Marché commun a été signé et ratifié, il risque peut-être d'être appliqué... On sonne le tocsin à Londres. Il faut d'urgence neutraliser cette entreprise bizarre à six, fondée sur la réconciliation franco-allemande, et qui mélange des objectifs politiques vagues et des mécanismes commerciaux préférentiels très précis. *Shocking*. L'Angleterre aurait-elle présumé de son influence sur le continent ? Pas question en tout cas que le continent s'organise sans elle. *Not decent*. Utilisant le cadre de l'OECE, la Grande-Bretagne rameute tous les autres pays européens qui pour des motifs divers ne veulent pas adhérer à la Communauté naissante. Les « neutres » — Suisse, Autriche, Finlande, Suède — crient à l'odieuse discrimination. Les six — que la presse appelle systématiquement la « petite » Europe — sont accusés de *diviser* le continent. Une personnalité britannique déclare à un congrès du Commonwealth que la Grande-Bretagne n'a rien à voir avec cette Europe qui est *celle de six pays battus.* Je lui réponds que nous nous sommes tous tellement battus et entre-battus que nous avons justement décidé d'arrêter de nous battre. Voilà le vrai sens du traité. Les Anglais lancent le projet d'une grande zone de libre échange (AELE) couvrant toute l'Europe de l'Ouest, sans tarif douanier commun, sans agriculture, sans institutions à prétentions politiques, taillée sur mesure pour eux, et qui permettra de diluer le traité de Rome jusqu'à disparition. L'administration française, qui ne l'aimait pas, commence à trouver qu'un traité aussi violemment attaqué par l'Angleterre et l'Europe libérale doit avoir du bon. Et si en fait, les négociateurs avaient bien travaillé ? Et si c'était un traité typiquement français ?

La zone de libre échange étant l'anti-Marché commun, je suis chargé par le gouvernement d'élaborer un contre-contre-plan. Sans hésiter, je refuse la solution globale que représente ce projet en en démontrant tous les effets pervers. Il suffisait de dire le contraire de ce que nous avions démontré pendant des années. Je mets au point une proposition d'« approche par secteur » qui permettra d'émietter la négociation, la diluer dans la technique et la noyer dans le temps perdu. Qui va courir derrière l'autre ? De quel côté sera le fait accompli ? *Qui va gagner le temps ?* Il n'y a jamais eu d'autre problème que celui-là. Je gagne du temps.

En Allemagne, Adenauer tient bon malgré les attaques de l'opposition socialiste. En Belgique, Spaak ne cède pas et confirme sa très belle définition de l'Europe : « Ceux qui veulent aller plus vite et plus loin », que je reprendrai plus tard pour la définition de l'Europe « à géométrie variable ». L'Italie, où la diplomatie anglaise avait beaucoup d'influence, hésite. J'accompagne à Rome Maurice Faure dans une visite de consolidation. L'important est de mettre en place le plus rapidement possible les organes de la Communauté et de commencer à appliquer le traité. Gagner le temps. Il a été convenu que le président de l'Euratom serait un Français et celui du Marché commun un Allemand. La presse française signalera la prise de fonction du président français de l'Euratom, M. Louis Armand, mais ne dira pas un mot du président de la Communauté économique européenne, le secrétaire d'État allemand Hallstein. Paris n'aime que l'Euratom. La France a droit à deux membres à la Commission européenne. Le vice-président sera Robert Marjolin, qui a été l'âme de la négociation, et Robert Lemaignen, l'un des dirigeants du patronat très compétent pour tout ce qui touche à l'outre-mer ; un socialiste humaniste, un homme de droite éclairé. La France entendait garder sous la direction d'un commissaire français l'aide à l'Afrique et au développement, si difficilement imposée à nos partenaires, comme une partie essentielle du traité. J'aurai un jour, membre de la Commission à mon tour, la responsabilité de ce domaine, et je constaterai avec un certain bonheur que ce qui avait été le plus contesté pendant les négociations était devenu l'une des dimensions européennes les plus respectées. Les crises ne se passent jamais où et quand elles avaient été prévues, sinon ce ne seraient pas des crises. La délégation italienne avait gémi pendant toute la négociation sur sa faiblesse industrielle et exigé la préférence pour ses productions agricoles du Sud, notamment les agrumes. L'Italie ne vendra pas un agrume de plus grâce au Marché commun mais va faire une double percée industrielle formidable, dans le textile et dans l'acier ! Les chasseurs demi-nus de la jungle indochinoise, pour dire l'« avenir », disaient : « ce qui est derrière nous ». Parce qu'on ne le voit pas.

En France, d'après les sondages, jamais « les chances de revenir au pouvoir » du général de Gaulle ne sont tombées aussi bas. C'est le moment où l'Histoire va prendre le galop et désarçonner les cavaliers qui se croyaient les plus habiles. Il y avait eu pourtant des signes précurseurs, comme au début de 1957 l'attentat contre le général Salan. La tension en Afrique du Nord ne cesse de monter en 1958. Grave incident franco-tunisien à la frontière en janvier. Plainte aux Nations unies en février, manifestation de la police en plein Paris contre le gouvernement en mars ; en avril M. Gaillard, président du Conseil, est mis en minorité. La confiance est refusée à M. Bidault, pressenti. L'Istiqlal marocain et le Destour tunisien décident à Tanger de soutenir activement le FLN algérien. M. Pleven est chargé de former le gouvernement. Le 8 mai, il renonce. Le président Coty fait appel à M. Pflimlin, le même jour le FLN exécute en Tunisie trois militaires français prisonniers. M. Lacoste évoque un « Diên Biên Phu diplomatique ».

Le 12 mai, Jean Claude Tiné, un ami qui habite Alger, m'appelle pour mettre au point nos vacances maritimes sur son bateau. Rien à voir avec la politique. Tout à fait incidemment il mentionne que « les gens ont l'intention le lendemain de monter au GG (le Gouvernement général), pour jeter les dossiers par les fenêtres ». Le ministre, dont je suis le conseiller, me demande ce soir-là, lors d'une réunion de cabinet, ce que je pense de l'évolution de la situation en Algérie, et je réponds tout uniment que, « demain, la foule a l'intention de monter au GG pour jeter les dossiers par les fenêtres ». Or, le 13 mai, la première dépêche qui tombera sur les téléscripteurs sera exactement rédigée en ces termes. Pour le ministre et tout le cabinet, c'est clair, « j'étais dans le coup ». Je gagne une grande autorité au-delà de mes spécialités douanière et européenne.

Au fur et à mesure que les événements s'amplifient, la peur va se répandre dans le petit monde politique. Puisque « je suis dans le coup », le cabinet me consulte pour savoir si les parachutistes peuvent sauter dans le jardin du ministère. C'est absurde bien sûr, mais, l'air compétent, je sors dans le jardin pour estimer l'orientation et la force du vent, et suivant mon humeur déclare qu'il n'y a pas de risque dans la nuit qui vient, ou bien pas dans la première partie de la nuit (toujours faire technique). Les officiels hésitent entre coucher au ministère, protégés par la force publique mais cible de choix, ou errer chaque soir avec leur baluchon d'un logement d'ami à un autre. Dans les rues, les automobilistes font ti-ti-ti ta-ta avec leurs avertisseurs. Autant j'ai eu du respect pour beaucoup de dirigeants de la SFIO, qui se comportaient comme de vrais hommes d'État, autant le système politique lui-même m'a paru depuis longtemps condamné, avec crises monétaires, chutes de gouvernement et ballet des pressentis. La phrase célèbre : « On ne prend pas le pouvoir, on le ramasse » va être illustrée à bref délai. Une bonne douzaine de complots rivaux y auront aidé. Le général de Gaulle annonce le 15 mai « qu'il est prêt à assumer les pouvoirs de la République », et le général Salan fait acclamer son nom à Alger. Les manifestations ne cessent plus. Le 20, l'Assemblée nationale renouvelle la confiance à M. Pflimlin, mais, le 22, M. Pinay prend « personnellement » contact avec de Gaulle. Le 24 la Corse passe à la dissidence. Des ministres tiennent des propos musclés sur la nécessité d'« affamer l'Algérie » et de châtier les factieux, mais le 26 mai, tard dans la nuit, de Gaulle et Pflimlin se rencontrent discrètement à La Celle-Saint-Cloud et le Général peut annoncer « qu'il a entamé le processus régulier nécessaire à l'établissement d'un gouvernement républicain ». Le 31, il reçoit 26 représentants des partis politiques. Le 1er juin l'Assemblée nationale vote « la confiance à M. Charles de Gaulle, président du Conseil désigné » par 339 voix contre 224. Le Parti communiste, M. Cot, M. Mendès France, M. Mitterrand ont mené un combat acharné contre le « représentant des factieux ». Malgré leurs cris et objurgations, de Gaulle n'a désavoué personne. Le député Dronne, qui était entré le premier dans Paris en août 1944 sur sa Jeep à la tête de la division Leclerc, ne pourra pas voter, le président de séance et les communistes lui interdisant physiquement l'accès à la tribune.

Sous les grands arbres du jardin ministériel, tasse de café en main, deux jours auparavant le ministre nous avait confié qu'il avait enfin repris l'espoir, tous ses collègues du gouvernement et les chefs des groupes politiques l'ayant assuré que de Gaulle serait largement battu. « Ç'aurait été trop bête », dit-il. Il explique qu'il a derrière lui une longue carrière politique et devant lui une autre aussi longue que seul un succès de De Gaulle aurait pu stupidement compromettre. Il n'a jamais suscité la jalousie par des postes ou des actions trop en vue. La pente naturelle des choses et des hommes devrait donc le conduire à être un jour président du Conseil, pourquoi pas président de l'Assemblée, et, qui sait, président de la République. « Oui, vraiment, ç'aurait été trop bête. » A part cela, il était très sympathique et, tout à fait honnête. A contrecœur, il votera la confiance au Général et les pleins pouvoirs pour six mois.

De Gaulle est venu à l'Assemblée le 1er juin, a lu sa déclaration — quelques minutes — et est reparti, impérial, avant les interventions des orateurs. En civil, veston croisé six boutons, il a l'air encore plus militaire qu'en uniforme. Le 3 juin le projet de loi constitutionnelle est en discussion. De l'extrême droite à l'extrême gauche on a fourbi ses armes. De nouveau mon ministre reprend espoir. « De Gaulle va être battu. » Mais le Général vient en séance, répond longuement aux objections et critiques de chacun, quel qu'il soit. Il désarme personnellement un amendement très dangereux de la commission des lois qui s'inquiète du « double fédéralisme » en marche, celui de l'Europe et celui avec nos territoires d'outre-mer. « Allons-nous être colonisés par nos colonies ? » lance le rapporteur à propos de l'intégration. « C'est pourtant ainsi que Rome a décliné... » Intéressant. Tumulte et protestations à droite et au centre. Les attaques juridiques continuent. Ramadier pour la SFIO et Pierre-Henri Teitgen pour les MRP demandent des garanties. Là, le Général est sublime de suavité. Son œil rond s'étonne, sa bouche devient gourmande. « Si j'ai fait le gouvernement que j'ai fait, c'est pour que la République continue. » (Vifs applaudissements à gauche, au centre et à droite.) « Quant à l'existence nécessaire d'une assemblée élue au suffrage universel, qui restera l'assemblée principale dans le Parlement de demain, je vous en apporterai une dernière preuve : le plaisir et l'honneur que j'ai de me trouver au milieu de vous ce soir. » De la crème pour les minets. Triomphe. La loi constitutionnelle sera adoptée par 350 voix contre 161 ! On ne gouverne pas sans mystère et on ne prend pas le pouvoir sans charme. L'œil toujours aussi rond mais la lèvre plus mince, le Général a l'air de trouver tout cela absolument naturel.

Les têtes politiques françaises se sont donc ralliées à une « solution de Gaulle » dont le gouvernement comprend quatre ministres d'État, MM. Houphouët-Boigny, Jacquinot, Mollet et Pflimlin. Maurice Faure m'explique que cet épisode est très temporaire, qu'après tout on a besoin de lui pour se débarrasser de l'Algérie et qu'on le renversera quand il aura fait le travail (ce sera le « cartel des non » en 62). Je ne suis pas de ce côté-là et j'ai l'espoir d'un grand changement intérieur.

Un sujet de réflexion pour les historiens devrait être le suicide des institutions. En 1940, c'est la chambre du Front populaire qui vote les pleins pouvoirs à Pétain. En 1958, la gauche militante n'arrivera pas à mobiliser l'opinion ni même les députés contre les projets de bouleversement constitutionnel du Général. En Espagne, vingt ans plus tard, les Cortès franquistes voteront leur propre mort. Pourquoi ? Les corps constitués ne sont pas courageux, certes. Mais ce n'est pas à la menace physique qu'ils cèdent, plutôt à une sorte d'évidence. Ils constatent assez volontiers qu'ils n'existent plus. A Madrid, tout au début de la difficile période de la « transition démocratique », le garde des Sceaux Antonio Garrigues, personnage quasi mythique de grand ambassadeur et de grand séducteur, et un ami, me demanda discrètement une note détaillée sur les conditions du passage légal de la IVe à la Ve République. Comment de Gaulle a-t-il fait ? Le problème n'est pas si différent en Espagne. Comment s'appuyer sur l'opinion par un référendum d'orientation, puis diviser les adversaires et rallier les modérés, comment doser consultations, promesses, en offrant aux représentants qualifiés de ne pas perdre leur dernier rôle, et, éventuellement, de pouvoir en jouer un nouveau... Ma note est une sorte de petit précis de changement démocratique de régime comme il y a des manuels de dépannage mécanique. Restent les conditions fondamentales du succès : la volonté éclairée de quelques-uns, la sagesse profonde des peuples, la chaîne des événements, le roi en Espagne, de Gaulle en France.

Souvent, j'aurai l'occasion de parler avec le Général de cette période de 1958 à 1962 où rien ne semblait joué d'avance. La conversation — qui consistait pour moi surtout à écouter — portait d'abord sur l'Europe, puisque j'étais à Bruxelles. Il est assez étonnant, pour ne pas dire fantastique, que de Gaulle ait appliqué le traité de Rome contraire à sa philosophie et qu'il avait *toutes facilités d'arrêter*. Le patronat n'aurait pas farouchement dit non. Je ne vois d'ailleurs à peu près personne qui n'aurait pas voté un amendement repoussant son application après la fin de la guerre d'Algérie (c'était la position de Mendès), ou la liant à la restauration préalable de notre économie et de nos finances. Il fallait comprendre que ce n'était pas un obstacle à la restauration de nos finances, mais une de ses conditions.

Le Général applique donc ce traité qu'il n'aime pas et, en assurant avec Pinay une réforme économique réussie, est même responsable de son succès. Pour ses sentiments, j'ai deux exemples. Un jour, il m'a cité un article de Pierre Uri dans *Le Monde*, de 1956 ou 1957, qui s'appelait, si mes souvenirs sont bons « Le détour européen ». Uri expliquait que la France était devenue ingouvernable, qu'aucune majorité n'accepterait les réformes indispensables (le problème n'est pas nouveau) et que seule une autorité internationale à l'extérieur de la France pourrait promouvoir les mesures nécessaires. « Ça, m'avait dit le Général, jamais. On ne se sauve que par soi-même. » L'autre remarque, quasi en passant, répondait à une question sur le général Challe, que chacun dans l'armée avait toujours considéré comme particulièrement sérieux, un cerveau. Comment expliquer sa participation à l'équipée du putsch ? La sentence tombe sur-le-champ : « A été trop longtemps dans une organisation internationale. » Donc a perdu contact avec les réalités.

Mais le Général, en 1958, accepte la « machine » européenne du Marché commun.

D'abord, c'est un défi économique et la France ne doit pas esquiver les défis ; ne pas admettre *a priori* que nous sommes incapables de nous battre et de gagner. Ceux qui lui suggèrent, à droite et à gauche, de suspendre le traité sont d'ailleurs plus protectionnistes que vraiment soucieux de la grandeur de notre pays. Si la France reniait sa signature et sortait du Marché commun, elle céderait à des démons encore plus dangereux que les sirènes bruxelloises, ceux du renoncement.

Ensuite, pour de Gaulle le grand enjeu — et le véritable défi — est la réconciliation définitive franco-allemande, tâche historique à laquelle il va lui-même — et tout de suite — s'employer avec Adenauer. Monnet a eu l'idée de donner à cette réconciliation le cadre européen. De

Gaulle ne le conteste pas. Mais il entend que cela n'entraîne pas le délitement de la nation. Lors du quarantième anniversaire de la signature des traités, au Capitole à Rome, l'un des thèmes du colloque était la crise « de la chaise vide » qui opposa en 1962 la France et nos cinq partenaires sur l'évolution institutionnelle de l'Europe. Des deux côtés, fédéraliste et antifédéraliste, cent avis poussaient à la guerre dans un contexte de politique intérieure française difficile. Couve de Murville, à Luxembourg, cherchera l'apaisement avec l'aide de tous nos partenaires, qui y verront aussi leur intérêt. On appelait loi de Deniau le théorème : « Il n'est pas facile d'entrer dans la Communauté européenne. Il est encore plus difficile d'en sortir. »

Enfin le rang. L'isolement de la France ne peut donner que l'illusion du rang. Les Français n'ont peut-être pas tous pris conscience de l'exceptionnelle catastrophe nationale qu'a été juin 1940. Qui se souvient des stukas piquant sur les colonnes de soldats débandés et de paysans en fuite, pendant que, à côté, quelques groupes se sacrifiaient dans des barouds d'honneur ? Les Allemands sont à Bordeaux, à Clermont-Ferrand, à Brest. Jamais une armée étrangère n'est entrée si loin en France, même aux pires moments de la guerre de Cent Ans, aux temps du roi de Bourges. Jamais le pays ne s'était effondré comme en 1940, régime politique et institutions compris. La France, la « Grande Nation » qui avait gagné la Première Guerre mondiale et semblait invincible, a été politiquement, militairement, moralement rayée de la carte. Comment retrouver notre rang, *que nous avons perdu* ? Ce rang n'est plus naturel. Ni la démographie, ni l'économie, ni la monnaie ne nous autorisent à l'exiger. Il faut forcer notre voix pour nous faire entendre, forcer la porte pour entrer dans la salle des puissances, forcer notre jeu pour obtenir un rôle. Signez « la France », avait dit de Gaulle à Cassin pour le premier accord administratif avec les Anglais, en juin 40, quand ils n'étaient que quelques dizaines à Londres. On peut en sourire, s'en énerver, ou, comme moi, s'en émouvoir. Le problème est resté le même.

Un jour, le général de Gaulle me demande : « Que dit-on à Bruxelles ? » Je réponds que nous sommes accusés d'hégémonie, de diktat ou de veto... mais que beaucoup de nos partenaires, individuellement, considèrent que le général de Gaulle n'a pas tout à fait tort. Ce qu'ils déplorent surtout, c'est le « style ». Même si de Gaulle a raison, pourquoi s'exprime-t-il d'une façon aussi fracassante, spectaculaire, personnelle ? Le Général, dans son vaste registre, a choisi ce soir-là le ton bonhomme-bourru : « Et si je ne le disais pas comme ça, qui y ferait attention ? »

Nous n'avons plus de rang.

A Washington, le conseiller de la Maison-Blanche, Mac George Bundy, trouvait que la France faisait trop parler d'elle. Elle est moins peuplée que l'Italie, elle n'a pas une culture et un passé plus prestigieux, et on n'entend jamais parler des Italiens sur le plan international. Qu'est-ce qu'ils ont les Français, qui les autorise à embêter tout le monde ? Est-ce que les Italiens, eux, veulent une bombe atomique ? Et il expliquait que jamais les Français, légers, querelleurs, n'auraient la constance nécessaire dans l'effort pour réussir l'arme nucléaire. Il suffisait de ne pas les aider...

Le général de Gaulle me demande un soir mon avis sur l'Algérie. Je fais une grimace. Le Général : « Vous voulez dire que c'est du boulot salopé ? C'est du boulot salopé. *Je n'avais pas le temps.* »

Le temps pour retrouver notre rang. Il a fallu faire un choix essentiel et urgent. Nous ne pouvions pas maintenir de front l'effort de longue durée d'une action militaire, économique, sociale, en Algérie, et l'effort de longue durée nécessaire pour développer notre armement nucléaire. Nous ne pouvions pas maintenir les deux ensemble, ni politiquement, ni financièrement, ni diplomatiquement contre quasiment le monde entier, en tout cas les Américains. La guerre en Algérie ou l'arme nucléaire avaient *pratiquement le même coût*. Le Général, pour le rang, a choisi le nucléaire. Les Britanniques pouvaient le comprendre. Un de leurs secrets les mieux gardés est que à l'automne 1944, près d'un an avant l'explosion à Hiroshima de la première bombe atomique américaine, le cabinet restreint de Sa Majesté décidait de construire une bombe anglaise. Et puisque le coût budgétaire était du même ordre, de sacrifier en contrepartie l'empire en commençant par l'influence britannique dans l'une des chasses gardées traditionnelles de Londres, la Méditerranée orientale. Les premières escarmouches de la guerre civile qui fera rage en Grèce éclatent en octobre et décembre 1944. La décision britannique était déjà prise de passer dans cette région — Grèce et Turquie — le relais des responsabilités aux Américains. Pour le rang, de choisir la bombe.

Longtemps j'ai été pour l'arme nucléaire, presque par mauvais caractère, et pour cette seule raison : on pensait que nous n'en étions pas capables. Aujourd'hui, alors qu'il n'y a plus qu'une seule superpuissance, les États-

Unis d'Amérique, la priorité me paraît différente. Elle est de découvrir une identité dans quelque domaine que ce soit, entre les fast food et les séries télévisées à bas prix. Et l'arme de l'avenir est différente. Lors de la conclusion des négociations du GATT que j'avais menées en 1979 pour la France et la Communauté européenne (nous avions la présidence) de façon assez satisfaisante pour que personne n'en parle, le membre du gouvernement américain qui était mon interlocuteur officiel m'avait dit : « Sachez, Jean-François, qu'il existe trois domaines où *il n'y aura pas de paix, seulement des armistices. L'agriculture, l'aéronautique* (et l'armement qui va avec) et la *culture.* Aujourd'hui, encore plus efficace que le pouvoir de nourrir en cas de mauvaise récolte la Russie ou la Chine, il existe celui de provoquer une mauvaise récolte. Le KGB a longtemps accusé la CIA d'avoir réussi à détourner un cyclone sur Cuba pour noyer la production de canne à sucre. Les Américains ont toujours protesté : 1) que l'énergie manipulable n'est pas suffisante par rapport à celle d'un cyclone pour en changer le cours (je ne suis pas convaincu : il s'agit non pas de modifier complètement une trajectoire, mais d'augmenter de quelques degrés un angle déjà pris...) ; 2) qu'il n'est pas besoin d'explosion atomique contrôlée ni de la CIA pour expliquer le désastre économique de Cuba, le régime de Fidel Castro suffit.

Aujourd'hui, les esprits sérieux savent que l'arme de l'avenir est la météorologie. Casser l'atome, ce n'était que le pouvoir du diable. Faire la pluie et le beau temps, c'est celui de Dieu.

*

En même temps que la République française changeait de numéro, j'ai changé de vie. Marjolin m'avait demandé avec insistance de rejoindre à Bruxelles les cadres de la nouvelle administration européenne. J'avais à peine accepté que le Président Pinay, nouveau ministre des Finances du général de Gaulle, me demande d'entrer à son cabinet. C'est une chance de carrière exceptionnelle selon les normes de la vie politique et administrative française, l'accès assuré aux « grands postes ». Je préviens Marjolin qui m'adjure de ne pas le laisser tomber, il s'est engagé internationalement sur mon nom. Je pars pour Bruxelles où je serai le plus jeune directeur et très vite le plus jeune directeur général. Mais à Paris je suis grillé ! Choisir Bruxelles alors qu'on me proposait d'être au cabinet du ministre... Me voilà classé à jamais dans *les irréguliers*. A Bruxelles je suis heureux. Pour la première fois j'ai jeté l'ancre. Je suis marié, nous avons deux enfants superbes, des amis belges — les Grunne, les Launoit, les Washer nous reçoivent avec une gentillesse et un naturel inconnus en France. J'ai acheté d'occasion, lors d'une mission à Athènes, un petit ketch anglais de trente-cinq pieds avec lequel nous allons découvrir la Méditerranée orientale de Constantinople à la Libye et de Corfou à la Crète, à une époque où il est encore possible de choisir à la voile sa baie tranquille et ses ruines, en écrivant par avance quelques chapitres de *La mer est ronde*.

Les débuts de l'Europe sont une aventure professionnelle passionnante. Il s'agit de faire d'un mot une réalité, *d'incarner*. Responsable des négociations, j'ai la tâche de garder ce temps d'avance qui doit permettre de créer une identité européenne. Au GATT, où je présente le traité, le secrétaire général saute sur la chance de donner à son organisation obscure un rôle mondial reconnu en organisant une sorte de négociation permanente. Mais le plus grand danger vient toujours des Anglais. Voyant l'échec de leur grande zone de libre échange, ils ont créé avec six autres pays européens une zone de libre échange réduite et la pression politique sur la Communauté demeure.

L'administration de Bruxelles se met en place. Hallstein voit très grand et très fort. Il a son premier différend sérieux avec Monnet qui considère que pour conduire l'Europe il suffit d'une armée de type mexicain, un état-major de bons cervaux, un excellent chef de cabinet, un pool de dactylos et son carnet d'adresses à lui. Hallstein cite Frédéric II de Prusse : « Ce sont toujours les plus gros bataillons qui gagnent. » Il sait que le traité n'est pas fédéral mais seulement « fédéralisant », pense que la vraie lutte sera contre les administrations nationales. Il entend que les services de Bruxelles soient en tous domaines et à tout moment meilleurs que les plus compétents des services des États membres.

L'unanimité s'est faite dans toutes les capitales contre les prétentions protocolaires de Hallstein qui se considère comme le symbole de l'Union fédérale à venir. Il veut que cela se voit. Le modèle institutionnel des « Européens » convaincus est américain : l'assemblée de Strasbourg est la Chambre des représentants, le Conseil de ministres (et non pas *des*), le Sénat. Et la Commission, l'exécutif, la Maison Blanche. Il refuse d'abandonner le moindre signe extérieur de cette mission historique. Hallstein veut des tapis rouges et une escorte de lanciers, comme le roi des Belges, quand il reçoit un ambassadeur venant présenter ses lettres de créance. Il n'aura pas les lanciers à cheval mais, après d'acerbes négociations, deux motards. La France déclare la guerre des tapis rouges. On les mesure, on les soupèse, on les roule et déroule. A Washington, le président de la Commission est reçu à Blair House comme un chef d'État. Protestation diplomatique française. Le Quai d'Orsay fait circuler en représailles le document établi par le protocole de la Commission pour les ambassadeurs impétrants : un rectangle pour indiquer le bureau, un rond pour le pot de fleurs, deux semelles pour la place de Hallstein et à distance respectueuse, deux semelles pour celle de l'ambassadeur. Ah mais ! Les Anglais gagnent cette guerre. Hallstein ayant demandé s'il aurait bien des motards d'escorte pour sa visite à Londres, il lui est répondu « que seul de tous les invités de S.M. jusqu'à présent le chef de l'Union soviétique avait été encadré d'un tel appareil policier. Si M. Hallstein se croit aussi impopulaire, bien évidemment il aura le même traitement... ».

Plutôt que de compter les motards, je préférerais qu'on fonde un institut européen capable de mettre au point le vaccin contre le cancer : il n'y aurait plus besoin de discours ni de protocole. En attendant, et dans l'ambiguïté voulue du traité (« une union sans cesse plus étroite »), l'important est de garder le temps d'avance.

Londres a compris que les manœuvres d'encerclement (AELE) ou d'opposition (EFTA) étaient sans avenir. « *If you can't beat them, join them.* » Les Américains poussent sans ménagement. Le secrétaire d'État Dean Acheson parle de « l'Angleterre qui a perdu un empire et n'a pas trouvé un rôle ». J'entends dire tranquillement à Washington que la Grande-Bretagne doit choisir entre devenir le cinquante et unième État des États-Unis, ou alors entrer dans l'Europe où elle sera utile pour maintenir les liens atlantiques et sauvegarder un esprit *outward looking*, contre les Français *inward looking*. L'idée d'adhérer à la communauté fait des progrès à Londres. La banque Montagu est l'avocat d'un lobby puissant auprès du parti conservateur qui pour garder à la City sa vocation de place monétaire internationale, entend la maintenir à l'intersection de trois cercles : l'Europe, le Commonwealth, le monde. Mais le parti conservateur est divisé. Autour de Maudling, de bons esprits restent convaincus qu'adhérer à la communauté est d'un prix trop élevé pour neutraliser l'Europe. D'autant plus que des élections générales sont prévues et que le parti travailliste, tout à fait anti-européen dans sa très grande majorité, fera campagne violemment contre l'adhésion. Le parti conservateur, qui n'a pas plus envie de choisir entre l'Europe et le grand large que la Grande-Bretagne depuis cinq siècles, s'arrête à un compromis. Un député très européen d'esprit et de cœur, Edward Heath recevra un poste ministériel symbolique (Lord du Sceau privé) pour ouvrir des négociations prudentes. Si ces négociations peuvent être présentées comme un succès indéniable pour la diplomatie britannique, alors seulement l'Angleterre adhérera.

Cette négociation qui n'en sera jamais vraiment une commence par un extraordinaire acte manqué freudien. L'ambassadeur de Grande-Bretagne à Bruxelles chargé de présenter la demande à Walter Hallstein, bafouille d'émotion et parle d'adhésion de la Communauté européenne au Commonwealth ! Mais le texte écrit qu'il dépose est lui-même si plein de réticences qu'on peut lui pardonner : « Voir si une adhésion à la Communauté pourrait être compatible avec les intérêts de la Grande-Bretagne et ses engagements envers le Commonwealth et ses partenaires de l'EFTA. » C'est juridiquement à la limite des articles du traité, mais s'explique par la situation de politique intérieure. Toute la négociation va être ainsi en porte à faux : *au lieu de considérer que le succès est d'entrer, le succès sera cherché dans les conditions de l'entrée.* Dans ce but, les Anglais jouent systématiquement les cinq (appelés the Friendly Five) contre la France, sans bouger eux-mêmes. En fait c'est le traité de Rome lui-même qu'ils veulent renégocier comme si l'Angleterre en était membre fondateur. Plusieurs mois sont perdus en escarmouches.

Hallstein, je peux l'affirmer en tant que directeur général responsable de la négociation, ne veut pas céder aux Anglais. Ce serait pour lui la fin de tout espoir fédéraliste et même de « toute union sans cesse plus étroite » Mais il ne peut pas le dire officiellement : l'opinion en Allemagne est pour l'ouverture du Marché commun dans un sens libéral. Plusieurs fois j'avertis Edward Heath, qui est devenu un ami, que la stratégie anglaise conduit à l'échec. Mais compte tenu de ses problèmes de politique intérieure, il n'en a pas d'autre. A Paris, l'administration supporte de plus en plus mal de se faire grignoter à Bruxelles sans aucun dialogue réel anglo-français. Tout va se jouer dans une dramatique séance de nuit restreinte entre les Six et les Anglais au début de l'été. Ted Heath doit en septembre présenter les grandes lignes du résultat des négociations à une conférence du Commonwealth, hostile à priori. Il ne peut s'en sortir, à défaut d'un triomphe anglais, que par un maximum d'ambiguïté. Elle va éclater.

Mauvais café et cigare froid. Nous sommes dans une petite salle, deux par délégation. Edward Heath avec sir Eric Roll, le stratège anglais. Couve de Murville avec Olivier Wormser. Pour la Commission, qui est le négociateur selon le traité, Hallstein et moi. A la demande du président de la Communauté je fais un résumé de l'état des négociations. Le président luxembourgeois, frappé d'un malaise, s'effondre. Il faut imaginer le spectacle. Une centaine de collaborateurs de toutes les délégations et de journalistes de tous les pays se pressent à l'extérieur des portes. Les portes de la conférence s'ouvrent et on sort le président sur une civière. Les portes sont refermées et la séance restreinte continue.

J'explique que sur l'agriculture, nous sommes convenus de renvoyer l'essentiel des problèmes à une grande conférence mondiale. Mais il reste une divergence fondamentale entre la Grande-Bretagne et la Communauté (en fait la France) sur l'ordre du jour de cette conférence, c'est-à-dire sur ses *buts*. Pour la Communauté la politique agricole commune ne peut pas être renégociée. Pour les Anglais, les intérêts agricoles à l'exportation du Commonwealth sont essentiels, et aussi celui de la Grande-Bretagne qui importe à bas prix. Blocage. Le président fait circuler une nouvelle tasse de mauvais café, ce qui parfois donne le temps d'esquisser un compromis. Pas de compromis. Alors Spaak intervient. Il demande l'autorisation de s'adresser directement au chef de la délégation anglaise. (Dans le rite des conférences internationales, il est convenu de ne s'adresser qu'au président. En plus les règles du traité obligent les Six à ne parler que par l'intermédiaire d'un porte-parole commun et sur un texte commun.) Autorisation accordée.

P.H. Spaak : — Monsieur Heath, je ne comprends rien à toute cette technique agricole et à ces querelles d'experts. Je vais vous poser une question simple à laquelle vous pourrez répondre par oui ou par non et tout sera réglé. Monsieur Heath, si cette conférence mondiale se réunit, et si les pays du Commonwealth attaquent la politique agricole commune, vous serez de notre côté pour la défendre, oui ou non ?

Silence dramatique. Il est évident que c'est la question à laquelle Heath ne peut absolument pas répondre, et surtout pas avant une conférence du Commonwealth ! Chacun des présents est bouche-bée et en oublie de tirer sur son cigare ou de boire son mauvais café. Silence.

P.H. Spaak : — Est-ce que je n'ai pas été assez clair ? Si les pays du Commonwealth attaquent la politique agricole commune, vous la défendrez avec nous, *oui ou non* ?

Sir Eric Roll veut dire quelque chose à Heath. Mais Heath le repousse et — très rouge — répond lentement à Spaak : « Je serai un partenaire loyal. » (« *I'll be a loyal partner.* »)

La séance est levée.

La négociation, ou ce qui en tenait lieu, est morte. Je le dis en privé à Edward Heath. Eric Roll n'en est pas du tout convaincu, au contraire. Tant d'années plus tard, je me demande encore si Spaak a joué les bourrus bienfaisants et mis les pieds dans le plat en croyant sincèrement aider les Anglais, ou en sachant très bien que les Anglais ne pouvaient pas choisir, donc répondre. Pour les uns comme pour les autres, le mot *sincèrement* est de trop. Dans leur situation les Anglais ne peuvent que tricher et un « non » de la Communauté en arrangerait beaucoup, sauf Heath qui croit à l'adhésion. Les Six trichent entre eux. Ceux qui sont contre l'adhésion de la Grande-Bretagne chez les Friendly Five n'osent pas le dire. Ceux qui sont pour, en France, n'osent pas en dire les raisons (fin des risques d'intégration fédéralisante...). Au bal des faux derches pas une délégation ne fait tapisserie. Le général de Gaulle, après Spaak, va à son tour mettre les pieds dans le plat. Il les a encore plus grands.

Olivier Wormser, au nom de l'administration française l'a convaincu que la tactique anglaise qui ignore la France et joue les cinq contre elle va nous mener à une situation intenable dont il faut sortir par un coup d'éclat politique. Le Général qui a de la reconnaissance et de l'estime pour les Anglais leur a-t-il donné une chance en proposant une coopération sur l'arme nucléaire ? Comment est transmis le message ? Et la réponse ? Dix ans plus tard, je ferai la navette sur le même sujet entre Pompidou et Ted Heath devenu Premier ministre et je n'ai jamais cédé à la tentation d'écrire ce que les puissants ont envie de lire. Les accords de Nassau signés par Mac Millan avec les Américains, qui placent la force nucléaire anglaise sous contrôle des États-Unis, sont pris à Paris comme un signe du refus des Anglais de toute Europe indépendante et de tout partenariat sérieux avec la France. « L'Angleterre est une île », rappelle le général de Gaulle, après le professeur Taine qui ouvrait ainsi son cours d'histoirc. « Et la négociation sur son adhésion à la Communauté européenne est terminée. »

Fracas, vacarme et brouhaha. Dans les capitales on s'indigne, on déchire ses vêtements, on se couvre la tête de cendres. Le mot « veto » n'a jamais eu une consonance favorable. Il n'est question que du veto français. La presse se déchaîne. Une réunion d'urgence des six ministres des Affaires étrangères est convoquée à Bruxelles. Dans le couloir, Ted Heath attend d'entrer pour que le président en exercice lui délivre le message de la Communauté. La France, contre les cinq, va céder, lui ont dit ses conseillers. Elle ne peut pas prendre le risque de casser l'Europe. La séance est surréaliste. Les cinq répètent que rien n'est rompu. Tout le monde est gentil, tout est possible, il faut continuer à négocier.

Même ceux qui ne souhaitent pas réellement un accord... Spaak s'adresse personnellement et comme un vieil ami au ministre français en l'appelant « monsieur Couve », ce qui ne déride pas du tout ledit ministre français, qui répond : « La négociation est finie », puis cesse de répondre. Au bout d'une heure le président ne voit d'autre solution que d'annoncer que les Six se réuniront de nouveau la semaine prochaine « avec le même ordre du jour ». On prie Edward Heath d'entrer pour lui communiquer le message et la séance est levée. Tout le monde sort. Il se trouve que je sors en même temps que les Britanniques.

L'ambassadeur du Danemark, Hans Tabor, qui ne quitte pas les négociateurs d'un fil tant pour son pays le résultat est vital (beurre et bacon) est témoin de la conversation suivante :

Sir Eric Roll : — Alors, Deniau, j'ai gagné. Quand on tient bon, la France cède toujours. Pas de rupture aujourd'hui, cela veut dire que la négociation reprend dans une semaine. Et c'est l'accord dans trois mois.

Deniau : — Vous êtes fou ou quoi ? Votre tactique d'isolement de la France ne pouvait qu'aboutir à ce résultat. C'est fini.

— Savez-vous qu'avant d'engager ces négociations nous avions fait procéder à une étude approfondie du caractère du général de Gaulle à propos de l'Algérie. Il commence toujours par demander le maximum : déposez les couteaux au vestiaire. Si ça ne marche pas — il baisse d'un ton : la paix des braves. Si ça ne marche pas — il baisse de nouveau : coopération la plus étroite. Si ça ne marche pas : rien du tout. Et il évacue l'Algérie.

— Puis-je vous rappeler que le général de Gaulle ne

cherchait pas, lui, à entrer en Algérie mais plutôt le contraire, à en sortir ?

La semaine suivante la France a confirmé que la négociation était bien terminée. Elle n'avait jamais vraiment commencé. Je peux l'affirmer ayant été responsable aussi de la négociation suivante en 1971-1972 qui, elle, aboutira positivement.

Les Anglais n'ont pas dit leur dernier mot. Puisque la France ne veut pas d'eux, ils décident de faire la preuve que l'Europe des Six ne peut pas fonctionner sans eux. Les « Friendly Five » annoncent que tant que le « veto » français ne sera pas levé, le traité est gelé. C'est pour Londres une fantastique victoire : arrêter l'Europe évite d'avoir à choisir d'y entrer ou non ! Mais « s'il est difficile d'entrer, il est encore plus difficile de sortir ». Les Cinq ont beau répéter les professions de fidélité à la cause anglaise, il y a des problèmes à régler, des affaires en cours, les mécaniques lancées ont leur logique et exigent des décisions. Discrètement les Italiens prennent contact avec les Allemands. Il faudrait peut-être recommencer doucement à faire tourner l'Europe. L'Italie, même si elle ne respecte pas strictement toutes les décisions de Bruxelles, a un besoin vital de la solidarité mais surtout des *règles* européennes.

Les Allemands disent oui. Ils ont aussi besoin du Marché commun, pas pour les contraintes, mais pour l'espace économique.

Quand cet accord est connu à Londres il provoque un tollé. Le ministre anglais chargé des Affaires européennes profite d'une conférence à Lausanne pour inviter le soir à son hôtel quelques journalistes anglais judicieusement répartis (majorité et opposition, province et Londres, quotidiens et hebdomadaires) pour un exercice typiquement britannique : la conversation amicale autour d'un whisky où se dit l'essentiel. La règle du jeu est toute dans les « attributions » : les propos seront-ils cités comme déclaration officielle et signée ; ou le grade juste en dessous, « dans les milieux proches du Foreign Office on pense que... », ou en dessous « certains à Londres n'excluent pas » ; ou « background information », « off the record », etc. Le ministre anglais y va carrément dans la menace : si les Allemands relancent le Marché commun à six, la Grande-Bretagne retirera ses troupes de Berlin. Et c'est ce qu'« on pense dans les milieux proches du Foreign Office... ».

Et c'est ce qui est publié le lendemain dans la presse anglaise mais pas du tout avec le résultat attendu en Allemagne. La réaction à Bonn est quasi violente. Ce genre de chantage, seuls les Américains peuvent se le permettre. Si les soldats anglais sont à Berlin, c'est parce que la Grande-Bretagne veut faire croire qu'elle est encore une grande puissance et a un rôle dans l'équilibre mondial. Si elle veut s'en aller, au revoir et bonne chance...

Tempête cette fois à Londres. Le Foreign Office dément. Les journalistes maintiennent. La presse anglaise a d'autant plus de poids qu'elle n'a pas de règles écrites mais seulement les usages qui conditionnent l'appartenance à un club fondé par Winston Churchill lui-même quand il était journaliste. Les journalistes anglais décident que le nom de ce ministre *n'apparaîtra plus jamais dans la presse anglaise...* Fin de la carrière politique du ministre qui est alors passé dans le privé où il a fait, m'a-t-on dit, une très respectable et brillante fortune. Cette histoire est-elle vraiment morale ?

A quelques mois de là je suis invité à Londres pour la plus célèbre émission de télévision, Panorama. Juste avant d'entrer sur le plateau, un des journalistes me conseille de faire quelques fautes d'anglais. « Un étranger qui parle trop bien l'anglais n'est pas vraiment sympathique. » Je n'ai pas à me forcer. Après l'émission, verre avec l'équipe. C'est la grande époque hippie. Les hommes sont chevelus, ont des diamants dans l'oreille et des pantalons roses. Nous parlons du cas de ce ministre et je m'étonne qu'il ait fait cette gaffe.

— Pas étonnant, me répond un journaliste très mal rasé en chemise violette à pois orange. Avec ses complexes sociaux.

— Mais quels complexes sociaux ? N'était-il pas chroniqueur militaire apprécié dans un journal très comme il faut ?

— Yes, sir.

— Et ne venait-il pas de l'armée où il était officier ?

— Yes, sir. *But in the wrong regiment.*

L'affaire de l'adhésion ratée de la Grande-Bretagne n'est pas encore tout à fait terminée. Un débat confus à l'assemblée de Strasbourg se conclut par la demande d'un rapport à la Commission sur l'état des négociations au jour du « veto » français. J'écris ce rapport, en liaison étroite avec Hallstein et Marjolin. La Commission l'approuve à l'unanimité. L'assemblée de Strasbourg l'enregistre sans contestation. Il suffisait de dire, dans le jargon technique qui seul donne du poids, la très simple vérité. Tout était encore possible à ce détail près : il avait toujours manqué la volonté de conclure. C'est l'adhésion qui compte. Pas les conditions de l'adhésion.

*

Jusqu'à la prochaine crise l'Europe tourne. Je suis heureux : la famille, les amis belges, les vacances en bateau, l'absence de soucis matériels, une carrière garantie, pour trente ans encore, de sage européen respecté. C'est le moment où je décide de rompre. J'ai envie de fuir alors que tout est acquis. Avant que je ne parte pour Bruxelles, mon beau-grand-père m'avait proposé de devenir président du Crédit Lyonnais dans quatorze ans. Je devais seulement laisser passer quatre présidences, dont un ami de la maison pas trop doué pour lequel on me demandait un engagement d'honneur de ne pas lui faire sauter son tour. Et je serai le plus jeune président du Lyonnais à quarante-cinq ans. Je n'avais aucune envie de sauter le tour de qui que ce soit. Mais seulement la panique à l'idée de savoir où et qui je serai dans quatorze ans J'avais décliné fermement à la stupéfaction de mon amical beau-père. Cette fois-ci, j'annonce à la Commission européenne que je démissionne. Pourquoi ? La négociation anglaise a été une page ; elle est tournée. Je tourne la page aussi. A hisser la grand-voile, à choquer le génois, larguez tout. Bernard Clappier qui m'a vu à l'œuvre aimerait me laisser sa place de directeur de la DREE au quai Branly ? Ce n'est pas le plus important. Le plus important est de ne pas se laisser prendre au plaisir de l'escale. Le plus important est de lever l'ancre. De nouveau le rat a faim. Il faut nourrir le rat.

A Paris je reste plusieurs mois sans aucun traitement. Il n'est pas dans les habitudes de verser un salaire aux corsaires et autres irréguliers. L'ouverture administrative que j'attends est systématiquement reportée. Le directeur de cabinet du ministre des Finances explique à son ministre que me nommer à un poste important de l'administration nationale serait un défi vis-à-vis de ceux qui sont restés sagement à la maison au lieu de courir les océans lointains en enterrant des trésors sous les cocotiers. La bonne gestion du personnel rue de Rivoli est de considérer tout fonctionnaire français de Bruxelles comme ayant été rayé des cadres. C'est le contraire de la politique de nos partenaires et bien sûr des Anglais qui chercheront à placer dans l'administration européenne leurs meilleurs agents avec promesse au bout de trois ans d'un avancement et du poste de leur choix... Si la France a perdu, après s'y être installée la première, le Canada, la Louisiane, les Indes, le Nigéria, le Brésil, la Floride, l'Australie occidentale et la Nouvelle-Zélande, il doit bien exister une raison.

Je suis si heureux en famille que cette attente à vide, dans mon modeste bureau du quai Branly où je n'ai ni fonction ni statut, ne me démoralise pas. Je rêvasse. Couve de Murville me réveille en m'offrant d'être ambassadeur. Il y a deux postes libres : le Tchad et la Mauritanie. Je choisis d'être ambassadeur en Mauritanie. C'est un pays, celui de Kessel et de Saint Exupéry, dont je n'ai pas rêvassé, mais rêvé. La Mauritanie était dans la bibliothèque familiale.

Bien sûr, partir pour Nouakchott (personne à Paris n'arrive à prononcer correctement le nom) est aberrant par rapport à un profil de carrière normal et défie même toute logique. Un spécialiste de l'Europe reconnu internationalement perdu dans les sables ! Tu vas t'y enterrer à jamais, préviennent les amis. Valéry Giscard d'Estaing m'écrit pour me déconseiller cette échappée par trop « originale ». Il reste une épreuve à franchir. Le général de Gaulle veut recevoir lui-même tous ceux qu'il a l'intention de nommer ambassadeurs.

J'ai le trac. Je me dis, comme toujours, qu'il ne faut

pas que j'oublie des mots qui peuvent être historiques. On m'a prévenu qu'au bout de quarante minutes, le Général se lèverait et me raccompagnerait à la porte. S'il me disait « au revoir, monsieur l'ambassadeur » c'est que l'entretien s'était bien passé. S'il me disait « au revoir, monsieur » c'est que j'étais viré. Il m'a dit « au revoir, monsieur l'ambassadeur ». En plus j'ai eu droit à un grand numéro du Général dont un des talents était le changement de ton sans préavis : du civil au militaire, du grandiose à la gouaille, du cosmique au quasi trivial, de l'instantané au futur manuel d'histoire. « Vous allez représenter la France dans un pays du tiers monde qui a été l'une de nos colonies. Vous ne devez jamais agir en cherchant à vous servir de lui. Chaque nation a une phase dans sa construction nationale où elle se sert des autres pour parvenir à ses propres fins. Les champions du genre sont bien sûr les Anglais. Mais les Russes, les Américains ne font pas autrement. Il doit être clair que la France ne le fait plus. A propos, vous verrez X., qui est un faux témoin. — Y. aussi, d'ailleurs. » Tout cela se passait la veille de mes trente-cinq ans.

Le désert est devant moi.

7

Le hangar de Mermoz — Dans le désert ne comptent que le vent et les généalogies — Un casus belli *réglé, et quelques autres — Pilote des sables Bal à la Présidence — Comment rompre sans rompre — Une « punition » — Les 11 jours de Nouakchott — Il devrait être interdit d'apprivoiser des animaux sauvages*

Seules valent les premières impressions. En 1963 l'arrivée, à l'aube, en avion à Nouakchott, capitale de la Mauritanie — 12 000 habitants dont 10 000 sous la tente — permettait de faire tout de suite le tri entre les nouveaux venus : ceux qui ne s'adapteraient jamais et dont il valait mieux dès à présent prévoir l'évacuation, et ceux qui garderaient au cœur pour toujours le souvenir de ce pays. Les uns ne voyaient par le hublot qu'une série de dunes assez moyennes, quelques arbustes poussiéreux, épineux ou euphorbes, deux ou trois palmiers plutôt malsains, un ciel si chargé à l'est qu'il était comme un mur oppressant et sale, les bâtiments sans âme d'une aérogare de sous-préfecture trop vite construits et en bout de piste un toit de tôle en mauvais état. Les autres pensaient : « Mais il y a de la place, ici, on respire. Ce ne sont pas les immeubles qui bouchent la vue. Comme l'océan à l'horizon est immense, et à l'horizon aussi, le désert ! Comme le soleil levant dore joliment le sable et comme ces habitants ont de l'allure, allongés à l'ombre, drapés dans leurs grands voiles bleus ! Ah, le hangar de Mermoz, du temps héroïque de Courrier-Sud et de l'Aéropostale est toujours là, quand Saint-Exupéry avait la charge de négocier avec les Maures les rançons des équipages capturés... » Ceux-là, la Mauritanie les avait déjà gagnés et ne les lâcherait plus. La première impression n'est pas la bonne : elle est la seule.

D'abord passer l'accueil officiel, la présentation du personnel de l'ambassade, éviter les premiers pièges pour un pied-tendre de mon âge n'ayant pas derrière lui vingt ans de colonie : ignorer un grade, confondre civil et militaire, serrer la main de qui il ne fallait pas, ne pas serrer la main de qui il fallait ; et accessoirement s'inquiéter, s'énerver, s'interroger. Se rappeler la règle fondamentale de toute bonne éducation : on ne pose pas de question dont on ne connaît pas déjà la réponse. Ou alors pourquoi pas se laver les dents en public ?

Le premier but de ma mission — même si le général de Gaulle n'en avait pas fait mention — était d'obtenir une sorte d'acte de contrition du président de la République islamique de Mauritanie à qui j'allais présenter mes lettres de créance. Fantaisie des bureaux parisiens ? Plutôt rappel à l'ordre qui serve de mise en garde.

La colonisation de la Mauritanie était venue du Sénégal au début du siècle à la demande de la grande confrérie religieuse du Sud, les Cheikhs Sidia de Boutilimit, inquiets de l'expansionnisme de celle du Nord, les Ma El Aïnin (je simplifie l'Orient compliqué). Un Français qui aurait plu à Kipling et à Conrad, Xavier Coppolani, établit les premiers postes à partir de 1902, non par la force mais par la vertu de la compréhension et du respect. Il était si aimé que nos ennemis ne virent pas d'autre solution que de l'assassiner. Ainsi se jouent la vie et la mort dans le désert, à la fois misérable et superbe.

Le désert : « région où il n'y a que des hommes ». Peu, mais si divers. Guerriers et marabouts, bidanes, ce qui veut dire « blancs » en arabe, mais un émir peut être du plus beau noir si sa famille est assez riche pour avoir eu depuis longtemps de belles esclaves. Et les plus nobles guerriers sont aussi d'excellents commerçants, je les ai vus arriver à dos de chameau à Nouakchott, là prendre un taxi pour Dakar et là prendre un avion pour la Chine où acheter le thé. Les Marabouts sont d'anciennes tribus berbères (comme beaucoup de Maures, même si le snobisme local ne l'avoue pas) soumises par les Arabes et qui ont renoncé à toucher un fusil, mais se dévouent à l'Islam et sa propagation dans toute l'Afrique de l'Ouest et jusqu'au Congo. Bergers peuhls d'entre-deux-mondes, noirs sédentaires libres, agriculteurs des rives du fleuve Sénégal, Toucouleurs, Sarakolés, Ouolofs. Noirs harratines et tributaires des palmeraies et des tentes, que les Maures appellent la « viande », forgerons, griots. A la différence d'autres territoires, la France touche le moins possible aux complexes structures sociales sahariennes. Nous n'exploitons personne ni rien. Nous libérons autant que nous pouvons en rachetant des droits féodaux. Nous assurons la paix. Des tribus guerrières se lèvent contre nous ? C'est dans leur nature... Rezzous et contre-rezzous. Un de ces soulèvements se terminera par un duel entre l'émir et le capitaine français, à la carabine, chacun sur sa chamelle blanche. Parfois on s'égorge. L'assassinat est dans la tradition des aristocrates. Au jour de l'indépendance, en 1960, Moktar dira : « Nous n'avons pas connu les méfaits du colonialisme, ni ses bienfaits. »

La capitale n'est pas en Mauritanie, mais au Sénégal, à Saint-Louis ! La France, qui a décidé d'en faire un État, lui donne des ressources avec l'exploitation des mines de fer dans le Nord, Miferma, pendant que la Caisse des dépôts et consignations construit à Nouakchott, lieu d'équilibre assez abstrait entre Sud et Nord, un embryon de ville. Trois palais administratifs, présidence de la République, Assemblée nationale, cour de justice. Six ministères, pas plus — économisons —, et le même ministre cumule l'Intérieur et la Justice, foin des intermédiaires qui nous coûtent si cher ! Quelques douzaines d'immeubles d'habitation ; un de mes premiers actes d'autorité sera, ayant constaté que nous ne sommes pas à Sarcelles et que la place ne manque pas, d'arrêter tout de suite les constructions en hauteur. Le président Moktar Ould Daddah — un cousin pauvre des célèbres Cheikhs Sidia qui nous avaient appelés au début du siècle — est un ancien interprète de français-arabe, puis licencié en droit de la faculté de Paris, marié à une Française. Ce n'est pas par hasard. Très peu de Maures ont accepté l'école française. Souvent un chef de fraction nomade, devant les remontrances du commandant de cercle, finissait par y envoyer le fils d'une esclave sans importance. Alors que les Noirs sédentaires l'ont adoptée sans aucune réticence. En 1958, une opération militaire (« écouvillon ») en liaison avec les Espagnols a dégagé du rio de Oro voisin les bandes armées pro-marocaines et paraît avoir réglé le problème sahraoui. Illusion : les Regueibats s'appellent eux-mêmes les « fils du nuage » et personne n'a encore su arrêter un nuage. Mais tout semble paré pour l'indépendance.

Non. La Mauritanie est le seul pays dont l'admission à l'ONU va être refusée alors que celles des Maldives ou du Liechtenstein n'ont jamais soulevé la moindre question. Le Maroc, qui affirme que la Mauritanie n'existe pas mais est marocaine depuis le XIIIe siècle, textes à l'appui, fait prendre une position négative par la Ligue arabe. Les Soviétiques, qui ont une politique arabe, suivent la

Ligue et mettent leur veto. Un seul pays arabe vote « pour » : la Tunisie, parce qu'elle a été expulsée de la Ligue arabe, le président Bourguiba ayant eu l'audace de dire qu'il faudrait bien un jour que Juifs et Palestiniens s'entendent ! La Mauritanie attendra un an et sera admise par troc, contre l'entrée de la Mongolie extérieure. Mais le Maroc n'a pas changé d'avis et organise des attentats en Mauritanie qui font plusieurs tués : l'idée étant qu'il s'agit d'un État totalement artificiel qui ne tient que par la présence française, et que, si les Français s'en vont, la Mauritanie disparaîtra au premier vent de sable. Radio Rabat — chaque chamelier a son transistor — répète tous les jours que Moktar Ould Daddah est un fantoche inventé par les colonialistes français. Des notables mauritaniens très influents, l'émir du Trarza, Ahmed Baba Ould Ahmed Miske, brillant représentant de l'importante tribu des Ouled Bousba et intellectuel de classe (quand il sera en résidence surveillée dans la palmeraie perdue de Tijikda, il demandera une seule faveur · un recueil de problèmes d'échecs), prennent officiellement position en faveur du rattachement au Maroc pour affirmer leur « arabité » et refuser le lien avec l'Afrique noire, que leur a imposé la colonisation française venue du Sud. Parmi eux, un tributaire des Oud Aouli, Omar Ould Babana, dont le grand-père fut l'un des assassins de Coppolani. Dans le désert, ne comptent que le vent et les généalogies. L'eau, je n'en parle pas. Il y a des régions de Mauritanie où il n'est pas tombé une goutte de pluie en sept ans.

Moktar navigue entre les tribus et les clans sur le plan intérieur, ignore les guerriers, joue les marabouts pacifiques comme lui et cherche à l'extérieur à se faire bien voir des États « progressistes » africains qui avaient voté contre lui. L'une des ses premières visites officielles à l'étranger sera pour Sekou Touré, champion du non à de Gaulle, à l'occasion de la fête nationale guinéenne.

Les fêtes nationales dans les pays africains ont un côté plus folklorique que militaire. L'armée défile, mais aussi les musiques locales, les groupes de danseurs, les féticheurs syndiqués, le parti unique, tous les corps de métiers avec les insignes de leur profession, bouchers au chef surmonté de cornes de bœufs, dactylos faisant semblant de taper à la machine, balayeurs balayant, médecins auscultant, fonctionnaires téléphonant... En Guinée, il y a aussi au programme une mascarade antifrançaise : des figurants déguisés en officiers français à culotte de cheval et cravache, et des sous-officiers ivres, buvant du pastis au goulot, fouettent de malheureux soldats noirs en uniforme français crasseux. Sékou Touré applaudit. L'ambassadeur de France quitte la tribune. Avant de la quitter, il a noté que Moktar Ould Daddah avait aussi applaudi. Télégramme spécial à Paris, porté sur le bureau du général de Gaulle.

Voilà pour la Mauritanie à ses premiers pas, un faux pas. Notre ambassadeur à Nouakchott est rappelé. La France avait créé la Mauritanie pour servir d'État tampon entre le Maghreb et l'Afrique noire, pas pour qu'elle prenne parti dans les querelles antifrançaises. Pendant des mois nous n'aurons plus de relations normales. Mais trop d'intérêts stratégiques, économiques, politiques, sont en jeu pour rompre définitivement ou changer de carte. Acceptons une amende honorable. Mission pour Deniau. Facile à dire, dans les bureaux parisiens à mobilier Empire entre cour et jardin.

Je pourrais me contenter d'écrire dans le style des messages diplomatiques habituels, que le président Moktar

« m'a laissé entendre » ou qu'il « ne m'a pas caché » ses regrets de l'incident de Guinée. Non, je prends au sérieux ma mission et, derrière le formalisme de la requête française, décide d'expliquer au Président, en lui présentant mes lettres de créance, le problème de fond. La Mauritanie, placée là ou elle est, comme elle est, a ses difficultés et ses intérêts. Je les comprends et les respecte. La politesse du désert est, je le sais, de ne pas répondre aux questions autrement qu'en disant ce que vous imaginez que votre interlocuteur a envie d'entendre... Poli, et prudent. Ce qui conduit notamment à applaudir ce qu'applaudit votre hôte. Mais une autre loi s'applique aussi dans le désert : la confiance. Comme Clemenceau disait de l'honneur en le comparant aux allumettes : il ne sert qu'une fois. Ou comme les puits creusés au mauvais endroit et sur lesquels on a trop tiré : le sel venu ne partira plus et l'eau du puits ne sera plus jamais potable. Il n'y a pas de climatisation. Même le Président a très chaud et je le vois plusieurs fois s'essuyer le front avec son *haouli*. Notre conversation dure près de deux heures. Moktar me dit qu'il n'avait pas calculé l'effet de son geste qui pour lui n'avait pas de signification politique. C'était une erreur. Nous concluons qu'il faut se méfier des gestes qui peuvent polluer le puits de la confiance. Elle durera entre nous près de trois ans, jusqu'au conflit entre Maures et Noirs dont je parlerai plus tard.

Le plus surprenant est que Moktar assistera à une autre opération d'amende honorable exigée par Paris (dont les bureaux doivent sans doute s'inspirer de quelques procédures vaticanes du tribunal de la sainte Rote) mais en spectateur et témoin. Le coupable cette fois, est Bourguiba, président de la Tunisie. En coquetterie avec la France, il a eu l'idée de faire rogner le bout du parc de notre ambassade par un aménagement de rond-point routier. L'ambassadeur de France n'a pas cru au hasard de la technique et aux fantaisies du corps des ponts et chaussées. Il a eu raison. Mais en faire un cas de rupture était peut être discutable ? J'aurais eu tendance à donner un grand bal diplomatique dans mon bout de parc au milieu des bulldozers, mais à chacun ses méthodes pour faire perdre la face à un partenaire et lui coller le mistigri. La France voulait marquer un coup d'arrêt : notre ambassadeur à Tunis est rappelé à Paris.

Puis de bons esprits pensent qu'il existe des intérêts très sérieux entre la Tunisie et la France et qu'il faudrait reprendre des relations normales. Tiens, envoyons Bourguiba chez Deniau. Un télégramme m'apprend que le Président tunisien va venir en Mauritanie sous prétexte de promotion de la francophonie et que le Département verrait le plus grand intérêt à ce que j'ai un long entretien avec lui... Le Quai d'Orsay n'est pas plus explicite, mais un ambassadeur qui ne sait pas lire entre les lignes n'est pas digne de son poste. Je comprends qu'il s'agit d'un nouveau « cas Moktar ».

Numéro de charme éblouissant et émouvant du Président Bourguiba. Il raconte ses souvenirs d'enfance et sa dévotion pour son instituteur français. Plus quelques anecdotes sur les différentes prisons où les Français l'ont jeté. Je n'ai besoin ni de commenter ni de relancer, surtout pas. Il fait les questions et les réponses, et sait très bien où il va. Beau mouvement d'indignation sur le traitement préférentiel dont bénéficient deux de ses voisins, l'Algérien et l'Égyptien (Boumediène et Nasser), par rapport à lui. Eux peuvent se permettre à l'égard de la

France n'importe quoi et le reste. Pourquoi ? Parce qu'ils sont colonels ? Et la France les embrasse sur la bouche ! Digression sur l'amour. Péroraison sur la civilisation. Conclusion : « J'ai fait une bavure. C'est bien le mot, bavure ? » Embrassade générale. Moktar et moi allons remettre le Président tunisien dans son avion. Je pourrai envoyer ce soir le télégramme réconciliateur. En attendant, allongés sur un tapis et sous la voûte des cieux, nous prenons les trois verres de thé à la menthe rituels, amer, doux, sucré. Au revoir, Bourguiba. « Il est vraiment très méridional », dit Moktar Ould Daddah.

Les rapports de la Mauritanie avec la France ne peuvent pas être simples. Certains se grisent du verbalisme de l'anticolonialisme en vogue. D'autres s'arrachent difficilement aux habitudes et facilités. Ce sont souvent les mêmes. Les mots ne sont pas faits pour traduire la réalité, mais compenser la réalité. Le désert, comme l'océan, n'est jamais une évasion, mais une école des contraintes. Personne n'est moins indépendant que le plus indépendant des nomades. Qui a le plus de mal à s'adapter, les Mauritaniens ou nous ? Tous les ans, les services de Foccart paient le voyage à Paris pour le 14 juillet à un certain nombre de personnalités qui seront reçues spécialement par le général de Gaulle. Parmi eux, le président des anciens combattants de Mauritanie, bidane à fière allure, qui de près ou de loin n'a jamais fait la guerre, bien sûr, mais dont la généalogie est tout à fait appropriée. Quand il arrive sous les ors de l'Élysée devant le Général qui lui serre la main en disant « Heureux de vous voir », il répond : « Mon général, il faut que tu le saches, l'émir de l'Adrar a volé une Land Rover. » Des huissiers à chaîne et queue-de-pie le font circuler. Rentré en Mauritanie, il convoque sous sa tente le ban et l'arrière-ban des enfants, cousins, agnats et féaux. Et il dit : « L'heure est grave. De nouveaux temps très difficiles approchent. Les Français ne s'intéressent plus à nos calomnies. »

Moktar veut montrer qu'il n'est pas une créature des Français. Montrer que la Mauritanie peut exister sans la France est, à l'époque, plus difficile. Et puis, au-delà des discours, les Mauritaniens savent que des Français ont vraiment aimé leur pays et ils n'en n'ont pas gardé un mauvais souvenir. Rien à voir avec les ex-colonies anglaises. Lors des premières élections présidentielles en France au suffrage universel direct, en 1965, après la mise en ballottage de De Gaulle, j'ai dû faire un appel solennel à la radio nationale pour rappeler que seuls les citoyens français votaient. Une queue impressionnante colorée blanc et bleu de Mauritaniens, drapés dans leurs voiles et sortis du désert, s'était formée devant les bureaux de l'ambassade.

— On est venu voter pour le Général.

— Non, vous ne pouvez pas voter.

— Pourquoi on ne peut pas voter ?

— Parce que vous êtes indépendants.

— D'accord, on est indépendants. Mais pas quand c'est grave.

Il s'agit bien sûr d'une époque lointaine où l'ambassadeur de France était considéré comme une sorte de vice-roi ou de conseiller spécial pour aider le chef d'État à créer un pays. A incarner les mots. Souvent les mots résistent et sont les plus forts, pour le meilleur ou pour le pire.

Le Maroc s'est un peu calmé dans ses prétentions. Les émigrés mauritaniens qui avaient pris son parti ont fait pour la plupart de brillantes carrières à Rabat. Orma

Ould Babana avait été député au Parlement français, d'abord sous l'étiquette SFIO puis sous celle de l'UDSR avec Mitterrand, comme d'autres ressortissants des territoire d'AOF et d'AEF : Senghor, Houphouët-Boigny. Il est donc le seul Marocain, parce que Mauritanien, à avoir siégé à l'Assemblée nationale : dans nos institutions, le Maroc étant « seulement » un protectorat et non une colonie n'avait pas droit à des élus à Paris. Ce privilège de connaître les joies et mystères du Palais-Bourbon, rappel au règlement et arrêt de la pendule, lui vaut d'être élu président de l'Assemblée marocaine ! D'autres seront ambassadeurs ou ministres. D'autres tentent de revenir en Mauritanie. La garde nomade intercepte un jour à la frontière un groupe de six hommes qui viennent du Maroc, cinq Mauritaniens et un Marocain. Ils passent en jugement à Nouakchott comme terroristes présumés. L'arrêt de la cour est une innovation intellectuelle judiciaire très mauritanienne : vingt ans de travaux forcés avec sursis. Vingt ans pour montrer que c'est grave. Avec sursis pour les cinq Mauritaniens parce qu'il n'y a pas de délit ou de crime individuel. Tout homme appartient à un clan ou une tribu et on n'envoie pas aux travaux forcés un clan ou une tribu. Élégant, non ?

La sentence n'est pas jugée élégante à Rabat. Le fait que seul le Marocain n'ait pas eu le sursis (il n'appartient ni à un clan ni à une tribu en Mauritanie) est d'une logique dénoncée comme xénophobe, raciste, antimarocaine primaire, et quasiment une déclaration de guerre. La radio marocaine s'enflamme. Le Quai d'Orsay m'envoie copie des revues de presse indignées adressées à Paris par mon collègue de Rabat. Je finis par prendre la plume à mon tour en pensant que le moment est venu de calmer le jeu. Je m'associe à la légitime inquiétude de l'ambassadeur de France au Maroc. A tout hasard, je signale que le distingué citoyen marocain condamné à vingt ans de travaux forcés exerce actuellement les fonctions de commissaire de police à Nouakchott — et, j'ai le plaisir de le dire, à la satisfaction générale. Le Département sait qu'il n'y a pas de prison dans la capitale mauritanienne, la Caisse des dépôts et consignations n'ayant pas jugé cet investissement prioritaire. Le condamné marocain a donc été enfermé provisoirement au commissariat de police, puis le commissaire de police en titre ayant constaté que le détenu était obligé d'être sur place vingt-quatre heures sur vingt-quatre, en a tiré la conséquence logique qu'il pouvait se passer lui-même d'aller au bureau et lui a sous-traité ses fonctions — après s'être assuré que les diverses redevances sur délivrance de permis de conduire, cartes d'identité, passeports et autres documents continueraient à lui être versées dans la proportion équitable d'un bon 80 %.

Je n'ai plus jamais entendu parler de ce dramatique *casus belli*. Mais il y avait parfois plus délicat et moins distrayant à traiter. D'autres Mauritaniens après avoir choisi le Maroc revenaient au pays. Parmi eux l'émir du Trarza, personnage unanimement respecté. Moktar l'avait assigné à résidence. Un soir, le Président me dit de venir d'urgence : l'émir vient de mourir d'une cirrhose du foie. Un médecin capitaine français en témoigne. J'apprends qu'on peut contracter une cirrhose du foie sans avoir jamais bu une goutte d'alcool.

Si la nouvelle se répand que l'émir du Trarza est mort en résidence surveillée, personne ne croira que c'est d'une cirrhose du foie. La moitié de la Mauritanie sera persuadée qu'il a été empoisonné, assassiné par le pouvoir. C'est la guerre civile assurée. Dans la nuit, j'appelle le président Senghor à Dakar pour avoir son accord personnel. On réveille nos médecins militaires de l'hôpital Saint-Louis au Sénégal, le plus proche de l'autre côté de la frontière. A l'aube, s'organise l'évacuation sanitaire du corps par le petit avion de l'aéroclub. L'hôpital de Saint-Louis déclarera avoir reçu en urgence l'émir gravement malade. Puis le lendemain, avec vingt-quatre heures de retard, sa mort au Sénégal. Pas de guerre civile.

J'aime marcher le long de l'océan avec ma guéparde Bichenoule, que j'avais élevée au biberon, et qui galope en narguant les vagues.

J'ai de la chance. J'aime ce paysage minéral de cailloux et de sable où les pitons noirs surgissent comme les îles d'un archipel. J'aime les cités perdues aux enceintes de pierres gigantesques, assemblées dit-on par de noirs géants, et dont je me plais à penser qu'il s'agissait de la caste intermédiaire de l'Atlantide qui portera le secret de l'immortalité de l'âme le long des rives du désert jusqu'à celles du Nil. J'aime les Hodh à la frontière du Sahel, et à l'aube le roucoulement des tourterelles, si fort qu'il semble faire vibrer les filaos dans la lumière encore hésitante. J'aime les soirées sous la tente où les hôtes, drapés dans leurs voiles, jouent au même jeu que celui qui est gravé dans la pierre d'Ouadane, sorte d'ancêtre des dames, des échecs et du go : lignes entrecroisées tracées d'un doigt sur une vaste coupe de sable fin, les blancs et les noirs figurés par des crottes rondes de chèvre séchées et de longues épines d'acacia.

J'aime le *zrig*, lait de chamelle très légèrement caillé dont on se passe le bol de main en main. J'aime les étoiles de la nuit et le brouhaha du campement qui se réveille.

J'aime l'apparence d'éternité des paysages et le théâtre permanent des hommes : le gouverneur de Chinguetti qui déchire son courrier au vent avant de l'ouvrir parce que, s'il l'ouvrait, il serait tenté de répondre ; et dans la passe d'Amoggar les enfants qui vendent des pointes de flèches préhistoriques en pierre dure, dix francs les vraies, cent francs les fausses, puisque les fausses il faut payer le travail pour les fabriquer ; et les femmes qui se saluent en s'enfonçant la main dans les plis du ventre puisque le signe de la prospérité est la graisse. Quand Foccart vient en visite officielle sous la tente des femmes, elles ricanent en ronchonnant qu'on les a dérangées pour un homme de rien qui a une femme maigre. Et les garçons à qui on ne donne pas tout de suite leur vrai nom pour tromper le mauvais génie ; et les Némadi venus en courant du fond des âges, qui chassent avec leurs chiens l'addax, l'antilope qui n'a pas besoin de boire dans un désert si blanc de sel qu'on l'appelle el Mreié, le « miroir », et qui m'apporteront, un jour où je nomadisais aussi, le bâton de cuivre de la caravane engloutie par le sable que Théodore Monod cherchait depuis trente ans. Mon attaché militaire, l'admirable colonel La Blancherie, reprendra une des deux cartouches de Lebel que je leur avais données en remerciement : « Il ne faut pas faire monter les prix. »

La moitié de l'année, à Nouakchott, souffle le vent de sable. L'architecte de l'ambassade, qui bien évidemment n'avait jamais mis le pied en Mauritanie, s'était dit qu'il devait y avoir du soleil et avait construit une grande villa style Côte d'Azur. Après quelques jours de vent de sable une petite dune se formait entre mon lit et ma salle de bains. Pendant trois ans, je bâtirai des murs aveugles à la mauresque pour isoler de la chaleur, mais surtout du vent. Dans les ministères, les mêmes architectes parisiens ou dakarois avaient construit les murs des bureaux en claustras (une brique manquante sur quatre, pour l'élégance et l'aération). Invivable par vent de sable. Les ministres et agents de l'État avaient aussitôt pris l'habitude de boucher les claustras avec les dossiers disponibles. En pleine conversation avec un membre du gouvernement sur quelque délicate question diplomatique, il n'était pas rare de voir ces dossiers bouchant les claustras peu à peu attirés vers l'extérieur puis disparaître : une chèvre errante les mangeait. Il faut dire que les chèvres à Nouakchott ou Port-Étienne se nourrissaient normalement de sacs de ciment vides ; une pelure de circulaire administrative, pour elles c'est à la fois la cerise et le gâteau.

Le vent de sable avait d'autres conséquences moins pittoresques. La modernisation, la sécheresse, l'augmentation de la population en accroissaient la fréquence et l'intensité. Aucune cloison ni couvercle ne résistait. On trouvait du sable dans son réfrigérateur, dans sa montre. Pour le pilote officiel que j'étais devenu, voler sur monomoteur dans le désert constituait un exercice constant d'adaptation au danger. L'horizon à l'est devait être particulièrement surveillé, mais à chaque moment il fallait repérer au sol la zone, *batha* ou autre, où il serait possible de se poser si le vent se levait. Les hommes supportaient mal la tension électrique qu'il charriait et les crises de dérangement intellectuel chez les Français étaient fréquentes. Un très haut magistrat coopérant diffusait sur papier à en-tête, par voie administrative, à tous les ministres la liste de ses déboires conjugaux. A évacuer. Dans le désert l'évacuation sanitaire fait partie de la survie. Comme un lobe de poumon supplémentaire, elle permettait de respirer. Pendant deux ans j'ai respiré sans peine.

Dans le patio de l'ambassade, mes enfants jouaient avec la guéparde qui feulait de plaisir quand ils la prenaient par la queue en lui mettant un poing dans la gueule pour la secouer. Tous les trimestres une grande cérémonie, sous l'autorité du colonel attaché militaire, avait pour objet de lui couper les griffes. A mes yeux l'opération avait moins pour but d'assurer la sécurité des visiteurs ou l'élégance de Bichnoule que de contribuer au rituel des souvenirs d'enfance. La nuit apportait la fraîcheur, l'hiver le froid et il gelait à l'intérieur. L'alizé finissait difficilement par gagner sur l'été. Qui aurait cru que tout ce bonheur rythmé par les saisons finirait dans le plus grand malheur familial ?

Les péripéties politiques dont je rendais compte à Paris ne sortaient pas le plus souvent du cadre de la vie traditionnelle mauritanienne. Je ne racontais d'ailleurs pas tout parce que le vrai peut ne pas être vraisemblable. Faut-il traduire pour les bureaux le proverbe mauritanien : « Il est bien pauvre, celui qui ne peut même pas promettre » ? Ou cet autre : « L'homme vraiment patient n'est pas celui qui garde son calme quand il a appelé trois fois sans réponse, mais celui qu'on a appelé trois fois sans qu'il réponde... »

Le souci de Moktar de se montrer plus indépendant en se rapprochant de l'Algérie révolutionnaire commençait à inquiéter ses voisins du Sud. De son air doux et lointain de marabout, il me faisait une présentation humoristique de sa politique pro-arabe ou progressiste qui lui permettrait, si nécessaire, de plaider qu'il avait prévenu (si on a prévenu, il n'y a plus de faute. Elle est transférée à celui qui a été prévenu), sur le thème : « il est dur par les temps qui courent de trouver du bon personnel domestique ». « Pendant longtemps nous avons eu, nous les bidanes, des esclaves noirs pour nous servir. Pas mal, les Noirs. Pas d'un très bon rendement, mais fidèles. Alors nous avons pensé à la coopération et nous avons pris des Français. Dévoués, les Français, compétents. Un petit ennui : se croient indispensables. Alors nous avons essayé les Russes. Très franchement, un échec. D'abord, ils boivent. Ensuite, ils sont racistes. Fini, les Russes. Maintenant je crois que nous avons trouvé l'idéal, la perle : les Chinois. Propres, silencieux, actifs. Et leur pays est si loin... La perle, je disais. » Les yeux au ciel ou sur l'Orient annonciateur d'harmattan, j'enchaînais du même ton pour lui montrer que je n'étais pas dupe et marquer quelques limites, en lui racontant la célèbre histoire orientale du boy qui a décidé de voler la plus belle potiche bleue du salon et pendant un an la déplace chaque soir d'un dixième de centimètre. Ayant reconnu la Chine de Pékin, nous aurions eu mauvaise grâce à faire les gros yeux à ceux de nos amis qui suivraient le mouvement. C'est plutôt dans leur intérêt que j'invitais à la prudence. La visite de Chou En-lai, si cultivé et sage qu'il fût, se solda par un échec dans la mesure où ses appels à la révolution furent pris au sérieux. Quatre États africains qui avaient établi des relations avec la Chine communiste les rompirent. Parler de la révolution, c'est bien. La faire est autre chose.

Nous commentions ainsi utilement le cours du monde lors des soirées officielles qui se passaient couchés sur des tapis, sous la tente. Je me mettais en tenue locale, *draa* bleue, *saroual* blanc et *haouli* noir, seulement sur instructions du protocole de la présidence : le goût du déguisement est malsain, en politique comme en littérature. Mes fonctions de doyen du corps diplomatique me conféraient la place à droite du Président. Passant d'un coude sur l'autre en regardant l'horizon, nous commentions l'horizon. Le menu se composait, quoi qu'il arrive, d'un méchoui cuit dans le sable, dont le Président offrait de la main droite à son voisin les meilleurs morceaux. (Au début de mon séjour, il y avait une pomme pour dessert. Un mauvais esprit demanda si elle ne venait pas d'Israël ou d'Afrique du Sud, et le dessert fut supprimé.) Puis chacun, avec trois doigts de la main droite, se servait dans le plat et façonnait sa boule de semoule. La ceinture en cuir du *saroual* servait à s'essuyer les doigts, ce qui n'était pas mauvais pour le cuir qui a besoin de graisse. Les invités, règle absolue, avaient laissé leurs chaussures ou *naïls* au bord du tapis. Cette coutume me servit lors de la visite officielle de Sekou Touré. J'avais averti Moktar que, si son discours s'en prenait comme d'habitude à de Gaulle ou à la France, je m'en irais. Après avoir repris mes sandales au bord du tapis. Autrefois, avant de claquer la porte, les diplomates disposaient d'un signe d'avertissement : demander leur canne, leur huit-reflets et leurs gants. Dans le désert, ces accessoires manquaient. Mais par deux fois, toujours étendu à la droite de Moktar, je tendis la main vers mes *naïls* et Moktar jeta un tel regard à Sekou Touré que celui-ci abrégea son propos et changea de thème. Excellent méchoui dont on remercia tous Dieu. La diplomatie, pour autant qu'on sache s'en servir, peut jouer de la chaussure.

Les jours coulaient, heureux. J'avais fait le tour de tous les chefs-lieux, accompagné du colonel La Blancherie. A Port-Étienne, pas encore Nouadhibou, un intendant général nous avait fait visiter la base construite pour remplacer Mers el-Kebir, que déjà le sable engloutissait.

« Vous apprécierez, criait l'intendant général en tournant le dos au vent pour se faire entendre, vous apprécierez, monsieur l'ambassadeur, la délicatesse, rose, jade, prune, des couleurs choisies pour ces bâtiments militaires. » Une poussée de vent de sable plus forte le faisait taire un moment. « Oui, délicatesse. Un vrai pastel, cette base, très gai. » Il se tut. Le vent de sable avait gagné.

Dans le Sud, le long des rives du Sénégal, l'ambassadeur fait une visite officielle au chef de canton (le titre français de la chefferie traditionnelle), grand Toucouleur, ancien capitaine de l'armée française. Accueil par une fantasia tonitruante ; on tire des coups de fusil sous le nez et à l'oreille de l'hôte de marque pour qu'il ait l'occasion, par son impassibilité, de montrer sa valeur. Parfois, la pétoire explose. Il faut renoncer à dormir car la nuit les moustiques attaquent et toutes les bêtes de la création mugissent, bêlent, blatèrent, coassent, aboient. Vivement le jour, que ces paysages si paisibles de champs et de villages retrouvent leur calme ! Comprendre combien cet équilibre entre sédentaires et nomades est fragile. Le chef de canton en est lui-même l'exemple puisque tout jeune il a été élevé dans un campement maure, dans le cadre d'un échange d'otages traditionnel entre familles nobles maures et noires pour assurer la paix des points d'eau et des droits de passage... Dans moins de deux ans l'accord sera déchiré dans la fureur et le sang.

Les troupes françaises — plusieurs milliers de soldats — se retirent. Ce ne sont pas les Mauritaniens qui ont demandé leur départ, mais Paris pour raison budgétaire. Quelques-uns, à Nouakchott, ne se gênent pas pour le présenter comme une victoire de l'indépendance. Les postes français avaient longtemps gardé la tradition de la brousse et du désert d'épater le visiteur des villes. Le colonel commandant Fort-Tringuet me reçoit avec un guépard en laisse, qu'il lâche dès les saluts effectués. Il ne s'attendait pas que je gratte la nuque de l'animal avec affection. Cela se saura et les militaires, dont certains connaissent mes activités en Indochine et ailleurs, ne recommenceront pas, même les quelques têtes chaudes, fort sympathiques, qui ont plus ou moins soutenu le dernier putsch à Alger et qui ont été envoyés en Mauritanie se rafraîchir les idées. La femme du colonel Mourier gère l'aéroclub et me fait passer mes brevets. Le colonel Magendie enchante les soirées en jouant du clairon. Son épouse, qui a toutes les qualités de femme du père du régiment — plus beaucoup d'autres —, avait pris l'habitude, dans toutes ses garnisons, d'organiser un bal costumé à thème. Cette fois, elle choisit celui des « vieilles chansons françaises ». En fournissant la sono, j'ajoute une clause : tout invité devra interpréter au micro la chanson dont il illustre le titre. Comment devra se déguiser l'ambassadeur lui-même pour conserver sa dignité tout en participant à la fête ? J'ai choisi une chanson de Mac Nab qui faisait partie du répertoire de Bruant au « Chat noir », « Le bal de l'Hôtel de Ville », et je paraîtrai très normalement en habit et cravate blanche. Ne rien faire que de naturel.

En tant que doyen du corps diplomatique, j'avais un autre problème de bal plus délicat à régler. Marie-Thérèse, l'épouse du Président Moktar Ould Daddah, était française, et Moktar, ce qui montre son esprit de tolérance, ne lui avait pas demandé de se convertir à l'islam jusqu'à ce qu'une campagne politique vraiment dure se développe contre lui, fondée sur l'argument qu'il n'avait pas d'enfant parce que sa femme était chrétienne. Elle se convertira à l'islam, s'appellera Myriam et aura des enfants. Plus tard une autre campagne prendra le relais sous prétexte qu'il aura entraîné son pays dans la guerre alors qu'il n'appartient pas à une tribu de guerriers. En attendant, le corps diplomatique au grand complet, y compris les ambassadeurs qui résident à Dakar, Bamako ou Alger, est invité chaque année en janvier à la Présidence pour le grand bal officiel où la Présidente, qui adore danser, dansera. Le protocole me prévient que le bal devra durer jusqu'à 2 heures du matin et que j'organise en conséquence les invitations à la valse ou à la samba. On ne laisse pas les choses sérieuses au hasard.

Les difficultés ne viendront pas là où on les attendait. Pour un Mauritanien traditionnel, qu'un homme et une femme dansent ensemble est stupéfiant, sinon scandaleux. Les convenances veulent que le maître des lieux frappe dans ses mains, que les danseuses entrent et dansent. Heureusement, les réactions de l'opinion traditionnelle seront modérées.

Une séance de travail avec les ambassadeurs répartit avec l'accord de la Présidence le rôle de chacun. Pour ouvrir le bal, le doyen que je suis (à trente-cinq ans) commencera par une valse. L'ambassadeur d'Espagne ; tango ou rumba ? Rumba, c'est noté. L'ambassadeur de Russie ? Comment, il ne danse pas ? Il dansera : un slow. Tout le monde peut danser un slow. Le Chinois aussi — pas de discrimination entre les grandes puissances communistes — l'Allemand veut une valse, va pour une autre valse. L'Algérien est compétent pour les boogie-woogie et autres twists. Parfait. Pas de problème.

Le drame viendra des Américains, non pour une question de danse, mais pour une affaire de boisson. La soirée diplomatique et dansante de la république islamique de Mauritanie se déroulera sans une goutte d'alcool, au jus de fruit et à l'eau minérale. J'ai compris ce jour-là les ravages de la prohibition aux États-Unis. A la seule idée de devoir passer une soirée entière et la moitié de la nuit privés d'alcool, les Américains devenaient fous. Un mois à l'avance, le personnel de l'ambassade commençait à s'imbiber systématiquement. Le soir du bal, l'ambassadeur américain avait installé dans sa résidence un bar permanent, alignant une douzaine de whiskies déjà préparés. Toutes les demi-heures, les diplomates américains se jetaient un coup d'œil, sortaient de la Présidence et sautaient dans leur voiture jusqu'à l'ambassade, s'envoyaient un verre, plus un pour la route, et revenaient prendre leur tour de danse.

Le lendemain, le Président me convoque.

— Monsieur le doyen du corps diplomatique, il me paraît étonnant, quand j'invite des diplomates accrédités, qu'ils passent la soirée à entrer et sortir de chez moi. Étonnant et peut-être même discourtois.

— Le besoin de s'aérer un peu, monsieur le Président.

— Ne parlons pas de quel genre de besoin. Je compte sur vous pour en éviter les manifestations publiques.

Bien. Je convoque l'ambassadeur des États-Unis et lui fais les représentations, comme on dit, adéquates.

L'année suivante, en prévision du bal de la Présidente, les Américains ont bourré de bouteilles d'alcool le coffre de leurs voitures, qu'ils ont garées directement devant le palais. Le ministre-conseiller sort de son coffre, si j'ose dire, titube, se raccroche à l'antenne radio, la casse, et raide comme un automate fait son entrée dans la salle de bal en tenant son antenne à la verticale, va droit vers le président de la République islamique de Mauritanie et lui dit : « Les Mauritaniens ont cassé mon antenne. Au nom des États-Unis d'Amérique, j'exige réparation. » Deux hommes le prennent sous les épaules, deux autres sous les jambes — ses pieds battant l'air —, et on le sort sans qu'il lâche son antenne radio.

Le lendemain, le Président me convoque, etc.

La troisième année, décidé à mettre bon ordre dans le bal, je convoque le médecin capitaine français.

— Pour le bal de la Présidente, vous vous mettrez en tenue.

— Monsieur l'ambassadeur, je ne suis pas invité au bal de la Présidente.

— Vous le serez.

— Mais je ne danse pas.

— Qui vous demande de danser ? Vous viendrez en uniforme et décorations. Faites-vous accompagner d'un infirmier, adjudant-chef avec minimum dix-huit ans de service, en uniforme et décorations.

— Mais...

— Il n'y a pas de mais. Garée devant la Présidence, une ambulance militaire. Dans l'ambulance militaire, six caisses de vin rouge, de la glace, une caisse de pastis, une caisse de cognac, une caisse de whisky, fournies par l'ambassade de France. Vous et l'adjudant-chef dix-huit ans de service, vous circulez dans le bal. Quand vous voyez un diplomate vraiment déprimé par l'alternance twist et jus d'orange, vous le prenez par le bras, l'emmenez jusqu'à l'ambulance et vous le traitez médicalement comme il convient. *Exécution.* Merci d'avance.

Jamais plus il n'y eut d'incident au bal présidentiel.

Un jour par semaine, l'ambassade de France est ouverte à quiconque joue aux échecs. Des tables sont préparées, ainsi que deux buffets, un pour les musulmans, un pour les autres. Des nomades qui ont appris les échecs au Proche-Orient, lors du pèlerinage à La Mecque, installent leur chameau sur ma pelouse et viennent jouer. C'est l'un des rares jeux au monde où il n'est aucun besoin de connaître la langue de l'autre ni même de se parler. S'affrontent ainsi l'ambassadeur d'URSS et celui d'Espagne, qui ne jouent que l'un contre l'autre, et se haïssent. L'ambassadeur d'Espagne a été sous-lieutenant côté franquiste durant la guerre, puis volontaire dans la légion Azul contre l'URSS, avec les Allemands. L'ambassadeur d'URSS est un vieux militant communiste qui se demande ce qu'il a fait au Kremlin pour se retrouver à Nouakchott. Une parenthèse : c'est lui qui m'obtiendra l'autorisation officielle d'aller en Russie sur mon bateau — bien que naviguant à la voile je ne puisse donner ni le port d'arrivée ni la date exacte. « Il y a onze ministères différents pour trancher cette question, me dit-il en comptant sur ses doigts. Non, douze. Qu'est-ce que je vais les emmerder, au Kremlin. » Et quand la réponse positive arrive, il commente : « La mer Noire, Excellence. En russe, *noire* n'indique pas la couleur, cela veut dire mauvais, très mauvais. » Il avait raison : un coup de vent du nord force 10, en plein nez, vingt-quatre heures de cape, vingt-quatre heures de fuite sous tourmentin pour trouver un abri à Zonguldak, sur la côte turque. Je ne suis pas près d'oublier.

Le médecin capitaine (l'un des personnages clés de Nouakchott, on l'a compris) me prévient un soir que l'Espagnol est en train de mourir et qu'il ne veut pas être le médecin traitant d'un ambassadeur mourant. J'appelle le médecin colonel — trente ans d'Afrique — qui est le conseiller du ministre de la Santé, mais qui ne soigne plus. Il accepte pourtant de venir et constate que l'ambassadeur d'Espagne, entre crises d'asthme et crises cardiaques, est dans le coma. « Nous allons faire baisser le métabolisme pour pouvoir reprendre les traitements, dit-il. Il faut le saigner. Monsieur l'ambassadeur, appuyez là, sur la veine. » L'ambassadeur de France, comme un bon légionnaire, doit être prêt à tout. Pedro Cuyas Yortiz de la Vega est sauvé. Par la suite l'ambassade d'Espagne me rendra un immense service en me prévenant de la guerre civile à venir.

Quant à l'ambassade américaine, j'aurai un petit compte à régler avec elle. Je l'avais tirée d'affaire une fois, deux fois, pas indéfiniment.

L'ambassade des USA avait en effet eu l'idée d'interroger la population par un sondage « pour mieux connaître l'opinion africaine ». Des jeunes gens sortis des meilleures universités interpellent les chameliers ou Harratines par interprète interposé :

— Êtes-vous satisfait du président de la République actuel ? Oui/non/ne sait pas/ne veut pas répondre.

En Afrique, dans les années soixante, c'est une provocation pure et simple. Moktar me convoque. Nous sommes en tête à tête comme toujours.

Le président de la République : — Les États-Unis ont décidé de me faire assassiner.

L'ambassadeur de France *(ne jamais s'étonner, c'est mal élevé)* : — Certes.

Le président de la République : — Ils font circuler une enquête d'opinion, et voilà la question qu'ils posent.

L'ambassadeur de France : — Effectivement, elle est plutôt désagréable. Mais pour eux, cette question n'implique pas une volonté meurtrière du moins avec caractère d'urgence.

Le président de la République : — Il y a une autre question, la quatrième. « Si le président de la République actuel venait à disparaître, qui voyez-vous pour le remplacer ? »

L'ambassadeur de France : — Aïe.

Une question pareille, en Afrique (et ailleurs) équivaut à un ordre de tuer. Imaginer la mort de quelqu'un, supposer qu'il est mort, c'est en fait provoquer sa mort. Houphouët-Boigny m'a dit un jour : « Il n'y a jamais de mort naturelle. »

— Je vais leur demander d'arrêter ces bêtises, monsieur le Président. Tout de suite. Quelqu'un pourrait les prendre au sérieux.

14 juillet, fête nationale à l'ambassade de France. J'ai fait venir un orchestre de Dakar. Lampions, buffet à volonté. Des habitants arrivent avec deux paniers vides qu'ils prennent dans une même main pour de l'autre serrer la mienne à l'entrée, puis vont se servir. J'ai proposé aux Américains d'inviter une équipe du Peace Corps logée au lycée de Nouakchott. Le numéro deux de l'ambassade, agent de la CIA et qui se targue d'être colonel, se rend au lycée, harangue les jeunes gens du Peace Corps et les lycéens mauritaniens, s'indigne que les Américains soient invités parce qu'ils sont blancs et pas les lycéens parce qu'ils sont africains, enfin propose qu'en solidarité avec le tiers monde anticolonialiste et combattant, les jeunes gens du Peace Corps refusent mon invitation.

Ridicule. A Nouakchott, tout le monde entre et sort de l'ambassade de France comme il veut. Le colonel américain est déclaré, à ma demande, *persona non grata* et viré sans délai. Sec. Des années plus tard, j'aurai la demi-surprise de lire son nom dans un rapport sur les inspirateurs d'un complot contre le roi du Maroc, celui de l'attaque de l'avion royal. Viré de nouveau. Les services américains ont la passion du *coup d'après*. A force de vouloir être en avance d'un coup, on peut aussi se tromper de partie.

Les week-ends, je pars en Land Rover vers le nord, roulant entre l'Atlantique et le désert sur le sable humide, seule piste de Nouakchott à Nouadibhou. Les Noirs Imraghen survivent de la pêche en coopération étroite avec les dauphins qui leur servent à rabattre le poisson dans les filets. Ou je me dirige vers le Sud, à marée basse, jusqu'à un ancien lit du fleuve Sénégal. Quand la marée remonte, on fait halte sur la dune pour camper. A l'aube, la surprise est de trouver un chalutier portugais échoué haut sur la grève, dont le capitaine nous demande de lui donner le point. Une épave de plus sur cette immense côte sans aucun abri, fréquentée seulement des vagues et des oiseaux. Je ne manque ni de responsabilité, ni d'action, ni d'espace, ni de chance. Et pourtant, le rat s'est réveillé, il a faim, et de nouveau il faut nourrir le rat.

J'écris un roman à partir de mes expériences indochinoises et de mes rêves de vingt ans, l'histoire d'un jeune homme qui devient roi, mais la nuit seulement : quand il veut régner le jour, il perd son royaume et se perd avec lui.

J'envoie une note au ministre Couve de Murville sur la nécessité d'une politique de détente avec l'Est parce que jamais l'Allemagne ne pourra jouer un rôle européen indépendant aux côtés de la France tant qu'elle dépendra totalement des États-Unis, c'est-à-dire tant que l'Union soviétique sera pour elle une menace.

Dans la nuit sans frontières je pense aussi à l'avenir de l'Europe et rédige pour le ministre une longue analyse (nous sommes en mai 1965), qui commence ainsi : « Il n'y a plus qu'un seul super-grand, les États-Unis d'Amérique*. » Notre nouvelle Rome est Washington dont les pères fondateurs ont eu la prescience d'appeler Capitole le siège du pouvoir. Le statut qui nous sera offert inéluctablement, à nous, pays d'Europe, si nous ne savons pas nous unir, sera celui de Cuba ou de Porto Rico : révolté ou tributaire.

Je transmets une réflexion sur les mécanismes de la décision en Afrique, expliquant pourquoi l'OUA et tous les organismes semblables ne cessent de nous condamner. Sur la trentaine de pays membres une douzaine est attachée au vocabulaire progressiste antifrançais, ce qui est moins périlleux que de se montrer anti-américain. Aucun n'est antisoviétique, c'est interdit par les bons esprits français eux-mêmes qui refusent d'admettre que l'URSS est un empire colonial... Nos amis francophones modérés sont au moins aussi nombreux. Mais du moment où ils ont laissé les autres constituer une majorité, ils se rallient et votent comme eux. *Parce qu'en Afrique, on ne peut pas être dans la minorité*. Être dans la minorité n'est pas la conséquence de l'exercice normal de l'alternance démocratique, c'est s'être trompé, c'est avoir la chance et les dieux contre soi, c'est dangereux et disons-le : maudit. Les guerres africaines ne connaissent pas de combats, seulement des massacres. Un camp avance, et parce qu'il avance, l'autre recule. Puis le mouvement s'arrête et s'inverse.

Nous devons donc rassembler nos amis pour qu'ils

s'expriment ensemble, n'hésitent pas à avancer et, s'ils avancent rallient les autres qui craindront d'être à leur tour minoritaires.

J'ai gardé pour moi — il ne faut pas tout dire à Paris — une conversation avec un chef d'État africain.

Le chef d'État : — J'ai une idée. Je voudrais ton avis. Si je me faisais élire au suffrage universel direct, comme le général de Gaulle ?

J.-F. Deniau : — Belle idée. Noble. Positive. Démocratique.

Le chef d'État : — J'étais sûr que ça te plairait. Bien, c'est décidé. Maintenant, il faut fixer entre nous le pourcentage de voix que je vais avoir.

J.-F.D. : — Laisser ces choses-là au hasard est un risque, en effet.

Le chef d'État : — N'est-ce pas ? Gouverner, c'est prévoir. Qui a dit ça chez toi ? Bien, alors, quel pourcentage tu proposes ?

J.-F.D. : — Je n'aime pas les 99,99 %.

Le chef d'État : — Je pense comme toi. Absurde. Misérable. Pourquoi aller voter ? Dis ton chiffre.

J.-F.D. : — Eh bien... Euh... Je ne sais pas... Peut-être un bon 75 %.

Au moment même où j'avance ce chiffre, je sens la température chuter brutalement jusqu'au grand frais, et je vois mon interlocuteur président virer au gris. Je corrige dans la foulée.

— Quand je dis un bon 75 %, je veux dire 78, 80, 83, 85...

et je m'arrête, le souffle court, à 85 %. Silence.

Le chef d'État : — Tu es un ami, mais tu es quand même un Occidental. Toi, tu vois le 85 %. En Afrique, on verra seulement le 15 % et on dira : chez lui, 15 % des gens sont contre lui. Il ne peut pas être chef d'État.

Nous avons transigé à 94,6 % des voix — ce qu'il obtiendra très officiellement.

Non, je n'ai pas raconté cette leçon. Mais ma démonstration devait être suffisamment convaincante pour que la diplomatie française se mette en marche et que soit convoquée une conférence des États africains francophones. Et à Nouakchott ! Alors que Moktar ne rêvait que de prendre ses distances avec l'Afrique noire et la francophonie ! J'ai passé quelques nuits difficiles à éviter les éclats et à arranger des textes entre les chefs d'État présents.

Une complication survint avec la tentative de la Belgique d'imposer Tschombé. Son représentant, l'ambassadeur Rothschild, logeait chez moi. Des services français, sous la cote B1, signalent à Paris que Moktar m'en voulait. L'affaire monte jusqu'au général de Gaulle, qui est furieux. Un télégramme n'avait pas été envoyé. Et c'est Moktar qui m'avait demandé de loger Rothschild en l'absence d'hôtel à Nouakchott. Ainsi va la sagesse africaine. Le rat avait de quoi se nourrir.

Tout devient plus difficile. La Mauritanie s'oriente vers un parti unique à la guinéenne. Ce n'est pas mon verre de thé. Moktar explique qu'il n'a pas d'autre solution pour créer une véritable unité. Toujours marqué par le souci de donner des gages à son opposition « arabiste », il cherche à se faire reconnaître comme Maghrébin à part entière et s'aligne de plus en plus sur l'Algérie. L'épouse du Président a pleuré de tristesse en apprenant la chute de Ben Bella. Il pense trouver un dénominateur commun entre les diversités mauritaniennes dans un tiers-mondisme anti-occidental, même si ce n'est pas son tempérament. Une occasion va se présenter, où le génie imaginatif qui avait déjà brillé dans le domaine judiciaire (vingt ans de travaux forcés avec sursis) sera encore plus éclatant dans le domaine diplomatique.

Quand la guerre des Six Jours est déclarée, le gouvernement mauritanien décide « de manifester sa solidarité dans la lutte du peuple arabe uni contre l'impérialisme sioniste ». La nouvelle est dite et répétée à la radio. Mais un esprit trop cartésien, sûrement déformé par nous, pose la question : « Comment ? » Il faut réunir le gouvernement. A l'époque, beaucoup de ministres maures préféraient rester dans leur campement à vingt kilomètres, pour s'assurer l'aliment essentiel, le lait de chamelle. Nouakchott, choisi par des technocrates, ne possédait aucun bon pâturage à chameaux. Le temps de prévenir et de réunir les ministres, la guerre des Six Jours était finie. Trop tard pour suivre l'exemple d'un pays arabe très civilisé, qui avait décidé d'envoyer un contingent militaire sur le front. A pied. Il n'avait bien sûr pas passé la frontière que la guerre avait cessé. Maintenant, que faire. Un jeune intellectuel trouva la réponse, adoptée à l'unanimité : rompre les relations diplomatiques avec les États-Unis. Il suffisait d'y penser. Cette décision, exécutoire dans les vingt-quatre heures, fut notifiée publiquement et brutalement à l'ambassadeur américain. La rumeur que ledit ambassadeur faisait ses valises se répandit dans la capitale et parvint jusqu'à la Présidence de la République qui dépêcha sur place un attaché de cabinet. Celui-ci trouva effectivement l'ambassadeur des États-Unis dans sa chambre, en train de plier des chemises et de ranger ses chaussettes. Conversation polie sur la pluie et le beau temps.

— *Labes.*

— *Labes alik.*

— Puis-je vous demander ce que vous faites avec ces chaussettes, monsieur l'ambassadeur ?

— Monsieur l'attaché de cabinet, comme vous le voyez, je les mets dans ma valise.

— Et pourquoi, s'il vous plaît, monsieur l'ambassadeur ?

— Parce que je prends l'avion demain matin, monsieur l'attaché.

L'ambassadeur, homme d'un naturel très doux et paisible, sent la moutarde lui monter au nez.

— Et pourquoi prenez-vous l'avion demain ?

Ça y est. La moutarde a atteint le nez.

— Mais sacré bon Dieu, de bon Dieu, parce que vous avez rompu les relations diplomatiques ! Voilà, merde de bovidé, pourquoi je pars.

L'attaché de cabinet, soucieux :

— Je crains qu'il n'y ait un malentendu. Oui, nous, nous avons rompu. Mais vous, vous n'êtes pas obligé de rompre.

L'ambassadeur partit. La Présidence mauritanienne conclut l'incident par ce commentaire : décidément, on ne peut pas travailler avec les Américains.

Parfois les conseillers techniques français craquaient. Celui du ministre de l'Éducation nationale n'oubliera pas le jour du certificat d'études primaires, annoncé par la presse et la radio. La veille au soir, il va par hasard vérifier que les sujets sont prêts pour les épreuves du lendemain. Rien. Pas le moindre sujet d'épreuve. Bureaux fermés. Dans la nuit, le malheureux, dont ce n'est absolument pas la tâche, compose une dictée, un problème de robinets, deux questions d'histoire et de géographie mauritaniennes. Il trouve une machine à écrire et les tape lui-même. Mais comment les reproduire ? Il trouve du papier blanc dans un placard et retape autant d'exemplaires que nécessaire. A 8 heures du matin, quand les élèves se présentent, il est à la porte pour distribuer les sujets. Avant d'aller enfin se coucher, il proteste auprès de son ministre.

— Pensez, monsieur le ministre, au drame qui a été évité.

— Monsieur le conseiller technique, vous aviez tort de vous inquiéter, il n'y a pas eu de drame. Voyez vous-même : quelqu'un fait toujours le travail.

Le proviseur du lycée français de Nouakchott, distingué agrégé de grec, connaîtra d'autres déboires. Il me disait : « Si mes élèves sont mécontents, ils cassent tout. S'ils sont contents aussi. » Il sera témoin de la lutte entre Maures et Noirs, qui oppose aussi des élèves de la même classe. En repos à l'hôpital de Saint-Louis au Sénégal, il rencontre dans un couloir un petit Noir blessé au bras dans les bagarres raciales, et qui le salue d'un chaud « Bonjour, monsieur le proviseur ». Devant cet enfant blessé, les images de la tragédie lui reviennent d'un coup et il se suicide en se jetant dans le vide, pendu à l'espagnolette de la fenêtre. J'aurais beaucoup de mal, pensant à sa famille, à convaincre Moktar de le décorer à titre posthume. L'islam n'autorise pas le suicide, sauf à un combattant pour l'islam. On ne respecte les fous que vivants. Les temps difficiles sont venus.

*

Aux débuts de l'indépendance, plus des trois quarts de la fonction publique mauritanienne sont tenus par des Noirs ; plus de 80 % dans l'enseignement et les PTT. Ils avaient accepté l'école, parlaient et écrivaient le français. De nombreux Dahoméens qui étaient les commis de l'administration de Dakar à Brazzaville — surnommés les porte-plumes de l'Afrique — sont d'abord expulsés pour laisser place aux nationaux. Puis se pose le problème de l'équilibre entre Noirs et Maures. Rien de religieux dans cette rivalité : les Toucouleurs sont encore plus pieux musulmans que les Maures chez lesquels quelques pratiques berbères ont subsisté. Elle est ancienne comme le monde, la rivalité entre agriculteurs sédentaires et pasteurs nomades. Elle est économique dans la mesure où en 1965, l'essentiel des revenus en Mauritanie provient d'abord et de loin des salaires de la fonction publique. (Plus tard, l'enjeu sera aussi la production agricole en zone irrigable au nord du fleuve.) Un revenu de fonctionnaire fait vivre une famille, un clan. Pour dégager les postes en faveur des Maures, le gouvernement décide d'augmenter la place de l'arabe dans l'enseignement, à l'oral et à l'écrit, avant de l'exiger pour l'accès à la fonction publique. Les Noirs contre-attaquent en déclarant qu'ils sont majoritaires en Mauritanie, si on ajoute aux Noirs libres du fleuve les Noirs captifs et tributaires des campements et palmeraies ; ils exigent donc un vice-président noir et la moitié des ministres.

Au-delà du changement de la constitution, c'est la mise en cause de l'équilibre social. Trois fois le gouvernement mauritanien a solennellement proclamé l'abolition de l'esclavage. C'est dire s'il est vivant. Mais pas comme on se l'imagine en France et pas comme le mot français invite à se le figurer, avec chaînes et marchés (quoique *lhama*, la « viande »...). « Serviteurs traditionnels », disait la terminologie du temps des colonies. C'est aussi une sorte de sécurité sociale primitive. Un esclave qui travaille en ville, à la construction de Nouakchott, s'il a payé le tribut à son maître, peut retourner chez lui dès la fin du chantier, il sera accueilli et nourri. Le montant du tribut dépend essentiellement des rapports sociaux. Il peut aller de 90 % pour un manœuvre à presque rien si l'esclave est quelqu'un de haut placé. J'ai vu un fils de captif, directeur de cabinet, payer son tribut au Maure qui venait lui rappeler sa généalogie en lui offrant — non un paquet —, une cigarette ! Le directeur de cabinet, s'il perd sa situation, pourra rentrer au campement...

Les troubles vont commencer au lycée de Rosso au bord du fleuve, lieu de passage avec le Sénégal où les Noirs sont très largement majoritaires, ainsi qu'au lycée de Nouakchott. Grèves, bagarres sanglantes entre élèves. Je suis prévenu par le colonel Troncoso, ancien d'Ecouvillon et numéro deux de l'ambassade d'Espagne, que les Maures font descendre sur la capitale des camions de Harratines et tributaires de l'Adrar, cœur de la Mauritanie maure, « pour donner une leçon aux Noirs ». Pour que cette leçon soit plus spectaculaire encore, ils enverront leurs esclaves contre les Noirs libres très nombreux qui habitent Nouakchott, pour bien montrer 1) qu'ils ne touchent pas eux-mêmes aux Noirs ; 2) que le calcul de l'élite noire additionnant populations du fleuve et tributaires est tout à fait stupide, puisque la leçon est donnée aux premiers par les seconds. Brusquement tout le gouvernement — oui, tout le gouvernement et le président de la République — quittent Nouakchott pour une visite aussi officielle qu'imprévue au Mali. C'est à la fois le signal et l'alibi. La voie est libre pour le pogrom.

Très tôt le matin, des groupes de Harratines, vingt ou

trente, encerclent les Noirs libres qui se rendent aux bureaux et les assaillent à coups de bâton et de pierres. Un esclave n'a pas le droit de toucher une arme à feu. La tuerie est donc lente. Quand la victime à terre ne bouge plus, les Harratines passent au suivant. Un ambassadeur n'est là que pour observer et rendre compte de ses observations ? Je ne vais pas regarder tuer les gens sous mes fenêtres et à ma porte, les bras croisés, sans intervenir. Je ne demande pas d'instructions à Paris, je réunis à l'ambassade les Français disponibles, civils et militaires. Nous avons quatorze véhicules : deux Français et un drapeau par véhicule. Nous sillonnons Nouakchott. A chaque attroupement, nous descendons, drapeau en tête, écartons les Harratines, ramassons le blessé et le ramenons à l'ambassade. Vers 10 heures, c'est le drame. Un fonctionnaire noir, craignant pour son fils, va le chercher en classe, armé d'un pistolet. Est-ce l'exaltation, la crainte, la volonté de vengeance ? Il tue d'une balle le premier Maure qu'il rencontre.

Dès lors, tout s'exaspère et s'accélère. Il existe une mystérieuse frontière entre tuer à coups de bâton et avec une arme à feu. « On a *tiré* » est un signal de guerre. Un Français vient me prévenir qu'au ksar la garde nomade (tous bidanes) s'emploie à maintenir les Noirs pendant que d'autres Noirs les assomment et les égorgent. Je rappelle que plus un seul membre du gouvernement n'est présent. A la Présidence, un jeune Maure, directeur adjoint de cabinet, est censé assurer la permanence. Au téléphone depuis le matin avec le chef d'état-major de l'armée, qui est un ami, nous avons mis au point les modalités de l'intervention militaire qui arrêtera la massacre. Encore faut-il qu'un Mauritanien en donne l'ordre. Je prends ma voiture — sans chauffeur — pour rejoindre la Présidence. Dans le bureau du jeune directeur adjoint, je sacrifie aux rites de la politesse, parlant d'abord d'autre chose. Mais chaque seconde perdue se compte en morts. Écoutez. Une ville où l'on tue fait un bruit qui ne s'oublie jamais. Une sorte de rumeur rauque, de voix enrouée lointaine, d'appel du cœur et des entrailles qui ne parvient pas à passer la gorge, trouée parfois de l'écho d'une détonation. Écoutez. Une ville où on tue, émet, très bas — je n'oublierai pas — une plainte d'animal qui meurt au pied d'un mur, au fond d'un fossé. Je dis au jeune homme : « Je vais rentrer à l'ambassade. Le correspondant de l'AFP m'y attend pour envoyer la dépêche où il racontera au monde entier comment, dans un pays arabe indépendant, l'ambassadeur de France est obligé d'aller lui-même sauver les habitants du massacre. Ou bien — simple hypothèse de ma part — vous prenez ce téléphone, vous faites 37-28, et vous dites un seul mot au chef d'état-major qui attend : *intervenez*. Plus de dépêche, puisque les événements seront déjà du passé. » Il prend le téléphone : « Colonel, intervenez. » De retour vers l'ambassade, je suis bloqué un moment sur la route par un attroupement. Un petit vieillard s'affaire à côté de ma voiture. Je me penche pour regarder. Avec des vieux papiers et quelques bouts de bois, il a allumé un feu sous le moteur. Marche arrière doucement, très doucement. Tout accident serait utilisé comme une provocation.

Le lendemain, le Président et le gouvernement reviennent, se lavant les mains de la « punition » qui a tourné au massacre. A l'ambassade plus d'une centaine de Noirs blessés se sont réfugiés. Le chiffre des morts officiellement reconnu est de six. En fait, il est beaucoup plus élevé, il faut sans doute ajouter un zéro.

Un longue période de crise vient de s'ouvrir. « Construisons ensemble la patrie mauritanienne », avait dit Moktar... « Nous serons la Suisse de l'Afrique. » Chaque jour connaîtra son lot de violences, vengeances et règlements de comptes. Le gouvernement, après s'être fabriqué un alibi, cherche maintenant un bouc émissaire. Mon collègue et ami l'ambassadeur d'Espagne va bien involontairement le lui fournir. Dans ses affaires il a conservé — souvenir de la légion Azul et du front russe — un pistolet soviétique. Son cuisinier guinéen, qui a peur de rentrer chez lui au ksar, dérobe le pistolet de l'ambassadeur. Il est arrêté par une patrouille de l'armée et fouillé. Dans le désert tout est signe. Un pistolet soviétique sur un Noir ! L'URSS aurait-elle décidé de changer de politique en Afrique et de jouer les Noirs contre les Arabes ? Une décision est prise au plus haut niveau : *toutes les ambassades* seront bloquées et surveillées militairement. Interdiction à quiconque d'y entrer et d'en sortir, sauf à l'ambassadeur lui-même. Escouades de l'armée à la porte. Ainsi seront empêchés les éventuels trafics d'armes sans paraître viser directement l'URSS. Ainsi les étrangers seront rendus suspects des massacres. D'une pierre deux coups.

Ce ne sont pas les 55 jours de Pékin, mais les 11 jours de Nouakchott. L'ambassade abrite plus de cent personnes, dont blessés et enfants, à soigner et à nourrir. Mon collègue russe m'appelle pour signaler solennellement au doyen que ce siège des ambassades est tout à fait contraire aux privilèges diplomatiques reconnus par la convention de Vienne. Certes. A lui et aux autres ambassadeurs, j'explique que désormais c'est une affaire de sang-froid. Le gouvernement se veut odieux. Attendons qu'il soit ridicule.

Je dois prendre très vite deux décisions très difficiles.

Le porte-parole de la colonie française, qui loge en ville, me demande de recevoir à l'ambassade tous les Français qui se sentent menacés. J'ai bien donné asile aux Noirs ! Je dis non. Je dis non parce que si les Français se réfugient à l'ambassade, leur geste sera compris comme un aveu de culpabilité. Telle est la loi de ce monde. Celui qui fuit devient un gibier que le chasseur peut et doit tirer. Non. Je demande à tous les Français de garder le contact les uns avec les autres en s'organisant discrètement, autour de responsables désignés par immeuble et par quartier. Qu'ils s'assurent d'un téléphone. Si l'un d'eux est le moins du monde menacé, une permanence fonctionne jour et nuit à l'ambassade. Je viendrai moi-même le chercher. Au cas où le téléphone serait coupé, un système de messagers est prévu.

Oui, c'est une affaire de sang-froid. Ne nous comportons pas en coupables, nous serions jugés coupables.

Les rapports que j'ai envoyés à Paris n'ont pas dramatisé — plutôt minimisé — les faits. Mon collègue du Sénégal et d'autres sources n'ont pas eu la même réserve. Des voyageurs et des Noirs qui ont pu passer la frontière du Sénégal racontent les horreurs du pogrom. Deux compagnies de parachutistes sont mises en alerte rouge, prêtes à sauter sur Nouakchott pour dégager l'ambassade. Je ne sais plus si c'est par télégramme, téléphone ou les deux, mais je fais savoir à Paris que le seul à pouvoir juger si une intervention militaire est nécessaire pour me sauver, c'est moi. Et je prends l'entière responsabilité de refuser. Ne pas penser seulement au moment où on saute, penser à ce qui se passera ensuite, après, quand les parachutistes seront repartis. Pendant onze jours j'ai très peu dormi.

L'ambassadeur d'Espagne, involontairement à l'origine de ces événements, va me fournir l'occasion d'en sortir. Comme tout franquiste un peu démagogue à l'égard du monde arabe (il faudra attendre le roi Juan Carlos pour que l'Espagne reconnaisse Israël), il a invité le sous-officier qui gardait son ambassade à se mettre à l'ombre, à la maison. Erreur. Un soir, l'ambassadeur m'appelle. Il éructe tellement de rage au téléphone, il parle un sabir si indigné que je mets un moment à reconstituer l'aventure. Rentrant d'une course à l'extérieur, il a trouvé le sous-officier mauritanien dans son lit. Avec son pyjama. Fumant l'un de ses cigares. C'est le pyjama qui l'indignait le plus (et le fait qu'il s'agissait d'un simple sous-officier). Je lui dis : « Cher Pedro, ne t'inquiète pas, merci », et je fonce en voiture chez le président de la République. Sérieux comme un doyen de corps diplomatique, je raconte à Moktar le coup du pyjama. Voilà ce qui arrive quand on déploie la soldatesque aux mépris des conventions de Vienne. Bien sûr, je dois faire une protestation officielle et rendre compte dans nos capitales. Les autorités mauritaniennes ne sont pas odieuses, non, ne rêvez plus, elles vont seulement être ridicules.

Nous ne sommes dupes ni l'un ni l'autre. C'est un prétexte. Mais je crois que Moktar est assez heureux de saisir lui aussi l'occasion, si burlesque soit-elle, d'en finir avec une épreuve de force xénophobe qui ne pouvait, si elle durait, que se terminer par un nouveau drame. Il prend son téléphone et fait lever toutes les mesures de contrôle des ambassades. Nos parachutistes n'ont pas eu à intervenir. La crise mauritanienne n'est pas finie pour autant.

A Zouerate où les cadres français de la Miferma vivent complètement à part dans leur concession, j'ai prévenu les dirigeants qu'ils allaient à l'explosion. Si les ingénieurs ne regardent pas à la dépense pour envoyer un avion chercher une pièce manquante, ils refusent de payer un bon officier d'AI connaissant la caïdat qui recevrait, écouterait, arrangerait. Les juristes de la société, pour éviter que ne se créent des servitudes, font évacuer tous les petits commerces établis à l'intérieur de la concession. Personne à Miferma n'a pensé que ces petits commerces sont tenus par des Noirs *harratines* qui sont en fait des tributaires appartenant à un chef maure, et que ce chef maure est le patron du syndicat mauritanien de la Miferma !

Invraisemblable et incompréhensible pour un ingénieur français. Mais la vengeance du chef maure sera rapide : on comptera plusieurs blessés à coups de pelle. En 1968, il y aura plus grave et l'armée mauritanienne devra tirer, faisant plusieurs tués. La naissance d'un État n'est pas très différente de celle d'un enfant. Beaucoup de douleurs, de cris, de sang et d'humeurs.

Un drame personnel s'ajoute aux problèmes de responsabilité qui ont tendance à s'aggraver. J'ai une grande estime pour un Mauritanien Mohammed Ould Cheikh. Un jour, dans un méchoui officiel, Moktar se penche vers lui, devant moi, pour lui dire : « Alors, quand me chasses-tu pour prendre le pouvoir ? » Le message, bien sûr, m'était destiné.

Des coups d'État militaires en série se produisaient en Afrique francophone. Paris n'aimait pas. Je l'ai fait savoir à Mohammed Ould Cheikh. Nous avions en commun le goût du pouvoir sans celui de tout lui sacrifier. Il partit nomadiser avec ses chameaux. La crise mauritanienne s'internationalisait. Un plan très précis prévoit le partage entre le Maroc, le Sénégal et le Mali. L'Algérie a fait savoir qu'elle n'avait pas d'objection. C'est, je crois, ce qui porte le coup le plus terrible au moral de Moktar Ould Daddah. Il pense que Dieu l'a abandonné. Je vais à Paris voir le général de Gaulle, je lui explique que si nous ne bougeons pas, la Mauritanie va disparaître. Il n'y a qu'à laisser faire.

De Gaulle : — C'est nous qui avons créé la Mauritanie. Qu'elle disparaisse provoquerait un désordre qui ne serait pas à notre gloire.

La réponse me suffit comme instructions.

Moktar retrouve le moral, semble-t-il, puis se lance dans une fuite en avant « à gauche », nationalisations et arabisme. Il se jette aussi, lui le marabout qui n'a pas le droit de toucher un fusil, dans la guerre de l'ex-Sahara espagnol. Il n'en sortira pas. L'aviation française devra intervenir et faire sauter les rezzous sahraouis qui menaçaient Atar, Zouerate, Nouakchott. Un coup d'État militaire le renversera. Il sera prisonnier, puis, sur intervention de la France, libéré et exilé. Une nouvelle crise sanglante entre Maures et Noirs, avec massacres et quasi-guerre, éclatera en mars 1989 et j'aurai de nouveau à intervenir discrètement entre Nouakchott et Dakar.

J'étais rentré en Europe début 1968. J'avais demandé à mon successeur s'il acceptait que je lui laisse ma guéparde bien-aimée, que je me voyais mal emmener à Bruxelles où je savais que j'allais être nommé. Il avait accepté. Mais sitôt que les enfants ont été partis, dix jours avant moi, la guéparde Bichnoule refusa de se nourrir. Après mon départ elle sauta la clôture et retourna dans le désert. Le colonel Troncoso, dont l'ambassade était voisine, me fit savoir qu'on l'avait vue plusieurs fois errant autour de la maison, comme si elle cherchait à voir si nous étions revenus. J'avais pu lui apprendre beaucoup, mais pas à chasser — ce que seules les mères, dans la faune du désert, sont capables d'enseigner à leurs petits. Fatalement, elle dut se rapprocher de gibiers faciles, moutons ou chèvres, c'est-à-dire des campements et des hommes. Je crains qu'elle n'ait été tuée. Il devrait être absolument interdit d'apprivoiser des animaux sauvages.

8

La télévision en couleur — Voyage pittoresque en Union soviétique — Comment parler (ou ne pas parler) aux grands — Mai 68 et l'enthousiasme L'entrée de la Grande-Bretagne en Europe Derrière un pilier à Notre-Dame Garder un temps d'avance — Le rat a faim

Il n'est pas facile de se retrouver seul à Paris après trois ans de Mauritanie. La solitude si naturelle au désert est si lourde en ville. On est moins seul quand tout le monde est seul. Jusqu'au 1er janvier 1968 où je dois prendre mes fonctions de membre français de la Commission européenne à Bruxelles — l'autre membre français, vice-président, est Raymond Barre et nous avons tous les deux été choisis par le général de Gaulle — il faut m'occuper. Le rat ne tient plus en place. Je suis nommé délégué interministériel à la télévision en couleur. Quelque chose comme une sorte de sous-secrétariat d'État. Il s'agit d'animer et coordonner l'introduction du procédé Secam en France et de négocier son adoption à l'étranger. Simple ? Pas vraiment.

Pour la mise en œuvre en France, tout est à peu près réglé et marchera très bien sans que j'y sois pour grand-chose. L'ORTF, organisme d'État, a déjà fixé les redevances, modalités, personnels, catégories, applications, circulaires, références, droits divers, droits spéciaux, droits annexes. Les techniciens se sont entendus avec les techniciens. La télévision française sera de très haute qualité et à nulle autre pareille, sa particularité venant du procédé Secam pour la couleur, d'un nombre de lignes élevé pour la définition de l'image (que nous serons obligés d'abandonner quelques années plus tard), d'une norme propre pour l'émission. Le but ? La qualité française, certes. Mais aussi la protection du marché français. Décourager par une telle spécificité, limitée à l'Hexagone, tout producteur étranger de fabriquer des récepteurs télé qui pourraient venir concurrencer les nôtres, beaucoup plus chers. On a voulu que le procédé Secam soit un échec international. Il était permis de le vendre aux Soviétiques, aux Bulgares, aux Slovaques, aux Mongols : leurs prix de production élevés pour une qualité très faible dès qu'il s'agit d'électronique de consommation « grand public » n'en faisaient pas des concurrents potentiels. Mais attention : pas de Secam pour les Belges, les Hollandais, les Allemands, les Italiens, les Espagnols très compétitifs. Surtout, ne pas les tenter par un vaste marché incluant le nôtre, ils pourraient y réussir.

Comme les tribus gauloises ne sont jamais à court de prétextes de guerres civiles, le fait que le propriétaire du procédé inventé par Henri Defrance soit Floirat, né garagiste, passé exploitant de cars, monté propriétaire d'une compagnie aérienne, établi magnat des médias, Europe 1, etc., n'arrange pas les choses. Floirat ne vient pas d'un grand corps, il n'appartient à aucun club. Dans les réunions interministérielles que je préside, devant les représentants des Affaires étrangères, des Finances, de l'Industrie, de la Recherche scientifique, et autres, il dit : « Dans ce business, où c'est qu'est le gras ? » La corporation le déteste parce qu'il n'est pas de la corporation. Les missions à l'étranger pour « vendre » le procédé Secam sont dans ces conditions assez surréalistes. Couve de Murville m'a fait donner un passeport diplomatique avec le titre d'ambassadeur itinérant. Aimables réceptions par les gouvernements visités, jusqu'à ce qu'on parle du procédé Secam : la conversation tourne court très vite. Techniquement, le français Secam et l'allemand Pal se valent (meilleurs tous deux que l'américain NTSC). Les difficultés apparaissent dès que sont évoqués les problèmes de coût. Côté français, Floirat — et c'est normal — s'intéresse aux redevances, alors que la concurrence allemande non seulement est moins chère, mais peut, dans le cadre de très grandes entreprises intégrées, offrir en prime le studio d'émission ! En outre les constructeurs français sont rares à l'étranger, alors que des secteurs entiers de la production en Italie ou en Espagne sont tenus par des sous-marques de firmes allemandes qui vont faire cause commune contre nous. Avec le recul du temps, les transcodeurs, puis le câble ou les satellites, ces combats d'arrière-garde paraissent d'une autre époque. On ne peut imaginer l'énergie, l'invention, le talent que des responsables français de haute compétence et de grade élevé y consacrèrent.

L'Union soviétique avait adopté notre procédé, excellent, je le répète, parce qu'elle ne voulait pas de l'américain, ce qui aurait été une défaite de la pensée marxiste. Et pas de l'allemand parce *qu'elle ne voulait pas que la RDA, Allemagne de l'Est, utilise le même procédé que l'Allemagne de l'Ouest...* Elle choisit donc le français, à la modeste condition qu'un ingénieur soviétique soit reconnu comme ayant utilement participé à l'invention. Soit. Coprésident de la Commission de coopération franco-soviétique, je me rends à Moscou pour régler ce détail. C'est mon premier voyage en URSS. Je ne connaissais du monde communiste que l'émouvant carnet de route d'un officier Vietminh pris sur son corps après une embuscade qui nous avait été favorable ; et les ruines noircies de Berlin-Est après la fin de la guerre où une population écrasée supportait dans le désespoir le bouleversement du monde comme une nouvelle glaciation ou la chute d'une planète. Je me souviens encore des regards humains montant vers la rue par les soupiraux des caves. Sur les trottoirs, des familles troquaient les photos de grands-pères en uniforme et un service de mariage désargenté contre deux paquets de cigarettes et une demi-plaque de chocolat. La lumière pauvre, rare, jaune était la signature des régimes de l'Est, comme les enseignes clinquantes de Hong Kong pouvaient l'être du capitalisme arrogant à la chinoise. A Moscou, j'ai eu droit à l'hôtel de luxe avec suite : chambre, antichambre, petit bureau, salon. Et surtout, signe de l'importance de la personnalité reçue, deux postes de télévision et un piano. Les spécialistes m'expliqueront d'ailleurs que le véritable signe de mon rang considérable était le piano. J'ai droit aussi à une soirée au cirque, pour le bonheur de mon accompagnateur, parce qu'il fallait au moins avoir fait sauter trois fois la norme ou être neveu d'un membre du bureau politique pour décrocher des places deux heures avant le spectacle. Et à l'Opéra. *Le Lac des cygnes*, bien sûr. J'ai compris ce soir-là l'entêtement de la nature humaine à inventer et maintenir des privilèges sous tous régimes et en tous lieux. A la sortie une immense queue se formait au vestiaire, encadrée de miliciens, qui faisait perdre plus d'une demi-heure. Sauf si à l'entrée vous aviez loué une paire de jumelles de théâtre. En montrant votre paire de jumelles, vous passiez avant tout le monde. Le prix de la location était minime. Encore fallait-il savoir et oser. Le peuple savait peut-être, certainement n'osait pas.

Puis le train de luxe Moscou Leningrad, la Flèche rouge, qui allait assez lentement pour, en partant peu avant minuit de Moscou, ne pas arriver trop tôt avant l'aube à Leningrad. L'avion en URSS n'était pas un mode de transport élégant. Des maréchaux et des amiraux en pelisse se saluaient sur le quai. A l'extrémité de chaque voiture des samovars pour le thé, servi par des matrones. J'avais un compartiment pour moi seul. Dans la bousculade des couloirs, les voyageurs s'appelaient par leur prénom et celui de leur père, entre gens du même monde. Mélange propre au peuple russe — immense gentillesse et fantastique brutalité — difficile à comprendre pour un étranger, comme son patriotisme profond que le mot français traduit mal : la Russie n'est pas le pays de votre père *(patrie)*, elle est *votre mère*.

La doctrine officielle et les victoires incessantes du régime en tous domaines, par ses excès mêmes, aboutissaient au résultat que chaque habitant applaudissait à tout et ne croyait plus en rien. Le pouvoir, encore plus que chez nous (où on entend dire « *ils* ont encore... » pour désigner le gouvernement, le Parlement, les patrons, les syndicats, Paris...), le pouvoir est un autre. Commode : ça donne le droit moral de tricher. La réponse au mensonge d'État est en temps normal le marché noir. En temps de crise, la violence gratuite contre tout ce qui est biens collectifs, des escaliers de HLM aux cabines téléphoniques. L'URSS n'en était pas là en 1967. Elle avait réinventé deux dogmes assez tardifs de l'Église catholique, l'Immaculée Conception pour la classe ouvrière et l'infaillibilité pontificale pour le Parti. Grâce au sens de l'Histoire elle aurait toujours le dernier mot. Une nuit à Leningrad, à l'hôtel Astoria, je suis descendu sans que mes « gardes » s'en aperçoivent jouer aux échecs dans la petite salle enfumée où les chauffeurs de maître attendaient leurs patrons de l'administration, de l'armée et du parti communiste. J'en étais à la troisième ou quatrième partie quand mon accompagnateur, prévenu enfin de ma disparition, apparut blafard à la porte. Je n'avais pas eu le temps de le tranquilliser, déjà il m'interrogeait :

— Quel est le score ?

— Trois à un. En ma faveur.

— Tout le monde sait que les chauffeurs de l'hôtel Astoria sont de très mauvais joueurs d'échecs.

Il existe peu de villes aussi belles que Saint-Pétersbourg. Couleurs des architectes italiens, ocre, vert pâle, rose, bleu, sous le ciel immense du golfe de Finlande. Lignes basses percées seulement de clochers. Finesse en toutes choses... Moscou et Saint-Pétersbourg resteront à jamais différentes, jusque dans l'air qu'on y respire, un camp retranché contre les Tatars, un port ouvert sur la mer vers l'Occident.

A la forteresse Pierre-et-Paul, qui fut la Bastille du temps des tsars, je visite les tombeaux des souverains russes et félicite les autorités pour leur entretien parfait, y compris ceux des pires autocrates. « Parce que c'est l'œuvre d'artisans sortis du peuple russe », répond mon accompagnateur qui veut toujours avoir le dernier mot. A la basilique Saint-Isaac, je m'étonne des slogans antireligieux. L'église principale de Saint-Pétersbourg est transformée en musée de l'athéisme. Un pendule de Foucault part de la coupole et trace sur le sol une circonférence, en vingt-quatre heures. Au mur, des slogans en lettres énormes : « Galilée avait dit que la terre tournait autour du soleil. L'Église avait dit qu'elle ne tournait pas. Le pendule vous montre qu'elle tourne. Donc Dieu n'existe pas. » « Le peuple russe a besoin d'idées claires, dit le camarade-dernier-mot. Vous ne pouvez pas savoir ce que la religion chez nous était brouillardeuse. »

A Moscou, j'ai vu les convois mortuaires en camions, surchargés de couronnes rouges et d'insignes du Parti, s'arrêter trois secondes en passant devant une église ou un monastère désaffecté : le chauffeur du camion de tête calait, comme par hasard. Pour le cas, on ne sait jamais, où un prêtre serait revenu, et on ne sait pourquoi allait par hasard bénir.

Le régime était d'ailleurs empêtré dans sa recherche de religion contre la religion. L'embaumement de Lénine dans son mausolée de la place Rouge n'était pas seulement un symbole de respect : le slogan « il vit toujours » était à prendre à la lettre. Le culte des saints (les héros de l'union soviétique) florissait. Les jeunes mariés au lieu de passer à l'église (ce qui aurait brisé leur carrière à jamais comme un baptême) se faisaient photographier devant un monument aux morts de la grande guerre patriotique ou une stèle futuriste à la gloire des astronautes : bref quelque chose qui dépasse l'homme.

Souvarine a dit du régime soviétique : « Le pire n'est pas l'oppression mais le mensonge. » Un peuple entier obligé de se mentir à lui-même. Des voisins disparaissaient, on faisait *comme si* on n'avait pas vu leur disparition. Quelques révoltes ouvrières avaient été écrasées dans le sang, une révolte militaire aussi. On faisait comme si on n'avait pas entendu. Mais la santé, les transports étaient quasi gratuits, le sous-emploi généralisé compensé par l'emploi clandestin multiplié, les victoires sportives glorifiées, les sacrifices d'aujourd'hui justifiés par les espoirs de demain. « Je t'enseigne le plus lointain », avait écrit Nietzsche. Un ami dissident en exil à Paris, le Pr Maximov, si russe qu'il avait refusé d'apprendre le français et même les caractères latins pour ne pas perdre son âme slave — il fallait donc l'accompagner dans le métro, il ne pouvait pas lire les noms des stations —, était venu à Bourges bien avant la chute du régime faire une conférence sur le goulag et les hôpitaux psychiatriques. Il avait dit en conclusion : « Ne me remerciez pas. Je viens de vous priver d'un grand confort. Vous ne pourrez plus jamais dire : *je ne savais pas.* » L'URSS est le seul pays où l'espérance de vie va baisser, compte tenu notamment d'une industrialisation particulièrement polluante, sans contrôle, sans responsabilité, sans critique, sans contre-pouvoir. Quand j'irai voir Sakharov des années plus tard dans son petit appartement qui sentait le choux rance, et que je lui demanderai où, d'après lui, est la racine du mal, il réfléchira un moment et dira : « L'article 6. » L'article 6 de la constitution soviétique qui fait du Parti le seul pouvoir réel au-dessus de toute critique. L'avantage incomparable de la liberté est de permettre de critiquer la liberté.

A Kiev je dîne avec mon camarade réponse-à-tout au restaurant du grand hôtel. La foule du samedi soir. Pour nous, table réservée. Deux kolkhoziennes qui faisaient la queue voient cette table pour quatre avec seulement deux convives. Mauvaise rentabilité de l'outil de travail. Dans le dos du milicien de garde, elles passent sous le cordon rouge et viennent s'installer avec nous. Ce sont deux fortes paysannes qui cuisent le pain pour la collectivité ; elles ont fait sauter la norme et ont reçu en prime un bon pour deux dîners au grand hôtel de Kiev. Conversation en sabir russo-allemand. Le membre du parti est vert d'indignation devant l'atteinte au protocole mais aussi d'inquiétude pour la suite de cette conversation avec un étranger, totalement imprévue et incontrôlable. La catastrophe arrive après les banalités d'usage sur la paix et la guerre *nicht gut*.

Boulangère kolkhozienne chef (s'adressant à moi) : — Je n'arrive pas à voir à quelle classe sociale tu appartiens.

J.F.D. (frappé d'une inspiration littéraire de haut niveau) : — La même que Lénine.

Stupeur. Le membre du parti s'étrangle. Les kolkhoziennes restent la bouche ouverte. Peut-on envisager un sacrilège pareil : concevoir que Lénine ait appartenu à une classe sociale ? Imaginer qu'il était le produit de la rencontre de la petite aristocratie et de la fonction publique, bref de la méritocratie, qui en tous temps et tous lieux a fait la force des nations ? Non. Le camarade du parti survit à l'étranglement et éructe :

— C'est un spécialiste. Vous savez, femmes ignares et grossières, ce que c'est qu'un spécialiste ? C'est lui.

Spécialiste, en langue de bois, veut aussi dire inclassable. Ça me va. La fin du dîner se passe néanmoins dans un silence lourd de matérialisme historique.

En URSS j'ai vu pire dans l'imprévisible. Grand banquet présidé par Kossyguine, le Premier ministre. A sa droite Petrossian, président du comité soviétique pour les sciences atomiques.

A sa gauche Gvichiani, président du comité d'État soviétique pour les sciences et les techniques, gendre de Kossyguine et avec qui je copréside la commission de coopération franco-soviétique. Quelqu'un propose un *tamada*, coutume caucasienne qui oblige chaque convive à raconter une histoire, et si elle est jugée bonne par le président, il sera autorisé à porter un toast de son choix. Le but est clair ; s'il y a vingt invités, entendre vingt bien bonnes et boire vingt vodkas. On évitera le sang de peu.

Petrossian intervient en premier. Arménien, comme son nom l'indique, il explique que les Arméniens ont tout inventé, sont partout, ont tous les pouvoirs et qu'il est inutile qu'il en rajoute en racontant des histoires. Mouvements divers dans l'assistance. Petrossian ne se démonte pas et me prend à partie. Monsieur Deniau, vous qui êtes français, vous êtes très fier de vos alcools. Vous n'y êtes pour rien. (Murmures.) Un exemple ? Un excellent alcool, l'armégnac. Ce n'est pas arménien, l'armégnac ? (Protestations.) Ah, monsieur Deniau, ne dites pas que c'est français. Quel est le personnage le plus célèbre de cette province, l'Armégnac ? (Silence.) Vous ne trouvez pas ? *Les Trois Mousquetaires*, vous n'avez jamais lu ? D'Artagnan, nian, c'est typiquement arménien, non ? » (Rires, applaudissements.) Petrossians lancé, continue. « Un soir Radio Erevan annonce un changement dans l'équipe gouvernementale de la République fédérative socialiste d'Arménie. Un poste de ministre de la Marine a été créé. » L'Arménie, totalement enclavée dans la montagne, n'a aucun accès à la mer. « Des auditeurs écrivent, téléphonent : pourquoi un ministre de la Marine en Arménie ? Réponse des autorités de la RFS, après consultation de l'Académie, des Syndicats, du Parti, etc. Réponse : Pourquoi pas ? Il y a bien un ministre de la Culture en Géorgie. »

Le gendre de Kossyguine est géorgien. Insulté en public, devant des étrangers, il se lève, prend son couteau de table et fait mine d'égorger Petrossians. On s'interpose. Pagaille au banquet. Notre interprète croit arranger les choses, réclame la parole et se lève pour raconter la meilleure *définition de la paix mondiale* : « C'est quand les Grands-Russiens donnent la main aux Petits-Russiens, qui donnent la mains aux Cosaques, qui donnent la main aux Azéris, qui donnent la main aux Ossètes, qui donnent la main aux Ingoutches, qui donnent la main aux Tcherkesses et aux Kurdes, tous unis pour aller tuer ensemble les Arméniens. » (L'interprète est géorgien.) Brouhaha, tumulte. Bruits de verres cassés et de chaises renversées. Le *tamada* est suspendu. Pas la série des vingt vodkas. Mais je me suis toujours souvenu de cette soirée quand j'entendais des penseurs parisiens s'extasier en citant Gorbatchev : « Ce qu'aura fait d'incontestable l'URSS, c'est d'avoir réglé pour toujours le problème des nationalités. » Plût au ciel ! Des années plus tard, je tiendrai la statistique impressionnante des officiers soviétiques assassinés par leurs propres troupes. A la suite de brimades mais aussi de bagarres interethniques. Les haines rentrées font partie du grand mensonge.

Ce qui ne veut pas dire que les démocraties aient le monopole de la vérité. Tout pouvoir a une part d'ombre. Parfois l'ombre est organisée par l'entourage du pouvoir. L'élection du président de la République française au suffrage universel direct a renforcé des phénomènes de *cour* qui ne sont propres ni à une époque ni à un régime. Les partis communistes et les dictatures ont leur langue de bois, les démocraties aussi. En japonais, il existe une langue spéciale pour les femmes. Le doyen du corps diplomatique à Tokyo, qui habitait le Japon depuis vingt-cinq ans, avait appris le japonais de sa maîtresse, de la fille de celle-ci, puis de la petite-fille, les trois générations ayant partagé sa couche. Il prononçait le discours officiel annuel à l'Empereur pour les vœux en japonais féminin. Chez nous les médecins ont un jargon entre médecins, les polytechniciens parlent pour les polytechniciens, les marins avec les marins, et les curés s'adressent aux curés. Ainsi va le monde. J'ai appris que, si le pouvoir a son langage, on ne parle pas non plus au pouvoir n'importe comment.

Quand le président de la Mauritanie est invité en visite officielle à Paris, comme tout ambassadeur je rédige une note d'une dizaine de pages sur la situation du pays et l'état de nos relations pour le ministre des Affaires étrangères. Maurice Couve de Murville a la gentillesse de me faire savoir qu'il l'approuve entièrement et la transmet telle quelle à l'Élysée. La conscience en paix, j'arrive à Paris pour assister aux entretiens des deux chefs d'État. Et là, je suis appelé par Foccart qui me demande si je peux passer le voir. Il me confie que concernant un pays africain on ne montre jamais la note du Quai d'Orsay au général de Gaulle, mais une note beaucoup plus courte, suivant un plan différent, rédigée par ses services à lui. Comme je connais vraiment très bien la Mauritanie, est-ce que je pourrais, sans me vexer, accepter de relire la *vraie* note et éventuellement la corriger ? Ne nous vexons pas. La « vraie » note a un ton de réquisitoire tout à fait inutile. L'auteur est parti de l'idée que le général de Gaulle n'aimait pas Moktar et applique la règle qu'on ne doit pas écrire ce qui déplairait au lecteur, mais au contraire écrire ce qu'il s'attend à lire. En deux heures de travail, je vais refaire complètement la note, en gardant tous les faits mais en rectifiant le ton.

Cette petite leçon ne m'avait pas suffi, sans doute. Dans l'affaire du Secam, le Général me demande de passer le voir pour faire le point. Tête à tête. Je lui explique que le succès à l'étranger n'est pas souhaité pour les raisons de protectionnisme que j'ai déjà indiquées. Le Général chausse ses lunettes, cherche du papier blanc dans un tiroir de son bureau, ouvre un stylo.

— Mais, mon général, je peux donner au secrétaire général un résumé très rapidement.

Le Général *(l'orage gronde sous son front)* : — Il m'arrive d'avoir envie de prendre des notes moi-même.

L'orage éclate le lendemain en Conseil des ministres. Et dans la soirée c'est moi qui prends l'averse. Un membre du gouvernement particulièrement ami :

— Ce que tu as fait est scandaleux, inadmissible, honteux.

— Quoi ? Mais j'ai dit la vérité.

— On ne parle pas comme cela au général de Gaulle. On parle au général de Gaulle de la grandeur de la France, de l'indépendance nationale, du talent de ses ingénieurs. On ne parle pas d'économie. Et on ne raconte pas au Général les aspects secondaires de manœuvres négatives.

— Mais qui sont vraies, bon Dieu !

— Justement ! Précisément ! Raison de plus pour les taire.

Je continuerai à dire la vérité aux grands de ce monde, pas dans leur langue, dans la mienne. Ne pas s'étonner si ma carrière politique a tourné assez court.

Mais le Général a continué à m'appeler pour un motif ou un autre.

Des livres entiers ont été publiés sur les « mots » du Général. J'en ai déjà cité quelques-uns. Le plus bouleversant de tous est ce qu'il dit à Mme de Gaulle en lui prenant le bras, au retour de l'enterrement de leur fille Anne, trisomique, morte à seize ans : « *Maintenant, elle est comme tout le monde.* »

Le Général n'était pas comme tout le monde et le savait. Parce qu'il était très grand sans avoir ce défaut des trop grands qui est de se voûter un peu. Au contraire. Pour parler à un interlocuteur, il avait plutôt tendance à redresser le nez et le menton. Regarder les autres d'en dessous ou de dessus change la vie. Le fait que de Gaulle eût très mauvaise vue le conduisait sans doute à regarder non seulement de haut mais de loin. Beaucoup y ont vu du mépris. Il ne faut pas confondre mépris et rancune. Il n'oubliait jamais dans ses sarcasmes quiconque lui avait manqué, et ses jugements paraissaient d'autant plus terribles qu'ils tenaient parfois en un seul mot. Durant une soirée à Colombey, entre deux réussites, ses petits-enfants lui demandent son opinion sur François Mitterrand. Silence buté du Général. Les petits-enfants se font si insistants qu'en plaçant le neuf de trèfle ou la dame de cœur, de Gaulle laisse tomber : « Une arsouille. » Prendre les mots au sérieux est indispensable si on attache de l'importance aux actes. C'était un artiste du vocabulaire. Quant aux termes un peu surannés ou surprenants, comité Théodule, chienlit, quarteron, volapük, ils rappellent la génération qui est la sienne, d'avant 14, comme le « ça ne fait pas la rue Michel » (pour : ça ne fait pas le compte). Et le grand style français ternaire qui est le sien est relevé, comme d'une pointe d'ail, du demi-argot des popotes militaires. La vraie supériorité du Général est dans la maîtrise du temps qui permet de dépasser les modes et les époques. Elle ne tenait pas à son physique. Les portraits que nos manuels d'histoire traçaient naguère des personnages historiques, s'appuyaient toujours sur une analyse des traits du caractère à partir des traits du visage. Et cette manie française des dates que Mark Twain avait déjà ridiculisée. « On reconnaît le menton volontaire de l'homme du 17 février, mais aussi la commissure des lèvres cynique du factieux du 23 août... Le front large est celui de l'auteur des lois de septembre, les sourcils broussailleux auraient pu avoir signé les décrets du 5 novembre... » Sans être de cette famille d'auteurs, je me souviens de son regard. L'œil du général de Gaulle voyait, plus qu'à travers vous, au-dessus de vous. J'avais la chance qu'il pose sur moi un regard un peu étonné et avec, j'ose l'écrire, quelque chose de bienveillant. J'étais si jeune, et même jeune chien. Pour d'autres, nombreux, l'œil était glacé. Ayant pris à cœur son rôle de statue du Commandeur très tôt, bien avant juin 1940, dans les débats sur l'avenir de l'armée française, il pouvait prendre aussi, on ne s'en étonnera pas, un regard de statue. Mais il n'avait ni un grand menton ni un grand front. Cinglant démenti à tous ceux qui veulent y voir les signes de la force de caractère et de la pensée.

On se souvient de la phrase la plus étonnante dans l'appel du 18 juin : « Des forces immenses dans ce monde n'ont pas encore donné. » Tous les experts, généraux, ministres, commentateurs pensent que la guerre est finie et l'Angleterre liquidée dans les trois semaines. Ils n'ont pas regardé la carte du monde, seulement celle de l'Europe occidentale. De Gaulle, naturellement, voit la carte du monde. Il voit plus large, « derrière ». Peut-on faire plus prophétique que la sentence exprimée à l'intention d'Otto de Harsbourg en 1962 : « Le problème de l'Union soviétique est qu'elle a l'Algérie *dans* l'hexagone. » C'est toujours le regard vide des statues qui voit plus loin. Pendant la guerre, les Allemands, qui ne le connaissaient pas, le caricaturaient avec un monocle absurde. En France, le grand nez et les grandes oreilles attirèrent les coups de crayon. Des spécialistes préciseront que l'appendice nasal développé est le signe de l'imagination créatrice et de la passion amoureuse bien plus que le front. Il rêvait de la France avec amour. Quant aux vastes oreilles, ils se trompaient, ceux qui disaient : on ne parle pas comme cela au Général. Maître de tous les tons, il était prêt à entendre tous les tons. J'ai vu Barberot le faire rire aux éclats en racontant l'histoire de l'attachée militaire israélienne en Côte-d'Ivoire, qui était une dame colonel, et qui ne se présentait qu'avec trois rangs de décorations pendantes. Dans une réception, le Président Houphouët-Boigny se penche vers son voisin ministre et chuchote : « Si tu la manges, n'avale pas tout rond et fais attention à mettre les médailles au bord de l'assiette. »

La cour jugeait mal, et de ses défauts et de ses qualités. Un télégramme de notre ambassade en Chine rend compte d'une manifestation antifrançaise à Pékin, organisée par les autorités, où notre conseiller commercial avait été bloqué plusieurs heures par une foule hostile qui criait — l'ambassadeur osait à pcine le relater : « De Gaulle tête de chien ! » L'ambassadeur devait à sa conscience professionnelle d'ajouter que cette image était traditionnellement en Chine tout à fait défavorable. Personne à Paris n'osait montrer le télégramme au Général. Jusqu'à ce que passe un jeune homme plein d'allant à qui on met le télégramme sous le bras. Sans hésiter, ravi de voir le Général, il entre et le donne. Le Général chausse ses lunettes, lit, enlève ses lunettes et dit de sa voix la plus basse : « Intéressant. J'aurai quand même connu ça dans ma vie. Me faire traiter de chien par des Pékinois. »

De Gaulle veut contrôler personnellement toutes les nominations d'ambassadeurs français. On lui propose un nom. Le membre du secrétariat général qui lui a donné le dossier ajoute : « Mon général, ce n'est pas dans la note. Mais je dois vous signaler qu'il s'agit d'un pays arabe et que la femme de l'ambassadeur pressenti est une nièce du capitaine Dreyfus. » De Gaulle se rejette en arrière, toise son interlocuteur : « Vous avez quelque chose contre les familles d'officiers français ? »

La plus grande qualité est la force d'âme. Ne pas craindre d'être seul. Ne pas craindre de dire sa vérité. Ne pas hésiter à dire non. La leçon du 18 juin, c'est cette triple volonté. Contre les experts, les compétents, les sages, les autorisés, les prudents, les avisés. Le reste est péripéties, aventures. Mais avec une part de calcul, voire de ruse, en tout cas de réalisme impressionnante et qui se manifeste encore une fois dans le choix des mots en fonction des actes. En mai 1958, « j'ai engagé le processus régulier et nécessaire... » est une formule magique qui met le droit et la République de son côté en trois mots, alors que la situation constitutionnelle est pour le moins peu claire et qu'une douzaine de coups d'État sont dans l'air... Au cours d'une conférence de presse, pour ne pas parler de l'Allemagne de l'Est, il dit « la Saxe et la Thuringe ». On se rappelle son obstination à parler de la Russie, jamais de l'URSS : souvenirs d'enfance où l'alliance de revers avec la Russie des tsars sort enfin la République française de son terrible isolement face à l'Allemagne. Et la leçon à l'ambassadeur des Pays-Bas qui a dit : « Mon pays, qui est un petit pays. » Et de Gaulle le corrige. « Pas petit, monsieur l'ambassadeur, une nation. »

Le Général n'est entré dans l'Histoire ni par un vote, ni par une victoire militaire, ni par un coup d'État. Par un appel. Un acte en mots. Des mots pour un acte. J'ai été élevé dans le respect de la phrase de Chesterton. « Il n'est pas de bonne pensée si elle ne se traduit pas en paroles, et pas de bonnes paroles si elles ne se traduisent en action. »

Roosevelt prenait de Gaulle pour un agent soviétique et dans les meilleurs jours lui reprochait de ne pas avoir été élu. Il y a deux hommes que Mitterrand a vraiment haïs : lui et Mendès France. La droite française ne l'a guère aimé non plus. Quant à la gauche, elle l'accusait de « bonapartisme ». Curieux. En principe, le général Bonaparte a laissé chez les républicains meilleur souvenir que l'empereur Napoléon. Il a droit à sa rue dans Paris, pas Napoléon qui rendit la France exsangue et plus petite qu'il ne l'avait prise. De Gaulle est le seul successeur du général Bonaparte. L'appel du 18 juin est son pont d'Arcole, la Sécurité sociale son code civil. Le général Bonaparte avait été tenté par la littérature, avait soutenu les monarchistes, puis les avait mitraillés sur les marches de l'église Saint-Roch. Il rêvait de gloire jusqu'à penser offrir ses services au Grand Turc. Il était un maître des mots, des mots d'action : « Le meilleur orateur, c'est le tambour. » « En amour la seule victoire est la fuite. » « Du haut de ces pyramides... », etc. De Gaulle écrit aussi pour agir, et parfois il semble qu'il agisse pour le plaisir de l'écrire. Il est né dans la droite française traditionnelle et s'opposera à elle plusieurs fois jusqu'à ce qu'il la représente face aux communistes, les « séparatistes », qu'il avait fait entrer dans son gouvernement... Contradictions ? Machiavélisme ? Il n'y a pas de pouvoir simple. Il n'existe pas de grand homme innocent. Le but, c'est le chemin. Après la victoire on comptera les victimes de la victoire. Le souci du futur, du plus lointain, l'obsède, ce Président français qui a le sens de l'Histoire, alors que le 18 juin il joue sa carrière sur un pari, un mot, un geste, un instant. On n'est pas chef d'État sans être joueur. Il sait que nous avons perdu rang et puissance. Nous n'avons pour nous ni le nombre, ni l'espace. La cohésion nationale et les vertus civiques nous ont toujours fait défaut. De Gaulle est un artiste du mensonge patriotique. A force de dire que la France est grande, peut-être les étrangers y croiront-ils, les Français y prendront-ils goût. « Et puis, vous verrez, un jour, Deniau, on trouvera quelque chose finissant en *ium*, dans la Creuse ou la Haute-Vienne, et la France retrouvera son rang. »

Du théâtre ? Du grand théâtre. On entre, on envoie une réplique, on sort, on revient, on aime, on meurt. Le Général y excelle. Il est le seul auteur français shakespearien. Je veux dire : qui réussisse le mélange des genres. En pleine méditation à haute voix sur les siècles, d'un coup, le détail plutôt vulgaire sur le présent. Les vues nationales si hautes, et parfois au passage la vengeance personnelle. Les changements de ton : la culture littéraire et la gouaille militaire. Les changements de personnage. Rien ne serait plus erroné que de prendre pour argent comptant toutes ses déclarations. Il lance des « vannes », comme on disait autrefois, provocations plus ou moins déguisées. S'il proclame : « Tous les Français sont des veaux », il n'attend pas que chacun mugisse d'approbation. Il attend au contraire que quelqu'un proteste, cite un nom, un acte de courage. S'il déclare : « J'ai perdu », il suppose que Massu ou un autre va rétorquer : « Pas du tout. D'ailleurs il vous est interdit de perdre. » Sans faire l'astrologue de bazar, il est fantastiquement scorpion : il faut sans cesse défier les autres pour se défier soi-même. Je crois qu'il n'a à peu près confiance en personne, et pas même en lui les mauvais jours. Il a des mauvais jours. Le référendum, mal fait, mal présenté, est raté, il le sait. S'il gagne, vive la victoire. S'il perd, au moins les Français auront montré qu'ils étaient incapables de se réformer. Une autre victoire en creux, en noir. C'est aussi un artiste de l'œuvre en noir. Jamais je ne verrai silhouette célèbre accompagnée d'une ombre aussi grande. Peut-être reconnaît-on un très grand homme à ce que son ombre est encore plus grande que lui.

*

1968. Je pars pour Bruxelles prendre mes fonctions de membre de la commission. Français et européen, je n'ai pas d'états d'âme. Seulement un but : construire une Europe indépendante. Les problèmes intérieurs vont très vite rattraper les deux membres de l'« exécutif européen », comme on disait alors, Raymond Barre et moi. Mai 68 va casser la puissance et le prestige de la France. Un agitateur espagnol racontera qu'il agissait sur l'ordre de la CIA en réponse aux discours de De Gaulle contre le dollar et pour l'étalon-or. Des années plus tard, quand je ferai la navette entre la France et l'Allemagne pour travailler sur les nécessaires progrès monétaires, Helmut Schmidt me répétera ses réticences « à payer pour les happenings français ». On appellerait ça aujourd'hui un jeu de rôles. Qui croit vraiment que les CRS sont des SS ? J'aperçois un soir dans un nuage de gaz lacrymogène, au coin de la rue Soufflot, un admirable auteur de mots croisés. L'abstraction pure est descendue dans la rue. D'une porte cochère il distribue ses ordres à quelques escouades de jeunes gens en foulard, armés de manches de pioche. Des manifestants coupent les plus beaux platanes à la tronçonneuse. D'autres renversent les voitures et y mettent le feu. Un député qui habite boulevard Saint-Germain assiste de son balcon au spectacle, voit la fille de sa propriétaire enflammer des chiffons d'essence et s'approcher de sa propre voiture garée devant la porte. Il appelle la comtesse mère au téléphone et lui signale que le coût de la voiture sera déduit du loyer. La minute d'après la mère est en bas, attrape sa fille par le jean et la ramène à la maison.

Le parti communiste a raison de se méfier de ces étudiants, qu'ils soient petits ou grands bourgeois, qui jouent à casser la République et rentrent le soir changer de chemise chez papa-maman. En même temps, il a, comme la nature, horreur du vide. Si quelqu'un doit prendre le pouvoir, il doit en être. En province, il occupe les mairies (pas le bureau du maire, ce qui serait entrer dans l'illégalité...) et établit des listes de « comités provisoires ». Il se mordra les doigts de ne pas être resté sur la réserve. Sartre, debout sur un tonneau à Billancourt, ne peut pas objectivement être un agent de confiance de la IIIe Internationale. Tout semblera rentrer dans l'ordre quand Pompidou remettra de l'essence dans les pompes et que les Français pourront partir en week-end.

Non. Rien ne rentrera dans l'ordre. La vraie cassure de notre société, elle est là. Quelques personnalités plus proches du monde intellectuel new-yorkais que du PC moscovite ont vu la faille et qu'elle pouvait être élargie. D'autres à Washington avaient un compte à régler avec les velléités d'indépendance française. Une partie de la population, rêveurs bien plus que militants, a suivi comme en 1790, en 1848, en 1870, et demain on ne sait quand. En rire serait une erreur. Même si le ridicule et parfois l'odieux ne manquaient pas.

M'occupant à Bruxelles des questions françaises dans

le domaine agricole, j'avais la tâche avec Edgar Faure, ministre de l'Agriculture, et son cabinet, d'empêcher que l'arrêt de toute production et de tout transport français ne conduise à une conquête sans retour de notre marché par nos partenaires étrangers. Commercial ? Vulgaire ? Vital. Ce n'était pas le souci des grands esprits qui manifestaient, mais c'était ma responsabilité. Dans le Loir-et-Cher, en Vendômois, région d'élevage, des producteurs de lait avaient attaqué au fusil de chasse les piquets de grève qui interdisaient l'accès aux cuves et aux camions. Les vaches, il faut bien les traire. Ça se dit comment traire, dans le langage de Mai 68 ? Et que fait-on du lait ?

A l'Élysée-Matignon, restaurant à la mode où Edgar Faure m'a invité entre deux séances de travail épuisantes, son épouse Lucie, qui n'a pas supporté qu'il soit ministre de l'Agriculture et non de la Culture et a le cœur à gauche, boude.

Lucie : — Tu ne comprends rien à la révolution. Tu ne comprends rien à la jeunesse. Tu ne comprends rien à rien. D'ailleurs tu n'es jamais venu à la Sorbonne ni sur les barricades.

Edgar (*léger zozotement*) : — Non, ma chère Luzie. Mais je t'y accompagnerai certainement la semaine prochaine. Vendredi. Le jour chic.

La scène de ménage est évitée de peu grâce à l'entrée d'un sénateur fort connu, ancien ministre, qui se jette sur Lucie et Edgar. Baisers. Accolades.

— Ah ! ma chère Lucie, mon cher Edgar, la catastrophe annoncée. Il n'y a plus de République, il n'y a plus d'État. Tout ça, c'est la faute de De Gaulle.

Edgar : — Juste ce que je pensais.

— Le Général doit partir !

— Il n'est pas-z-encore parti ?

Sortie du sénateur. Lui succède un journaliste tout aussi connu.

— Ah ! mon cher Edgar, ma chère Lucie, l'horreur, l'absurde ! Déchéance. Pauvre France. Heureusement que nous avons le Général. Il ne reste que lui.

— Il ne reste que lui, je le lui ai dit moi-même zet après-midi.

Nous avions toute la journée travaillé ensemble pour éviter le drame dans le monde rural français. Avec l'accord des autorités européennes, j'avais obtenu que nos voisins se limitent aux fournitures alimentaires d'urgence sans « prendre le marché ». Nous pouvions bien nous offrir ce petit intermède de comédie.

Derrière les manipulations et les contre-manipulations, les casseurs et les forces de l'ordre, les grands, les moyens et les petits intérêts, la France et les Français, il fallait être sensible à un étrange besoin : celui d'émotions. Michel Le Bris, lecteur de Duns Scot et de Pélage, a admirablement parlé de la fraternité de ces journées folles où le véritable adversaire n'est pas le CRS ou le ministre, mais quelques réseaux occultes marginaux qui n'aiment pas les amateurs et le très puissant parti communiste, qui considère qu'il a le monopole de la révolution.

Un soir, dans l'Odéon occupé, un militant assis sur la scène passe le micro aux intervenants. Les professionnels de l'agit-prop sont en réserve en seconde ligne. Les innocents, en première ligne, parlent. Un monsieur âgé explique qu'il aurait voulu changer le monde en rendant au vêtement masculin ses couleurs éclatantes d'autrefois, rouge vif, vert pomme, prune, blanc satiné, avant que la City de Londres n'impose au monde entier la tenue de ses commis aux écritures. La rue serait un spectacle. L'habit qui fait le moine ferait la joie de vivre. Le monsieur âgé est en complet d'une couleur entre lie-de-vin et violet. Le symbole même du compromis d'une existence. C'est à pleurer. D'autres demandent d'interdire « les contingences ». Ce monde est celui du compromis, et qui dit compromis dit compromission. Admettre que tout n'est pas possible, se plier aux difficultés ? Interdisez les problèmes, il n'y a pas d'autre solution. Comme celui-là est un peu long, on lui coupe le micro.

Quand j'étais enfant, on me disait : « Il ne faut pas jouer avec les petits garçons de la rue. » Mai 68 a permis aux adultes de jouer dans la rue. Mais la rue ne va pas gagner. On ne gagne pas pendant les récréations. J'ai tant perdu de temps en rêves que je ne saurais ni m'en étonner ni m'en plaindre. Beaucoup des grands acteurs de Mai 68, parmi les plus passionnés, se retrouveront à la tête d'entreprises de presse ou d'industrie, présidents particulièrement attentifs aux problèmes de gestion et plutôt autoritaires avec le personnel... Quelque chose restera cassé dans la société française : une forme d'hypocrisie satisfaite. Tant mieux. Pour laisser place dans les mœurs à une forme de dérision généralisée ? Je le regrette. Pour citer Daniel Rondeau, il fallait garder l'enthousiasme.

Bruxelles a été touché par la vague de contestation, mais moins que Paris. Un peu démagogue, la Commission décide d'inviter la jeunesse révoltée à venir s'exprimer sur l'Europe. Le vice-président Sicco Mansholt, socialiste hollandais de caractère, croit que c'est une occasion inespérée de faire passer le message européen. La réponse télégraphiée de Mai 68 est : « Merci, papa. » La réunion tourne à la farce triste. Les mouvements de jeunesse modérés, scouts, chrétiens et autres, européens convaincus, n'ouvrent pas la bouche. Des commandos de « pros » ont investi les séances de travail, bousculent l'ordre du jour préparé par les fonctionnaires, rejettent la notion de « grand marché » comme relevant d'un capitalisme éhonté et d'« aide au tiers monde » en tant que récupération colonialiste assassine et traitent au passage les membres de la commission de nazis et de gâteux. On ferme vite le colloque « Jeunesse et Europe ».

En mai 1969, est décerné à la Commission, la plus haute des distinctions européennes, le prix Charlemagne*. Elle me désigne en tant que plus jeune membre pour le recevoir. Beau geste symbolique dont je suis très fier. Je ne prévois pas le « bide » qui m'attend. Toutes les autorités du continent sont réunies sous les voûtes illustres d'Aix-la-Chapelle devant le tombeau du grand empereur d'Occident. Il ne manque ni un ministre, ni un ambassadeur, ni un grand prêtre de l'establishment européen. Or comme pour les chefs d'État il existe un langage officiel pour officiels européens. Les progrès de l'Europe, dans le monde de Bruxelles, passent par l'augmentation des pouvoirs des institutions européennes. C'est la théorie des fidèles de Jean Monnet. Mieux que la théorie : le dogme. Nous sommes dans une église, il faut prononcer les mots sacrés : augmentation des pouvoirs de la commission, vote à la majorité au Conseil, élection du Parlement européen au suffrage universel.

Non seulement je ne prononce pas un seul des mots sacrés, mais j'affirme que l'Europe a d'abord besoin de se définir une identité par rapport au reste du monde, qu'elle n'a de sens que si nous créons un type de civilisation qui nous soit propre. Attention, élargissement ne veut pas dire renforcement. Ne pas parler de défense commune est une erreur, une société n'existe que si l'on est prêt à la défendre. La politique que les institutions doivent mettre en œuvre est plus importante que les institutions. Le passage de l'économique au politique ne se fait pas de soi, automatiquement. Blasphèmes. En plus, quelle idée m'a pris ou plutôt quel diable, je cite Che Guevara et Mao Tsé-toung ! Sacrilège. Les voûtes augustes d'Aix-la-Chapelle se glacent. Silence lourd de l'auditoire. On sort discrètement, en parlant bas, comme d'un enterrement.

La faute est mise sur le compte de mon trop jeune âge et d'une intoxication récurrente par retour de fumées de Mai 68. Amnistie. La commission a changé de président. Le nouveau est un très fin et sympathique Italien, Franco Maria Malfatti, déjà plusieurs fois ministre et qui dans l'équilibre subtil de la démocratie chrétienne au pouvoir à Rome est un élément clé. Il m'expliquera qu'il est « chef des francs-tireurs ». Pour sortir des multiples crises qui agitent le Parlement italien, il est d'usage d'engager une coalition sur un programme. Voilà pour l'apparence. Mais les mêmes membres de la majorité parlementaire savent bien qu'une large partie de ce programme est totalement irréalisable. Un autre programme est décidé en même temps, le vrai, secrètement. Le jour du vote, une partie de la coalition doit donc en service commandé voter *contre* ses engagements publics du premier programme pour respecter le second. Délicat. Affaire de confiance. Seuls des hommes très sûrs peuvent être maîtres du jeu. C'est Malfatti le chef. Il a tout de suite compris que l'entrée de la Grande-Bretagne va bouleverser la Communauté, parce que l'Angleterre est une île, certes, mais aussi qu'un élargissement va en entraîner beaucoup d'autres. Plus la Communauté est grande, plus il est difficile à ses voisins, voire impossible, de ne pas en faire partie. C'est une loi mathématique. Le monde politique, français ou bruxellois, n'aime pas la mathématique.

Pour nos partenaires allemands, italiens, hollandais, belges, il est exclu de s'opposer à l'entrée de l'Angleterre. Vouloir reconstituer le « blocus continental » décrété par Napoléon ? Jamais. Les Américains sont pour. Le rôle qui lui est dévolu par les Etats-Unis est clair : être dans l'Europe et y jouer le meilleur allié des États-Unis, garantissant qu'elle soit *open minded*, libérale, transatlantique, mondialiste, notamment contre les influences françaises rétrogrades, protectionnistes, dirigistes. Certains Français sont même devenus très favorables. Le « concert européen » est aussi le bal des menteurs. De Gaulle ayant mis son veto, il faut s'en démarquer et les centristes français qui ne sont pas à un exercice d'équilibrisme près, vont exiger l'entrée de l'Angleterre comme condition de leur ralliement à Pompidou dans la campagne qui vient de s'ouvrir pour l'élection présidentielle. Un débat public entre Pompidou et Jacques Duhamel scelle le pacte. Monnet soutient. Veto au veto. Malfatti, chef des francs-tireurs, n'est pas dupe. Il sait qu'il va falloir naviguer serré entre écueils et courants, et que, dans cette bataille franco-anglaise, les Français, tout en détestant les institutions européennes et spécialement la Commission, seront sur le fond les meilleurs défenseurs de l'Europe. D'après le traité, le négociateur sur mandat du Conseil des ministres est la Commission européenne. Je suis désigné pour être le chef de cette négociation, avec quasiment carte blanche et la chance d'avoir des collaborateurs exceptionnels, le miraculeux Wellenstein des Pays-Bas, les excellents Allemands Albrecht et von Staden...

Le président de la République française Georges

Pompidou me fait confiance. Tout au long de cette affaire si complexe je vais le voir régulièrement. Avec l'accord de la Commission et des pays membres, Allemagne, Italie, Pays-Bas Belgique, Luxembourg, qui ont admis cette fois que la clé du succès était dans une entente de base franco-anglaise. Je ferai la navette entre Pompidou et Ted Heath, mon ancien partenaire de la première négociation ratée, devenu Premier ministre et qui est resté un ami. Il a nommé un ministre spécial, Geoffrey Rippon, au titre prestigieux de « chancelier du duché de Lancastre », mais reste le vrai skipper de cette navigation. Symboliquement il m'invitera à Cowes à courir à son bord sur *Morning Cloud II* une des régates de l'Admiral's Cup et aussi aux Chequers, la célèbre résidence de fonction du Premier ministre anglais, pour un long week-end de travail en tête à tête. Cela provoque un petit scandale corporatif. Lors d'un Conseil des ministres à Paris, le ministre français des Affaires étrangères demandera la parole pour élever une protestation auprès du Président « contre le fait qu'un non-diplomate, n'appartenant même plus à l'administration française, ait une responsabilité diplomatique alors que le décret de Carnot de ventôse an III la réserve expressément aux seuls représentants du Quai d'Orsay ». La réponse grommelée de Pompidou fut, d'après les témoins, quelque chose comme : « Pour une fois que celui qui y connaît quelque chose s'en occupe, il y aurait intérêt à le laisser faire. » Échec du décret de Carnot.

L'entrée de la Grande-Bretagne et celles de l'Irlande et du Danemark, les négociations d'association avec les autres membres de l'EFTA qui ne souhaitaient pas adhérer, Suisse, Autriche, Suède, Finlande, Norvège, Islande, Portugal que j'ai conduites en tant que chef de la délégation au niveau ministériel, appartiennent aux historiens. Tant de conférences, de déclarations, de notes, de télégrammes, de procès-verbaux leur ont été consacrés. Il existe encore tant d'acteurs et de témoins. Et certainement tant d'historiens, d'universitaires, de chercheurs en tous pays qui éclaireront ces travaux. Mais dès le début, une hypocrisie me frappe : les structures de l'Europe vont être profondément modifiées ainsi que ses perspectives, c'est inéluctable, alors que le vocabulaire officiel ne veut pas en convenir. Dans l'océan des faits, des commentaires et des responsabilités, je n'évoquerai que quelques images, sans prétendre en rien épuiser un tel sujet. Il se trouve que j'ai eu ma part directe dans cette traversée européenne comme dans quelques autres. Mais la mer noie si vite les sillages.

Le fait nouveau est que le gouvernement britannique a vraiment décidé d'adhérer. Adhérer, c'est-à-dire accepter le traité et les progrès effectués depuis ses débuts, qu'on appelle l'acquis communautaire. Paris a fixé les conditions dans un triptyque : « achever, élargir, renforcer ». Achever, c'est boucler notamment le dossier du financement de la Communauté européenne, clé de son identité et de ses moyens d'agir. Dans les traités européens, toute disposition a deux sens : l'un, matériel, direct, technique pour répondre à un besoin. L'autre, indirect, à long terme, politique, comme instrument d'une « union sans cesse plus étroite », la formule que j'avais écrite en tête du préambule du traité de Rome.

C'est ce signe qui sera violemment attaqué par tous ceux qui ne veulent voir dans l'union européenne qu'une vaste zone de libre échange et une forme commode de transition vers le libéralisme mondial. En quarante ans, le débat n'a pas changé d'une virgule. Voilà pour « achever ». Élargir signifie faire entrer Anglais, Irlandais, Danois. Renforcer, ce sera après. L'ordre, ou le désordre, compte. Bien évidemment il n'y aura pas renforcement. Quand je poserai la question aux ministres en séance restreinte, la réponse sera : « Il ne faut pas charger la barque. » La chance de cette négociation est que Ted Heath est sincèrement pro-européen (et francophile.) N'en demandons pas trop. Un jour, j'ai entendu dans les toilettes-messieurs sir Alec Douglas Hume côte à côte avec Jean Rey, ancien président de la Commission, européen convaincu et militant, lui demander : « Alors cette assemblée de Strasbourg : *just a talking shop ? Not dangerous ?* » Scandale dans les toilettes messieurs. Une véritable entente naîtra entre Heath et le président Pompidou dont je serai le témoin et le *go-between*. Une fois l'Angleterre entrée, l'establishment britannique fera tomber Ted Heath, la City pensant toujours comme la banque Montagu et comme Churchill, que la solution idéale reste pour la Grande-Bretagne : dedans mais aussi dehors, à l'intersection des trois cercles, Europe, Commonwealth, Atlantique. Un piège, des faux chiffres sur les revenus des mineurs, permettra, avec la complicité de ses amis du parti conservateur, d'éliminer Ted Heath de la vie politique parce que trop européen. J'écris cela en deux lignes alors qu'il faudrait, là encore, un livre pour le raconter. Mais l'investigation n'est pas mon métier.

Pour mieux tenir Pompidou directement au courant de la négociation, je rédige une note de base, toujours dans les archives de l'Élysée, avec, colonne de gauche : avantages de l'entrée de l'Angleterre, colonne de droite : inconvénients. Il me demande à brûle-pourpoint mon sentiment personnel. Réponse : « Il n'est plus possible pour la France de mettre une deuxième fois un veto, même si le premier était justifié. (Comme le reconnaîtra publiquement le ministre des Affaires étrangères du Danemark : en fait la première fois il n'y a pas eu de négociation d'adhésion.) D'ailleurs, monsieur le Président, j'ai l'impression que vous-même avec Jacques Duhamel...

— Votre avis, Deniau ?

— On ne peut pas dire non à l'Angleterre si elle veut *vraiment* entrer. Le choix est alors de savoir si c'est *nous qui la faisons entrer.*

— Quel est le meilleur pour nous ?

— Beaucoup de problèmes dans les deux cas. Mais il sera encore plus facile à l'Angleterre de bloquer la Communauté en restant dehors qu'en étant dedans, son absence fournit un alibi permanent à tout membre qui n'a pas envie d'agir. Il faut aussi se souvenir que Westminster est la mère des démocraties et que nous devons notre liberté aux pilotes de la bataille d'Angleterre.

Pompidou est un chasseur passionné, de type rural. Il dit :

— Ne sortons pas du buisson (il se tasse dans son fauteuil comme un chasseur à l'affût qui se dissimule). Ne jamais sortir le premier du buisson.

Un mois après, nouveau tête-à-tête.

— Et si nous décidions d'empêcher l'entrée des Anglais ?

— Toujours la même règle du jeu, monsieur le Président. Nous ne disons pas non. C'est aux Anglais de dire non.

— ?

— Ils le feront s'ils ont le sentiment que la Communauté européenne est inacceptable pour eux, parce que les inconvénients politiques et notamment institutionnels l'emportent sur les avantages commerciaux.

— Et comment les faire pencher en ce sens ?

— Théoriquement très simple, monsieur le Président. Il suffirait que, dans l'« acquis communautaire », les Six s'accordent sur le renforcement des pouvoirs de la Commission européenne, le retour au vote à la majorité qualifiée au Conseil des ministres, du moins une interprétation limitée de l'« intérêt très important » d'un pays, et l'élection au suffrage universel de l'assemblée de Strasbourg à qui la délégation française conteste encore furieusement le droit de s'appeler parlement. Les trois mots sont magiques, du même alambic qu'*abracadabra* ou *vade retro.* Les Anglais reculeront en disant « pas pour nous ». Nos partenaires peuvent difficilement s'y opposer, pris à contre-pied de tous leurs discours.

Je rappelle mon dialogue avec le ministre hollandais des Affaires étrangères, Joseph Luns :

— Comment pouvez-vous être aussi favorable à l'entrée de l'Angleterre et aussi favorable à l'intégration politique européenne alors que c'est totalement contradictoire ?

— Tant qu'à faire l'Europe à l'anglaise que vous voulez, vous Français, nous imposer, autant la faire avec les Anglais.

Silence. Pompidou tire sur son mégot de Marlboro.

— Mais dites, Deniau, ces progrès institutionnels à six, c'est se marier avec les Allemands ?

— Oui, monsieur le Président. Et pas seulement à la mairie. L'Europe est une religion.

Un mois plus tard, je revois Pompidou après lui avoir envoyé un petit mot personnel d'avertissement : « On ne peut plus attendre. La machine de la négociation tourne.

Jusqu'ici il a été possible d'en rester au nettoyage préparatoire et à l'exploration des dossiers. Maintenant il faut trancher, savoir ce que nous voulons, ce que nous ne voulons pas. *Il n'y a pas de bonne négociation sans objectifs.* »

Pompidou est presque allongé dans son fauteuil. Il regarde ses ronds de fumée monter au plafond doré du palais présidentiel. Il se redresse, pose son mégot.

— Faites-les entrer, Deniau. C'est encore comme ça que nous aurons le moins d'emmerdements.

Au moment où je pars, il me rappelle.

— Et ne dites rien au Quai. S'il en savait la moitié, il irait en raconter le double. *Rien.*

Je ne me suis pas fait que des amis.

Avec l'appui de la Commission et du Conseil des ministres, je peux régler la plupart des dossiers avec Geoffrey Rippon, le ministre anglais qui est mon *opposite number* dans un week-end chez moi à Cour-Cheverny. Les États-Unis sont à fond partisans de l'entrée de l'Angleterre. Pendant les négociations je vais d'ailleurs être invité à Washington et le numéro deux du Département d'État me demandera de lui garantir que j'ai bien « supprimé tout lien commercial et préférentiel entre la Grande-Bretagne et le Canada ». Comme je m'étonne de cette animosité ciblée, il me répond : « La frontière entre les États-Unis et le Canada est quand même celle entre les insurgents de 1776 et les colons qui ont préféré rester fidèles au roi George. » Fichtre, voilà de la mémoire historique de qualité chinoise. D'autant plus pittoresque que le numéro deux du Département d'État était de nationalité américaine très récente... Quand il quittera ses fonctions il dira que son plus grand regret est « d'avoir été au pouvoir sans avoir pu supprimer la force nucléaire anglaise ».

Plusieurs problèmes sont politiquement sensibles, dont tout ce qui touche au sort du Commonwealth. Heath demande des exceptions aux règles du traité. La philosophie que je propose est de donner des dérogations temporaires et dégressives, d'adaptation. Pour le beurre de la Nouvelle-Zélande, devenu une sorte de symbole de la fidélité anglaise aux cousins des antipodes, le texte est moins net. C'est le gouvernement socialiste français, pour se faire pardonner l'attentat contre le *Rainbow Warrior* dans le port d'Auckland, qui, plus tard, lâchera un peu de corde. Pour les Anglais, comme pour tout le monde, rien n'est plus difficile que de reconnaître qu'un rêve n'est plus qu'un rêve. Le Commonwealth vit ses derniers jours en tant que véritable entité économique fondée sur la préférence douanière : mais pas à cause de l'Europe. Parce que la puissance américaine l'emporte peu à peu sur toute autre, notamment dans le Pacifique et les Caraïbes.

Une classification des solutions en fonction des problèmes réels, très différents pour l'Australie ou l'Ouganda, porta longtemps mon nom dans les séances de négociations. En Afrique et dans les Caraïbes, j'ai proposé d'appliquer le même régime d'association que celui de nos anciennes colonies aux ex-territoires anglais, s'ils le souhaitaient. Durant une visite aux grands États anglophones du continent noir, Kenya, Tanzanie, Zambie, je suis frappé par la méfiance des chefs d'État à l'égard de la Grande-Bretagne. Le prestigieux Julius Nyerere m'explique qu'il serait intéressé par l'accord de Lomé et par mes idées sur la stabilisation des recettes d'exportation *si la Grande-Bretagne ne devenait pas membre.* L'intérêt l'emportera. Mais il reste un point juridique très difficile : on ne peut pas stipuler pour des pays indépendants, mais pas non plus attendre le résultat de négociations multiples et complexes. Comment dans ces conditions s'engager du côté européen ? « S'efforcer de » sent déjà l'échec. « Faire de son mieux » n'est pas vraiment meilleur. J'improviserai en séance une formule qui sera rappelée à Rome lors du colloque célébrant le quarantième anniversaire des traités, formule si peu juridique et si littéraire qu'elle surprendra toutes les délégations qui s'y rallieront à l'unanimité : « La communauté et les États membres *auront à cœur de...* » Je ne pense pas que beaucoup d'autres accords internationaux de cette importance y auront recours... On néglige trop les sentiments.

Si le Comonwealth était un problème politique grave pour Edward Heath, notamment dans ses rapports avec le parti conservateur, Georges Pompidou était confronté à celui de la langue française, qui était la langue de l'Europe et risquait d'être écrasée par l'anglais dès qu'il deviendrait l'une des langues officielles. Ce fut malheureusement le cas. Pompidou, au cours de l'entretien avec Ted Heath, dominé par la sympathie et la confiance entre les deux hommes, accepte l'engagement personnel du Premier britannique de veiller à ce que les fonctionnaires anglais à Bruxelles connaissent bien le français et ne refusent pas de l'employer. Malheureusement, la pression de nos partenaires en faveur de l'anglais est si forte que cet engagement ne sera pas appliqué. Quel dirigeant d'un pays qui venait d'opter pour l'anglais seule langue étrangère obligatoire, et devant qui nous protestions, a répondu : « Mais c'est comme si vous vouliez m'interdire d'installer le téléphone à la maison » ? Lutte pour la défense du français dans laquelle mon frère a joué un rôle capital, sans soutien réel des autorités françaises. J'essaierai de mon côté avec les Russes et les Chinois, qui me témoigneront leur sympathie attristée.

J'ai demandé publiquement au moment de Maastricht qu'une des conditions posées par la France à la ratification de ce traité soit la reconnaissance de deux langues de travail en Europe, le français et l'anglais. Sans aucun succès. La seule langue de travail, de fait, est devenue l'anglais. Combien de fois, à des ministres allemands qui automatiquement s'adressaient à moi en anglais, ai-je répondu en allemand... Certains étaient un peu gênés. Ne sachant pas le danois j'ai été au Danemark jusqu'à l'incident diplomatique pour m'être exprimé en français. Plusieurs pays de l'Union européenne, Suède, Pays-Bas, passent désormais en version originale les séries américaines sur leurs télévisions nationales, sans traduction ni sous-titres.

Autre sujet important pour le président Pompidou : la possibilité d'une coopération éventuelle franco-anglaise dans le domaine nucléaire militaire. Il n'avait pas oublié que le général de Gaulle avait rompu la négociation de 1962 à la suite de l'accord de Nassau, où le Premier ministre anglais MacMillan avait techniquement remis la force nucléaire de son pays entre des mains américaines. Sujet traité aussi avec Edward Heath à Chequers. Réponse réservée après consultation de lord Carrington, alors ministre de la Défense : les Américains n'attendent qu'une occasion de couper aux Anglais l'accès à leurs secrets que leur donnait, et à eux seuls, la loi Mac

Carran. Même argument que contre tout projet de défense sérieuse européenne : elle donnerait un alibi à l'isolationnisme américain et au retrait des GI. Sujet réservé, comme la réponse.

La clé de l'entrée de la Grande-Bretagne va être la question du financement de la Communauté par les « ressources propres ». Que veut dire cette expression, qui comme toutes les dispositions européennes est « codée », à la fois technique et politique ? Les organisations internationales « normales » vivent des contributions des États qui en sont membres. L'originalité de l'Europe est qu'elle tire des droits de douane du tarif extérieur commun et des prélèvements agricoles, directement et automatiquent une part du financement de son budget appelée : « Ressources propres ». Sans être un État, *elle a déjà un caractère d'État...* C'est en plus une incitation pour les pays membres à se fournir dans la communauté et non par des importations du grand large. Les Anglais veulent savoir combien ils vont payer — le moins possible. La définition même des ressources propres interdit de le fixer. Mais je peux calculer une courbe qui pendant les années de transition amènera progressivement la Grande-Bretagne dans la zone vraisemblable de sa contribution. Lors de la discussion avec les ministres des Finances en séance ultrarestreinte, M. Giscard d'Estaing, polytechnicien promotion 1948, coupera court à toute question après mes propositions en déclarant : « Évident. *C'est une lemniscate de Bernouilli.* » Les ministres médusés n'osent pas reconnaître leur ignorance et de la lemniscate, lieu géométrique des points dont le produit des distances à deux points fixes est constant, et de Bernouilli, nom d'une célèbre famille de mathématiciens suisses du XVIIe siècle. Ils approuvent en se taisant. La vérité historique me pousse à rappeler cette intervention française à haut niveau qui a joué son rôle dans la décision. La vérité mathématique m'oblige à préciser que la courbe en question n'avait rien, mais rien, d'une lemniscate de Bernouilli.

En fait, à l'origine, c'était tout simplement une droite. Ted Heath insista sur la nécessité, pour la quote-part financière de la Grande-Bretagne, de commencer doucement les premières années compte tenu de l'hostilité de l'opinion et des travaillistes, pour rattraper ensuite quand elle serait solidement amarrée au vaisseau européen. Raisonnable. Je transformai donc la droite en courbe, asymptote au pourcentage de financement prévisible auquel elle devrait conduire sans heurt. Je suis quand même fils de polytechnicien... Et là, eut lieu le véritable grand débat de la négociation. Jamais, je crois, la presse n'y fit allusion. Mais ce n'est pas par hasard que M. Wilson, les travaillistes ayant gagné les élections, exigera la renégociation de ce point.

Les six États membres fondateurs s'étaient accordés entre eux douze ans de période de transition. Naturellement ils participaient dès le premier jour de l'application du traité à ses institutions, Commission, Conseil de ministres, Assemblée de Strasbourg, Cour de justice européenne, Banque européenne, Conseil économique et social, etc. La Grande-Bretagne, au début de la période de transition, va-t-elle avoir droit dès le premier jour, alors qu'elle n'a encore rien appliqué, à participer à toutes les institutions, y siéger, y voter, *comme un membre fondateur* ? Je fais remarquer que si cette faveur lui est accordée, elle ne pourra être refusée aux trois autres pays qui négocient leur adhésion en même temps, ainsi qu'à tous les autres États dans l'avenir. Au lieu d'être un facteur de renforcement, l'élargissement risque de noyer le moteur de la Communauté. Jean Monnet, qui est un optimiste fondamental, affirme que, dès qu'elle sera membre de l'Europe unie, l'Angleterre considérera que c'est elle qui l'a inventée, et voudra donc qu'elle marche. Mais dans les différents pays cette idée d'une *période de transition extérieure*, avec participation à toutes les institutions seulement quand un minimum d'obligations du traité sera respecté, ne paraît pas une précaution tout à fait inutile.

Reste encore une fois à trouver la solution technique et politique. Le compromis positif auquel nous aboutissons avec Edward Heath est la participation à toutes les institutions, mais avec une courbe d'engagements financiers suffisamment contraignants pour garder toute sa crédibilité à la période de transition ; assorti d'une déclaration du négociateur britannique inscrite au procès-verbal, reconnaissant qu'à l'impossible nul n'est tenu et que le système serait revu s'il se révélait intolérable. De nouveau, séance ultra-restreinte entre ministres des Affaires étrangères et un seul collaborateur par délégation. J'explique l'équilibre proposé, qui est adopté. En sortant, Spaak demande au vicomte Étienne Davignon, le plus intelligent de nous tous : « Qu'est-ce qu'il voulait dire, Deniau ? — Qu'il ne croira aux bonnes intentions des Anglais que s'ils paient. » Spaak n'est pas d'un avis différent.

La question se reposera plus tard avec les élargissements successifs. Pour ne pas avoir à répondre, les Eurocrates de Bruxelles tenteront de retarder assez maladroitement certaines demandes. Ainsi ils s'étaient mis en tête d'accepter l'Espagne mais de recaler le Portugal trop sous-développé et qui allait poser, avec un siège de plus, des problèmes de places à table à la Commission, au

Conseil, au Parlement, etc. Mario Soares fut superbe. Il fit le tour des capitales européennes et expliqua en personne qu'après cinquante ans de salazarisme et une révolution où les communistes avaient faili prendre le pouvoir, son pays et la démocratie avaient besoin d'un cadre d'engagements que seule la période de transition, même longue, pouvait apporter ; et aussi d'un but, d'un objectif, d'un idéal : la participation à l'Europe unie. Il fut entendu. Plus récemment, tourna court l'assez pitoyable manœuvre française pour écarter les petits pays, Suède, Finlande, Autriche... qui allaient gêner les fonctionnements traditionnels et équilibres bruxellois. En son temps une sorte de veto contre l'entrée de l'Espagne, lancé par le président des syndicats d'exploitants agricoles, avait été repris et soutenu au plus haut niveau en France. En visite officielle à Barcelone, je rapellerai qu'un État démocratique qui respecte les conditions d'engagement a le droit d'entrer, et c'est d'ailleurs, dans le cas de l'Espagne, l'intérêt de la France. Le même problème se posera pour ce qu'on appelle l'Europe de l'Est et que j'ai toujours appelée l'Est de l'Europe, pour bien montrer que Varsovie, Prague, Budapest et les autres appartiennent évidemment à la même Europe que nous. La justification de nos quarante ans d'efforts est d'offrir à ces pays aussi un cadre et un but qui consolident la démocratie autour de la même civilisation, « de Brest à Brest » (le second étant Brest-Litovsk) ou si on préfère « de la Galice à la Galicie ». Quand j'avais lancé cette formule, l'ambassadeur d'URSS était venu me voir pour me demander pourquoi je ne poussais pas jusqu'à l'Oural. Je lui avais répondu que j'aimais beaucoup trop l'Union soviétique pour la diviser. Je me demande encore quel télégramme il a bien pu envoyer à Moscou.

Tous ces mouvements divers étaient la conséquence de l'entrée de la Grande-Bretagne. J'avais annoncé à l'époque que les structures originelles de la Communauté fondées sur une perspective d'intégration à six ne résisteraient pas et qu'il faudrait changer de modèle et, plus difficile, de vocabulaire. Pour conserver un moteur européen et éviter la dilution à l'anglaise dans une vaste zone de libre échange puis à l'américaine en mondialisation économique, il fallait encore une fois respecter la vieille formule de Spaak : « Ceux qui veulent aller plus vite et plus loin. » J'avais suggéré une « Europe à géométrie variable », où, suivant les domaines des progrès à faire — monnaie, défense, culture, santé... —, ceux qui voulaient avancer le feraient, sans imposer leurs vues à ceux qui ne voulaient pas, mais sans que ceux-ci puissent mettre leur veto. Ainsi la fusée Ariane et l'avion Airbus ont été créés en dehors de toutes les dispositions institutionnelles bruxelloises. Cette expression d'ingénieur aéronautique date sans doute. Mais ce qu'elle veut illustrer est de plus en plus actuel. Pas d'Europe à la carte où chacun ne ferait que ce qu'il veut, c'est la mort de toute tentative d'Europe unie. Pas d'Europe à deux vitesses, idée allemande lancée par le chancelier socialiste Brandt pour protéger le deutschmark des faiblesses et fantaisies des pays étrangers. Un autre chancelier socialiste me dira plus brutalement : « des tromperies italiennes, de la paresse anglaise, de l'inconséquence française ». C'était après Mai 68. Pourquoi, par exemple, si les Espagnols ne voulaient pas entrer dans le « cercle vertueux » de l'union monétaire, refuser leur participation à cette Europe de la coopération extérieure dans une force, humanitaire et démocratique, instrument du respect de *nos* principes et de notre civilisation alors que l'hypocrisie et l'incapacité de l'ONU ont été démontrées en Somalie, au Rwanda, et, en Europe même, en Bosnie et en Tchétchénie ? J'ai écrit : « L'Europe a perdu son âme à Sarajevo. » Il n'y a pas d'Europe sans mission de l'Europe.

En charge aussi des négociations avec les pays qui ne souhaitent pas adhérer, mes propositions sont d'abord rejetées par un vote à la majorité de la Commission. Les « orthodoxes » de la pensée européenne, soutenus par les États-Unis, veulent faire une distinction fondamentale entre les quatre neutres. Les Finlandais et les Autrichiens auraient droit à une association de libre échange parce que leur neutralité leur est imposée de l'extérieur par l'Union soviétique. Ce sont les bons neutres. Les méchants neutres sont les Suisses et les Suédois, riches et bourgeois, qui prétendent ne pas choisir entre l'Est et l'Ouest. Qu'ils adhèrent à l'Otan s'ils veulent une baisse des droits de douane en leur faveur... Un nouveau vote serré sera nécessaire pour que je puisse engager des conversations raisonnables et parvenir à un accord avec tous. Une clause discrète permettra une évolution. J'ai pris le pari avec Olaf Palme, Premier ministre de Suède, qui était un très bon ami, que son pays serait membre un jour. En attendant, le but de l'Europe n'est pas de tuer les Européens. L'important est de sauver non un dogme, un idéal.

Au moment de la signature de l'adhésion de l'Angleterre les discours officiels ont ce ton corporatif de concélébration en mots choisis destiné à éviter les problèmes. On ne parle pas d'impuissance dans les toasts de banquets de mariage. La délégation française à Bruxelles a concentré ses efforts diplomatiques sur un objectif : m'empêcher de signer, pour ne pas reconnaître un rôle positif à la Commission. Le président en exercice du

Conseil, le Premier ministre luxembourgeois Gaston Thorn, tiendra à me remercier dans son discours officiel au nom de la Communauté en déclarant que ma contribution « est l'une des plus importantes jamais données à l'œuvre d'unification européenne ». La mer noie les sillages.

Les services français ne sont pas à leur coup d'essai. Lors de la mort du général de Gaulle, la Commission décide de se faire représenter aux obsèques officielles à Notre-Dame de Paris par son président, Malfatti, et le membre français disponible, Deniau (Raymond Barre est en tournée de conférences au Canada et ne peut revenir à temps). Nous voilà donc en jaquette et cravate noire à Notre-Dame, cherchant notre place parmi les chefs d'État et de gouvernement. La France a classé le président de la Commission européenne (francophile notoire) *après tous les secrétaires généraux* de toutes les organisations internationales existantes, l'OCDE, l'Otan, l'Unesco, le BIT, l'Union postale de Berne, etc. Nous nous retrouvons derrière un pilier avec deux personnages étranges en casquettes de toile kaki frappées de l'étoile rouge, qui manifestement se demandent ce qu'ils font dans une cathédrale, les deux représentants des maquis vietminh au Sud-Vietnam. En un mot : au dernier rang des *inclassables*. Faire un esclandre ? Partir ? Je cherche un fonctionnaire français. Malfatti me retient. L'office religieux commence. Il me dit : « Nous sommes venus pour assister à une messe. Écoutons la messe. » La démocratie chrétienne italienne avait ses valeurs.

J'étais l'« italophile » de la Commission, chargé notamment de voir avec le gouvernement italien présidé par

Emilio Colombo comment régler la longue liste des plaintes contre l'Italie pour non-application du traité : elle dépassait cent cas ! Mission spéciale à Rome. Colombo m'explique que, pour l'Italie, se sentir en faute est déjà un progrès considérable. Autrement dit, avoir le sentiment du péché. La démocratie chrétienne a aussi ses enseignements. Au dîner donné par Aldo Moro, ministre des Affaires étrangères, j'ai la légèreté de dire dans la conversation : « Ce doit être bien difficile de gouverner l'Italie. » Moro répond par une phrase, qui, m'a-t-on dit depuis, est une citation : « Pas difficile. Inutile. » Quand je pense à sa mort, assassiné par les gardes rouges, abandonné par ses amis, au cadavre roulé dans une couverture dans un coffre de voiture, je ne peux m'empêcher de me souvenir de ce dialogue si désespéré et si civilisé. Malfatti disait de Moro, qu'il n'aimait pas : « Il n'a de clair qu'une mèche de cheveux. » Il est vrai que Moro avait inventé une ligne politique particulièrement subtile pour le rapprochement avec les communistes, dénommée au mépris de la géométrie euclidienne : les « parallélismes convergents ». Dans le gouvernement de ce monde, les mots servent à la fois à traduire les pensées et à les trahir. Nous sommes tous des traducteurs et des traîtres. De nos espérances, de nos volontés, de nos rêves. Il faut être l'auteur de l'Apocalypse pour oser dire : « Au commencement était le Verbe, et le Verbe s'est fait chair. » Qui peut oser croire ? Mais le discours politique n'est pas fait seulement pour tromper, contrairement à ce que pensent les Français. Juste pour gagner un peu de temps. Il n'y a d'ailleurs rien d'autre à gagner.

Devenu, non seulement pour le Président français (Iran, Somalie, Londres...) mais aussi entre les pays européens, une sorte de spécialiste des missions spéciales, j'ai eu la joie d'aider directement le gouvernement irlandais dans les négociations d'adhésion. Je reçois une lettre de l'IRA, section australienne — son fichier est bien fait —, qui s'inquiète des conséquences du traité pour le nationalisme irlandais. Invité par le président de la République irlandaise à Dublin pendant le processus de ratification, et interviewé par la télévision, je trouve le meilleur argument, me semble-t-il, et le plus court : « *Vous aviez un seul voisin. Vous en aurez neuf.* » Autre tâche : une politique commerciale commune vers l'extérieur devrait s'appliquer notamment aux relations des États membres avec l'Est. Après Rome pour le contentieux interne me voici à Bonn pour l'Ostpolitik. Brandt me dit non. J'explique qu'un cadre commun pourrait nous placer en meilleure position dans les discussions avec l'URSS et les satellites qui nous mettent sans vergogne en concurrence les uns avec les autres.

— Non.

— Même défini à l'unanimité ?

— Non. Même l'unanimité comporte une pression morale que je ne peux pas accepter. Mains libres à l'Est. *Freie Hände.*

Il en restera un accord intergouvernemental plus ou moins respecté sur les conditions de crédit.

Quelque temps plus tard, un Soviétique se déclarant professeur-universitaire-chercheur prendra contact.

— L'Europe des six, pour nous, n'était pas dangereuse parce que impossible d'après la doctrine marxiste-léniniste. Contradictions internes du capitalisme. Vous connaissez marxisme-léninisme ?

— Oui.

— L'Europe, ça marche un peu. Alors on parle un peu.

Quant aux satellites, ils craignaient et souhaitaient à la fois nos progrès. Un diplomate polonais m'avait confié : je vous souhaite du fond du cœur de réussir. A une condition : ne le dites pas. Si ça se sait, les Russes voudront renforcer leur marché commun à eux, le Comecon.

Tito, je l'ai compris, veut aller beaucoup plus loin. J'aurai l'occasion d'y revenir à propos de l'éclatement de la Yougoslavie. Dix ans avant la chute du mur de Berlin, c'est le premier signe d'une sérieuse fissure à l'Est, même si Tito a toujours été un cas particulier. Est-ce que l'espoir changerait de camp ? Un hasard de l'histoire fera que je passerai avec le Maréchal la journée d'août 1968 où les Soviétiques « normalisent » le printemps de Prague et j'aurai donc le droit, en direct et en privé, à sa réaction, son explication et ses prévisions.

L'Europe, malgré tout, progresse. Parallèlement les relations avec les États-Unis se tendent. Dans un long article du *Times*, un journaliste américain très autorisé décrit « un rêve qui a tourné au cauchemar ». Je suis chargé officiellement de lui répondre. Le plaidoyer sympathique du gouvernement américain auprès du congrès à Washington pour justifier le soutien à l'Europe va se retourner contre l'Europe : le principal argument était qu'elle serait une alliée fidèle et dévouée, et qu'elle pourrait prendre une part plus importante dans le fardeau des dépenses militaires américaines sur son territoire : *burden sharing*. Non seulement il n'en est rien, mais elle prétend manifester quelques velléités d'indépendance (d'où diverses actions américaines antigaullistes) et dès à présent entre en concurrence avec les produits américains. La « guerre des poulets » avait atteint un sommet d'affrontement pittoresque, mais inquiétant dans la mesure où le vice-président des États-Unis en visite à Berlin, lieu symbolique entre tous, n'avait pas hésité à déclarer que l'Amérique retirerait ses soldats si nous limitions l'entrée des volatiles élevés en batterie au Kentucky. Puis nous connûmes une période encore plus dure que nous appelions entre nous « texane ». L'Europe ne s'étant pas unie politiquement pour former une fédération, toute préférence commerciale était injustifiée et vaudrait rétorsion de la part des États-Unis. Nos partenaires étaient plutôt, comme toujours, côté américain. J'avais la charge d'accords d'association délicats. L'Espagne ne pouvait ni ne voulait adhérer tant qu'elle était franquiste. En attendant la démocratie, un accord commercial a été décidé. Une autre décision des ministres, prise à la demande des Pays-Bas, était que toute préférence douanière pour l'Espagne, pour les agrumes, par exemple, devrait s'accompagner de la même préférence pour Israël. Et les agrumes de Californie ? Démarche « texane » en boulet de canon du ministre américain qui me déclare : « Si vous voulez faire un accord préférentiel en Méditerranée, alors faites-le avec la seule force sérieuse dans cette région, faites-le avec la Sixième Flotte. » Europe-États-Unis, c'est la mésentente cordiale. Mission à Washington. Mission à Tokyo. Sur le mondialisme il faut que l'Europe garde toujours une longueur d'avance. Le temps. On ne gagne que du temps et par le temps.

La même question va se poser pour l'association des pays africains. Je suis convaincu que la préférence douanière qui en était le principal instrument est condamnée à terme. Il reste l'aide, le Fonds européen de développement. Je suggère un autre instrument d'action, qui marquerait vraiment notre solidarité. Les études montrent que la survie de ces pays en voie de développement dépend quasi uniquement des quantités et prix à l'exportation de quelques matières premières agricoles ou minérales : arachide, cacao, cuivre... L'Europe doit créer un fonds de stabilisation de ces recettes trop dépendantes des aléas du climat et de ceux de la spéculation internationale. Avant de parler de développement, luttons contre l'antidéveloppement. Je fais la tournée des gouvernements européens et réussis à les convaincre tous, malgré les objections « libérales » des États-Unis. C'est le système qu'après mon départ mon successeur Claude Cheysson mettra fort bien en œuvre sous le nom de Stabex. Dans les couloirs je deviens « Deniau l'Africain ».

Mais le rat affamé des alpinistes anglais cherche toujours plus difficile : c'est le Proche-Orient et la question palestinienne. L'UNWRA, organisation internationale qui s'occupait de l'aide aux réfugiés palestiniens est en faillite et ne peut plus faire face à ses engagements. Je suis saisi par un responsable, directement, personnellement. L'Europe pourrait-elle prendre le relais ? Je réponds tout de suite oui et pars voir sur place la situation dans les camps au Liban, en Syrie, en Jordanie, où des centaines de milliers d'êtres humains attendent depuis plus de vingt ans dans l'hypocrisie générale. Les États arabes ne les intègrent pas pour conserver une sorte d'argument ou de masse de manœuvre contre Israël. Israël ne veut pas entendre parler de leur retour. Il faut avoir vu les classes d'enfants nés dans les camps réciter leur leçon au tableau noir, il faut avoir vu la queue des enfants — le grand, six ans, tenant par la main le petit, quatre ans — attendant de recevoir une banane et une bouteille de lait, pour être convaincu qu'il faut bouger, changer, inventer, faire quelque chose. Et je convaincs assez aisément les neuf gouvernements (Anglais, Irlandais et Danois sont entrés) que l'Europe doit prendre en charge tout de suite l'enseignement primaire et l'aide alimentaire d'urgence. Mais je vais plus loin. Pourquoi pas un plan en plusieurs étapes, la première comme il vient d'être dit, la seconde continuant par la formation professionnelle, la troisième par des investissements créateurs d'emplois ? Je me suis souvenu de Robert Marjolin proposant aux quinze membres de l'OECE à Paris un plan de répartition de l'aide Marshall dans les années 50. « Toutes les délégations sans exception sont contre ? Merci. Le plan est adopté à l'unanimité. » J'ai l'accord d'Israël. Je vais obtenir celui de tous les pays arabes par leurs ambassadeurs, y compris le Syrien. Je n'ai pas demandé qu'on me réponde oui. Seulement qu'on ne dise pas non. Commençons. « *Le but, c'est le chemin.* »

Dans une séance à Luxembourg, les neuf États membres de l'Europe en approuveront le principe. Mais je vais quitter la Commission pour entrer au gouvernement français. Je retrouverai bien plus tard Shimon Peres à Jérusalem et Yasser Arafat à Tunis pour parler de la paix. Il me semble que seule la première étape de mon plan, lui-même très partiel, a été appliquée. D'autres priorités l'ont emporté. Et d'autres problèmes. Qui peut savoir ce qui reste d'un sillage même quand la mer l'a effacé ?

9

Au ministère de la Coopération
Le mot merci n'existe pas — Réflexe de chasseur — Un coup en retard — France australe ou l'ombre pour la proie — Un continent en forme de point d'interrogation — Houphouët-Boigny et Senghor : savoir écouter, savoir exprimer
L'âme perdue des esclaves marrons — Georges Pompidou — Un rapport très mal vu

Pompidou a prévenu son cabinet : « Je fais entrer Jean François Deniau dans le gouvernement. Il a un caractère de cochon. Mais moralement c'est quelqu'un de très bien. » Je vais donc quitter Bruxelles pour Paris avec femme et enfants, après avoir été en Belgique particulièrement heureux, une ville à dimension humaine, des amis sûrs, des tâches professionnelles passionnantes. La presse anglaise ou américaine chantait mes louanges, les Africains m'embrassaient comme un oncle. Me voici secrétaire d'État aux Affaires étrangères, chargé de la coopération. Le Premier ministre, Messmer, est un ami de la famille. Avec Michel Jobert, pas la moindre difficulté. Je m'installe rue Monsieur, j'ai mon budget et mon équipe et je rends compte directement au Président. Ma mission est nette : renégocier avec la quinzaine de pays francophones africains et Madagascar associés à la France les accords conclus il y a dix ans pour accompagner l'indépendance, qui ne sont plus du tout adaptés à des situations qui ont évolué et divergé.

Depuis cinq ans en tant que responsable des accords de Lomé et du Fonds européen de développement, j'ai parcouru tous ces États et connu tous leurs chefs. De

Gaulle avait tenu à ce que ce soit un Français qui dans l'exécutif européen soit responsable de l'Afrique. Malgré les autres missions plus spectaculaires comme les négociations d'adhésion, je n'ai jamais négligé ce devoir politique et économique fondamental. Sous le président Mitterrand à la suite d'intrigues et de querelles entre personnalités socialistes la France perdra ce rôle africain à Bruxelles.

Beaucoup en Afrique savent ce que j'ai fait en Mauritanie au moment des troubles raciaux et me sont reconnaissants, non pas de l'avoir fait mais de ne pas l'avoir dit. Ils savent aussi qu'il n'est pas besoin de m'expliquer très longtemps les différentes façons de payer ses dettes dans une civilisation sérieuse où il n'y a pas de banquiers. J'ai reçu quelques leçons de travaux pratiques dont l'une assez terrible. Et, peut-être, du plus intelligent des chefs d'État africains, Ahidjo, un ami. Le Cameroun est un pays aux frontières stupides nées des hasards de la colonisation et qui va des émirs arabisés des sables du lac Tchad aux Pygmées de la grande forêt équatoriale. Déchiré de façon quasi permanente par une guerre civile entre le nord musulman que représente Ahidjo, hors-caste dont on dit qu'il est le fils d'un négociant syrien et d'une esclave peule, et à l'ouest l'ethnie noire très dynamique des Bamilékés, animiste ou chrétienne. On se battait au fusil dans les rues de la capitale le jour même de l'indépendance. La police avait réussi à capturer un certain nombre de rebelles et à recevoir des aveux de plusieurs notables qui sont condamnés à mort. Parmi eux, un évêque. La diplomatie vaticane se met en marche. A l'Assemblée de Strasbourg une motion est votée. Plusieurs États membres déclarent vouloir geler l'aide européenne au Cameroun. Avant les sanctions je suis envoyé en dernier messager pour expliquer au président Ahidjo que même Bismarck n'avait pas gagné le Kulturkampf contre l'Église catholique. Ahidjo m'écoute, l'œil allumé. Manifestement il a une idée. Il me demande de faire une tournée dans l'ouest du pays pour juger par moi-même de l'état lamentable d'une route nationale. L'état de la route est effectivement lamentable. J'apprendrai que la moitié des condamnés à mort, dont l'évêque, ont été graciés et que les autres ont été exécutés à l'aube dans la ville où j'ai passé la nuit, reçu officiellement. On n'a rien pour rien. J'avais voulu la grâce des uns, j'aurai la mort des autres. Le mot merci n'existe pas.

Et pourtant, j'ai aimé l'Afrique. J'aime suivre une piste au Sahel dans la petite lueur blanche qui annonce le jour alors que l'air vibre du roucoulement de centaines de tourterelles et qu'au loin montent les premières fumées des cases. Un matin où je chassais le buffle, marchait à vingt pas de moi une lionne qui chassait des pintades. Nos regards se sont croisés un instant : pas de problème, nous n'étions pas sur le même gibier. J'aime les êtres qui ont leur logique. Il est stupide de croire simples ou naïfs les peuples autrefois appelés « primitifs ». Rien n'est plus compliqué et rigoureux que leurs lois, une mathématique sociale ou chaque âge, chaque sexe, chaque mot, chaque geste a sa place et son poids. Le drame de l'Afrique est qu'elle a perdu sa logique sans avoir acquis la nôtre.

Je suis invité à l'anniversaire d'un chef d'État africain avec sept de ses collègues. Dans un tel cas, lorsqu'on est le seul étranger non africain, il y a intérêt à se transformer rapidement en une sorte de plante verte livrée par le traiteur en même temps que le dîner. Le cuisinier a eu l'idée exquise de présenter en dessert un énorme gâteau au chocolat où le profil du Président est dessiné par un trait de sucre glace. Applaudissements. Ahidjo, qui joue les boute-en-train, demande si notre hôte (dont chacun de nous savait que son prédécesseur avait mangé le foie de sa belle-mère, d'un meilleur clan que lui, pour s'assimiler ses vertus) n'a pas peur que Bokassa le mange. Non, dit-il. Je n'ai peur que de celui-ci, et il désigne le Président marxiste du Congo Brazzaville, Marien Ngouabi. Moment gênant de vérité. Ahidjo rattrape sa première mauvaise plaisanterie par une autre qui n'est pas tellement meilleure : « Tu n'as rien à craindre de Ngouabi, il n'aime que le rouge, tu es trop noir. » Puis un autre chef d'État enchaîne, Bokassa étant la tête de turc habituelle : « fais quand même attention à tes oreilles ». Et là Bokassa se rebiffe. L'un de ses palais vient d'être pillé et il a décidé de rétablir les châtiments corporels. « J'ai fait une connerie, dit-il. Pas en coupant les oreilles au voleur ; en voulant l'expliquer à la presse française. Chez nous, et il s'adresse à tous les Bantous présents, notre société ancienne a éclaté. Plus de règles, de tabous, de respect. Plus de rites de passage et d'initiation. Et si les Européens ont une morale, ce n'est pas la nôtre. Pourquoi, alors, ne pas prendre la moto ou le transistor dont on a envie ? Pourquoi ne pas tuer celui qui vous est étranger ? Je ne dis pas ça pour les Blancs, *les Blancs ils sont comptés*. Mais entre nous il n'y a plus d'interdit. Alors on vole, c'est plus rapide que travailler. Pour faire comprendre qu'il ne faut pas voler, j'ai repris le châtiment traditionnel qui décaste, qui ne permet plus de se marier à son rang normal. Pas besoin d'explication, tout le monde a compris. J'aurais dû le faire et me taire. Nous avons tous le même problème dans nos villes. Regardez le plus puissant de nous tous, Mobutu Sese Seko, là, à notre table. Qu'est-ce qu'il a fait Mobutu Sese Seko pour arrêter les vols dans Kinshasa ? Il a repris le châtiment traditionnel, les clous enfoncés un à un dans la tête. Mais lui il n'est pas con comme moi. Il n'a pas essayé de l'expliquer à la presse belge. » Il y a longtemps que plante verte je suis, plante verte je reste.

Ce n'est pas toujours facile de jouer la chlorophylle. Souvent un clan cherche à m'utiliser contre l'autre. Plusieurs fois, j'ai été invité à participer à des Conseils des ministres, pour que j'arbitre ou plus souvent pour me mouiller. A Nouakchott j'avais refusé de donner l'ordre de tirer mais j'avais accepté de garder la clé des réserves de munitions. Entre deux mondes, l'occidental et l'ex-africain, la loi devient celle de la tribu, ou même du clan, comme en Somalie (la seule façon de rétablir la paix en Somalie serait de suspendre l'aide internationale. Les clans s'arment et luttent pour prendre ou augmenter leur part d'aide...). Au Dahomey le pouvoir démocratique avait été partagé entre trois présidents de la République, un du nord, un du sud, un du centre, et qui *tournaient*. Pas longtemps. Une sorte de dictature militaro-marxiste s'installa dont l'équilibre reposait encore sur trois hommes, l'un était Président, l'autre ministre des Finances, le troisième ministre des Affaires étrangères, les titres important assez peu : l'un s'appuyait sur la gendarmerie, l'autre sur les blindés, le troisième sur les paras. C'était plus sérieux et chacun couchait dans sa caserne.

Jusqu'au jour, ou plutôt la nuit, où l'un des trois séduit par la femme d'un des deux autres sortit le cœur battant de son repaire, entra plein d'amour dans celui de l'autre, fut pris et tué. Un c'est Dieu, trois c'est l'équilibre, deux c'est la guerre. Les théologiens savent cela depuis longtemps. N'étant plus que deux, il fallait bien que l'un gagne. J'essayais pendant ces péripéties de cantonnements de protéger nos compatriotes et sauvegarder nos intérêts essentiels. De plus en plus difficile aujourd'hui comme on le voit dans toute l'Afrique francophone, pour ne pas avoir su à temps changer de ton et d'hommes, ce que Pompidou, lui, avait parfaitement compris. Ne pas nuire s'apprend. La sagesse est aussi parfois de ne pas agir. Il arrive que les absents aient toujours raison. La France paiera longtemps ses interventions au Rwanda.

Il faudra avoir le courage de revoir les frontières. Le congrès de Berlin a plus de cent ans. La disparition des systèmes sociaux traditionnels (hiérarchie des masques, classes d'âge, etc.) et du pouvoir religieux aux règles simples — s'il ne pleut pas, c'est la faute du roi, on ouvre le ventre du roi — ne laisse pas d'autre choix que le tribalisme et la dictature. Le vernis chrétien, voir les drames d'Afrique centrale, craque vite. L'Islam ne supprime pas les tensions, il en crée d'autres comme au Soudan. La dictature militaire elle-même qui s'appuie le plus souvent sur une ethnie ne dure que jusqu'à ce que les généraux soient renversés par les capitaines et les capitaines par les sergents. Un jour je suis convoqué par un chef d'État. Son aide de camp m'attend au bas de l'avion, écarte notre ambassadeur, m'emmène directement à la Présidence. Le couvert du dîner est mis pour deux. Le président de la République entre et dit :

— Cela ne te gêne pas que nous nous servions nous-mêmes ? Nous serons plus tranquilles. Et il me rappelle que nous avons été tous deux sous-officiers dans l'armée française.

Exit l'aide de camp. Caviar, champagne. Je me demande : dans quel piège me suis-je fourré ? Le président de la République a choisi le style direct.

— Je t'ai demandé de venir parce que cela ne peut plus durer.

— ...

— Non. Impossible. Intolérable.

— ...

— Tu me méprises.

(Seigneur, qu'ai-je pu dire ou faire ? Attendons que l'orage éclate pour voir où tombe la foudre.)

— Tu me méprises parce que j'ai tué mon prédécesseur. Il faut que je t'explique comment ça s'est passé. J'étais sergent. Le ministre de la Défense avait gardé pour lui la solde des officiers. Les officiers avaient pris la solde des sous-officiers. A qui voulais-tu qu'on prenne leur solde ? Les soldats n'en avaient pas. Un matin avec deux collègues nous nous sommes dit : allons trouver le Président, il ne sait sûrement pas, on va lui expliquer. C'était un jour où au poste de garde il n'y avait que des types de mon ethnie. Nous sommes entrés chez le Président, il était en pyjama en train de prendre son petit déjeuner. Quand il nous a vus, il a sauté par la fenêtre et il a fui vers l'ambassade américaine à côté. Il s'est mis à courir. Nous, tu le sais, nous sommes des chasseurs. Il courait, on a tiré.

— Sans vous avoir offert le petit déjeuner, un café ou un jus de fruit ?

— Sans rien nous offrir. Rien à boire.

— Sans vous parler, sans te dire « comment ça va, sergent », ou quelque chose ?

— Sans nous parler, sans un mot. Comme si nous étions des bêtes.

— Et il s'est mis à courir ?

— Je te jure qu'il s'est mis à courir. Comme une bête. J'ai tiré.

— Nous allons travailler ensemble. Pour ton pays.

La difficulté de la coopération est qu'il faut tout savoir des hommes mais sans que jamais cela ne conduise ni au cynisme, ni au mépris. Malheureusement la tentation d'une sorte de sous-entente entre Français et Africains au niveau des copinages, des réseaux personnels et des intérêts particuliers est trop facile. L'habitude la conforte. L'argent la fait vivre. Non. Il faut, pour s'occuper de l'Afrique, de la tête et du cœur, savoir et aimer. Travailler avec la France peut vraiment être de l'intérêt de nos partenaires et du nôtre, si c'est bien fait. Si on ne ment pas et si on ne se ment pas. Il y a naturellement assez de pièges sans avoir besoin d'en inventer.

Je me souviens d'un ambassadeur français dont la résidence était située devant le palais présidentiel. Tous les mardis matin, sur la grande place, le Président faisait bastonner une dizaine de coupables de crimes et délits divers, détournement excessif de fonds publics, conduite en état d'ivresse, haute trahison d'un oncle maternel, propos déplacés, peu importe. Et chaque semaine l'ambassadeur dans sa dépêche hebdomadaire rendait compte à Paris de la liste des principaux bastonnés qui allait rejoindre d'autres archives dans les archives des ministères. Soit. Jusqu'au jour où parmi les bastonnés se trouve un évêque. Encore un ! La diplomatie vaticane se remet donc en mouvement, le nonce à Paris doyen du corps diplomatique demande à être reçu par le général de Gaulle, le général de Gaulle convoque l'ambassadeur du Président bastonneur, lui fait une scène épouvantable et lui déclare qu'il déshonore sa grand-croix de la Légion d'honneur. L'ambassadeur africain tremblant d'émotion téléphone dans sa capitale pour faire part de la colère historique du grand frère français. C'est l'ambassadeur français en Afrique qui a sauté. Logique. Le Président local a excipé de sa bonne foi : « Je bastonnais parce que c'est quand même moins imbécile et moins coûteux que de mettre à l'ombre des délinquants aux frais du contribuable. Si l'ambassadeur trouvait que ce n'était pas bien et que la solution correcte était d'entretenir des juges, des avocats et des gardiens pendant des années, c'était à lui de me le dire. On aurait payé ce qu'il fallait pour faire plaisir au Général. Sur l'aide française bien sûr. »

Ne pas prendre ces anecdotes à la légère. Aimer c'est comprendre et respecter même ce qui peut paraître dérisoire. Ce qui est vraiment sérieux, ne pas en parler. Les prêtres celtes n'écrivaient pas. Quand je renégociais des accords de coopération j'ai eu cent fois l'occasion d'être surpris par l'importance attachée à un point qui semblait accessoire, l'indifférence sur un autre que je considérais comme essentiel. Nos enfances n'ont pas été les mêmes. Un ministre des Finances africain avec qui je discutais dans un moment de confiance m'a raconté ses premières années. Il faisait deux heures de marche rapide, chaque matin dans la brousse, deux heures le soir, pour aller à l'école coranique et en revenir. Quand il sut bien l'arabe, il écrivait à la craie sur une ardoise des versets du Coran. Les malades, les amoureux, les négociants venaient lui demander un sort favorable. Il passait une éponge humide sur l'ardoise, la pressait dans un verre et les clients *buvaient* la parole sacrée. Ainsi avait-il sauvé sa famille de la famine et assuré ses études. Peut-on imaginer plus émouvante illustration de l'expression « prendre au mot » ?

Une négociation sera bloquée pendant des jours parce que le ministre africain, mon interlocuteur, a calculé la surface de notre ambassade dans sa capitale, plusieurs hectares, et veut au titre de la réciprocité la même surface au centre de Paris. Je ne m'en sortirai qu'en racontant l'histoire sur le téléphone de notre ambassadeur dont j'étais sûr qu'il était écouté par les services de la présidence de la République du pays en question. Ce fut donc tout naturellement le Président qui mit fin au blocage en donnant les instructions du genre « arrête tes couillonnades » à mon interlocuteur. Parfois la difficulté vient de là où, vraiment, on ne l'attendait pas. Pompidou décide de laisser flotter le franc après plusieurs décrochages du dollar par rapport à l'or. Impossible de prévenir nos partenaires africains de la zone franc, pour des motifs de discrétion. Certains prennent la nouvelle assez mal. Pompidou m'envoie à Dakar expliquer à son vieux camarade Senghor que la spéculation mondiale est aux aguets et que les manipulations monétaires exigent le secret total, etc. Senghor fait la tête. Je ne sais plus quel argument employer. Silence. Senghor : « Lamentable. Inadmissible. »

— Je...

Senghor : — Que le gouvernement français, sa télévision, sa radio, sa presse utilisent au hasard les mots flottement, flottation, flottage, et flottaison, pauvre France. Mais le président de la République, qui est agrégé ! J'attends dans les quarante-huit heures une mise au point linguistique.

Dès qu'on est un peu au fait des règles du jeu, les règles peuvent servir. Au Tchad la tension avec la France ne facilitait pas les pourparlers. Le président Tombalbaye venait dans une crise de mauvaise humeur très calculée, à la bantoue, de vouer Foccart aux Enfers et de débaptiser sa capitale Fort-Lamy en N'Djamena, traduction autorisée : fichez-nous la paix. J'étais venu avec ma femme. Elle se promène au marché avec quelqu'un de l'ambassade et je ne sais qui fait une remarque pas vraiment hostile, plutôt ironique sur les Blancs qui ne comprennent pas les changements de noms. Je saute sur l'aubaine. J'annonce le lendemain à Tombalbaye que ma femme est repartie par l'avion du matin (ce qui n'était pas contraire à ses plans) parce que, venu en famille et en toute confiance, je ne pouvais admettre que mon épouse soit insultée. Et j'explique : il ne faut pas jouer avec les mots. Les mots sont vivants. Un moment on croit les tenir, un moment ils vous échappent. Ils frappent les autres ou vous-même. Rien de plus dangereux que les retours de mots. Au lieu de crier je baissais la voix jusqu'à me rendre presque inaudible, ce qui, chacun le sait, donne plus d'importance au moindre de vos propos. Tombalbaye était gris-vert. Avantage tactique pour la France et une libération d'un détenu obtenue en contrepartie.

La situation était grave. La guerre entre le Nord et le Sud n'avait pas cessé. Les méthodes de gouvernement, même pour quelqu'un aimant le Sahel, étaient tout à fait détestables. J'ai dû en présence de mon chef de cabinet militaire, le colonel Lablancherie, inviter deux conseillers français à partir. L'un était le commandant Galopin qui était plus ou moins responsable des services de sécurité. L'autre dirigeait les interrogatoires. Un officier français, même avec un contrat privé, ne doit pas exercer n'importe quelle fonction. Son contrat venant à expiration, j'ai dit au commandant Galopin que je souhaitais qu'il ne le renouvelle pas. Galopin m'a parfaitement entendu. Un an plus tard, en 1974, l'affaire Claustre éclate. L'otage d'Hissène Habré est filmé en larmes le jour de Noël par la télévision française. C'est devenu en France une affaire intérieure. Beaucoup s'agitent. Mon successeur à la Coopération ne résiste pas à l'offre de services de Galopin qui connaît mieux que quiconque le Tchad et ne peut se passer de ce pays comme beaucoup de ceux qui l'ont connu. Il croyait pouvoir « rouler » Hissène Habré ou peut-être le convaincre. On connaît la fin. Il sera tué après avoir été torturé, une horreur que je ne veux même pas raconter. C'est aussi l'Afrique. Un continent sans pitié. En est-il qui la connaissent ? Un monde sans hasard. Ne jamais oublier qu'ici le mot chance, non plus, n'existe pas.

Les massacres ethniques (mais nous Européens ferions mieux de ne pas donner de leçons) ont leur logique. Les dictatures sont logiques (il n'y a pas d'utopie libérale). L'enfer est l'empire de la logique. Le diable aurait pu signer la directive : « Les Juifs sont néfastes, il faut les éliminer. Les Tsiganes sont inutiles, il suffit de les stériliser. » Le public occidental a été bouleversé par les images en direct à la télévision d'un chef d'État libérien découpé rituellement ou des hordes errantes de réfugiés Rwandais promis à la mort, peuple qui n'est plus compté... Ni merci, ni hasard, ni chance. Un coup d'État, au Niger n'a fait qu'une victime : la femme du président de la République Hamani Diori, homme sympathique et respecté. Des chef d'États africains ont placé le produit de leurs malversations et rackets en Suisse sans susciter jusqu'à présent une véritable réprobation. L'épouse de Diori, d'ethnie peule donc marginale, avait exagéré. Qu'elle ait affecté à son usage et celui de sa famille tous les revenus des établissements publics et coopératives d'État, soit, à la rigueur, il y a d'autres cas. Mais elle en avait pris, *à son nom, la pleine propriété.* Trop c'est trop. Et une semi-nomade ! Le coup d'État la tua, elle seule.

Il y a quelques années je fus chargé de présider un groupe de travail à l'ENA sur « le pouvoir en Afrique ». En grand témoin, un Président du Dahomey qui avait pris le pouvoir sur un coup d'État et l'avait perdu sur un autre. Les esprits simples peuvent être tentés de lire les constitutions rédigées par nos meilleurs professeurs de droit, ce qui aura l'avantage de leur faire mieux connaître nos meilleurs professeurs de droit. Ou de penser, à l'autre extrême, qu'un chef d'État africain peut tout, et tout seul, nationaliser une entreprise, déclarer la guerre, nommer un huissier. C'est presque aussi faux que le texte des constitutions. Pour ceux qui ont un peu d'expérience, la qualité démocratique en Afrique se juge à la capacité d'écouter. Après une période de troubles en Côte-d'Ivoire, Houphouët-Boigny avait supprimé tout engagement gouvernemental pendant six mois et pendant six mois n'avait fait qu'écouter et recevoir qui voulait lui parler. Grand dignitaire de la hiérarchie parallèle des Masques, l'un des plus impressionnants chefs d'État que j'ai rencontrés, il n'avait accepté un poste de ministre dans le gouvernement français sous la IVe République qu'après avoir, dans la nuit, été consulter les esprits compétents sur sa terre natale à Yamassoukro. Le gouverneur, chez qui il dînait et qui lui avait passé au téléphone le président du Conseil, n'en est pas encore revenu. Mais Houphouët ne cachait pas non plus qu'il avait été formé par le Parti communiste. « Ils m'ont appris à travailler », m'a-t-il dit.

L'Afrique, il faudrait dire bien sûr les Afriques, est le dernier continent que les Européens ont découvert et exploré, alors qu'il est si voisin, accroché à notre flanc sud comme un gigantesque point d'interrogation. L'année où les Espagnols fondent Mexico outre-Atlantique, nous ne connaissons encore de l'Afrique que quelques ports du Maghreb, de Mogador à Tunis, disputés à nos portes aux pirates barbaresques ; et quelques comptoirs au sud du cap Bajador, portugais d'abord, puis hollandais, puis anglais. L'Afrique n'avait d'importance que pour les escales sur la route mirifique de l'or, des perles, des émeraudes, des épices, celle des Indes orientales. Au XIXe siècle on n'en savait pas plus sur les sources du Nil, le plus grand fleuve de la planète, que les géographes de la Grèce ancienne. Quand j'étais enfant il y avait encore plusieurs blancs importants sur la carte d'Afrique dans l'atlas familial.

Les Africains doivent se découvrir eux-mêmes. Amère vérité pour beaucoup, à court terme le tiers monde n'est plus indispensable à la richesse du monde. Les Américains ont ciblé la liste des pays africains intéressants pour eux, elle est très courte. Saint-Domingue a été vital pour la France, près d'un tiers de notre revenu national, mais avant la Révolution. L'Indochine (« je ne vois pas de raison que les Français restent dans ce riche territoire », signé Roosevelt, président des États-Unis) a été pour l'Hexagone une perte sérieuse, comme l'Algérie. C'est le passé. Une autre erreur est de craindre, pour sa propre croissance, la croissance des autres, et de penser que la puissance des voisins s'enrichit de nos faiblesses. Non. Le meilleur partenaire d'un pays développé est un pays développé.

Dans toutes mes négociations j'avais adopté le même ton : amical mais pas *demandeur*. Si les pays africains souhaitaient poursuivre et développer notre coopération, c'était à eux de le dire. Le cas de loin le plus difficile fut celui de Madagascar. Nous étions en pleine crise. La disparition de Tsiranana, ami fidèle de Paris, avait laissé un grand vide que les plus excités s'employaient à combler. Quand j'étais membre de la Commission européenne j'étais allé à Tananarive pour une conférence eurafricaine et j'avais été reçu par le Président Tsiranana qui avait tenu à ce que notre entretien soit diffusé en direct par la radio officielle. C'était tout à fait pénible. Les jeunes gens de la radio coupaient discrètement le son quand le Président se laissait aller à des propos colonialistes plus séniles que sympathiques. Le soir notre ambassadeur m'invite et je l'adjure, si c'est dans ses moyens, de préparer le plus rapidement possible la succession. Il refuse cette perspective. La médecine française vient de sauver Tsiranana. Certes mais pour moi, il n'a plus la capacité de sauver son pays. La discussion tourne court. Les Américains ont leur candidat et la diplomatie française a d'abord pour objectif de le bloquer. Les Américains, je l'ai déjà dit, ont trop tendance à toujours vouloir « jouer le coup d'après ». Mais la France a vraiment trop l'habitude de jouer un coup en retard.

Quel admirable pays que Madagascar ! La grande île est une sorte de continent à la faune bizarre qui répond à l'Australie par-delà l'océan Indien. La population est asiatique autant qu'africaine. Une dynastie indépendante a laissé des souvenirs et le temps aidant, des regrets. La forêt est superbe. La côte, îles et baies dont l'admirable base de Diégo Suarez, ont dû enchanter les découvreurs portugais penchés à la proue de leurs caravelles avant de séduire nos enseignes de vaisseaux dont chacun emportait encre de Chine, plumes et pinceaux pour dessiner vues de ports et embarcations locales. La France a rêvé pendant trois siècles de régner sur le continent austral à la suite d'une incroyable confusion. Le 24 janvier 1503 Binot Paulmier de Gonveville, armateur normand (les Normands à l'époque sont les plus grands navigateurs du monde), est parti de Honfleur chargé de pacotille, fers de haches, miroirs, verroterie pour commercer aux îles. Vers le cap de Bonne-Espérance, il est pris dans une succession de tempêtes devant lesquelles il ne peut que fuir, puis de calmes où il dérive mollement, ababouiné. Quand il découvre enfin une terre, le 6 janvier 1504, un large estuaire, des populations accueillantes, il ne peut pas dire où il est. Il prend possession au nom du Roi.

Quand il revient en France, en ramenant le prince local, les savants s'interrogeront : a-t-il découvert le rio de la Plata au sud de l'Amérique ou peut-être Madagascar dans l'océan Indien ? Peu importe. Aucun expert ne le conteste, la France possède désormais un continent merveilleux, riche, amical, situé loin au Sud et qu'on appellera la France australe. C'est le secret de la reine Catherine de Médicis, mère de trois rois. Laissons les Anglais se saisir de l'Amérique du Nord, les Espagnols et les Portugais de celle du Sud, les Hollandais ravir aux Portugais l'Indonésie, les Anglais l'Inde aux Français. Ce n'est pas grave. Nous poursuivons notre si beau rêve : la France australe est à nous. Les savants sont formels, elle doit être immense : pour équilibrer la masse des continents de l'hémisphère Nord et empêcher que la planète ne bascule. Son climat ne peut être qu'idéal : le 40e parallèle en Europe est la latitude de Naples et des Baléares, fruits dorés et palmes berceuses. Et voilà pourquoi la France est toujours propriétaire de quelques îles et îlots déserts, perdus dans l'océan, ravagés de tempêtes, Crozet, Amsterdam, Saint-Paul, Kerguelen, voilà pourquoi la côte ingrate de l'Australie occidentale a été découverte par nous et sur les cartes porte des noms français, du cap Voltaire à l'archipel Bonaparte. Découverte puis abandonnée. Comme la Nouvelle-Zélande. Il fallait aller plus loin, encore plus loin retrouver le continent perdu. Notre tradition est de préférer l'ombre à la proie.

Et voilà pourquoi Fort-Dauphin fut fondé au sud de Madagascar, et je me suis retrouvé dans un bureau de Tananarive discutant avec le capitaine de frégate Didier Ratsiraka, ministre des Affaires étrangères, de l'avenir des relations entre nos deux pays. Il nous en voulait, disait-on, pour un classement de sortie à l'École navale qui n'avait pas respecté son rang réel, premier. Et, disait-il, pour avoir été consigné à bord de la *Jeanne-d'Arc* lors de son tour du monde pendant une escale sud-africaine : les autorités de l'apartheid avaient interdit la participation des élèves officiers non européens aux réceptions officielles. L'histoire est, hélas, sinistrement vraie, à un point près : il ne s'agit pas de la promotion de Didier Ratsiraka. J'ai tout vérifié avec patience et soin sur les instructions de Pompidou lui-même. Bon Dieu, si j'avais commandé la *Jeanne* cette année-là, c'est le cocktail des autorités officielles qui aurait été boycotté et le bal aurait eu lieu à bord. Les difficultés de mon interlocuteur avec la France relevaient peut-être d'un autre problème psychologique.

Son père, notable de la côte Est (et donc n'appartenant pas aux grandes familles du plateau central), aurait aidé l'armée française lors de la rébellion de 1947 et de l'assez effroyable répression qui suivit. Capturé par les insurgés, il aurait été torturé et exécuté. Pas par les Français. *Parce qu'il était du côté des Français.* Est-ce que le fils ne se le pardonnait pas ? Lui seul pourrait le dire et j'ai mis cette histoire au conditionnel. Il semble quand même que la coopération entre ex-puissance coloniale et ex-colonie nouvellement indépendante marche d'autant mieux que nos interlocuteurs sortent de nos écoles, certes, mais aussi de nos prisons.

De tous les membres du gouvernement malgache qui ne manquait pas de fines intelligences, le capitaine de frégate était non seulement intelligent mais aussi le seul à savoir ce qu'il voulait : à défaut d'être le fils d'un héros de l'indépendance, être le père d'une nouvelle indépendance. L'un de ses premiers objectifs était de sortir de la zone franc. Après consultation précise des Finances et de l'Élysée, je lui ai confirmé que nous n'étions pas demandeurs. Tout en lui signalant que l'appartenance à la zone franc était un service que nous offrions aux pays amis qui nous coûtait à nous plus qu'il ne nous rapportait. Et en soulignant à titre amical que le fait d'avoir à gérer une monnaie nationale indépendante n'était pas un cadeau. Sa réponse fut qu'il n'y aurait pas de problème monétaire pour Madagascar, parce que Madagascar était une île. Malgré tout mon respect pour l'École navale, je me suis demandé si la formation sur les taux de change n'y était pas un peu rapide.

La tension entre nos deux pays s'aggravait. Des incidents sérieux étaient à craindre. Madagascar avait été dans l'Empire français une « colonie de peuplement » et nombre de nos compatriotes vivaient isolés en brousse. Dans la capitale, les populations française et malgache habitaient ensemble, totalement imbriquées dans les mêmes quartiers, les mêmes maisons. Le commandant de nos troupes, le général Bigeard, en tirait une conséquence : il était impossible de protéger nos compatriotes. Il l'écrivit dans un rapport à Paris. En poursuivant les négociations sur un nouvel accord, je n'avais ni le temps, ni la sécurité de mon côté.

Cela allait peser sur le sort de notre grande base navale de Diego Suarez. Réservée jusqu'alors à la Royale, il n'avait pas été facile de faire admettre que les drapeaux français et malgache y soient hissés côte à côte. Pour préserver les possibilités ultérieures de coopération si les vents devenaient plus favorables, j'orientai la négociation vers des solutions transitoires, à l'essai, qui permettraient de laisser des choix, une chance. Ne pas interdire l'espoir. Les milieux traditionnels de l'Afrique française s'inquiétèrent, une fronde s'organisa contre la politique que je menais. Ce fut Pompidou qui trancha lui-même, en Conseil des ministres. Que les Malgaches, s'ils ne veulent pas de nous, se passent de nous. Et quant à l'amiral commandant l'océan Indien, après tout il était marin, il n'avait qu'à résider sur un bateau. Aujourd'hui l'amiral (qu'on appelle l'Indien) ne se plaint pas de naviguer. La coopération maritime et industrielle à Diego Suarez a été ratée, mais pas de notre faute. Madagascar reste dans les rêves l'île au trésor disparu.

J'avais de mon propre chef évité l'abandon des Glorieuses, Europa, Tromelin, Bassos da India, Juan de Nova, îlots déserts qui ne coûtaient rien et nous conservaient une dimension maritime. A chaque gouvernement j'ai dû monter au créneau pour empêcher qu'un obscur fonctionnaire ne les cède pour la satisfaction d'un anonyme comité onusien. Quand le président Mitterrand fut élu, j'entendis de nouveau sonner l'alarme. C'est l'ami Paul Guimard qui porta le message à l'Élysée en mains propres pour sauver « les îles éparses ». A quelques rares exceptions, l'incompréhension des administrations françaises depuis des siècles pour tout ce qui nous porte au loin et nous dépasse est à pleurer.

La négociation avec le Sénégal fut un bonheur pour l'esprit. Souvent, à fronts renversés, je suggérais des évolutions ou même des bouleversements que le Président Senghor refusait. J'avais été scandalisé de voir les enseignants français en coopération exiger au Sénégal les mêmes barèmes, avec les mêmes nombres d'élèves par classe, les mêmes régimes de congés et surtout d'heures supplémentaires qu'au lycée de Castelnaudary ou d'Hénin-Liétard. J'aurais dû, bien sûr, éviter de donner à Senghor comme exemple d'archaïsme colonialiste la distinction des obligations statutaires entre agrégés et agrégatifs... Nous changeons de sujet pour parler de la population de l'Atlantide suivant Platon et Diodore de Sicile (j'avance, au mépris de toute science, que la caste intermédiaire qui seule a survécu au désastre a pour descendants les peuples du Sahel, des Peuls aux nilotiques longilignes des bas-reliefs égyptiens). Senghor revient aux Dravidiens du Deccan en Inde qui démontrent que le peuplement originel de l'humanité était noir. A l'appui de sa thèse je place quelques vierges noires de nos églises, de l'Auvergne à la Pologne. Puis aperçu de Senghor sur la façon de négocier à Bruxelles et de convaincre les Allemands de la nécessité eurafricaine. « Frobenius, Deniau, citez-leur Frobenius. Ils ne pourront pas résister. » L'étonnant avec Senghor c'est que sa culture littéraire ne l'empêche en rien de connaître les détours de son budget, les problèmes de l'arachide et les liens nécessaires avec quelques puissantes confréries. Jamais je n'ai vu mythes et réalités se conjuguer aussi facilement. Les Sénégalais qui partagent avec la plupart des peuples sérieux de ne supporter ni la liberté ni l'oppression et d'être plutôt difficiles à gouverner, étaient fiers de lui. Le jour où les politologues et autres commentateurs arriveront à reconnaître cette donnée simple, un grand progrès sera fait dans la connaissance. Qu'ils n'aillent pas trop loin. Il n'y a pas de liberté sans mystère.

Senghor disait volontiers : « Jamais l'Afrique du lion et de l'éléphant ne comprendra celle du serpent et de l'araignée. » Pour ceux qui n'auraient pas tout de suite compris il ajoutait : le Sahel contre la Forêt. Senghor contre Houphouët-Boigny. L'un disait mieux. L'autre écoutait plus.

A cette époque je chassais volontiers, moins pour tirer que pour la compagnie des pisteurs locaux, caste aussi peu loquace que les cornacs d'éléphant et d'une sagesse comparable à la leur, née de l'eau, de la terre et des arbres. J'ai depuis ma plus petite enfance un compagnonnage naturel avec les animaux. Les meilleurs professeurs d'éducation sont l'exemple, les frères et sœurs, les animaux. Comprendre ce que vous disent les animaux n'est pas très sorcier. Comme pour la démocratie, tout est dans la qualité d'écoute. Comprendre ce qu'ils se disent entre eux est une autre affaire, le grand secret. Dans l'aimable pagaille des improvisations à haut niveau, un gouvernement avait « organisé » pour moi une partie de chasse. Tout rata. Les moyens de transport étaient en panne, les guides ailleurs, la sécurité absente et surtout, surtout, les pique-niques, de qualité extra, prévus pour notre déjeuner dans une clairière avaient totalement disparu. La faute à l'Institut national de la restauration scientifique ? Au Comité du Plan de la gastronomie rurale ? Au Service des hôtes de marque ? En tout cas, au milieu du silence de la forêt nous nous retrouvions, malheureux Robinsons, sans rien à boire ni manger. D'abord trouver de l'eau. La nature, avec un peu d'attention de notre part, voulut bien indiquer la piste. J'avais eu un raisonnement simple : les animaux vont boire régulièrement aux mêmes endroits, suivons les traces des animaux. Après deux marigots un peu boueux, la forêt nous offrit un ruisseau à prendre, quand on a lu La Fontaine et *Le Loup et l'Agneau*, en amont de l'abreuvoir.

Ensuite manger. C'est la première fois que j'ai chassé parce que j'avais faim. Le protocole nous retrouva alors que les gigots d'antilope rotis au feu de bois ne présentaient plus que les os. Le lendemain discussion du chapitre V, titre III du traité de coopération, article 27 bis, paragraphe 4 sur les exemptions fiscales réciproques en matière d'investissements agréés. Plus aride.

Un traité de cette nature, par définition, touche à tous les aspects de la vie d'un État. Je discutais avec les Africains de la coopération diplomatique, des perspectives de croissance économique, des interventions budgétaires (dont l'idée, à laquelle j'étais très attaché, de la prime aux États ayant équilibré leur budget et non de l'aide française bouche-trou pour payer la solde des sous-officiers et désamorcer un coup d'État), du droit d'établissement des médecins togolais ou des coiffeurs français. La jungle des directions, services et bureaux parisiens n'est pas toujours aussi signalée que la piste des animaux allant boire. Tout fonctionnaire français entend d'abord, comme tout prédateur, marquer son territoire. « La liberté de prestations de service des architectes ? Le chapitre XI, article 6 ? Vous voulez une guerre civile à Paris entre l'Équipement et la Culture ? L'arbitrage de Matignon est demandé. » Les sauvages conflits d'attributions entre administrations françaises, qui occupent bien la moitié du temps des ministres dans des guerres de tribu à tribu, ne facilitent pas le travail à Brazzaville ou Ouagadougou.

Savoir sentir le sol ferme sous son pied nu pour se guider comme me l'avaient appris à vingt ans les chasseurs emplumés des hauts plateaux d'Indochine est inopérant sur les moquettes des palais nationaux. Elles sont trop épaisses.

Le seul drame d'ailleurs fut franco-français. C'était l'époque de la grande sécheresse qui frappait le Sahel. Avec un Transall de la base 123 de Brecy, j'avais été spiraler autour des cumulo-nimbus pour faire la pluie au Niger. Un savant météorologue qu'on tenait ferme par la culotte versait du sel sur les nuages. Exercice de pilotage spectaculaire, à défaut de résultats probants. C'était le moment où un collectif de sociologues, de chercheurs en sciences humaines du CNRS et d'ethnologues publia dans la presse une violente condamnation tant du colonialisme français que des gouvernements africains en les rendant responsables du drame de la sécheresse. Les Africains aiment bien la critique du colonialisme quand c'est eux qui la font. L'impact en France fut sensible, en Afrique profond. J'étais avec les délégations de plusieurs pays en train de rédiger précisément le chapitre sur la coopération scientifique, la protection des collections, les expéditions ethnographiques. Les gouvernements africains tenaient pour des motifs psychologiques évidents à une exacte réciprocité sur le papier même si elle était plutôt théorique, pour le moment. Qui aime se voir examiné à la loupe pour publication de rapports en Sorbonne sur ses étranges coutumes ? En France la province a la même réaction à l'égard des journalistes des télévisions parisiennes venus pour essayer de filmer les sorciers locaux et notre seule parade a été d'inventer des faux réseaux magiques pour les leur livrer en pâture et qu'ils nous fichent la paix. Le problème de nos collections de masques ou d'objets africains, souvent dérobés ou achetés pour quasi rien, est aussi ultra sensible. Ce chapitre demandait donc un doigté particulier et beaucoup de discrétion. Patatras.

La réaction de l'ensemble des gouvernements africains à ce manifeste très politique fut d'exiger la suppression de tous les articles prévus pour la coopération dans le domaine des sciences humaines. C'est Senghor qui sauva la situation : il me proposa de maintenir les dispositions et seulement d'interdire pendant six mois les missions, le temps que le plus fort de l'agitation se calme et qu'il puisse lui-même convaincre ses collègues. Je fis comme il disait, et les chercheurs français ne furent pas définitivement exclus.

La France se partage entre la descendance de Voltaire et celle de Rousseau. Je n'ai jamais aimé le premier, ce grand bourgeois cynique et son Dieu horloger qu'il faudrait inventer. Le brevet du mécanisme à fabriquer des enfants qui pleurent ne m'intéresse pas. Je suis né côté Rousseau. Je sais que parmi ses disciples lointains il y a quelques dictateurs et qu'il faut se méfier des régimes où la minorité est censée se rallier à la majorité, même au nom d'une « volonté générale ». Il faut aussi se méfier du rêve. Mais des scientifiques le disent, si par des drogues on tue en l'homme la capacité de rêver, c'est l'homme qu'on tue. Je resterai fidèle à l'Afrique grande fabricante de mythes et continent toujours à découvrir. Au moins autant qu'à l'Asie du Sud-Est de mes vingt ans, et à d'autres lieux de combat. On aime non pas ceux qui vous donnent, mais ceux à qui on donne, saint Vincent de Paul et Monsieur Perrichon l'ont dit mieux que moi. J'ai donné beaucoup d'années de ma vie à l'Afrique, beaucoup de peine, beaucoup de bonheur. Plus personne à Paris ne sait sans doute que j'ai inventé le Stabex pour sauver Lomé et signé une bonne douzaine d'accords fondamentaux dans des capitales africaines. Mais il arrive que dans un aéroport un Africain inconnu m'embrasse. Comment expliquer cela, un continent qui oublie tout et n'oublie rien.

*

Un jour, je ne suis plus à la Coopération mais au Commerce extérieur, l'ambassadeur des Pays-Bas a demandé audience dans des termes plutôt solennels. Soit. Quel problème va-t-il soulever, les mesures de rétorsions américaines contre les fromages à pâte molle, l'avenir des élections européennes ? Pas du tout. L'ambassadeur me dit qu'il est très gêné par cette démarche inhabituelle mais que c'est sur un ordre spécial de la reine qu'il vient me voir. Voici les faits.

Deux Noirs bochimans sont entrés dans la capitale, Paramaribo, de l'ex-Guyane hollandaise, Surinam. Les Bochimans sont des tribus d'esclaves marrons qui se sont enfuis au plus profond de la jungle il y a deux ou trois siècles. On sait qu'ils ont survécu mais aussi qu'ils fuient tout contact par un réflexe ancestral de peur. Ils ont un peu erré dans la ville puis ayant vu le drapeau hollandais qui flottait sur le Palais du Gouverneur représentant la reine des Pays-Bas, ils se sont dirigés vers lui. C'était le seul élément pour eux reconnaissable dans ce monde étranger et nouveau. Les deux Noirs bochimans expliquèrent avec difficulté qu'ils appartenaient à une vaste communauté cachée en pleine jungle à plus de dix jours de marche. Leur problème était grave ; ils ne comprenaient plus la langue de leur religion. Pendant plus de deux siècles, ils avaient répété les formules (comme nous le latin). Maintenant, tout s'était brouillé. Les mots étaient usés, morts. La tribu avait décidé d'envoyer les deux plus courageux de ses fils à la ville, là où il y avait les maîtres hollandais qui sauraient peut-être, eux et Dieu aidant, redonner leur sens aux mots. La demande fut enregistrée. Des fonctionnaires prirent note des formules rituelles dont les deux messagers avaient encore un vague souvenir. Dépositions, analyses, commentaires furent envoyés en Europe à La Haye, et de La Haye dans les meilleures universités hollandaises pour étude et réponse. La réponse fut : impossible de reconstituer la langue religieuse de ces Bochimans. La science peut seulement dire qu'elle s'apparente à des dialectes de la Côte du Bénin en Afrique. La Côte du Bénin, c'est l'ancien Dahomey français. « Sa Majesté la reine considère que vous êtes, monsieur le ministre, l'un des meilleurs connaisseurs de l'Afrique. La France pourrait-elle faire recevoir amicalement au Dahomey une délégation des Bochimans perdus du Surinam pour qu'ils retrouvent les racines de leur vocabulaire et leur âme ? »

— Oui, monsieur l'ambassadeur.

Il n'est pas si fréquent d'avoir à organiser une telle mission. Je le fis avec joie. Les amis dahoméens, après plusieurs stages des invités dans des « couvents » bien choisis, me dirent : « Nuls. Ils étaient nuls. Mais pour vous on l'a fait. Et ils sont repartis si heureux. »

*

Changement de gouvernement. Le Premier ministre m'appelle à mon bureau rue Monsieur, il me dit que je reste à la Coopération à la demande générale, bravo et merci, qu'il est midi trente et qu'il va de ce pas porter la liste définitive à l'Élysée. A 13 h 15, le gouvernement n'est toujours pas annoncé. Vers 13 h 20 un de mes collaborateurs qui écoutait la radio m'annonce : vous n'êtes plus à la Coopération mais à l'Agriculture, secrétaire d'État. Un coup de téléphone de l'Élysée suit. Je suis convoqué pour explications intimes.

La disparition à venir de Pompidou est entrée dans les prévisions des ambassades étrangères comme dans les calculs de son entourage. Quelques jours avant sa mort, Jobert lui raconte que Kissinger à Washington, dans une réunion informelle pour « background information » avec cinq ou six ambassadeurs étrangers, a dit : « Quant aux difficultés dans nos relations avec la France, elles n'ont aucune importance. Elles ne sont dues qu'à l'état de santé du président de la République française qui sera mort avant la fin du mois de juin prochain. » Nous étions trois. Jobert, le président Pompidou et moi. Pompidou prend Jobert par la veste et crie : « Vous direz à ce salaud de Kissinger qui est votre ami que je lui écrirai le 1er juillet prochain. Vous préparerez la lettre. Mais je l'écrirai de ma main et je signerai de ma main. » Quatre jours après il était mort.

Senghor était convaincu que Mme Pompidou n'était pas

au courant de l'état réel de santé de son mari, qui l'avait toujours protégée. Pompidou avait sur lui la liste de ceux qui lui « avaient manqué » en la laissant mettre en cause au moment de l'affaire Markovic. « Elle est là » avait-il dit à moi et à d'autres en se frappant le cœur. (Roland Dumas, avocat dans l'affaire, m'avait demandé de transmettre à Marcellin, ministre de l'Intérieur de Pompidou, le message qu'il ne s'agissait que de vulgaires et dégoûtants montages. En échange, si je puis dire, Marcellin m'avait dit de transmettre à Dumas et au *Canard enchaîné* que dans « l'affaire des plombiers » *Le Canard* avait été piégé, mais lui aussi. Alors qu'il se méfiait de tous, une fraction de la police avait réussi à monter le coup contre lui.) Le Président invitait deux fois par an à l'Élysée tous les ministres et leurs épouses. Déjà le dîner ne se passe pas très bien. Le ministre des Finances déclare qu'il est le seul vraiment enraciné, ayant ses quatre grands-parents enterrés dans sa circonscription. Claude Pompidou avait éclaté (mais seuls ses voisins à table l'avait entendue) : « Il ne va pas nous prendre aussi l'Auvergne ! » Après le dîner dans une atmosphère assez tendue, tous les invités en rang protocolaire assistent à un spectacle. D'ordinaire c'était *La Mort du cygne* avec Yvette Chauviré. Ce soir-là, pour faire plus gai ou à la page, les services de l'Élysée ont invité Thierry le Luron. Sous les lustres et les ors de la salle des fêtes, son numéro d'imitation, excellent, devient insupportable. Le thème en est que l'Élysée va être incessamment vacant et qu'un agent immobilier (Chaban-Delmas) fait visiter les lieux à deux acquéreurs, Giscard d'Estaing et Mitterrand. Voix de Giscard : « Est-ce qu'il y a une reprise ? » Voix de Mitterrand : « C'est vendu meublé ? » Tous les deux : « On peut entrer quand ? » Intolérable. Les ministres sont consternés. Pompidou, blanc, applaudit du bout des doigts. La soirée se termine au plus vite.

L'entourage estimait que le Président vivrait jusqu'à l'automne prochain. Dans les couloirs du pouvoir c'est en fonction de cette date supposée que tout se manigance. Il faut éviter qu'il y ait à Matignon lors du décès du Président un leader politique qui paraisse l'héritier naturel et empêche l'accession de Jacques Chirac. Pas d'Olivier Guichard, par exemple. Messmer est un officier qui, si on lui dit de se retirer, le fera. Jacques Chirac est ministre de l'Agriculture sous Messmer II. On ne peut pas, les spécialistes sont formels, aller directement de l'Agriculture, ministère technique, à Matignon, siège du Premier ministre. Non. Il faut passer par un ministère dit « régalien » (Finances, Justice, Affaires étrangères, Défense, Intérieur). Soit, disent les conseillers. Jacques Chirac prendra Matignon lors d'un remaniement juste avant l'été et sera en place pour la succession de Pompidou à l'automne. D'ici là, Messmer III. Et on vire Marcellin pour qu'il laisse l'Intérieur à Chirac. On offre à Marcellin l'Agriculture en pensant qu'il va refuser cette dégradation. Marcellin me dit : « Comment je les emmerde le plus ? En répondant oui. Je réponds oui. » Marie-France Garaud appelait Chirac « poussin ». Marcellin ajoute : « Chirac à l'Intérieur ! Elle peut être fière, Marie-France. De son poussin elle a fait un poulet. »

Au moment où la liste de Messmer III est approuvée à l'Élysée on apporte à Pompidou une dépêche : après les élections anglaises qui ont vu la demi-défaite de Ted Heath, la reine vient d'appeler les travaillistes au pouvoir, Wilson est au 10 Downing Street. Les travaillistes vont exiger de renégocier le traité et surtout les charges financières et agricoles. Marcellin n'est pas un spécialiste des traités européens. Deniau à Bruxelles. Le ministre de l'Agriculture est déclaré souffrant d'une phlébite, qui lui interdit les déplacements. Deniau, secrétaire d'État, assure officiellement l'intérim du ministre de l'Agriculture. Mission. Quand j'arriverai dans la salle du conseil des ministres à Bruxelles, j'aurai droit à une sorte d'ovation. « Le retour de l'enfant prodigue », dit le Président allemand. « Pas nécessaire de tuer le veau gras », je réponds. La viande bovine, déjà, était à l'ordre du jour. « Troisième round avec les Anglais », titre la presse française.

Ne soyez pas trop gentil avec ces salauds, m'a dit Pompidou. La souffrance l'amène à des raccourcis assez brutaux. Ou à changer de ton de façon bouleversante. J'ai raconté le dernier Conseil des ministres, cette voix de lit de mort et le « tirez plus haut, messieurs les ministres, tirez plus haut ». C'est le seul Président que j'ai connu qui se méfiait institutionnellement de son entourage. Pompidou organise son cabinet en deux clans rivaux, l'un à gauche l'autre à droite, avec deux portes donnant d'ailleurs dans son bureau, l'une à gauche l'autre à droite. Pour éviter l'approbation admirative béate et le silence organisé de tous ceux qui, suivant la formule, « protègent le Président ». L'entourage se divisant et s'opposant sur chaque question, il a une chance de connaître le problème et de pouvoir trancher.

Juste après son installation (alors que j'étais à Bruxelles) il m'a m'expliqué pourquoi il n'avait pas occupé le bureau du Général. Sa mission n'était pas la même. Les grandes options internationales avaient été prises. Priorité à l'économie et à l'intérieur. L'Europe devait nous servir à gagner du temps et de l'argent pour moderniser l'agriculture française. Il fallait restructurer toute l'industrie. Si elle n'était pas de taille économique à affronter l'industrie allemande, il n'y aurait plus d'Europe. « On va bien sûr m'accuser d'être seulement un épicier, ronchonnait-il en tirant sur sa cigarette. Épicier en gros, voilà ce que je peux au mieux espérer. » Et il s'élargissait dans son fauteuil à vue d'œil, assez content. Pendant des mois la presse l'avait représenté en gilet rayé comme un valet des Rothschild. Il pouvait à peine se faire entendre à l'Assemblée nationale. Mais son caractère était de fer sous la culture du normalien et un physique de bon vivant. Recruté « parce qu'il avait une plume », et devenu Président par ce qu'il avait décidé d'agir en homme politique pour devenir un homme d'État. Un jour où nous parlions d'Europe, il s'interrompt, s'excuse, prend un téléphone et je l'entends dire : « J'ai personnellement sauvé les prisonniers politiques au Chili. Ils arrivent dans trois quarts d'heure à Orly. Qui va les accueillir en mon nom ? Est-ce qu'un membre du gouvernement y a pensé ? Non ? Alors c'est l'oppposition qui va en tirer gloire ? Incapables. » Et il raccroche en disant : « Si je me renverse dans mon fauteuil, je peux admirer les lustres de la République. Et si je m'endors un instant, la République s'arrête. Il faut être en éveil tout le temps. »

Comme j'étais le plus jeune, je recevais les confidences. « Vous aimez bien Chaban-Delmas ? Quand je l'ai choisi comme Premier ministre, je lui ai vraiment fait confiance pour gouverner. Je trouvais qu'il devait y avoir une division du travail entre le Premier ministre et le Président, et me réserver pour quelques grands dossiers. Tu parles. Dès qu'il a été à Matignon ses proches n'ont pas cessé de se plaindre et de m'attaquer. Devant la presse, et surtout la presse de gauche, son entourage gémissait : “Nous, nous aimerions bien aller plus loin, mais vous comprenez il y a l'autre, le vieux, à l'Élysée. Il bloque tout.” » Les sourcils deviennent encore plus broussailleux, les épaules plus lourdes. « Les salauds, ils ne pensent quand même pas que je suis dupe ? Je dois tout reprendre en main un jour après l'autre. » Il se trouve que je suis dans son bureau vers 13 heures le jour où Chaban-Delmas va prononcer son grand discours à 15 heures sur « la nouvelle société ». Pompidou enrage, il n'a pas eu la version définitive. Sur la libéralisation de l'information par exemple il n'est absolument pas d'accord. « Faire comme s'il y avait quelque chose entre les communistes et nous (il cite Malraux), c'est une escroquerie morale. Il arrive ce texte, ou je n'aurai pas le droit de le lire parce qu'il ont peur que je le corrige ? » Plus tard, je raconte à Simon Nora qui est un vieil ami (il était avec Delors, le principal rédacteur) que j'ai essuyé en première ligne la colère du Président contre Chaban, son équipe et leur discours. Ils auraient pu, quand même, envoyer une copie ! Simon, son œil de velours, mi-clos, murmure : « un petit problème de dactylographie en dernière minute, rien d'autre... » Problème de fond : si la France doit être gouvernée au centre, cela veut dire agir à gauche avec un vocabulaire de droite ou agir à droite avec un vocabulaire de gauche ? Équilibrisme de mauvais aloi, pensait Pompidou. Il ne faut pas faire semblant. En politique ceux qui trompent se trompent.

La promotion sociale se fait traditionnellement en France sur trois générations. Agriculteur, puis commerçant ou cadre ou enseignant ou fonctionnaire (« le chemin de fer », on disait de mon temps) puis « les grands corps » qui classifient Mines ou Ponts, Inspection des finances, Diplomatie, Conseil d'État, École normale supérieure... Je me souviens d'un meeting de Poujade, au temps de son ascension, où il avait crié à la foule des artisans et commerçants : « Tous vous avez un père ou un grand-père agriculteur. Et aucun de vous n'est tombé dans la condition ouvrière ! » Émotion, parce que vérité sociale profonde. Ce que Pompidou a gardé du monde rural, c'est la méfiance. L'œil noir est en permanence aux aguets sous les sourcils. Qui va débusquer qui ? Il faut du soleil et il n'en faut pas. La pluie va-t-elle être bonne pour la récolte, alors ne pas le dire. Attention, le voisin doit être encore en train de déplacer la borne. Il se méfie des nouvelles, des faits, des événements, de la météo, des hommes. Ne pas se laisser surprendre. Lui, il a surpris de Gaulle, il ne l'oublie pas. Il y a des hommes célèbres qu'on a du mal à se représenter à certains âges de leur vie. De Gaulle en jeune officier, oui. Pompidou jeune, c'est beaucoup plus difficile. On le voit trop gros, malade, le nez dans son cache-nez, s'accrochant à la rambarde de la passerelle pour descendre pesamment de l'avion. Peut-on l'imaginer jeune intellectuel séduisant, du charme à revendre et ne se privant pas d'en jouer ? Senghor me racontait que quand, étudiants, ils descendaient ensemble le boulevard Saint-Michel les jeunes filles se retournaient sur Pompidou pour le regarder, tellement il était beau. Et Pompidou leur lançait : « Vous n'avez jamais vu un nègre ? » Il en pleurait encore de tendresse, Senghor. Et quand Pompidou qui était fou amoureux d'une actrice, Valentine Tessier, organisait des collectes au nom de la défense de la culture française dont le produit passait intégralement à envoyer tous les soirs une corbeille de fleurs à l'objet aimé ?

Le pouvoir, puis la maladie avaient tous deux réduit la propension à aimer. En Conseil il interpellait parfois violemment les ministres pour les mettre en garde. A

VGE : « Si le nombre des chômeurs atteint un million, la société française explosera. La société française n'est pas faite pour supporter le doute sur l'emploi. *Ne vous habituez pas aux chiffres.* » Et le terrible, lors du dernier Conseil, lorsqu'il parle de sa santé : « J'ai décidé de ne pas mourir. Cela ferait trop plaisir à trop de gens, dont certains sont autour de cette table. » Il souffrait trop. Je recevais avec lui les ambassadeurs des « pays du champ » lors de leur remise des lettres de créance. Il avait d'abord demandé que les textes des discours soient échangés à l'avance et non pas lus. Il ne pouvait pas rester debout. Puis il me dit qu'il ne supportait pas non plus de rester assis et que je prenne sa place sur le canapé pour la conversation rituelle avec l'ambassadeur « puisque vous connaissez tout ça mieux que moi. » Mais il souffrait aussi de sentir autour de lui les spéculations sur son état de santé. Il ne lui servait plus à rien de se méfier. Sa douleur explosait parfois en termes rageurs. Gaston Deferre ayant exigé la publication d'un bulletin de santé, la foudre tombe sur un sympathique ministre élu du Vieux-Port, le grand rival de Deferre à l'époque mais peu importe. « Vous direz à votre ami Gaston qu'il est une ordure et qu'il n'a même pas l'excuse d'être marseillais. » Quand on a pris le pouvoir (pas reçu : pris) et qu'on a toujours eu la passion de la vie, perdre le pouvoir avec la vie est doublement amer. Il faut être de Gaulle, beaucoup d'orgueil, de foi, et la conviction que la France et l'Histoire sortent avec vous pour partir de façon aussi naturelle. Pompidou revenait dans ses moments tristes à l'aveu qu'il connaissait sa maladie et avait eu la première crise *avant* l'appel de Rome qui lançait sa conquête de la Présidence. « Les médecins m'avaient promis que c'était une maladie à *paliers* et que je pouvais ne pas en entendre parler pendant dix ans. » Revenaient aussi (je le sentais à un étrange changement de voix) la question de ses rapports avec de Gaulle et l'accusation d'avoir « tué le père » pour prendre sa place. L'appel de Rome sur son destin national n'était en rien une erreur involontaire. C'était l'équivalent du magique « j'ai engagé le processus régulier... » du Général le 27 mai 1958. Comment prendre le pouvoir si on ne le veut pas absolument et si on ne s'y croit pas tout à fait nécessaire ?

Conversation dans le train rapide Paris-Bruxelles, debout dans le couloir avec le président du CNPF de l'époque. Le Sénat avait mobilisé contre le référendum tous les maires de France en leur expliquant que leurs privilèges politiques allaient être atteints. (Je m'étonne encore que de Gaulle ait eu autant de voix dans ces conditions.) A propos du référendum, le président du patronat est lui surtout préoccupé par les idées de « participation » dans l'entreprise. Dangereuse chimère gauchiste, pense-t-il. Le modèle allemand et la « mit bestimmungsrecht » ? « Seigneur, il soupire. Quand les syndicats français, qu'ils soient communistes ou chrétiens, ressembleront à des syndicats allemands, vous me préviendrez et on en reparlera. » Les gares défilent devant nous, les champs de betteraves, quelques terrils au loin. « Mais pas d'inquiétude. Nous savons maintenant que de Gaulle a un successeur. » J'ai compris ce jour-là quelque part entre Mons et Bruxelles-Midi que l'initiative de Pompidou n'était pas isolée et que le non l'emporterait, « puisqu'il n'était pas dangereux ».

Giscard d'Estaing avait aussi appelé à voter non. Nous avions eu une discussion à ce sujet dans les œufs à deux places qui à Courchevel montaient les skieurs à la Saulire. Nous parlions du référendum. Je lui avais dit, nos bâtons entre les genoux : « Ne dis pas non trop nettement. Dis quelque chose de plus réservé. Ce référendum est réellement mal venu et tu veux marquer ta différence, d'accord. Mais pense qu'un jour tu seras président de la République et le successeur du général de Gaulle. Tu ne peux pas être directement, personnellement, l'homme qui l'a chassé. » Ce n'est pas en 74 après la mort de Pompidou où Chirac a aidé Giscard parce qu'il ne pouvait pas lui-même se présenter, c'est en 81 que le retour de mot frappera. Dans une dernière tentative pour rassembler ceux qui ne voulaient pas de l'élection de François Mitterrand, je me suis heurté à un mur de la part des principaux dirigeants RPR. « Giscard a tué de Gaulle. Et on ne parle pas de la bataille de Paris où il a essayé de chasser Chirac. » Il faut aussi dire que leurs stratèges avaient calculé qu'en faisant élire Mitterrand il y aurait une dissolution de l'Assemblée deux mois plus tard, que l'opinion reviendrait à droite et donnerait une majorité au RPR, que Chirac serait Premier ministre et que Matignon conduirait rapidement à l'Élysée. A ce jeu de billard-menteur, ils étaient nettement moins forts que Mitterrand lui-même. On connaît la suite.

La mort du père et la mort du fils. Celui qui se sert de l'épée périra par l'épée dont il s'est servi. Après la mort de Pompidou, Messmer s'est retiré comme prévu, et c'est trop tôt pour Chirac à l'Élysée, l'objectif se décale pour lui et devient Matignon. La manœuvre des 42 membres du RPR appelant à voter Giscard contre Chaban-Delmas avait donc sa logique pour ceux qui fréquentaient les couloirs du pouvoir. Puis Chirac fera tomber Giscard après l'avoir fait élire. Je reconnais volontiers une fois de plus que j'ai raté toute carrière politique. D'abord il m'a fallu trop de temps pour me rendre compte que le pouvoir n'a pas de siège, seulement des couloirs. Ensuite je n'ai jamais pu accepter cette logique du meurtre politique où pour être admis à « jouer dans la cour des grands », comme dit la presse, s'opposer à ses adversaires ne qualifie pas : seul qualifie d'avoir trahi ses amis.

Pendant la campagne présidentielle de 1974, je m'étais mis à la disposition de Poniatowski qui était le grand maître de la manœuvre. Il m'avait dit de rester là où j'étais à m'occuper de l'agriculture française, c'était bien plus utile. Je n'ai participé à quasi rien jusqu'au deuxième tour et le pouvoir m'en a voulu. En 75, nous aurons une explication amicale sur ordre supérieur avec Poniatowski. Je ne m'étais jamais rendu compte, non plus, de l'intensité des rivalités d'influence autour du pouvoir comme des enfants surveillant leur part de gâteau. Jusqu'au jour où un cacique de l'UDF me jettera parce que je m'opposais solennellement au projet de loi d'amnistie sur les *affaires* : « Toi, tu as déjà l'Académie française. » Quand j'y ferai l'éloge de mon prédécesseur Jacques Soustelle, je trouverai cette note de lui assez étonnante sur les raisons que de Gaulle avait eues de saboter sa tentative de former un gouvernement du temps de Vincent Auriol. « Par jalousie », écrit-il. Les vrais combats politiques sont toujours à l'intérieur du même camp. Les stratèges chinois de la bonne époque recommandent d'entrer chez l'adversaire et « de dérober la poutre maîtresse ». Traduction libre en français : dans une campagne électorale le fait que vos adversaires disent du mal de vous et vous agressent n'est pas grave. C'est même naturel. Ce qui est grave c'est seulement si, dans votre propre maison, vos structures cèdent, quand ce sont vos amis qui vous attaquent, de l'intérieur. A ce moment l'opinion dira : il n'est même pas maître chez lui et elle ouvrira la porte à vos adversaires.

Jamais je n'ai pu me faire à ces raisonnements, qu'ils soient chinois ou français. C'est sans doute ce qui m'a valu d'être classé dans la catégorie socio-professionnelle appelée marginale ou encore incontrôlable. J'ai entendu aussi « inattelable ». Après l'élection présidentielle de 74, me trouvant sans poste ni fonction, au lieu de traîner dans les couloirs je suis parti faire ce que je savais faire, naviguer, et j'ai traversé l'Atlantique à la voile comme convoyeur à un dollar le mille nautique. J'ai écrit un livre de souvenirs maritimes, *La mer est ronde*, qui est devenu une sorte de « classique ». Puis le pouvoir m'a rappelé : une nouvelle négociation très difficile s'annonçait à Bruxelles, le ministre de l'Agriculture fut de nouveau déclaré souffrant, je repris mes attributions de ministre par intérim et le train pour Bruxelles. Je sais aussi négocier, ce qui est le contraire d'être vague ou mou. Après quelques nuits blanches, j'ai obtenu exactement, à la virgule près, ce que voulait le gouvernement français. Je m'apprêtais à en rendre compte à Paris au Conseil des ministres avec quelque satisfaction quand le président de la République passa la parole sur le sujet non à moi mais au Premier ministre qui lut le document que mes services m'avaient préparé ! J'ai failli me lever et quitter le salon Murat, blanc et or, siège du Conseil. J'aurais sans doute mieux fait. J'aurais perdu moins de temps.

L'occasion de partir va se représenter. Premier incident : le MODEF (l'organisation syndicale agricole du parti communiste) m'écrit pour me féliciter des résultats que j'ai obtenus à Bruxelles. Ce n'est pas fréquent, c'est même une première. L'Élysée m'invite à garder le contact. Le syndicat « officiel », la FNESA de Michel Debatisse qui craint pour son monopole, crie qu'on l'écorche. Ordre direct et sec de Chirac : arrêt des contacts. L'Élysée me charge de rédiger un rapport sur l'avenir de la politique agricole commune. Je consulte pendant plusieurs mois en petits comités et me fais une opinion. Je l'écris. La politique agricole commune, telle que nous l'avons imposée et défendue à Bruxelles, est condamnée. Fondée sur un financement par les prélèvements aux frontières, donc sur les importations, elle va rencontrer un problème grave quand la course à la productivité va nous rendre autosuffisants. L'autre fondement est d'assurer le revenu des agriculteurs par les prix et les prix seuls. Les variations monétaires « montants compensatoires monétaires positifs ou négatifs », invention en pleine crise due au cerveau agile d'Edgar Faure, faussent déjà le système en prétendant le sauver. Son équité, alors que les plus riches se servent politiquement des plus pauvres, sera contestée un jour et il faudra corriger par des aides à la vache allaitante de montagne ou quoi d'autre encore, voire des aides personnelles aux agriculteurs comme en Angleterre ou aux États-Unis. Enfin le seul critère de quantité n'assure pas notre avenir, à nous Européens. Il faudra l'abandonner pour favoriser une politique de qualité et commencer le plus tôt possible. Dans combien de temps l'implosion ? Je ne peux dire. Dix ans ? Quinze ans ? Mais il faut y penser dès maintenant. En agriculture, les évolutions sont lentes.

Séance de travail à Matignon pour discussion du rapport Deniau. Tous les ministères sont représentés, Finances, etc. Chirac s'assoit dans le fauteuil présidentiel et ordonne immédiatement aux huissiers : « Ramassez les exemplaires du rapport, tous. (Le représentant de l'Élysée proteste.) J'ai dit tous, sans exception. Ils seront tous détruits. La séance est levée. » Quand je pars Chirac me dit : « On ne parle pas aux agriculteurs de problèmes d'avenir. Cela ne se fait pas. » Déjà je ne savais pas parler de télévision en couleur au général de Gaulle, ni d'Europe aux mânes de Charlemagne devant son tombeau, maintenant il paraît que je n'écris pas comme il faut en réfléchissant à l'avenir du monde rural. Je ferais mieux de me taire. Mais je n'ai pas envie de me taire, seulement de dire ce que je crois. Je ne dois être doué ni pour les langues ni pour la politique.

Nouveau remaniement ministériel. Je suis convoqué à Matignon où le Premier ministre m'annonce que je ne fais plus partie du gouvernement.

— Normal. Tu es le Premier ministre, nous étions en désaccord total sur un point de fond et pas seulement de forme, je m'en vais.

— Attends. Tu t'en vas, mais à Madrid. Tu pars comme ambassadeur de France en Espagne.

— Je ne souhaite aucune compensation ou prébende.

— Tu n'as rien compris. Ils vont t'expliquer à l'Élysée.

A l'Élysée, le Président m'explique que le roi Juan Carlos venant d'être intronisé, une nouvelle ère commence entre l'Espagne et la France. Un excellent ambassadeur appartenant au corps diplomatique avait déjà été désigné et avait reçu l'agrément du général Franco ; son déménagement flotte vers Barcelone. Mais le roi d'Espagne et le président de la République française ont décidé personnellement d'annuler l'agrément et pour cette nouvelle époque qui doit voir le passage de l'Espagne à la démocratie et à l'Europe, que l'ambassadeur de France à Madrid sera Jean François Deniau. « On ne refuse pas un poste qui a été tenu par le duc de Saint-Simon et le maréchal Pétain », me dit Giscard. Je pars pour Madrid. Mission.

10

Ambassadeur en Espagne — Rien n'a changé
Tout a changé — L'amendement Wallon
Histoire de la cinquième colonne — Don Santiago
L'eurocommunisme à Madrid — La transition démocratique — Luis Buñuel au Ritz
L'Estrémadure — Chaque jour gagné...
Une visite d'usine — El embajador

Les palais sont austères comme des couvents, les couvents grandioses comme des palais. Sur les murs nus des vieilles demeures, la noblesse s'inscrit dans la porte monumentale timbrée d'un écusson. La couleur de la Castille, *pardo*, intraduisible en français, entre le vert, le jaune, l'ocre, le brun, le gris, à perte de vue brûle de soleil et de vent. Il a fallu que j'aille à Bogota, Colombie, État de violence et de drogue mais refuge aussi des plus fins intellectuels du monde hispanique, pour qu'un « catedrático » m'apprenne que le titre du roman national et universel *Don Quichotte de la Manche* est codé. La Mancha est bien sûr le nom de cette province aride peuplée de moulins à vent au sud-est de Madrid. Mais veut dire aussi la *tache*. La tache comme la faute, la tare, le péché. « L'ingénieux hidalgo », Don Quichotte, est juif d'origine. C'est pourquoi il en fait trop. La folie de la *limpieza de sangre* a conduit aux pires horreurs et aux plus grands chefs-d'œuvre. Des soldats faméliques portant cuirasse et morion sont sortis tout droit de l'Estrémadure pour se jetter dans la jungle étouffante à la poursuite de trésors légendaires, bénissant et massacrant à la fois avant de tomber sous la flèche empoisonnée d'un Indien Bravo.

Des marins fuyant les juges sont partis de Palos ou de Sanlúcar de Barrameda puis, cap au sud vers les mers équatoriales qu'on supposait bouillantes comme l'enfer. Quand les survivants du premier tour du monde, deux cent soixante-cinq hommes au départ avec Magellan, dix-huit hommes au retour, dix-huit revenants secoués de fièvre, échappés aux rébellions, aux tempêtes, aux naufrages, aux massacres, aux cannibales, font leurs premiers pas sur cette planète enfin ronde, pieds nus, en chemise, un cierge à la main pour remercier la Vierge de Séville, toutes les cloches de toutes les églises sonnent et la ville à genoux est en pleurs.

Salut, les fous d'aventure qui nous ont ouvert les océans. Salut les mangeurs d'étoiles. Pour découvrir les continents il faut un buste de chimère sculpté à la proue du navire. Et quatre doigts d'une main tendue à bout de bras pour calculer la hauteur de la polaire au-dessus de l'horizon. Salut, les fantasques et les réprouvés, les illuminés et les perdus de dettes qui ont été voir derrière l'horizon.

Le descendant de Christophe Colomb est encore amiral à titre héréditaire. Il lui fallut des siècles de procès pour faire reconnaître ses droits dont « 10 % de toutes marchandises, perles, or, argent, épices... » Magellan, par contrat devant notaire avec le roi d'Espagne, recevait « la pleine propriété de deux îles s'il en découvrait plus de six ». Il fut tué dans un obscur combat contre les indigènes des Philippines.

Salut, les chevaliers de l'improbable, comtes de l'au-delà, ducs et pairs de la rage de vaincre, princes de l'incapacité à rester en place, venus de rien, partis pour trouver tout et morts en route.

Franco s'éteint à la fin de novembre 1975, un fantôme

de quelques dizaines de kilos après plus d'un mois de vie artificielle. Il est encore omniprésent sur les pièces de monnaie comme parmi les hommes du pouvoir, toujours le sien. Les noms d'avenues et de stations de métro sont ceux des héros de la guerre civile, coté nationaliste. Dans les rues, des invalides vendent des billets de loterie — ce sont des soldats mutilés de l'autre camp, celui qui a été vaincu, le républicain. La fête nationale est celle de la victoire sur les rouges. Elle glorifie ce qui s'appelle officiellement la Croisade. La foule crie *España, Una, Grande. Libre*. Et *Diferente*. Le passé est partout présent. La gloire de l'Empire (Madrid a été fondée la même année que Mexico) sur lequel le soleil ne se couche jamais, la fierté d'avoir été les premiers à battre, à Baïlen, un général de Napoléon, le trésor littéraire et artistique au patrimoine mondial. Toute cette puissance et ce rêve dans la balance contre le poids de l'isolement et de la misère. Le siècle d'Or des écrivains espagnols fut le siècle de l'or. Il en reste, avec le sang, les couleurs du drapeau.

Pour présenter mes lettres de créance au roi en janvier 1976, je suis en grand uniforme, parements brodés d'or, bicorne à plumes blanches, épée, et la ceinture symbole du pouvoir (ambassadeur extraordinaire et *plénipotentiaire* est le titre exact). Pendant la Révolution française la ceinture des représentants du peuple en mission était la tricolore, elle l'est toujours pour nos maires. La mienne m'a été prêtée par Geoffroy de Courcelles, l'ancien aide de camp du général de Gaulle en juin 40, est très haute. Un carosse baroque à la dorure éclatante vient me chercher. L'équipage est encadré d'un escadron des lanciers de la garde royale : devant le carrosse les chevaux ont les sabots dorés, derrière les sabots argentés. L'or et l'argent. La gloire et la puissance. Nous traversons le centre de

Madrid par la plaza Major et les guides pour touristes ont d'ailleurs annoncé, comme pour toutes les cérémonies de lettres de créance, l'horaire et le parcours du cortège. Au palais, attention personnelle du souverain, des marins présentent les armes. Le chef adjoint du protocole me confie au chef du protocole qui me confie au chef de la maison royale, tous en uniformes chamarrés. Je suis devant le roi, je tends mes lettres de créance de la main droite, mon bicorne à plumes sous le bras gauche, comme le veut la règle. Et le roi dit à mi-voix : « Tu aurais cru qu'un jour on se retrouverait tous les deux costumés comme ça ? » Début de fou rire, c'est nerveux, les photographes officiels suspendent les prises de vue.

Rien n'a bougé. Franco avait dit pour ses successeurs : « Tout est ficelé, et bien ficelé. » Le roi a dû prêter serment aux lois du régime, debout, une main sur les Évangiles. Il avait demandé l'autorisation de son père, don Juan, antifranquiste connu et qui pour beaucoup d'Espagnols était le « vrai » roi. Les messages à Estoril au Portugal où il résidait en exil étaient restés sans réponse jusqu'à la veille, jusqu'au jour même de la prestation de serment. Jusqu'à l'heure, à la minute. Au milieu des Cortès, le futur roi en grand uniforme est debout, très pâle, éclairé de la lueur fantasque de l'immense cierge qui a été allumé à sa droite. A ce moment, ce moment seulement, dans la mezzanine qui aux Cortès sert de tribune du public, entre un homme tout de noir vêtu, qui baisse la tête en fermant les yeux. C'est le messager. Don Juan a dit oui. Le fils lève la main droite et prête serment. Tableau.

La bonne peinture n'a pas d'âge. Le premier Espagnol que je rencontre, le soir de mon arrivée, est en deuil. Il revient de l'enterrement de son père et se présente : « comte d'Orgaz ». C'est ainsi. Il devient vite un ami et je le ferai inviter par la télévision française pour expliquer l'Espagne de toujours et de demain à nos compatriotes qui croient qu'il faut crier *olé* aux moments dramatiques des corridas et qu'on peut commander une paella à Saragosse. Je n'ai qu'un avantage, comme en Asie, comme en Afrique, je sais déjà à peu près ce qu'il ne faut pas faire. Je ne connais rien à l'art mudejar, peu à la très profonde influence wisigothique, et ne dis pas un mot d'espagnol si ce n'est une citation de Calderón : *La vida es un sueño*, qui me paraît une bonne définition de ce monde, et un titre de Lope de Vega, *Amar sin saber a quién*, une bonne définition de ma vie. En politique tout est ficelé. Lors du seul référendum, les partisans du non, simple détail technique, devaient aller chercher leur bulletin à la caserne de la « Guardia civil »... Le « Movimiento » dirige la vie du pays et son ministre siège dans un immeuble de style mussolinien (qui fut celui des syndicats !) qui domine le centre-ville. Le système social, très protecteur, interdit le licenciement d'un travailleur pour causes économiques. Le corporatisme d'État a multiplié les nationalisations bien plus que la gauche en France. Les nominations se font « al dedo », *au doigt* du prince... Un seul contre-temps : l'assassinat par les Basques de l'amiral Carrero Blanco qui aurait assuré la continuité du régime et son évolution vers ce qu'on appelait un « franquisme civilisé ». Pour vaincre une tyrannie, m'ont dit les Basques, il ne faut pas tuer le tyran mais le successeur du tyran. Franco a hésité un moment. Rétablir la monarchie, certes, mais au profit de qui ? La grandeur de l'Espagne aurait exigé un Habsbourg. L'héritier du trône d'Autriche-Hongrie va décliner l'offre. Mais à quel Bourbon le donner ? Don Juan, le chef de famille, le prétendant légitime ? Impossible. Libéral, européen, en un mot tout ce que déteste le régime franquiste. L'accord se fera sur le nom de son fils, Juan Carlos, étant entendu que c'est Franco, et lui seul, qui assurera son éducation. Oui, le prix de la couronne est que le père renonce à son fils au profit de son ennemi. Ce qu'il y a de bouleversant avec l'Espagne, c'est pour tout événement la qualité dramatique et littéraire.

Comme l'histoire aime parfois revenir sur ses pas ou plutôt se saluer elle-même en se retournant, le fait que Juan Carlos Ier ait été élevé dans les académies militaires espagnoles des trois armes sur instructions de Franco est l'un des éléments qui va lui permettre, en utilisant de vieilles camaraderies, de sauver la démocratie face au putsch militaire du lieutenant-colonel Tejero... Comme un autre fer au feu, Franco n'a pas exclu totalement la possibilité d'appeler un autre Bourbon : le cousin germain de Juan Carlos qui a épousé sa petite-fille à lui, le Caudillo, et bénéficierait ainsi d'une sorte de double légitimité. Mais est-ce que ce ne sont pas finalement les franquistes que Franco a roulés ?

Non, rien n'a bougé. Juste après mon arrivée je suis convié à une cérémonie à l'Escorial à la mémoire du roi Alphonse XIII. Dans le chœur, le roi et la reine. Aux premiers rangs côté droit, la famille royale, les infants, les cousins, toutes les couronnes et tous les titres d'Europe, les Grands d'Espagne. Derrière, les ordres militaires de la noblesse. Santiago, Calatrava... Capes et épées. A gauche le corps diplomatique, en uniforme, bicorne, épée au côté. A l'Évangile, tous se lèvent. A l'élévation, tous s'agenouillent. L'église résonne du bruit des épées sur les dalles. Derrière, loin derrière en habit noir, cravate blanche comme des maîtres d'hôtel, le gouvernement. Rien n'a changé. Le gouvernement est encore présidé par

Arias Navarro nommé par Franco et qui fut le patron des services de sécurité, que le roi juste après son couronnement a renoncé à renvoyer. Il y a toujours un ministre du « Movimiento ». Les grèves sont interdites. L'Église bénit. Arias Navarro, qui connaît mes opinions, plaide en larmoyant pour « une démocratie organisée ». Je lui réponds doucement : « pas d'adjectif avec démocratie ». A l'état-major de la célèbre division Brunete qui couvre Madrid, les généraux me reçoivent avec tout l'appareil des honneurs militaires. Ils me disent : « Nous savons que vous êtes courageux. Nous vous respectons. Mais n'essayez pas de conseiller la démocratie. En Suède, au Danemark, aux Pays-Bas peut-être. Dans le Nord. Mais pas ici au Sud. Pas en Grèce. Pas en Italie. Pas en Espagne. Ça ne marche pas. Et d'ailleurs, entre nous, pas en France... »

Chacun me raconte la guerre civile comme si c'était hier. Et le sang coulait de la haute ville que tenait la droite, vers la basse ville que tenait la gauche qui elle, ne pouvant faire remonter le sang, fusillait sous les projecteurs pour qu'on voit bien d'en haut. Et le poète José Bergamín à qui ses deux neveux ont demandé quel camp ils devaient choisir a répondu : « Ce qui est interdit, c'est de ne pas choisir. *No se puede.* » Les deux frères choisissent l'un les républicains, l'autre les nationalistes et seront tués face à face.

Juste après l'intronisation du roi un ami partira en émissaire discret voir les Basques. La réponse n'aura pas changé depuis quarante ans, ou quatre cents : « Jugement de tous les officiers espagnols au-dessus du grade de capitaine. Et commission internationale pour délimiter immédiatement les frontières provisoires. » La guerre était hier, elle est aujourd'hui, elle sera demain. Les experts croient que l'Espagne n'a le choix qu'entre l'immobilisme politique ou le conflit sanglant dont le premier signe sera l'abolition de cette monarchie imposée *al dedo*. Des *chistes* (bien bonnes) courent Madrid présentant le roi comme un benêt. Une des méchantes blagues qui courent Madrid avant la mort de Franco est la conversation entre le futur roi et le jeune prince Felipe, son fils.

— Papa, quand Franco mourra, ce sera deuil national ?

— Oui, Felipe.

— Alors on aura un jour de congé ?

— Oui, Felipe.

— Et quand tu seras couronné roi, ce sera fête nationale et on aura jour de congé ?

— Oui, Felipe.

— Et quand la République sera proclamée, ce sera fête nationale et on aura un jour de congé ?

— Oui, Felipe.

— Eh bien, papa. Quelle semaine on va avoir !

Je vais saluer un des hiérarques du royaume. Il siège dans un palais admirable, derrière un bureau massif d'ébène et sous un énorme lustre de Venise. Il me dit : « Pendant quarante ans, avec Franco, nous avons eu un régime en forme de lustre. La lumière partait du plafond, d'un seul point, le plus haut, et se multipliait en branches, girandoles et cristaux pour illuminer toute la pièce. Il paraît que ce n'est pas démocratique, pas européen, pas moderne. Qu'il faut maintenant avoir un régime en forme de table (et il tape sur son bureau). Partant du sol, appuyé sur quatre pieds, et tout plat au-dessus. Voilà. Le problème est de transformer un lustre en table. Attention, règle numéro un, il est interdit de casser le lustre. »

En fait les règles sont au nombre de trois et la transition démocratique ne peut être tentée que si elles sont respectées. Non écrites, elles sont plus importantes que tous les textes constitutionnels. L'armée veille.

1) Tout changement de régime doit s'opérer par les lois du régime.

2) Pas de procès, aucun, ni pour crime ni pour concussion, contre les hommes de l'ancien régime.

3) Unité de l'Espagne : pas d'indépendance de la Catalogne et du Pays basque.

Oui, il est interdit de casser le lustre. Tout paraît continuer comme avant.

Janvier 1976. Plus rien n'est comme avant. Rien n'a bougé ? Tout a changé. Lors de la guerre civile 72 % des Espagnols étaient analphabètes. C'est une situation sociale aberrante en Europe. Les premières victimes d'exécutions sommaires en réponse au putsch seront les coiffeurs et les prêtres. Comme sous la Révolution française. Ils n'ont pas de voiture pour fuir et issus du peuple ils sont pour le peuple « ceux qui vont au château », des traîtres ou des agents doubles. Mais depuis la réforme économique libérale de 1959 animée par l'Opus Dei — en accord avec Franco — et réaffirmée en 1972, les frontières ont été ouvertes, les investissements étrangers affluent, en dix ans la production industrielle a doublé. Un million d'emplois sont créés. Il y a à Madrid pratiquement la même proportion de voitures par habitants qu'à Rome, Paris ou Bruxelles. Désormais existe une importante classe moyenne, moderne, efficace. Même si la démocratie n'apparaît pas, les bases d'une démocratie existent. Même si tous les discours officiels invoquent « la croisade » la population en est lassée, et elle est profondément étrangère à un message de tueries réciproques.

Quand le roi imposera plus tard, en juillet, le jeune Adolfo Suarez comme président du Conseil, toutes les personnalités politiques importantes, les « bouddhas », refuseront d'entrer au gouvernement avec lui. Pendant plusieurs jours il sera impossible de trouver un volontaire pour les Affaires étrangères. Jeune et brillant, Adolfo a fait sa carrière dans les rangs du franquisme, gouverneur de province, directeur de la radio-télévision, ministre du Movimiento. Les ministres plus âgés et « civilisés » trouvent que c'est une injure de leur préférer cet intrigant. Les libéraux qui étaient dans l'opposition démocratique grincent des dents. « On ne peut pas lui faire confiance » est le sentiment général. Blocage. Quand la Zarzuela me demandera un conseil amical, je répondrai : « Il n'y a qu'à dire que c'est le premier chef de gouvernement espagnol qui n'a pas fait la guerre civile. » Ça va marcher.

A mon arrivée à Madrid j'avais été rendre visite au président du Conseil et ses ministres. A la différence de Paris, ils avaient la courtoisie et le temps de recevoir en tête à tête un ambassadeur. Depuis décembre, beaucoup de ministres nouveaux appartiennent à l'aile libérale du franquisme, « civilisée » et pro-européenne. Le mot « Europe » (comme cela a été le cas aussi en Europe de l'Est sous les dictatures communistes) a été symbole de liberté et de progrès. Ils tiennent les postes clés : Fraga à l'Intérieur, Garrigues à la Justice, Areilza — qu'on appelle aussi le comte de Motrico puisqu'en Espagne les maris prennent le nom de leur femme s'il est plus célèbre que le leur — aux Affaires étrangères. Ce sont eux les premiers artisans du changement. Arias Navarro bloque les décisions mais les projets sont déjà là, préparés (d'où l'amertume de certains d'être écartés par la suite). Je suis convié à un petit déjeuner à la Zarzuela.

— Tu as vu tous les membres du gouvernement ?

— Oui, Sire.

— Non, tu n'as pas vu Adolfo Suarez, le ministre du Movimiento.

— Sire, ce n'est pas vraiment...

— Va le voir. Il t'attend.

Et quand je suis reçu dans son écrasant bureau par Adolfo Suarez, il se lève et me dit : « Il y a erreur. Je ne suis pas ministre du Movimiento mais ministre chargé de détruire le Movimiento. »

Tout a changé. Une amie madrilène chaque matin téléphonait à son frère pour lui dire : « Franco est mort. » Puis elle raccrochait. Les experts ne la connaissent pas. Tous les experts se sont trompés. Parce que le roi sait ce qu'il veut et ce qu'il ne veut pas ; parce que le peuple espagnol va se révéler un modèle de sang-froid et de sagesse malgré toutes les provocations meurtrières d'extrême droite ou d'extrême gauche qui ont pour but de rallumer un climat de guerre civile ; parce que Santiago Carrillo le chef du PC, en grand responsable, joue le jeu ; parce qu'une volonté existe, que l'espoir est là et que la chance n'est pas absente.

Chaque jour, chaque nuit apporte son lot d'angoisses. Encore des enlèvements, encore des attentats. Menaces, manipulations, intoxications. L'ombre est lourde. Il faut tenir bon. Il ne m'appartient pas de dire qui a fait quoi. C'est aux historiens, et bien sûr au roi. Je peux répéter seulement que sans le roi il n'y aurait pas eu de démocratie. (La légalisation du parti communiste étant le point le plus difficile, dangereux, avec les problèmes basque et catalan.) L'objectif était d'abord d'éviter la reconstitution de deux camps de guerre civile. Si une influence pouvait être exercée sur l'un des très nombreux partis du centre (plus de cent partis politiques se feront enregistrer) pour qu'ils n'aient pas la tentation du bloc contre bloc, il fallait conseiller. Ce n'était pas choquant. Dans cette période incertaine les questions de personnes, d'amitié, de confiance jouaient beaucoup. Et si la Couronne le souhaitait, aider la Couronne. Ma famille maternelle étant tout à fait monarchiste, j'avais une sorte d'entraînement héréditaire. Parfois, cela a pu être utile.

En novembre 76, un an juste après la mort de Franco, les Cortès franquistes acceptent une révision constitutionnelle prévoyant des élections au suffrage universel et donc leur propre mort (le processus de passage de la IVe à la Ve République, je le rappelle, a servi de modèle). Un problème très délicat a été celui de la « légitimisation » du régime monarchiste. Certains dans l'entourage étaient partisans de faire approuver clairement par le peuple, par oui ou par non, la monarchie pour rompre juridiquement et politiquement le lien de la succession franquiste. D'autres répliquaient : « On ne vote pas sur la couronne. » Les vieux souvenirs familiaux de l'amendement Wallon qui avait instauré la République en France en mentionnant le rôle de son Président pour promulguer les lois et décrets m'ont bien servi. J'ai proposé l'amendement Wallon mais à l'envers, en faveur du roi. Dans le texte soumis par référendum, en décembre, au peuple espagnol un article disposera que « le roi promulgue les lois et décrets », comme une sorte d'évidence naturelle. Approuvé par 94 % de oui. La monarchie est naturelle ou elle n'est pas.

En août, un décret loi a proclamé une très large amnistie (90 % des détenus politiques), début décembre, vingt-septième congrès du PS espagnol à Madrid (PSOE), le premier depuis quarante ans. Fin décembre, suppression des tribunaux d'exception. Le PC étant toujours clandestin et non reconnu, Santiago Carrillo est arrêté puis relâché. Comment écrire l'histoire dont on a été le témoin et parfois l'acteur. Il n'est jamais bon pour un Français d'intervenir en Espagne. Le chevalier Roland malgré ses appels de cor y a laissé la vie, Napoléon très mauvaise réputation et son frère Joseph encore pire. Il faut avoir lu ce que le commandant de l'aviation républicaine espagnole pendant la guerre civile a écrit d'André Malraux et de son escadrille, qui n'est vraiment pas bienveillant. Une duchesse à qui je conseillais pour s'adapter aux temps nouveaux d'aller dans ses terres prendre en main la coopérative agricole et se faire élire maire, me répond : « Impossible. Les soldats français ont brûlé tous nos châteaux. » Le roi Alphonse XIII avait dit en boutade : « Dans ce pays il n'y a que la canaille et moi à aimer la France. » Les milieux bien pensants s'inquiétaient. France = démocratie = pornographie. La Zarzuela avait refusé de restaurer les charges de cour traditionnelles, grand chambellan, grand veneur, gentilhomme de la clé, etc. Ciel, où va-t-on ? Une dame de nos amies m'invite sous ses plafonds illustres entre quatre Vélasquez et six Goya pour me faire jurer que le roi n'était pas communiste. Je jure.

« Cela ne vaut rien comme ça. Il faut jurer sur les Évangiles.

Un majordome apporte les Évangiles.

— Il faut un cierge.

Un majordome apporte un cierge.

— Allume.

Il l'allume.

Je jure.

— De toute façon, cela ne vaut rien. Chacun sait que tous les Français sont communistes. »

Le 23 janvier, durant une violente manifestation deux étudiants sont tués à Madrid par des militants d'extrême droite. Le 24, enlèvement revendiqué par le GRAPO, Groupe de résistance anti-fasciste, du président du Conseil de justice militaire. Qui est le GRAPO ? Dans la nuit du 24 au 25, quatre avocats de gauche sont assassinés à leur bureau en plein cœur de Madrid. Les attentats, les enlèvements se multiplient pour faire pression contre le mouvement démocratique. Les attribuer n'est pas toujours facile. En février, reprise des relations diplomatiques avec l'Union soviétique interrompues depuis 1939 et légalisation officielle de sept partis politiques dont le parti socialiste. Reste le cas du parti communiste.

Nous n'étions pas nombreux en faveur de la légalisation du parti communiste. L'argument qui me semblait le plus fort était que l'exclusion à priori d'un mouvement politique dévaloriserait complètement le résultat des premières élections libres. La presse ne verrait pas les résultats positifs du scrutin, le caractère démocratique du vote, elle ne verrait, en creux, que l'interdiction de participer (et elle aurait raison). En outre il fallait pouvoir se compter. La démocratie avait assuré sa base au Portugal, face à un PC assez stalinien, quand le parti y avait fait moins de 15 % des voix. Le Peuple, l'Avenir, l'Histoire n'étaient donc pas son monopole. Mais l'armée espagnole considérait la participation officielle du PC comme une insulte à sa victoire contre le Front populaire et un signal de guerre. Beaucoup de braves gens partageaient cette opinion. En tête à tête les socialistes me freinaient : « Nous, nous sommes bien obligés de dire que nous sommes pour la légalisation du PC, nous sommes de gauche. Mais c'est une folie. Ils ont tué trop de monde, en Espagne, et pas seulement les aristos ou les bonnes sœurs. Ils ont massacré les anarchistes à Barcelone, les socialistes à Valence. Les communistes, plus tard. Ils attendront. » Mais je tenais bon : pas d'élections sans le PC. Le PC fera un peu moins de 10 %. Participation normale, résultat normal. La démocratie sans adjectif...

Le coup d'État de Tejero (le seul connu parce que médiatisé en direct) sera une revanche à retardement contre la légalisation du PC et contre la paix civile sauvée en Catalogne, autre drame évité de si peu. Partout des pièges... L'ETA n'a pas désarmé. Faire progresser la démocratie c'est, jour après jour, tenter, pas à pas, d'avancer sans fanfares, à découvert, entre chien et loup. Qui est le chien, qui est le loup ?

L'extrême droite, pour ranimer les souvenirs les plus affreux et réactiver le processus de séparation en deux camps, lance contre le secrétaire général du PCE Santiago Carrillo l'accusation de « crime contre l'humanité non prescriptible ». Le massacre à Paracuellos de quatre mille cinq cents Madrilènes qui ont eu le tort d'avoir des chaussures, une cravate et un chapeau. Incarcérés comme suspects et ennemis de classe à la prison modèle. Quelle famille n'a pas un parent sur la liste. Au début de la guerre civile, le front est à moins d'un kilomètre de la prison. Le général Franco, à Burgos, donne une conférence de presse. On lui demande :

— Quand allez-vous prendre Madrid ?

— J'ai déjà quatre colonnes qui marchent sur Madrid,

une de Tolède, une de Brunete, etc. Mais *j'ai une cinquième colonne qui est déjà dans Madrid.*

Ainsi est née cette expression entrée dans notre langue. A Madrid, les autorités du Front populaire s'inquiètent. Et si la cinquième colonne c'était les détenus de la prison modèle qui se soulèveraient ? Le responsable de la sécurité, Santiago Carrillo, a vingt-trois ans. Il est communiste. Il donne l'ordre d'évacuer les prisonniers sur Valence. Mais les prisonniers n'atteindront jamais Valence. Les autobus de la ville qui les emmènent s'arrêtent dans un terrain vague à la sortie de Madrid. On leur fait creuser une fosse. Ils sont fusillés. Les autobus repartent à la prison modèle, chargent d'autres prisonniers, ils ferment la première fosse, en creusent une autre, ils sont fusillés. Et ainsi de suite.

En tête à tête avec Santiago Carrillo, je lui demandai sa version. « Nous étions persuadés que ces détenus représentaient un risque. J'ai pris la responsabilité de les évacuer. Là où il y a une faute de ma part, oui, une faute, c'est d'avoir confié à des miliciens le soin de les convoyer à Valence. Mais j'avais si peu de troupes régulières au début de la guerre ! Les brigades internationales ne viendront qu'ensuite. » Oui, mais cela dura plusieurs jours sans que quelqu'un s'interroge en haut lieu. Un massacre lent. Si les souvenirs de Paracuellos ne réussissent pas à recréer l'atmosphère de guerre civile, ils pourront au moins bloquer la légalisation du PC ; voilà ce qu'on pense chez les irréductibles.

Santiago Carrillo vient régulièrement à Madrid. Un service de police parallèle encore franquiste l'arrête. Il porte une perruque rousse et a un passeport français. Je me fais engueuler en espagnol par la Zarzuela un quart d'heure au téléphone : mon humour noir est scandaleux et un danger pour l'Espagne, la démocratie, la paix. Je comprends enfin : le passeport français est au nom de Giscard ! Santiago est incarcéré à la prison de Carabanchel. Je l'engueule le même temps, montre en main. On n'a pas le droit de faire des plaisanteries d'aussi mauvais goût quand le sort de la paix, la démocratie, l'Espagne sont en jeu. Il laisse passer l'averse. Puis :

« Tu sais où j'étais réfugié en France ? A Clermont-Ferrand. Je me suis dit : je prends un nom du coin, c'est plus discret. »

Un adjoint direct de Carrillo vient me voir à l'ambassade. Je le connais bien. J'étais intervenu pour que le patron des Commissions ouvrières sorte de prison. Je trouvais le fait que, nous, nous l'ayons incarcéré en Algérie plus que suffisant. J'avais aussi suggéré que les mutilés du camp républicain reçoivent une pension. Cela avait même été le premier acte du roi. Il ne faut pas voir ces interventions comme d'abusives ingérences. Dans le climat incertain de Madrid tout le monde parle de tout à tout le monde. L'envoyé du PCE me remercie en un mot et me demande :

— Il faudrait que vous passiez un message au Parti communiste français.

— Seigneur. Est-ce que vous n'êtes pas mieux placé que moi ?

— Non. Je vous explique. Les camarades français ont décidé d'organiser à Paris une manifestation de solidarité pour Santiago Carrillo devant l'ambassade d'Espagne. Dites-leur *qu'ils n'en fassent pas trop*. Quelques banderoles, un ou deux drapeaux et on se disperse dans le calme et la dignité. Pas de cris. Pas de casse. De la délicatesse, du doigté. Vous savez comme moi que dès qu'un Français s'occupe de l'Espagne il y a un million de Madrilènes sous le balcon du Palais d'Orient (où apparaissait le général Franco) pour protester en criant : *Arriba España ! Viva Franco !*

— Et pourquoi vous ne le dites pas vous-même, aux camarades de la place du Colonel-Fabien ?

— Ils ne nous croiront pas. Ils nous méprisent. Vous, ils vous respectent et ils vous croiront.

Je dis : « D'accord, c'est sérieux, je transmets. » (La manifestation se déroulera avec doigté et délicatesse.) Mon interlocuteur se détend dans son fauteuil sous le portrait du duc de Saint-Simon et du maréchal d'Harcourt. « Ce n'est plus la peine de s'agiter, d'ailleurs. Santiago Carrillo va bientôt sortir de prison. » Là je suis vraiment surpris. Le secret de cette libération, nous ne sommes que très peu à le connaître. Sur instruction du roi, le président du Conseil Adolfo Suarez a trouvé un haut magistrat dont le père et un autre parent ont été assassinés à Paracuellos. Il est contre les lois rétroactives (il a bien raison) et l'imprescriptibilité des crimes contre l'humanité. Il refusera d'inculper Carrillo. Secret absolu. Un drame va se produire, la mort de ce magistrat d'une crise cardiaque, il faudra en trouver un autre, mais ce sera le problème de demain. Le processus est engagé. Je demande, l'air naïf :

— Et comment savez-vous qu'il va sortir de prison ?

— Un signe qui ne trompe pas. Les gardiens de Carabanchel l'appellent déjà : *Don Santiago*.

Ô Espagne immense, profonde et éternelle. La qualité littéraire ne te manquera jamais.

Mars 1977. Il m'est même arrivé de travailler pour Don Santiago. Un sommet euro-communiste a été prévu à Madrid entre les trois plus grands PC d'Occident, l'italien, le français, l'espagnol. L'expression euro-communiste, qui va à l'époque avoir un immense retentissement dans la presse, est une invention d'un journaliste yougoslave. On peut voir l'intérêt de Tito dans cette formule qui, en elle-même, est déjà une sorte de distanciation par rapport à Moscou. Carrillo a sauté sur la perche tendue. Il n'aime pas Staline. Il l'accuse d'avoir volé l'or de la Banque d'Espagne et livré des patriotes communistes aux bourreaux franquistes. Il m'a raconté son dernier entretien avec Staline, qui tourne mal.

Staline : — On ne peut pas travailler avec vous, les Espagnols. Vous ne comprenez rien au matérialisme historique, rien à l'internationalisme prolétarien, rien à la dialectique marxiste. D'ailleurs, ce n'est pas étonnant, vous ne vous intéressez qu'à des conneries, au Bon Dieu et à la Sainte Vierge.

Carrillo : — Camarade premier secrétaire, contre le bon Dieu, tout ce que tu veux. Mais rien contre la Sainte Vierge, je ne peux pas l'accepter.

Il vient me trouver pour me demander de l'aide. Il connaît le communisme certes, mais pas l'Europe. Il ne sait pas qui sont les membres fondateurs et n'a aucun spécialiste du Marché commun sous la main. Comme dans toutes les grandes conférences, le communiqué final doit faire l'objet d'un accord préalable entre les participants. Est-ce que je pourrais lire avec lui la partie du projet concernant l'Europe et lui indiquer ce qui serait erreur ou omission ? Par courtoisie, il me donne l'ensemble du projet et me tient au courant des négociations avec Berlinguer et Marchais. Ce que devrait être une Europe pacifique, démocratique et de progrès social, ce n'est pas le plus difficile à écrire. Le problème est la mention du Parlement européen à élire au suffrage universel, auquel tient beaucoup l'Italien Berlinguer, « c'est ce qui nous tire vers le nord ». Marchais est contre. En fait Marchais n'est d'accord sur rien. Il vient, c'est son unique concession.

Moscou ne veut absolument pas d'une autre Mecque, ou Constantinople, ou Rome en rivalité avec Moscou. D'un autre « *centre international* » dira Marchais dans sa conférence de presse. D'autant plus que Carrillo a attaqué bille en tête en proposant un long paragraphe sur l'échec total du modèle soviétique. Niet à Paris. Le marquis Berlinguer, aussi civilisé que communiste, soutient Marchais. « Pourquoi condamner l'URSS ? Nous réunir est déjà assez significatif. Ne parlons que de ce qui est positif. » Soit. Paragraphe supprimé. Et dans la conférence de presse Carrillo en rajoute sur l'aspect positif. Un journaliste ironique lui demandera s'il persiste à penser qu'en Union soviétique il y a « domination d'une classe sur l'autre ». Berlinguer vole à son secours en déclarant que c'est une citation de son prédécesseur Togliatti lui-même. Un paragraphe qui appelle à l'unité d'action des communistes, des socialistes, des travailleurs chrétiens, et des autres, baigne dans l'huile sainte. A Paris c'est l'heure du programme commun. En revanche, sur le texte qui normalement fixe lieu et date du prochain sommet eurocommuniste, de nouveau veto français. Ce serait officialiser le schisme, l'institutionnaliser. Berlinguer se bat, Carrillo se bat. Berlinguer et Carrillo cèdent. Il n'y aura rien dans le communiqué. Tout le reste a peu d'importance par rapport à ces deux lignes qui manquent : prochaine réunion où et quand. La question n'est pas mentionnée dans *L'Huma* du 5 mars 1977 qui consacre trois pages à la conférence de Madrid. Je ne suis pas sûr que la presse ait bien vu l'enjeu. Que Marchais ait prononcé le mot euro-communisme, et de façon dubitative : « si c'est... », n'était pas une victoire. La seule victoire des euro-communistes aurait été de se réunir de nouveau entre euro-communistes. Veto. Il y a plusieurs façons de tuer. *On ne parlera plus de l'euro-communisme.*

Santiago Carrillo a obtenu au moins d'avoir pu réunir à Madrid une conférence internationale, un pas vers la légalisation de son parti. Et pour moi, une autre péripétie. Le matin de la réunion, M. Kanapa, le responsable de politique étrangère du PC français qui accompagne Marchais, m'appelle au téléphone à l'ambassade. Un peu gêné, il s'excuse de me demander cela au dernier moment, il voudrait savoir si ce soir vers 19 heures, après le sommet, je pourrais recevoir Georges Marchais pour une visite de courtoisie ? Certes. Encore faut-il que je sois à la résidence. Peut-il rappeler dans un quart d'heure. Dans le quart d'heure, un peu agité, mais je sais faire vite quand il faut :

• Je reçois un coup de téléphone de l'excellent et fidèle Rumelhardt, attaché de presse à l'ambassade, qui était à l'aéroport et qui m'explique. Juste avant l'avion de Marchais, celui de Berlinguer est arrivé. Des journalistes ont posé au marquis rouge la question de savoir ce qu'il comptait faire de sa soirée et il a répondu : « Aller saluer l'ambassadeur d'Italie qui offre un verre en mon honneur. » Exit. Entrée de Georges Marchais. Un journaliste français demande : « Berlinguer va saluer l'ambassadeur d'Italie. Est-ce que vous avez l'intention ce soir d'aller saluer l'ambassadeur de France, dont le rôle et les convictions démocratiques, etc. » Marchais, pris de court, répond « oui, bien sûr, certainement. » Et voilà pourquoi Kanapa m'a appelé en catastrophe.

• J'appelle la Zarzuela. Le roi a-t-il une objection à ce que je reçoive Marchais à l'ambassade ? Réponse : au contraire. Cela habituera les Espagnols à considérer les communistes comme des êtres humains pas plus anormaux que les autres. Il faut le recevoir.

• J'appelle le ministre des Affaires étrangères espagnol, Marcelino Oreja, pour lui expliquer que j'annule ma rencontre avec lui à 19 heures, parce que à cette heure-là Georges Marchais, parce que Berlinguer, parce que Sa Majesté, parce que je suis bloqué à l'ambassade, parce que je lui raconterai. *Hasta luego. Abrazo muy fuerte.*

• J'appelle l'Élysée pour signaler que je vais recevoir Georges Marchais à la résidence. Fureur de l'Élysée. Il parait que la veille Marchais a refusé de se rendre à une invitation du président Giscard d'Estaing qui cherchait à établir un consensus à l'anglo-saxonne sur quelques grands sujets de politique étrangère. Je réplique que M. Marchais est un élu français, chef d'un parti politique français reconnu par la constitution et que, puisqu'il l'a demandé, je le recevrai. Mon interlocuteur très haut placé coupe la conversation en disant : « Si tu le reçois, tu sautes. »

• Kanapa appelle. Je lui confirme : 19 heures, ce soir, Serrano 124.

Un petit quart d'heure, sous le portrait cette fois de Louis XIV. Pas inintéressant.

Meurtres, attentats, enlèvements, provocations continuent. La presse étrangère ne fait même plus attention. La paix est de gagner un jour, encore un jour.

11 mars. Amnistie pour tous les détenus politiques, à l'exception des crimes de sang. 9 avril. Légalisation du parti communiste. Qui, il y a à peine un an et demi au chevet de Franco mourant, aurait pu le croire ? L'imaginer seulement ? Il fallait croire et oser. Juin 77. Premières élections libres depuis 1936. Le parti de centre droit d'Adolfo Suarez obtient 34 % des suffrages, le parti socialiste de Felipe Gonzalez 29 % au centre gauche. Il faut dire merci au roi, au peuple espagnol et au professeur de Hondt pour son système proportionnel sur base provinciale à très forte prime majoritaire. La démocratie est vraiment instaurée.

La veille de ces premières élections libres, le journal télévisé du soir annonce que Leurs Majestés le roi et la reine voteront le lendemain à tel bureau de vote. Dans la logique d'une monarchie le roi et la reine ne votent pas. Ils sont les garants du vote. Et il ne faut en aucun cas que l'opinion puisse même se demander après les résultats pour qui le roi et la reine ont voté et s'ils ont donc gagné ou perdu... La rectification sera faite dans l'heure à la télévision.

Luis Buñuel, le cinéaste célèbre qui vivait en exil à Mexico, est revenu tourner un film en Espagne : *Cet obscur objet du désir.* Il passe me saluer à l'ambassade pour me remercier. Pourquoi ? On ne peut tout raconter. Puis il m'entraîne au Ritz. S'il ne reste plus qu'un Ritz au monde, ce sera celui de Madrid. Les maîtres d'hôtel ont tous eu, au festival de Stratford upon Avon, le prix du meilleur second rôle en jouant les maîtres d'hôtel ; le mobilier des salons, fauteuils, banquettes, dressoirs, acajous, cuirs et chintz en provenance directe d'un manoir cossu du Sussex perdu dans les longues pluies d'hiver ;

les abat-jour couleur rose thé, frangés ; les clientes très bijoutées à la chevelure organisée de main d'artiste ; le pianiste cravate blanche et queue-de-pie ; le répertoire du pianiste : il ne manque au pot-pourri pas un succès des années 30 à 50, des vieux amis à saluer au passage. Buñuel n'a pas de veste et moi pas de cravate (ou les deux). On reconnaît une maison exceptionnelle comme le Ritz de Madrid au fait que personne ne semble même le remarquer.

La conversation porte sur les critères de civilisation. Il existe des cultures où roter après dîner est une marque indispensable de politesse. Traçons la frontière du rot. Et le pet ? La frontière de la civilisation du pet est inconnue. Secret militaire et diplomatique sans doute. Il faudrait consulter le Quai d'Orsay, le palais Santa Cruz, le Foreign Office, la Wilhelm Strasse, la Ball Platz, le palais Chigi. Et le Vatican bien sûr. Mais ils n'ouvrent leurs archives que tous les quatre siècles, alors...

Et cracher ? Buñuel établit la carte du monde hispanique cracheur et non-cracheur. A mon tour d'enrichir la science de quelques expériences personnelles. La Chine éternelle crache. Tous les palais officiels sont munis de vastes crachoirs. Chez les Britanniques, les Anglo-Saxons ne crachent pas, les Celtes crachent avec naturel. Je peux l'attester pour les Écossais, les Irlandais, les Gallois. Pour la Cornouaille, j'hésite. Un maître d'hôtel si parfait qu'on doute de son existence (comme celle de Dieu) vient renouveler nos boissons fortes. A propos de Dieu, on connaît la réponse de Buñuel : « Croyez-vous en Dieu ? — Je ne crois pas en Dieu. Dieu merci. »

En échange, je lui raconte la dernière conversation sur le bon Dieu et la Sainte Vierge entre Staline et Santiago Carillo. Il en est très heureux. Il me dit : « Tout à l'heure j'ai vu un scandale. *De verdad.* J'ai croisé dans la rue un prêtre qui allait donner l'extrême onction. Il n'était pas précédé d'un enfant de chœur en surplis agitant une clochette. L'Espagne est foutue. » Nos boissons sont encore renouvelées par la main d'un invisible archange. Le pianiste à queue-de-pie reprend *Tea for Two*, après un petit signe de tête à une lady qui pourrait être sa mère (peut-être sa mère d'ailleurs) et qui marque le tempo de sa biscotte allégée. Avec Buñuel nous cherchons à quelles valeurs nous raccrocher. S'impose comme critère de civilisation la façon de pisser. Chez les peuples sérieux les femmes pissent debout et les hommes accroupis. Un zizi masculin doit être protégé. Délicat, fragile. Objet d'art. Il suffirait d'un mauvais œil, mauvais sort, mauvais vent, mauvais esprit pour que le petit ressort se casse et que le coucou ne sorte plus du coucou-clock. Les femmes, pfftt, il est moins fatiguant d'ouvrir la bouche que de tendre le bras, disait-on quand j'étais militaire. Ah, ah. Il semble que les abat-jour ont légèrement rougi sous les plafonds couleur sorbet pêche et crème chantilly du Ritz. Buñuel se lève pour une démonstration de la position réglementaire et sécurisante du pisseur accroupi.

La démocratie est un réflexe, et les réflexes viennent de très loin. Quand je m'occuperai de peuples en lutte pour leur libération, un jour un jeune opposant au régime m'interroge : « Existe-t-il des manuels de démocratie ? » Non. Tant pis et tant mieux. Tant pis parce que ce serait bien facile de suivre sur le texte ce qu'il faut faire ou ne pas faire pour imposer la liberté quand elle n'est pas respectée, et la respecter quand on l'a obtenue. A Bucarest, en pleine bagarre où les gros bras du pouvoir tapaient à coups de triques, les étudiants en grève me demandèrent s'il convenait pour être démocrate :

— de faire une liste de revendications les liant eux-mêmes ;

— de demander trop pour obtenir assez ;

— comment désigner leurs représentants et porte-parole ;

— comment engager la foule qui les soutient, ou réserver tout accord, ou faire voter à main levée, ou... etc.

Il n'y a pas de manuel. Tant pis et tant mieux. La vie n'est pas dans les livres, parfois au-dessus, parfois au-dessous, souvent à côté. Si la liberté ne s'inventait pas chaque jour, elle ne s'appellerait pas liberté. Et si elle ne puisait pas ses racines dans un vieux souffle venant de nos poumons et de notre sang qui pourrait s'appeler l'âme, on ne risquerait pas sa vie pour elle.

Mai : Dolorès Ibarruri, la pasionaria qui avait lancé en plein Cortès : « C'est la dernière fois qu'on te voit debout dans tes chaussures » — et Calvo Sotelo est assassiné le lendemain —, rentre en Espagne après trente-huit ans d'exil à Moscou. D'abord invitée de tous les meetings elle sera ensuite discrètement mais fermement mise à l'écart. Son discours stalinien est le même depuis trente-huit ans.

Felipe Gonzalez, le très jeune chef du parti socialiste, a été élu, en exil en France à Suresnes, parce que les caciques et les bouddhas du parti socialiste ne croyaient absolument pas non plus à une évolution possible du régime vers la démocratie et que les gens « sérieux » avaient préféré passer leur tour et attendre. Eh bien, il y a une justice : ils attendent encore. Attentats, enlèvements, confusion. La prise des Cortès en direct à la télévision par un lieutenant-colonel moustachu de la garde civile ne doit pas masquer le combat obscur et quotidien, qui a été celui du roi et de ses fidèles, pour maintenir le cap sur une Espagne retrouvant sa place « naturellement » dans le concert européen. Le changement de gouvernement, juillet 76, a été une étape capitale. Nomination d'Adolfo Suarez.

Un grand hebdomadaire politique espagnol publie en première page la photo de Suarez, en uniforme franquiste, qui prête serment devant le Caudillo. Page deux : Suarez en jaquette prête serment devant le roi. Les lecteurs tournent la page attendant la troisième photo. Pourtant Adolfo Suarez a été irremplaçable à cette période où tout paraissait encore « ficelé et bien ficelé ». Il a su *dénouer*. Avec habileté, talent, conviction il a rallié la droite qui n'était pas irrécupérable. Il a trouvé les hommes et coordonné les gestes qui ont fait que les Cortès franquistes ont mis fin aux Cortès franquistes. Il a conduit la grande coalition de centre droit qui a permis à la démocratie issue du suffrage universel de s'installer et de gouverner. Dans l'ambiguïté ? J'ai assisté à cette fin acceptée d'un monde : il n'y a qu'une façon de sortir d'une situation impossible, c'est de se mettre dans une situation fausse.

Il promettait peut-être trop. C'était le jeu. Des Espagnols étaient sincèrement persuadés que le président du Conseil leur avait garanti que le parti communiste ne serait pas légalisé. Dont un général et un banquier, non des moindres, ce qui eut des conséquences. Ses débuts avaient été si faciles dans le franquisme qu'il avait fait beaucoup d'envieux. Par un bizarre trait de caractère il en voulait à ceux qui l'enviaient. Il avait été prévu que le premier voyage du roi à l'étranger serait en France. Il réussit à faire annuler ce projet qui irritait tant la droite espagnole « dure ». Le premier voyage royal sera, pour l'Hispanidad, Saint-Domingue, ce qui est une très bonne solution, et les États-Unis, ce qui est plus discutable. Puis, quand il dut accepter que le roi vienne en France, il fit retirer du programme tout ce qui allait un peu plus loin que les rites habituels. Les services diplomatiques et de sécurité étaient bien sûr de son côté. Adolfo Suarez laissait raconter que son père, modeste et fier Espagnol de vieille Castille, avait été odieusement séduit par une gouvernante française qui avait détruit son ménage et dilapidé sa fortune. Le vrai roman-photo. En revanche j'ai assisté à son entretien avec le Premier ministre français, voyage organisé par le roi lui-même pour lui donner un peu d'audience internationale, juste après sa désignation comme président du Conseil, et je comprends qu'il n'en ait pas gardé le meilleur souvenir. Pendant quarante minutes, temps minimum fixé par le protocole pour que l'audience ne soit pas considérée comme une injure, il dut entendre toutes les raisons pour lesquelles l'Espagne n'entrerait pas dans l'Europe dont l'une, suffisante, serait que la France s'y opposerait. Un an plus tard, le 28 juillet 1977 l'Espagne à Bruxelles présentera sa demande officielle d'adhésion.

Ce jeune homme au cheveu noir, à l'œil noir, au visage aigu, courageux, tendu, voulant tant séduire qu'il y réussissait moins, a été un très bon chef de gouvernement. Il était peut-être trop jaloux pour être un grand homme d'État. La jalousie fait perdre beaucoup de temps. Je l'énervais et il s'est plaint à Paris de ce que je sortais de mon rôle d'ambassadeur. Certes. Il n'a pas réussi son opération de « parti charnière » indispensable à toute majorité. Le peuple espagnol a préféré l'alternance. Mais, dans la transition, aucun autre que lui n'aurait pu réussir. Sur deux sujets d'une importance considérable j'ai donné des conseils différents des siens et c'est lui qui avait sûrement raison. Comment répondre aux mouvements indépendantistes ou fortement autonomistes ? (Troisième règle non écrite : maintenir l'unité...) Ma réponse avait été : le problème c'est la Catalogne et le Pays basque, il faut traiter la Catalogne et le Pays basque. La sienne : organisons une autonomie régionale qui touchera *toute* l'Espagne, pas seulement la Catalogne et le Pays basque. Aussi la Galice, l'Andalousie et l'Estrémadure, le pays de Valence et l'Aragon. Il faut noyer la difficulté, au moins la diluer. Pour gagner du temps. On ne peut gagner que le temps. Mais après le temps ? Le deuxième problème était celui de l'équilibre institutionnel. Dans la nouvelle constitution quel serait le rôle du roi ? J'étais partisan, peut-être déformé par les textes français, que le roi d'Espagne conserve deux pouvoirs propres : celui de dissoudre l'Assemblée dans certaines conditions, celui de choisir le Premier ministre (sous réserve qu'il ait aussi la confiance du Parlement). Suarez s'y opposa avec le soutien des Cortès. Son argument était que le roi n'était pas élu. Se répandit le bruit qu'il avait commencé sa campagne pour être le premier président de la future nouvelle République. Quelques stupides brimades de protocole envers la reine, notamment, y ajoutèrent du crédit. D'autres me disaient : les Espagnols n'aimeront pas un roi qui ne sert à rien. Mais le problème de fond demeurait : en quoi la Couronne doit-elle apparaître utile ? La question sera sans objet après le *golpe* du 23 février.

Au printemps 1977, la Zarzuela avait appelé : « Ton

ami Felipe Gonzalez se conduit de façon misérable. Tous les chefs politiques espagnols ont reconnu ce qu'ils devaient à la monarchie. Lui seul n'a pas dit un mot. » J'invite Felipe Gonzalez à déjeuner et je lui dis : « Tu te conduis de façon misérable. Tous les chefs politiques espagnols, etc. » Il répond : « Attends demain. Je vais faire un communiqué. » Et le communiqué de Felipe sera un petit chef-d'œuvre de pirouette politique. « Dans cette période si difficile de la transition démocratique, la Couronne a joué un rôle positif. Et ce n'est pas un mince compliment, venant d'un républicain. »

Gonzalez, malgré son charme andalou derrière lequel il cachait caractère et intelligence, avait aussi ses difficultés. La fédération de Madrid notamment, très combattante, le trouvait faible sur la doctrine socialiste et la lutte des classes. Le vieux professeur Tierno Galvan gémissait : « Je ne peux même pas lui reprocher de ne pas avoir lu Marx, il n'a lu aucun livre. » Dans les débuts de la démocratisation, l'influence des pays étrangers était grande. L'ambassadeur d'Italie soutenait les démocrates chrétiens et celui des États-Unis tout individu majeur susceptible d'être corrompu. En parlant d'un ami commun dans une position clé, Kissinger dira : « Laissez tomber. Je paierai toujours plus cher que vous. » L'ambassadeur d'Allemagne à Madrid, sans vergogne, se vantait devant ses collègues de la façon dont il répartissait les fonds par l'intermédiaire des grandes fondations politiques allemandes. « Ah, j'oublie les franquistes. Je les ai confiés à la CSU. »

En décembre, lors du premier congrès du parti socialiste à Madrid, Felipe Gonzalez montrera son habileté, mieux, une sorte de génie du réflexe. Quelques militants ont monté une provocation. Un groupe se lance vers la tribune en brandissant un grand drapeau républicain. Toute la presse au premier rang se demande ce que va faire Gonzales. Il s'incline très légèrement, ne touche pas le drapeau et désigne pour le recevoir un des caciques socialistes, un « vieux », un historique. Sans éclat mais fermement, la page est tournée.

L'Histoire devrait établir la liste de ceux qui, durant ces deux années essentielles, ont su prendre leurs responsabilités. Près ou loin du roi, intimes ou non, à tous les niveaux, ministres ou fonctionnaires, civils ou militaires, de droite, de gauche ou d'ailleurs. Quelques journalistes de très grande conscience eurent un rôle majeur en balisant : ici, danger à éviter, là, cap à passer. Il fallait veiller à tout, tout le temps. Le terrorisme basque empoisonnait les relations franco-espagnoles et pesait sur la vie quotidienne. J'ai dû une fois remonter par mes propres réseaux jusqu'à la source d'une information particulièrement provocatrice lancée par une agence de presse manipulée par l'extrême droite. (Coup classique : mélange pour être plus explosif d'une vraie nouvelle et d'un événement passé.) Déjà les problèmes étaient terribles : un assassinat au sud des Pyrénées, et sa « revendication » une demi-heure après de l'autre côté de la frontière ! Situation réellement insupportable pour l'Espagne. Il n'était pas nécessaire d'en rajouter. J'ai retrouvé le ministre espagnol compétent dans sa salle de bains en train de nouer sa cravate noire pour un dîner de gala. Quand il faut faire vite, il faut faire vite. La manœuvre était désamorcée le soir même.

Le week-end, les enfants Romanones nous entraînaient au fin fond de l'Estrémadure dans une *finca* que leur mère, Américaine qui se disait espionne de la CIA, avait découverte parmi les propriétés de son mari. Le paysage n'avait pas été altéré depuis des siècles. Les murailles des villes, les églises fortifiées étaient toujours prêtes à recueillir la population avec ses bœufs et ses cochons contre l'incursion d'un parti de cavaliers maures. Nous chassions la grande outarde (pesant jusqu'à quinze kilos, c'est le plus gros oiseau du monde qui vole) en nous défilant d'un muret de pierres sèches à un autre, en jouant des sautes du vent, en rampant sous les chênes nains ou à l'abri des tales de châtaigniers pour approcher le chef guetteur des oiseaux perché sur un tronc mort et tirer, au fusil de guerre, une balle, une seule, à plus de six cents mètres. D'habitude, au moment où nous épaulions, le guetteur s'élevait d'un vol qui ne paraissait lourd que parce que l'oiseau était énorme. Qui l'avait prévenu ? Un autre guetteur dans notre dos ? Ou seulement l'air, l'air du temps.

J'aime l'Estrémadure, terre la plus pauvre d'Espagne entre la sierra la plus sauvage au nord, celle de Gredos et au sud la sierra Morena qui coupe des charmes de l'Andalousie. Elle n'a produit dans les siècles que du cochon, du liège, des poteries que des âniers allaient vendre dans toute l'Europe, des ordres de chevalerie et des conquistadores. Les plus grands. Cortés, empereur du Mexique, couvert d'or et de titres qui voulait aussi conquérir Alger, rate et finit déchu en héros amer et fatigué. Pedro de Valdivia, fondateur du Chili, tué par les Araucans. De Soto, découvreur de la Floride, disparu sur les rives du Mississippi. Francisco de Orellana, sur celles de l'Amazone. Pizarre, maître du Pérou, assassiné dans son palais après avoir exécuté ses compagnons d'armes. Balboa, le premier Occidental qui vit la mer du Sud, qu'on appellera plus tard l'océan Pacifique, décapité sur ordre du vice-roi espagnol qui craignait son ambition. Tous malades de la fièvre de fortune, fous d'orgueil, délirants de rêves. Il y a en Andalousie un Jerez de la Frontera, célèbre pour ses vins et ses chevaux, que tous les touristes connaissent. Il y a en Estrémadure un autre Jerez, Jerez de los Caballeros, chef-lieu de rien, site inconnu, carrefour improbable, mais lieu de naissance pour découvreur de continents et dernier hommage aux Templiers qu'il faut aller saluer, comme on va voir un vieil écrivain ou artiste retiré, pour pouvoir dire ensuite : je l'ai rencontré. Arrivée par la vallée des Matamores face à la sierra du Vent. Maisons nobles, tours et clochers sur lesquels souffle un grand air baroque. Salut.

Le soir au coin du feu, fourbus et aussi heureux d'être bredouilles que si nous avions rapporté des médailles d'or, xérès en main nous refaisions le monde qui en a bien besoin. Tout est toujours à découvrir. Une vallée inconnue avec une population qui vivait encore comme au XVIIIe siècle avait été trouvée par hasard dans les années 1930. On pouvait chasser le loup. C'était un coup de fusil difficile.

Mon attaché militaire, colonel de l'armée de l'air, avait droit à un Fouga Magister à domicile pour « faire ses heures » et ne pas perdre la main. Nous volions ensemble et comme il est d'usage, nous nous jetions quelques défis, du style passer sous l'arche d'un pont. Bien que ma femme ait toujours chanté mes louanges en tant que pilote d'avion, elle mit fin à nos paris. La rumeur l'accusa d'avoir rapporté directement à l'Élysée et nous fûmes privés de Fouga au titre des économies. Il restait la voile.

Je louais un classe II puis achetais un classe III pour participer d'abord avec le roi, ensuite contre le roi aux championnats de course au large qui se tenaient deux ans de suite à Palma de Majorque. Merveilleux souvenirs, l'eau, le vent, l'effort, la compétition, l'amitié, la nuit en mer, la navigation aux étoiles... Le roi m'avait affecté comme aide de camp un jeune officier de marine qui, un jour où j'avais pris par très gros temps un très gros risque, nous sauva la vie en ayant le réflexe de se jeter à plat ventre sur un génois qui allait partir à la mer et nous entraîner. J'aurai dans la même sortie mouvementée (deux hommes périrent emportés par une lame sur un autre bateau) l'occasion de nous sauver à mon tour en coupant sec une écoute bloquée à contre d'un coup de couteau. La voile ou nous. Prendre un riz à l'irlandaise, dit-on. A faire très vite, la mer était si blanche et si creuse avec des déferlantes de torrent. Au soir, les yeux et les lèvres mangés de sel, je trouvais un message urgent du Premier ministre français. Où étais-je passé ?

J'aime l'Espagne. Les villes sont encore des villes et la campagne, la campagne. Il faut éviter la côte qui a été massacrée de façon honteuse par la spéculation bétonnière. Les banlieues n'ont ni plus ni moins d'âme qu'ailleurs. Il reste le vent qui souffle l'air des siècles, dont celui qui a donné naissance au Cid, à Averroès et à Maïmonide. Nous irons faire à cheval le pèlerinage du Rocio et debout sur mes étriers, ma femme en croupe, je crierai trois fois avec mon Hermandad, celle de Triana de Seville : *viva la blanca paloma !* Pour le 14 juillet, après accord de la Zarzuela, nous organisons une vraie fête. Pas comme d'habitude dans les ambassades, quelques rapides petits fours de deuxième qualité et tout sous clé pour que la colonie française ne pique pas ce qui traîne « pour récupérer ses impôts » suivant la formule. Non. Lampions, deux orchestres, parquets de danse, quatre buffets. Les invités viendront en foule, les duchesses et les toreros, les écrivains et les ministres, les artistes et les ambassadeurs. C'est une grand première dans une société qui depuis quarante ans était strictement hiérarchisée et compartimentée. C'est aussi une grande première politique. Tous les chefs de parti ont été conviés, tous. Fraga Iribarne et Santiago Carrillo, Antonio Garrigues et Felipe Gonzalez. La bonne société vérifie que Santiago a bien deux bras deux jambes et que Felipe a mis une cravate. Ma femme ouvre le bal avec SAR Alphonse de Bourbon, descendant de saint Louis. L'ambassadrice d'Algérie valse avec mon attaché militaire. A sept heures du matin, Antonio Ordoñez, le plus grand des toreros, arrête sur Serrano les premiers automobilistes qui vont à leur bureau et, une bouteille et une coupe en main, leur offre du champagne.

Il faut tenir la nuit. Une amie m'a dit : je n'ai jamais déjeuné et dîné le même jour. La journée est bien remplie.

Airbus et aviation civile. Coopération militaire sur les sous-marins. Attentats et menaces d'attentats. Budget de notre centre culturel. Cinq visiteurs de passage qui mangent le temps. Conversation de travail avec Miguel Herrera de Minon sur le système électoral qui serait le mieux adapté à la situation espagnole. Pas le scrutin majoritaire uninominal, il serait dans les mains des caciques et rien ne bougerait. Pas la proportionnelle pure qui peut tuer la démocratie par l'instabilité gouvernementale ou donner un pouvoir de chantage à des marginaux, voir Israël et l'Italie. Préférence pour le système du professeur de Hondt.

Je règle avec le directeur général des douanes le problème de nos jeunes compatriotes de retour de vacances au Maroc qui se font arrêter avec une provision de hasch à Algerisas. Les familles éplorées m'écrivent, me téléphonent, viennent me voir. La plupart de ces touristes sont des victimes ; sur le quai du ferry on leur a dit : achète-moi quelques kilos, ça te paiera ton voyage. Et le vendeur, après avoir encaissé le prix de vente, prévient la douane espagnole et touche la prime de dénonciation. La prison de Cadix est surpeuplée. Au-dessous d'un certain nombre de kilos fixé d'un commun accord, tous nos jeunes compatriotes seront expulsés sans autre sanction. L'accord est scellé d'une poignée de main. Ce qui est oral engage plus que ce qui est écrit. Mais drame non résolu pour le fils d'un général français assassiné alors qu'il campait en pleins champs. Les autorités refusent d'interroger le voisinage : il est interdit de soupçonner d'honorables Espagnols. Devant l'illustre tapisserie de la rencontre de nos deux rois à l'île des Faisans, Louis XIV et Philippe II, qui décore le grand salon, je remets une Légion d'honneur. Un ami bien né s'indigne de la tapisserie « parce qu'elle évoque une alliance imposée par une défaite militaire espagnole » mais se précipite dès que j'ai le dos tourné pour vérifier que le nom dc son ancêtre figure bien sur la liste des Grands, accompagnant Philippe II. Excuses téléphoniques d'un anonyme pour un attentat à la bibliothèque française : « La bombe était prévue pour 4 heures du matin, quand les locaux seraient fermés et déserts, l'artificier s'est trompé et elle a explosé à 4 heures de l'après-midi. » Le concierge a été blessé. Voilà ce qui arrive quand on utilise un réveil classique dont le cadran est gravé en douze chiffres et non en vingt-quatre… Mais ce n'est quand même pas à moi de fournir l'assistance technique.

Tennis avec la famille Garrigues à Puerta de Hierro. Deux appels de ministres espagnols. Dès le mois de juin, beaucoup d'Espagnols veulent faire inscrire leurs enfants au lycée français de Madrid où la liste d'attente est longue. C'est un immense succès pour notre culture et notre influence. Mais les ministères français sont contre, Quai d'Orsay et Éducation nationale ! Un lycée français prend une trop grosse part de « l'enveloppe ». J'ai si honte de refuser les demandes que je m'entends avec un entrepreneur espagnol ami et ancien élève et, sur un terrain de basket abandonné dans une cour du lycée, je fais monter des baraques de chantier prêtées qui serviront de salles de classe provisoires. En attendant une régularisation, les frais de représentation de l'ambassadeur paieront les heures supplémentaires des professeurs. Ça marche. Contre Paris et sans Paris. En revanche, échec lamentable avec la télévision française. J'ai obtenu des autorités espagnoles que nos réémetteurs sur les Pyrénées qui vont être modernisés pour desservir quelques hautes vallées, puissent balayer le nord de l'Espagne, régions les plus riches et les plus peuplées. Cela vaut cent fois, mille fois toutes les conférences culturelles. C'est la télévision française qui refuse. Par peur. Par bêtise. Par lâcheté. « Parce que si on peut émettre chez eux, ils vont pouvoir émettre chez nous. Et notre monopole ? » Une occasion unique et historique de sauver la langue française en Espagne a été perdue. Les techniciens de l'ORTF veilleront à ce que les émissions des nouveaux pylones ne puissent en rien être captées de l'autre côté de la frontière. A pleurer de rage. Tard dans la soirée des amis militaires me préviennent qu'un coup de force est en préparation à Barcelone. J'appelle la Zarzuela.

Les prévisions donnent pour les élections en Catalogne une nette majorité au Front populaire en additionnant, sur le papier, la gauche et les indépendantistes. La règle non écrite numéro trois de la transition démocratique risque de ne pas être respectée. Chaque année sont organisées des manœuvres conjointes franco-espagnoles, Ibéria une année, Gallia l'autre, auxquelles participent les unités d'élite espagnoles. Les manœuvres seront annulées, je suis prévenu. Les unités délite se réservent pour une tâche intérieure plus importante : reprendre militairement Barcelone et la Catalogne. Ce serait la guerre, la fin du processus démocratique, l'isolement total de l'Espagne, la fin de la monarchie. La Zarzuela me rappelle. « Et si on allait chercher Taradellas ? »

Je réponds : génial.

Taradellas est l'ancien président de la Generalidad de Catalogne, élu en exil, qui a quatre-vingts ans. C'est un symbole. Il vit retiré dans un village du Val de Loire à côté d'Amboise. Un Mystère 20 vient le prendre pour le ramener en Espagne.

Après avoir vu le roi, et avant de partir pour Barcelone, il passera me saluer à l'ambassade. J'ai fait envoyer par télégramme la rosette de la Légion d'honneur à Carlos Sentis, doyen des journalistes catalans, parce que je pensais qu'il était le premier à avoir eu l'idée. Mais la victoire a toujours plusieurs pères. Ce qui compte c'est que dès l'arrivée de Taradellas à Barcelone, dès qu'il aura dit en catalan : « je suis ici », tout s'arrêtera, les projets de mouvements de chars, de sauts de parachutistes comme les déclarations unilatérales d'indépendance et les provocations extrémistes diverses. Il fallait aussi faire confiance aux Catalans eux-mêmes dont on pourrait dire, comme le M. Teste de Paul Valéry, que la bêtise n'est pas leur fort. Les Espagnols, un rien jaloux, en essayant de suivre les pas compliqués de la sardane, affirment : « Ils calculent même pendant qu'ils dansent. »

Au Pays basque, en revanche, rien ne s'arrange. La France joue toujours un rôle douteux de pays d'asile que ne justifie plus la situation en Espagne. Les Basques ont été de grands soldats, grands marins, grands missionnaires. L'empire hispanique a été largement le leur. Au Pays basque (Euzkadi) d'immenses séminaires vides se dressent comme des ruines ou des remords. A Madrid, la majorité des hauts fonctionnaires, les ambassadeurs de talent, les patrons des grandes banques qui tiennent l'Espagne sont basques ou à moitié basques. Mais dans les montagnes le « Castigo » d'après la guerre civile n'a pas été oublié. Une démocratie ne peut mettre fin à une rébellion armée organisée, qu'avec le soutien du peuple. Que faire quand s'applique d'abord la loi naturelle : un Basque ne livre pas un autre Basque. Au lieu de faciliter l'union, l'Europe apporte un alibi fantastique : puisque l'Europe unie existe, nous pouvons être indépendants.

Il faut juger sur les moyens. C'est une règle démocratique fondamentale. Mauvais moyens, mauvaise fin. Les buts de guerre du Diable sont sûrement excellents. J'ai eu ce problème moral personnel en Irlande où j'ai condamné les attentats qui tuaient. En revanche je ne me suis jamais caché d'avoir coupé l'électricité dans deux capitales de cette planète (fait couper serait plus exact). Opération qui ne tuait personne, le seul risque étant l'arrêt des frigos et de boire sa bière chaude, mais la presse nationale et mondiale en parlait pendant des jours, témoignait naturellement, sans nécessité de morts ni de larmes, que ceux qui prétendaient contrôler un pays ne le contrôlaient pas vraiment... Je suis contre les attentats terroristes à cibles humaines. Rien n'est plus facile et donc plus lâche que le sac bourré d'explosifs laissé derrière une table de restaurant ou un comptoir de grand magasin. Je préfère absolument le suffrage universel.

Au début, ma femme et moi avons accompagné le roi et la reine dans leurs premiers voyages officiels. Ainsi en Galice, à Vigo, où était la plus importante usine d'automobiles d'Espagne. La visite, modèle franquiste, prévoyait uniquement un exposé dans le bureau du directeur sur les résultats économiques, devant les autorités civiles, militaires et religieuses rassemblées en rangs protocolaires. Je sentais que le roi préparait un « coup ». A la fin des discours de circonstance aussi lourds de chiffres qu'ennuyeux, applaudissements distingués. Le programme est terminé. Sa Majesté dit d'un air innocent : « Et si maintenant nous allions visiter l'usine ? » Stupeur. Incompréhension. Quoi ? Visiter quoi ? Flottement. Désarroi. L'usine ? Rien n'a été prévu pour une telle opération. Pas de service d'ordre. Sans attendre, nous partons à quatre vers le grand hall. Le roi et la reine en tête.

Le parti communiste n'est toujours pas légalisé, ni les syndicats. Plusieurs des responsables des « commissions ouvrières » ont été licenciés pour incitation aux troubles. Des centaines d'ouvriers en bleu de travail s'assemblent autour de nous. Je suis isolé avec la reine et j'essaye de lui donner le maximum de protection. Autour de nous la foule crie des slogans du PC : « Liberté syndicale, réintégration totale. » La reine ne regarde pas ceux du premier rang. Elle regarde, dix rangs derrière, celui qui lance le mouvement. Doucement elle écarte un, puis deux, puis dix rangs, s'arrête en face du « meneur » et dit d'une voix très calme : « Pourquoi crier, puisque je suis venue, précisément, pour vous écouter ? » On l'acclame. Viva Sofia ! Le roi, de son côté, a réussi le même tour de force fait de professionnalisme, mais aussi de courage, de vérité. Le soir, le roi me dit : je te prends le pari que demain la presse ne dira pas un mot de ce qui vient de se passer.

Je dis : impossible. C'était bouleversant. Je prends le pari. Je le perds.

Quand j'ai été très malade, condamné, le roi est venu me voir, ce que pas un homme politique français n'a fait. Il m'a dit : « Toi et moi, nous sommes comme les chats, nous avons sept vies. » Il devrait avoir des droits d'auteur sur ce livre. Il a présidé le Comité de l'épée pour mon entrée à l'Académie française et c'est sa sœur Doña Pilar qui me l'a remise dans une cérémonie où tout le monde était entre la joie et les larmes. Ma fille Maureen a épousé un Espagnol et habite Séville. Des Espagnols m'appellent encore « el embajador ». Et moi je ne peux pas penser à l'Espagne, deux années de ma vie, même pas deux années, sans être si ému que je tourne la tête. J'ai dit ce que je crois et fait ce que j'ai dit.

11

De la politique étrangère à la politique — Le Cher
Le commerce extérieur — Deng Xiaoping
Spécialité : répétiteur de sommets bilatéraux — Une mauvaise campagne — Contre « le premier cercle »
La vérité, le courage, l'honnêteté — Le pouvoir en tant que drogue — Lire sur les lèvres

Septembre 77. Réunion à Paris des ambassadeurs sur le vote des « Français de l'étranger ». Les experts considèrent comme perdues les élections législatives de 78. Un esprit inventif du ministère de l'Intérieur a eu l'idée d'affecter par lots les voix des Français de Pondichéry, Bruxelles, Alicante ou Buenos Aires (en majorité favorables à la droite) à des circonscriptions où la victoire dépend de quelques centaines de suffrages. Je refuse net, comme ambassadeur, de me prêter à ce jeu de passe-passe. Et je rentre chez moi faire ma valise pour reprendre l'avion pour Madrid. Samedi après-midi. Le téléphone sonne.

— Monsieur Deniau ? Le Premier ministre vous appelle.

Raymond Barre : — Où êtes-vous ?

— A Paris, mais en train de boucler ma valise pour Madrid. Je pars dans deux heures.

— Débouclez-la. Ou plutôt rebouclez-la, mais en changeant les étiquettes. Vous êtes nommé secrétaire d'État aux Affaires étrangères. Et vous partez lundi pour New York pour la session des Nations unies. Vous faites l'intérim du ministre des Affaires étrangères.

Lorsqu'il avait été nommé Premier ministre, Barre avait inscrit mon nom comme ministre des Affaires étrangères sur le projet de liste du gouvernement. Le président de la République l'a rayé.

— Mais qui mettre ?

— L'ambassadeur le plus ancien.

L'ambassadeur le plus ancien est administrativement celui qui va prendre sa retraite mais ne l'a pas encore prise, à quelques jours près : Louis de Guiringaud, déjà en vacances en Suisse où il joue au golf.

R. Barre : — Acceptez-vous d'être ministre des Affaires étrangères ?

L. de G. : — Quoi ? Ministre ? Certes. Oui. Merci. Mais je suis vraiment surpris.

R. Barre : — Pas autant que moi.

L'histoire m'a été racontée dans les mêmes termes par les deux intéressés. Guiringaud, avec qui j'ai travaillé en Allemagne en 1950 sous André François-Poncet, est très heureux que nous fassions tandem. Les affaires européennes l'écœurent (c'est son expression). Quand vient la préparation des ordres du jour à Bruxelles, il quitte son bureau et me le laisse. Ministre chargé des affaires européennes est une tâche qui me plaît. On ne fait bien que ce qu'on aime faire. On n'aime faire que ce qu'on sait faire.

Je pars pour New York. L'organisation dite des Nations unies est un monde qui a ses rites et son vocabulaire. Je ne prétends pas qu'elle soit inutile. Elle est dangereuse dans la mesure où l'opinion la considère comme l'organe suprême de règlement des conflits, qui doit dire le bien et le mal. Ses statuts le lui interdisent. C'est une tribune, pas un tribunal. Jamais les Nations unies ne prononceront le mot « armée soviétique » pendant la guerre d'Afghanistan. Jamais les mots « Sud Soudan » ou « Tchétchénie » ne seront même mentionnés. Je préfère l'Europe. Certes, c'est de l'épicerie en gros, comme aurait dit Pompidou. Il y a moins de mensonge dans l'épicerie. Même si on ne peut pas à toute époque construire des cathédrales, l'important est de construire.

Un membre aussi important que discret du bureau politique du PCF, Jacques Denis (c'est un pseudonyme), demande à me voir. Il veut me présenter un secrétaire d'État est-allemand. En principe, l'Allemagne de l'Est est taboue pour la diplomatie française. Par peur d'irriter l'Allemagne de l'Ouest — comme sont tabous les relations avec l'Inde par peur d'irriter la Chine. Nous avons le génie de créer des fantômes. Malheureusement, une fois sortis de la bouteille, il est difficile de les y faire rentrer.

Je reçois Jacques Denis et son secrétaire d'État est-allemand qui me propose une importante coopération industrielle entre la France et la RDA. Si le principe en était acceptable, le Professeur lui-même, autorité aussi mystérieuse que puissante, viendrait de Berlin Est m'en parler. Avec l'accord des autorités françaises, j'ouvre avec la RDA de nouvelles relations. L'Allemagne de l'Ouest ne s'en formalise pas. Après tout, *Zwei Staaten, nur ein Volk*. Je serai invité un jour par Honecker, le patron de la RDA, qui me chargera d'un message personnel pour Helmut Schmidt, le Chancelier ouest-allemand. Comment éviter que les réactions officielles divergentes des deux Allemagnes dans la crise diplomatique internationale créée par l'intervention soviétique en Afghanistan, n'altèrent leurs relations de fond ? Message transmis, après en avoir averti le président de la République française.

Les élections législatives de mars 1978 approchent. En politique intérieure, le programme de Blois sera celui de la majorité sortante. Je me bats sur plusieurs propositions qui à l'époque intéressent peu les professionnels. D'abord celle du *référendum d'initiative locale*. J'en ai assez du langage de plus en plus coupé des réalités (les deux articles dans *Combat* en 1955 !) et qui dénonce la langue de bois en langue de bois : « Je serai *avec vous*, *ensemble*, *présent sur le terrain*, *à l'écoute*, *homme de dialogue*, *ouvert*, *proche des gens*... » Il serait intéressant de savoir combien de voix aurait un candidat qui oserait se déclarer éloigné des intérêts particuliers, plutôt fermé et sourd aux revendications de chacun, bref absent du terrain mais soucieux de l'intérêt général. Je ne supporte plus ce vice de notre vie publique qui consiste à en appeler à chaque élection locale à la guerre civile entre la droite et la gauche, convoquer le Tribunal de l'Histoire et refaire la Révolution française. En Suisse, il est permis de demander aux citoyens s'ils préfèrent une piscine olympique avec 2,7 % d'augmentation des impôts cantonaux, ou pas d'impôts supplémentaires et pas de piscine. Réponse du peuple sans qu'il soit nécessaire de voter de nouveau, à une voix de majorité, la mort de Louis XVI. Un de mes collègues ministre promis à une glorieuse carrière m'accuse de vouloir bousiller la vie municipale. « On voit bien que tu n'es pas maire. »

Je propose des réformes pratiques diverses, l'îlotage pour la police, les questions d'actualité au Parlement sur le modèle de Westminster... Le président de la République appuiera. Il est un vrai libéral. Nous ne sommes pas foule. Les Français aiment la liberté en paroles et l'égalité des droits si leurs privilèges ne sont pas touchés. Certes, mais avec eux il faut « tirer plus haut ». Nous sommes meilleurs dans l'exceptionnel. Nos qualités peuvent nous surprendre nous-mêmes (si on ne tire pas trop bas...). J'ai eu l'imprudence d'affirmer que l'élection de 78 n'est pas perdue d'avance. Je suis pris au mot par un collaborateur de Raymond Barre qui a été en stage à Bourges, où quelques mois avant le scrutin aucun candidat ne veut se présenter contre le maire communiste élu très largement un an plus tôt. Et la situation nationale s'est plutôt dégradée. Raymond Barre me demande « d'y aller ». Absolument aucune chance de gagner, les chiffres sont formels.

Je me souviens des conseils de Pompidou : restez en dehors des batailles électorales et des états-majors de partis. Je ne vais pas me dégonfler. J'y vais.

Je serai élu. Le courage de quelques-uns et des militantes (qu'on appelait les Deniautes) sera pour beaucoup dans la victoire.

Match de boxe dans le quartier le plus communiste, devant un public communiste. Un patron de bistrot qui n'a pas peur offre une coupe et annonce que c'est moi qui la remettrai. Sifflets, huées, menaces, hurlements. Je monte sur le ring. Je dis : « Moi, vous avez le droit de me huer tant que vous voulez. Mais pas la coupe. » Sortie dans un silence hostile mais respectueux.

L'histoire politique appartient aux spécialistes. Je ne prétends pas l'écrire. Seulement laisser flotter à la surface des jours quelques images que la mer n'a pas encore effacées.

Je ne regrette rien. Alain-Fournier disait : « Mon pays qu'on découvre en écartant les branches. » J'aime les paysages qui vont de la Sologne au Boischaut, découverts en arrivant par les départementales 22, puis 955. Peut-on imaginer plus français que la colline de Sancerre ? Pendant vingt ans une population, celle du Cher, m'a fait confiance de façon émouvante, autant que furent émouvants les dévouements personnels totalement désintéressés. Seuls les mandats locaux donnent cette satisfaction d'une action plus directe et d'un discours moins encombré d'idéologie. Accessoire ? La vie. Et la démocratie. J'ai l'honneur d'avoir connu à Bourges ce citoyen qui les jours de vote portait un chapeau pour pouvoir, en l'enlevant, saluer l'urne. Il aura laissé une trace, puisque je me souviendrai toujours de lui. J'en aurai peut-être laissé une si ses enfants n'oublient pas trop vite que je n'ai jamais promis ce que je n'étais pas sûr de pouvoir tenir. Les routes, l'humanisation des asiles, la modernisation de l'agriculture, la restauration de Noirlac, les crédits européens pour les créations d'emplois, l'aide aux communes, sont des devoirs quotidiens mais aussi les souvenirs de quelques victoires partagées qui ne devaient rien au mensonge.

Comme ministre du Commerce extérieur pendant près de trois ans, j'ai fait plusieurs fois le tour de la planète. En chiffres, nous avons dépassé les Japonais. A Paris, j'ai gagné contre les finances l'extension des garanties de l'État aux exportations de services et d'intelligence et non plus seulement de marchandises, parce qu'à l'avenir telle devrait être de plus en plus notre vocation. J'ai essayé d'entraîner le plus grand nombre possible de PME à exporter en les aidant dans leurs premiers risques et premiers efforts. Il fallait aussi aller sur place, du Mexique au Qatar, sauver quelques grands contrats en perdition quand nos sociétés avaient cru pouvoir « faire un coup ». Aucun partenaire, de quelque continent que ce soit, n'aime être pris pour un imbécile.

Trois ans de travail qu'on ne raconte pas, sauf

quelques anecdotes exemplaires. Des nuits blanches de voyages. Sauter d'une langue à l'autre, du béton à l'électronique, du Brésil à l'Égypte, des normes de qualité aux conditions de crédit moyen terme prolongé. Des journées de conférences, de discussions pour comprendre, présenter, corriger, expliquer. Un des travers de nos ingénieurs était de croire que la qualité française faisait l'objet d'une admiration universelle leur permettant d'ignorer les vulgaires exigences de la concurrence. Et si le patron, toujours débordé, avait laissé passer la date du dépôt des offres, le ministre connaissait personnellement le chef d'État d'Iran, des Émirats, du Sénégal, de Chine, ou d'ailleurs, il n'aurait qu'un coup de fil à donner pour tout arranger... Les interventions politiques ont du poids, certes, et la puissance des États-Unis est la plus grande du monde. Mais rien ne remplace d'être le meilleur. J'avais d'ailleurs dit au patronat français qu'en aucun cas je ne revendiquerais la paternité de « grands contrats ». La presse française avait été trop habituée à ces titres de victoire où le ministre de passage accumulait millions et milliards. (Pour un projet célèbre qui ne fut *jamais réalisé*, trois ministres différents à la suite s'attribuèrent le succès.) C'était aux entreprises françaises de gagner, et donc de signer. Je serai là pour aider. Les chefs d'entreprises avaient assez vite compris. C'est la presse qui ne suivit pas. Les questions rituelles sur « les grands contrats » revenaient. J'avais beau expliquer que le vrai problème de l'exportation française est qu'elle était en forme de pyramide à l'envers, sur la pointe. Quelques grandes sociétés, trop peu nombreuses au sommet. Pas assez de sociétés moyennes et petites à la base. Une administration formée pour la discussion avec d'autres administrations, c'est-à-dire au commerce d'État. Peu d'aide à un petit patron à l'étranger sans secrétaire ni interprète. Mais l'aide à un petit patron ne fait pas de titres.

Un jour je suis invité par un puissant chef d'entreprise français qui vient de vendre une usine clé en main au Japon pour un nombre impressionnant de centaines de millions de Francs. Cérémonie de signature. Le chef de la délégation japonaise a déjà débouché son stylo. Il demande :

— A propos, quand vos ingénieurs viennent-ils au Japon expliquer les plans à nos ouvriers ?

Surprise côté français. Les ingénieurs ont discuté avec les ingénieurs, cela doit suffire. Rien n'est prévu pour une mission sur place. Et c'est l'été qui vient, les vacances ! La disparition de tout responsable français au mois d'août est célèbre dans le monde entier. Et expliquer à des ouvriers japonais ! Silence gêné. Le Japonais recapuchonne son stylo. Il faut que le Président et moi-même nous donnions l'ordre, en direct ; la mission aura lieu dès le mois prochain, en juillet, le Japonais veut bien rouvrir son stylo et signer. J'ai reçu à leur retour les deux malheureux « volontaires » désignés dans le feu de l'action. Ils étaient enthousiastes. Ils avaient eux-mêmes corrigé leurs plans et coudé les bancs de montage pour que deux ouvriers dont l'un allait travailler de la main droite ne gêne pas le suivant qui se servirait de son bras gauche. D'autres contrats ont été perdus parce que nos techniciens ne savaient pas écouter ce qu'on leur disait et, le plus important, entendre ce qu'on ne leur disait pas. Quel est le ministre d'un pays pauvre qui va oser expliquer que les vitres des autobus doivent pouvoir s'ouvrir, 12 % des usagers voyageant à l'extérieur, agrippés à la fenêtre ? Il ne faut pas seulement prendre en considération les remarques du Trésor sur les bonifications d'intérêts. Il faut sans cesse apprendre les détails de la vie.

L'étude des échecs est toujours plus intéressante que celle des succès. Deng Xiaoping, l'homme fort de la Chine qui avait dit à la télévision : Deniau est mon ami, m'annonça un soir qu'il allait me faire un grand cadeau : la liste des défauts des Français. La dispersion, l'inconstance, la vanité, la division (seul le P-DG peut décider et ne délègue pas, le commercial ne peut engager le technique qui ne peut engager le financier), le juridisme, etc. Et il ne s'agissait que du commerce extérieur ! Je lui avais répliqué par la citation de Noël Coward que j'aime tant : « Ce qu'on ne peut pas pardonner aux Français, c'est qu'il y a parfois parmi eux des gens vraiment très bien. »

Le Premier ministre et le Président, pour engager une nouvelle ère de coopération avec la Chine, m'avaient désigné comme seul ministre coordinateur pour l'économie et pour la politique. Ainsi j'étais amené à régler beaucoup de questions avec Deng lui-même.

Deng aimait me convoquer à onze heures du soir pour des conservations apparemment anodines et dont chacune était bien sûr un message. Je l'avais connu quand il était au pouvoir (j'avais été chargé de l'accueillir en France), avant que la Révolution culturelle ne l'envoie répandre les excréments humains sur les champs d'une commune populaire. Et je l'avais retrouvé, de nouveau au pouvoir. Nous parlions du temps où il appartenait au même groupe que Chou En-lai, *les étudiants travailleurs*, venus en France comme ouvriers sur ordre du PC chinois pour découvrir la grande puissance qui venait de gagner la Première Guerre mondiale. Ses souvenirs, logement, conditions de travail, rapports ou plutôt absence de rapports avec les Français, étaient ceux que pourrait avoir aujourd'hui un immigré clandestin srilankais. Je lui demandais s'il voyait souvent Chou En-lai. Réponse : « Dans le groupe, il était plutôt le côté étudiant et moi, le côté travailleur. »

Ceux qui vous disent que les notions de classe sociale ont disparu en Chine mentent. Ou que l'humour n'est pas une vertu orientale. Chou En-lai avait vertement répliqué à un de mes collègues qui lui faisait remarquer qu'il était étonnant de voir un grand révolutionnaire comme lui issu de la bourgeoisie chinoise : « Pas de la bourgeoisie. De l'aristocratie. » Le même collègue n'avait pas eu plus de chance en lui demandant son avis sur les conséquences de la grande révolution française de 1789. Chou croise ses longs doigts de mandarin, les décroise, répète « les conséquences de la grande révolution française de 1789... » et laisse tomber : « Il est encore un peu tôt pour se prononcer. » Les barbares qui n'ont pas cinq mille ans d'histoire sont priés de ne plus gêner la conversation.

Tout petit, rond, populaire, tirant en permanence sur une cigarette, Deng était une sorte d'antithèse de Chou En-lai ou de complément (pour ceux qui pratiquent le yin et le yang). Mais il avait au moins autant que Chou le sentiment de la mission de la Chine et de celle du Pouvoir, qu'on appelait dans les siècles passés *le mandat du ciel*, et qui n'a pas changé. Sa haine des Russes (« ils entreront, on fermera la frontière derrière eux, et on les tuera ») n'avait d'égale que sa crainte du bouddhisme en tant que contre-pouvoir. C'est la tradition chinoise. Confucius craignait et détestait déjà les bouddhistes. En revanche, appartenant à une génération où la plus grande université de l'Orient était l'université Aurore, celle des

Jésuites à Shanghai, il en rêvait comme modèle. Tard dans la soirée, tête-à-tête avec Deng.

— Comment expliquez-vous que les Chinois de l'étranger qui sont quelques dizaines de millions, une poussière, rien, créent, inventent, reçoivent des prix Nobel ? Alors qu'ici, en Chine, nous sommes plus d'un milliard et nous n'inventons plus rien ?

— Intéressante question. Si vous apportiez vous-même la réponse, ce serait encore plus intéressant.

— L'éducation. Notre éducation est mauvaise. Êtes-vous d'accord avec le fait que les meilleurs professeurs du monde sont les Jésuites ?

— Cela se reconnaît assez généralement.

— Alors, Deniau, vous allez rendre un grand service à la Chine. Je ne vais pas redonner toute l'université Aurore aux Jésuites. Mais je voudrais qu'il y ait dans chaque grande discipline universitaire, sciences, lettres, économie, un département qui leur soit confié. Comme une sorte de thermomètre. Pour mesurer les résultats et nous permettre de comparer. Vous pouvez leur demander s'ils acceptent ?

— Oui.

Je connais un peu la Compagnie et dans la plus grande discrétion je transmets le message. La réponse est non.

— Nous manquons de professeurs.

— Allons, ne le faites pas avec moi à la chinoise. Voilà une raison si bonne qu'elle n'est évidemment pas la vraie.

— Alors voici la vraie. Un très vieil évêque chinois, jésuite, est prisonnier dans un camp de concentration depuis près de trente ans. Nous ne pouvons pas revenir enseigner tant qu'il n'est pas décemment traité.

— Vous m'avez convaincu. Je le dirai à Deng.

Deng Xiaoping était très embarrassé par la réponse. Il

tenait aux Jésuites. Mais, me dit-il, il n'avait pas tous les pouvoirs. Ce vieil évêque qui refusait d'être chinois avant d'être chrétien était un symbole. La bande des quatre n'avait pas encore perdu son influence. Surtout, il ne contrôlait pas l'armée et ne pouvait pas prendre le risque de lui donner un argument contre lui. Nous nous mîmes d'accord sur un essai avec l'enseignement supérieur technique français, privé. Une fuite très intentionnelle dans la presse parisienne, venant de notre ambassade à Pékin, tua le projet. L'enseignement public en France n'y avait vu qu'atteinte à son monopole et contre-attaquait. Les Chinois regardèrent à côté. Mais Deng continuait à m'entretenir des chances d'avenir de la Chine. « Il faut être plus fort que les Soviétiques » revenait toujours, et donc ouvrir le pays aux investissements étrangers. Au moins les zones côtières. J'écoutais, assez médusé d'entendre le patron du plus grand parti communiste du monde me faire l'éloge, après celui des Jésuites, des « compradores » honnis.

« Attention, Deniau. Les Chinois sont des commerçants et des banquiers. Ils doivent devenir des industriels. Dans les zones côtières. Pour voir. » Il connaissait la conversation de Pompidou avec Mao :

— Pourquoi avez-vous mis tous les Chinois en uniforme bleu ?

— Parce que c'est le peuple le plus individualiste de la terre. Soit je les traite et je les habille comme s'ils étaient à la caserne, soit il n'y a plus de Chine. Et Deng précisait : je ne laisserai jamais la liberté économique déborder en liberté politique.

— Vous ne pouvez l'empêcher. Celui qui conduit une voiture prend le goût de conduire sa vie.

— Pas en Chine. Les Chinois sont très joueurs. Qu'ils

jouent. Moi je joue bien au bridge. Et je sais que vous, Deniau, vous avez inventé deux figures supplémentaires au Mahjong (« le ciel et la terre », avec seulement des Dragons et des Vents, et pour ouvrir le jeu, une contre-figure sans aucun honneur, « les sept paysans honorables »). Qu'ils amassent de l'or. Mais qu'ils ne touchent pas à la politique. Jeux interdits.

Il y aura un jour un choc. Il s'appellera Tien An Men. Son fils a déclaré que Deng n'était pas pour la répression. Peut-être. Mais la démocratie lui paraissait un signe de l'éclatement de l'empire, inadmissible. Il m'avait confié lors de nos premières rencontres qu'il pensait supprimer les caractères chinois, comme Ataturk avait supprimé en Turquie les caractères arabes, frein à la modernité et au développement. Quand des années plus tard je lui demandais où en était sa résolution, il me dit : impossible. Écrire le chinois en caractères latins (techniquement faisable : le vietnamien) ferait apparaître que nous ne parlons pas la même langue à Pékin, à Shanghai et à Canton. Les idéogrammes ont l'avantage de pouvoir se lire sans savoir la langue. Indispensable à l'exercice du *mandat du ciel.* Au début des années 50, les Chinois nationalistes de Taiwan considérèrent la prise du pouvoir par Mao comme un simple changement de dynastie, un de plus. Il n'avait pas touché à l'écriture.

Le Premier ministre et le président de la République vont me confier une tâche supplémentaire : préparer les rencontres du Président français avec les chefs d'État étrangers. L'Élysée et Matignon sont convenus que ces visites officielles à grand spectacle sont en réalité d'une faible efficacité. Le programme normal, fixé par les usages, est de deux à trois jours de séjour officiel éventuellement prolongé par quelques jours de « visite privée ». Pour la partie officielle, deux entretiens d'une heure et demie au maximum. Chacun parlant sa langue, le temps de l'interprétation déduit, il reste trois quarts d'heure. Les bagatelles de la porte sur le temps de saison et la courtoisie diplomatique qui interdit d'aborder de front les sujets délicats repoussaient au dernier quart d'heure les conversations sérieuses. Plus précisément, au moment où les interlocuteurs en arrivaient enfin aux questions fondamentales qui justifiaient leur rencontre, les deux directeurs du protocole, avec la mise ineffable de ceux qui ont en charge les lois au-dessus des lois (un peu comme les ordonnateurs des pompes funèbres), venaient rappeler que le programme imposait impérativement d'aller se changer pour la soirée officielle à l'Opéra, *Le Lac des cygnes* ou le grand ballet folklorique national. Le pire est à craindre. Dans un émirat du golfe Persique, opéra en cinq actes, en arabe, sur les amours d'un pauvre pêcheur de perles et de la fille d'un ingénieur de plate-forme pétrolière. Tradition contre progrès et Capulet contre Montaigu. La Juliette du degré d'octane épousera-t-elle le Roméo de l'apnée sous-marine ? La modernité va-t-elle l'emporter, ou le cœur humain ? La-la-la-la-la. Si bémol, ut, contre-ut. Le protocole réveille les chefs d'État pour le final. On sait que c'est le final parce que tous chantent ensemble et plus fort.

Une rencontre de chefs d'État est pourtant la seule occasion d'obliger les administrations de deux pays à sortir de leur routine, à faire le point, à proposer. Le Président et le Premier ministre décidèrent donc qu'un ministre coordinateur irait quelques semaines avant la rencontre officielle pour une sorte de répétition. Je poserai au chef d'État étranger les questions que nous avons à poser, noterai les réponses, orienterai la conversation vers les points méritant un approfondissement. De même, le chef d'État étranger me posera ses questions, je lui donnerai les réponses préparées pour le Président français ou vraisemblables de notre côté ; ce dialogue permettra à la fois de faire un tri, gagner du temps, et aller ensuite plus rapidement à l'essentiel. Pendant deux ans telle a été ma tâche, spécialiste en préparation de sommets bilatéraux. J'ai rencontré en tête à tête une douzaine de chefs d'État étrangers (ou chef de l'exécutif quand le Roi ou le Président n'avait qu'un rôle protocolaire) pour des conversations souvent plus directes et intéressantes que lors des visites d'État elles-mêmes.

Le caractère non officiel de la rencontre et sa discrétion facilitaient le dialogue mais surtout le fait d'avoir du temps. Pas de lac des cygnes. Je pouvais avec Deng, au passage, citer Granet, notre maître à tous pour la pensée chinoise, ou les *Trois Royaumes*, livre chinois fameux qui est un peu nos *Trois Mousquetaires*. Et demander s'il ne serait pas opportun de réhabiliter le personnage du Préfet, le méchant du livre qui est le Richelieu de Dumas. Cette parenthèse ouverte sur le pouvoir permettait d'évoquer et régler des problèmes tout à fait actuels. Avoir du temps, c'est gagner du temps.

Dans le cadre de la « visite d'État », il aurait été difficile pour le Premier ministre soviétique de me parler des difficultés de la production agricole dans le secteur des fruits et légumes dont parfois 60 % provenait du quart d'hectare que les paysans avaient le droit de cultiver pour eux-mêmes. Les grands-parents y travaillaient encore avec acharnement, sans compter leur peine. Mais les petits-enfants ne voulaient pas en entendre parler. Après les heures de bureau, ils préféraient trouver un emploi clandestin beaucoup plus lucratif et moins fatigant (taxi avec une voiture de l'administration). Comment répondre à ce problème de société et de génération ? me demande Alexis Kossyguine.

— Augmenter la surface du lopin individuel pour le rendre vraiment attrayant, je suggère.

— Impossible. Au-delà d'un demi-hectare, la doctrine s'y opposerait. Ce serait un aveu d'échec du marxisme et du matérialisme historique. Et puis les jeunes ne sont plus comme les babouchkas. Ils veulent l'argent tout de suite... Est-ce que des formules coopératives « à la française » ne pourraient pas convenir ?

— D'accord. Je vous envoie un spécialiste du mouvement coopératif.

Le Premier ministre polonais, après avoir condamné le gigantisme russe, m'avait déjà posé pratiquement la même question à propos des PME. Le secrétaire d'État compétent, un ami, s'était fait un plaisir d'aller porter la bonne parole. Malheureusement pour les systèmes de type soviétique, la coopération est un engagement destiné à corriger les effets de la liberté, pas ceux du socialisme. Dont le marché noir et la corruption. Est-il permis d'écrire qu'en URSS les tenants de la réforme étaient les chefs du KGB ? Que Béria, le monstre, était si l'on peut dire « un libéral » ? Que les services d'Andropov, avant de confier à Gorbatchev la mission impossible de rénover le Parti sans lui faire perdre le pouvoir, pour avoir barre sur les grands dignitaires hostiles à tout changement, avaient organisé contre eux de véritables guet-apens ? Visite officielle au Caucase au plus haut niveau. La délégation de Moscou repart sous les fleurs et les discours. Mais son avion est ramené au sol par deux avions de chasse. Sur le terrain les dignitaires du Parti sont fouillés et leurs bagages ouverts. Ces valises bourrées de marchandises interdites, drogues et devises étrangères sont photographiées avec leurs propriétaires. Maintenant vous pouvez reprendre l'avion et bon retour à Moscou... Évidemment, de telles péripéties ne se racontent pas au cours du grand banquet donné par le camarade Brejnev au Kremlin dans la salle d'apparat blanche et dorée des tsars.

L'Inde a été le meilleur exemple de l'utilité des conversations préparatoires. J'avais été contacté par M. Desaï que j'avais connu à Bruxelles quand il était ministre des Finances. Il ne mangeait ni viande, ni poisson, ni lait, ni œuf, rien de ce qui s'arrache à la terre et rien de ce qui est rouge. Seuls quelques fruits dont il était permis de supposer qu'ils étaient tombés naturellement de l'arbre et les céréales dont les épis mûrs se courbent vers le sol, étaient admis. Quand il m'invitera en Inde pour relancer les relations franco-indiennes, il était octogénaire, Premier ministre, avait une peau de nouveau-né et entendait le moindre murmure. Son secret, me confia-t-il, était de boire un verre de sa propre urine deux fois par jour. Malheureusement, des dizaines d'années auparavant, par un geste de distraction dans une réception diplomatique, il avait bu une gorgée de bière et ne cessait de la recycler. Dès qu'on parlait chiffres, projets industriels, rentabilité, contrôle, il était l'un des interlocuteurs les plus sérieux que j'ai eus. Puis il fut battu à son tour par Indira Ghandi (l'Inde est la plus grande démocratie du monde) qui redevint Premier ministre et je repris la conversation avec elle.

J'aimais beaucoup Indira Ghandi et je crois qu'elle m'aimait bien. Elle avait une voix de jeune fille de bonne famille et une volonté de béton armé. Il fallait trouver entre l'Inde et la France une sorte de projet phare, comme l'avaient été les caravelles françaises sur les lignes aériennes intérieures. Le travail ne manquait pas. On se souvenait encore à New Delhi d'une visite du patronat français qui avait tourné court, les visiteurs ayant demandé à voir des fakirs. A Bombay, capitale économique d'un pays alors de 750 millions d'habitants, le nombre des entreprises françaises inscrites était de 120, celui des entreprises allemandes de 1200.

Comment progresser autrement que par de telles conversations plus privées que publiques ? Quand j'avais proposé à Indira Ghandi le secteur automobile comme secteur où nous n'étions pas mauvais, sa réaction avait été immédiate : domaine réservé de son fils appelé à lui succéder, interdit à toute concurrence comme à tout contrôle... Nous en trouvâmes d'autres plus ouverts et lorsque le Président français viendra, je signerai ou cosignerai une demi-douzaine d'accords qui relanceront la coopération. Indira était l'exemple pour moi du pouvoir qui connaît ses limites (l'ayant gagné, perdu, regagné) mais qui veut, qui essaie, qui se bat. Elle n'oubliait pas son éducation dans un collège bien-pensant en Suisse. Quand le drame la saisissait à la gorge — et ce pays immense et violent en apporte un quasi quotidiennement —, son réflexe était de réciter un « Je vous salue Marie ». Elle sera assassinée par ses gardes du corps, une dizaine de balles. Les médecins, après avoir très vite recousu, lui avaient donné un tonique cardiaque trop fort. La pression sanguine avait rouvert toutes les blessures d'un coup et elle s'est vue mourir en perdant son sang. Son seul souhait a été alors de faire chercher Mère Térésa. Les services se mobilisèrent pour l'amener avant la fin. Un jour en Albanie où Mère Teresa — albanaise, on le sait — bénissait à l'ombre d'un coin de mur des miliciens du Parti à la casquette timbrée de l'étoile rouge, et je me trouvais aussi dans l'ombre de ce mur, je lui ai demandé (je ne me pardonnerai jamais cette question indigne) : « si elle était arrivée à temps ». Réponse : « Il n'y a pas de temps pour l'âme. »

Sur le plan intérieur, j'avais acquis une conviction. C'était encore plus net en regardant notre pays avec un peu de recul depuis le champ de la concurrence mondiale : la France étouffait sous le poids des lois, règlements ou circulaires. Pour corriger un texte, nous en ajoutons un autre, sans jamais supprimer. Il fallait sortir de cette spirale diabolique où nous reprochons à l'État de ne pas faire plus parce qu'il en fait déjà trop, et toute différence devient une injustice.

Le président de la République m'avait annoncé — ainsi qu'à plusieurs chefs d'État étrangers — que je serais nommé Premier ministre en mai-juin 1980. Je pensais qu'il était plus sage pour affronter l'élection de 81 qu'il y ait un Premier ministre RPR et j'avais suggéré deux noms. En fait Raymond Barre fut maintenu. C'était la garantie de la stabilité du franc et le premier cercle de l'Élysée ne voulait pas de moi. Début 1981, remaniement ministériel. A ma demande, je suis nommé ministre des Réformes administratives. Ce fut mon expérience politique la plus frustrante. Très vite, j'eus contre moi toutes les administrations. La simplification administrative était perçue comme une atteinte aux pouvoirs des uns, comme une agression contre les privilèges des autres. Je reçus des menaces des greffiers de tribunaux de commerce parce que j'avais voulu réduire le nombre des procédures nécessaires pour une création de société. (Vingt-quatre heures à New York, six ministères ou directions différentes et souvent concurrentes à Paris.) Parfois je croyais avoir réussi, et la déception était encore plus grande. Beaucoup des 300 000 boulangers français vendent aussi des glaces. Un registre spécial leur était imposé par le ministère de la Santé et celui de l'Intérieur. J'arrive à convaincre ces deux ministres que l'industrie du froid ayant fait quelques progrès depuis les années 1920, les contrôles peuvent être allégés. Et, tout content, je téléphone la nouvelle au patron du syndicat de la boulangerie qui est aussi le président national des Chambres des Métiers.

— Abomination, dit-il. Vous n'êtes pas un ami.

— Mais, la liberté...

— Désolation, vous dis-je. C'est grâce à cette formalité que je remplis pour eux, que j'obtiens de mes adhérents qu'ils payent leurs cotisations.

Je n'eus pas beaucoup plus de succès au plus haut niveau du patronat quand j'essayais de moderniser la procédure de définition de normes de qualité, instrument essentiel de la qualité des produits allemands mais aussi du protectionnisme allemand. Les représentants du CNPF me firent valoir qu'ils étaient élus et ne pouvaient donc risquer de s'aliéner les voix des moins performants de leurs mandants. Avec les syndicats, l'échec fut comparable.

Peu de temps après mon installation comme ministre des Réformes, je reçois une lettre de deux postiers. L'un habite Nantes et travaille à quarante kilomètres à Niort-sur-Erdre. L'autre habite Niort-sur-Erdre et travaille à Nantes. Même qualification, même fonction. Chaque jour ouvrable, ils se croisent matin et soir. Salut collègue. Jusqu'au jour où ils décident de demander ensemble leur permutation : celui qui habite Nantes pour travailler à Nantes, celui qui habite Niort-sur-Erdre pour travailler à Niort-sur-Erdre. La réponse — non — du directeur régional des P et T, jointe à leur lettre, était un chef-d'œuvre de l'ésotérisme administratif par lequel les bureaux se protègent et font savoir qu'ils sont d'une race à part, sans doute supérieure puisque parlant une autre langue.

Vu la loi du 3 février 1913
Vu la loi du 7 septembre 1925
Vu la loi, etc.
Vu le décret du 23 avril 1936
Vu le décret, etc.
Vu la circulaire du 11 mai 1947
etc.

Une page entière de « visas ». Puis la réponse elle-même, aussi mystérieuse que négative : « Votre millésime n'ayant pas été appelé, votre demande n'est pas recevable. »

Je réunis ma petite équipe et j'affirme : au moins nous réglerons le cas des deux postiers. Toute fable doit avoir une morale. La première enquête et démarche auprès des autorités de tutelle aboutit à un refus technique. Les demandes de mutations (et permutations) sont traitées par ordinateur, les ordinateurs les examinent par tranches de mille, les deux postiers ne sont pas dans la même tranche, l'ordinateur refuse de traiter leur cas. Deuxième offensive. L'ordinateur est une machine qui se programme. C'est un service, voire un homme qui est chargé de la programmation. Changez la programmation. Deuxième refus, juridique celui-là. La règle en matière de mutations (et permutations...) est l'ancienneté de la demande. Peut-être à Pont-à-Mousson, un autre postier a demandé depuis plus longtemps de venir travailler à Nantes que celui de Niort-sur-Erdre, et un autre postier, à Castelnaudary, a demandé à venir travailler à Niort-sur-Erdre depuis plus longtemps que celui de Nantes. Non. Troisième offensive. (Je suis monté au Premier ministre !) Il faut pouvoir traiter les permutations sur le plan local et régional. Le ministre des P et T n'a-t-il jamais entendu parler de décentralisation ou plutôt de déconcentration ? Dernier refus, politique, et en même temps aveu. Dans les négociations toujours difficiles entre syndicats et État, l'État a été amené à concéder aux syndicats le contrôle des mutations. Les deux postiers de Nantes et de Niort-sur-Erdre n'avaient pas fait passer leur demande par un syndicat. Leur donner satisfaction risquerait de mettre en cause « la concertation » et de provoquer de très graves troubles sociaux...

⋆

Dans les mois qui suivirent l'échec de l'élection présidentielle de 1981, je fus l'objet de pressions alléchantes pour prendre mes distances publiquement avec le septennat précédent. Je refusai. J'entendais les déclarations d'hommes politiques qui lui devaient leurs carrières, ce qui n'était pas mon cas, condamner assez grossièrement le Président sortant et l'inviter à disparaître. Ma surprise fut grande de le voir les utiliser contre moi lors de ma candidature à la présidence de l'Assemblée, puis à la direction de la liste d'Union pour les européennes. Je ne fus pas éliminé parce que j'étais incompétent. Plus de dix ans de ma vie ont été consacrés à la construction européenne. Pas parce que j'étais mauvais dans les médias . Au contraire j'étais devenu dangereux pour tous les candidats virtuels potentiels ou réels de mon bord. A l'Assemblée nationale, Tapie déclarait : « Nous sommes deux à mettre des cierges pour que Deniau ne soit pas tête de liste, Villiers et moi. » Je n'avais pas voulu non plus être l'otage d'un nouveau combat des chefs à l'intérieur de l'UDF. Par trois voix de majorité, je fus éliminé. Le matin même, mes amis politiques s'étaient livrés à une véritable agression contre une composante de l'UDF, ce qui me fit perdre trois voix. Si j'avais été un politique, j'aurais formé une liste contre les listes politiques.

L'élection du président de la République au suffrage universel direct sacre nos chefs d'État. C'est le Reims de la République. Dans une monarchie élective, il ne faut pas s'étonner si les phénomènes de cour s'aggravent. Pendant la campagne de 1981, le responsable des analyses d'opinion avait inventé une société de sondages fictive et en déposait chaque matin, sur le bureau du Président, comme la bouteille de lait devant la porte, les résultats favorables totalement inventés. Je m'étais indigné. Réponse : « C'est bon pour le moral du candidat. » Combien de fois je me suis aperçu que des informations essentielles ne lui étaient pas transmises ? Le pouvoir écarte de l'information celui qui devrait en être le destinataire au profit de ceux qui le trient et la présentent. Le secret d'Enigma, machine à coder du grand quartier général allemand, était parvenu aux alliés pendant la dernière guerre. Elle donnait trop d'informations. Lesquelles seraient montrées à Churchill ? Et de l'autre côté, lesquelles seraient montrées à Hitler ? Les renseignements excellents de l'agent Ciceron qui avait prévenu du débarquement lui étaient cachés parce que Ciceron mentionnait comme une évidence que les nazis perdraient la guerre.

« Il faut protéger le Président », disent les entourages. La faveur du Prince, en France où l'État fait tout, est la meilleure garantie de carrière autant que Polytechnique et l'ENA. La Cour se protège. On omet ce qui gêne. On dit ce qui va plaire. D'où les faux sondages. D'où les faramineux rapports. D'où les silences encore plus coupables. D'où les coups bas. Nous sommes gouvernés par des icoglans et des estafiers.

Quand le Président Mitterrand acceptera *de facto* le mauvais coup d'État à Moscou des revenants du vieux communisme, quand il ira à la télévision le commenter, qui a conseillé le Président ? Ou plutôt, qui n'a pas eu le courage de lui conseiller de n'en rien faire ? Personne non plus n'a déconseillé au président Giscard d'Estaing d'aller à Varsovie rencontrer Brejnev, démarche qui lui vaudra d'être traité de « candidat du Kremlin » ou de « petit télégraphiste », alors que l'entourage en attendait de le voir célébré comme l'« homme de la paix ». Qui s'est opposé au désir du président Mitterrand d'aller en Crète rencontrer le colonel Kadhafi ? (Pendant la rencontre, l'agence officielle libyenne va revendiquer l'assassinat d'un opposant en exil ; après vérification, le ridicule l'emportera sur l'odieux : les sbires se sont trompés de cible.) Pourquoi aucun conseiller n'a-t-il mis son veto à cette fantaisie fâcheuse et indigne ? Réponse de l'entourage : « Le Président en avait envie. Par *curiosité.* » La cour des plus proches est plus dangereuse par ce qu'elle laisse faire, que les plus lointains des adversaires par leurs attaques.

Le conformisme fonctionnaire est le danger des États forts. En août 1991, j'effectue une dernière navette entre Belgrade et Zagreb pour tenter d'éviter la guerre qui vient. Dans une note pour l'Élysée, manuscrite, car je pense avec naïveté qu'elle en sera plus émouvante, j'annonce la guerre et ses étapes. Pas de réponse. Une copie au ministre des Affaires étrangères n'en obtient pas davantage. Je m'inquiète. Le directeur de cabinet me dit : « Nous avons décidé de ne tenir aucun compte de vos recommandations. Notre ambassadeur à Belgrade, le meilleur que nous ayons jamais eu, nous dit que tout va bien et qu'il n'y a aucun risque de problème ethnique. » Cet ambassadeur écrivait à Paris ce qu'il pensait qu'on avait envie de lire... C'est lui l'auteur du « mot » tristement célèbre : « Si la Yougoslavie éclate, ce sera de rire... »

Les présidents et les rois ne doivent pas être « protégés ». Tous les cercles sont vicieux, mais spécialement le premier. L'Ancien Régime connaissait le rôle institutionnel des bouffons dont le devoir était de ridiculiser les courtisans et de dire ses vérités au souverain. Dans cet ordre institutionnel fondamental, il ne reste en France qu'une émission de télévision et un hebdomadaire satirique. Est-ce assez ? Non. Pompidou avait divisé la cour. C'était une sage précaution. Quand l'affaire des diamants (médiocre et subalterne affaire) éclatera, Robert Hersant racontait qu'il avait pendant des heures essayé de convaincre l'Élysée qu'une mise au point ou réponse officielle était indispensable. L'entourage n'osait pas en parler au Président, alors que la presse en tirait des doubles pages. Le préféré des conseillers fut finalement poussé dans le bureau présidentiel, un parapheur sous le bras, et s'enhardit à évoquer le sujet. Giscard répond, les yeux dans les yeux : « Jean, vous me croyez malhonnête ? » Le conseiller préféré sort en larmes. Toujours aucun élément de réponse. C'est le porte-parole qui n'appartenait pas au premier cercle, qui obtint enfin une première directive.

Hersant datait même de cet instant l'échec de 1981, en considérant que l'Élysée allait désormais penser non à se battre mais d'abord à se protéger.

Protéger un chef d'État, c'est lui dire la vérité. Mais les cabinets lissent la revue de presse quotidienne, éliminant tout ce qui pourrait blesser. Il leur manque le courage, et c'est au monarque lui-même de choisir un entourage qui en soit capable. Claude Pierre-Brossolette, secrétaire général de l'Élysée, avait publié un grand article de critiques pour être sûr d'être entendu de l'intéressé. Le calife Haroun al-Raschid se déguisait en marchand pour se promener la nuit dans les rues de Bagdad et apprendre ce que le peuple pensait de lui et de ses ministres. Aujourd'hui, nous avons les sondages, dira-t-on. Méfiance. Les sondages ont le grand mérite de faire connaître l'opinion de celui qui les a payés.

Même s'il n'intéresse pas les instituts spécialisés (« compétent », « proche des gens », « a de l'avenir », etc.), le courage devrait être la qualité politique essentielle. Il a des formes diverses. Ramadier, le ministre SFIO en pantoufles en a fait la preuve en 1947, lors de la grande crise avec les communistes. J'ai été en charge de la vaste négociation intercontinentale du GATT à la fois comme représentant du gouvernement français et de l'Europe, la France ayant la présidence de la Communauté. Tout se passa fort bien, un des signes étant qu'on en parla très peu. J'avais obtenu discrètement les instructions données par son gouvernement au négociateur américain. Cela aide ! A la fin de l'énumération des points sur lesquels la délégation américaine pouvait céder et de ceux sur lesquels elle devait absolument tenir bon, il y avait un paragraphe essentiel de procédure. Le négociateur français était décrit comme de tempérament ombrageux, difficile, connaissant très bien ses dossiers, n'acceptant jamais ce qu'il n'avait pas décidé d'accepter. En revanche, le président de la République française était un homme que son caractère rendait beaucoup plus sensible à la recherche d'un accord. La stratégie américaine serait donc d'exiger de porter le débat au niveau politique supérieur, celui des chefs d'État, comme il convenait à un sujet touchant aux relations fondamentales entre l'Europe et les États-Unis. J'ai pris ce document secret et explosif, j'ai demandé audience au président de la République, je le lui ai fait lire, souligné. Il n'a pas aimé. Mais il a eu un réflexe d'homme d'État, donc de courage. Il a appelé une secrétaire et dicté sur-le-champ un communiqué précisant que cette négociation serait conduite par le seul ministre responsable et qu'en aucun cas la Présidence ne s'en mêlerait.

Courage et vérité. Ils vont ensemble, comme un frère et une sœur qui se tiennent par la main. Dans les pays anglo-saxons, un homme politique qui a menti, a sa carrière brisée. Même pour avoir copié aux examens il y a trente ans, fumé un joint, pensé à une autre femme que la sienne. Nixon, excellent président des États-Unis, qui saura mettre un terme à la quasi-guerre civile des ghettos noirs et ouvrir les relations avec la Chine, ne sera pas chassé du pouvoir pour avoir espionné ses concurrents mais pour avoir menti. En Angleterre, le ministre de la Défense qui partageait une petite amie avec l'attaché militaire soviétique démissionnera pour avoir menti à son Premier ministre qui, de bonne foi, mentira à son tour aux Communes. Il lui faudra vingt ans de dévouement à des œuvres sociales dans des quartiers miséreux de l'est de Londres pour être réhabilité et recevoir une invitation de la reine à prendre le thé à Buckingham. Le goût français est différent. Les Français se plaisent un peu trop à pouvoir dire de leurs dirigeants : tous des menteurs et des cyniques. C'est tromper des trompeurs. Qui aura autant menti, publiquement, cyniquement, que le président Mitterrand sur ses relations avec des hiérarques de la collaboration ? Et quel Français lui en a voulu...

Le mensonge du pouvoir le plus fréquent est celui par omission. Certains n'ont pas dit la vérité sur leur santé. Aucun n'a dit la vérité sur l'état de la France et du monde. Aucun n'a eu le courage de rappeler que, dans vingt ans, toute l'Europe aura moins d'habitants que le seul Nigeria, en Afrique noire, et que la France représentera à peu près le quart de la population du Bangladesh. Que le vocabulaire officiel français est celui du suicide. Que nos promesses de campagnes électorales sur la qualité du service public, la sauvegarde de l'éducation nationale, la priorité à l'emploi ne veulent plus rien dire, à gauche comme à droite. S'engager à créer un million d'emplois ou 700 000, donner un chiffre quel qu'il soit est un mensonge de gauche. Convoquer les préfets pour leur déclarer qu'ils seront jugés sur l'évolution de l'emploi dans leur département est un mensonge de droite. Dire qu'il suffit de se protéger est le mensonge de tout un peuple. La liberté ne se gagne pas en s'enfermant. Il n'y a de liberté qu'en se battant pour la liberté.

La vérité est d'être fidèle à sa vérité. La politique n'est fidèle qu'à la politique. Elle ne connaît pas d'amis, que des complices. Bien avant de battre les adversaires, il faut éliminer ses rivaux. La guerre a des lois, paraît-il. La politique est un milieu sans loi. Les trahis embrassent les traîtres.

L'honnêté est une autre forme de la vérité. Jamais je n'ai cru que les mœurs pouvaient être dirigées par lois et décrets. Encore faut-il ne pas désespérer l'immense parti des braves gens. Par la corruption. Longue et triste histoire, qui a sans doute commencé quand Ève a tendu une pomme à Adam et ne se terminera qu'avec le dernier pouvoir et le dernier homme. L'excuse nouvelle est qu'il n'est pas de politique sans moyens. La dégradation d'un régime ou d'une époque se manifeste quand se répand la formule « puisque tout le monde le fait ». Elle naît avec la prolifération excessive des interventions de la puissance publique et des nominations qui en dépendent. Elle triomphe quand le mauvais exemple est donné au plus haut niveau. A ce stade, ce n'est plus de la corruption, c'est de l'association de malfaiteurs. Élu président de la commission parlementaire d'enquête sur les « affaires », j'ai démissionné quand les plus élémentaires moyens d'investigation m'ont été refusés. Des amis, en me suggérant de présenter cette démission « pour raison de santé », ont mis la barre un peu bas. Je n'allais pas perdre l'occasion de dire quelques vérités. Il est resté de mes propositions publiques une réforme de la Haute Cour et le principe qu'un député ou ministre ne doit pas être traité mieux qu'un simple citoyen : pas plus mal, mais pas mieux.

Est-ce corrompre de promettre la lune ? La politique est riche. Le mot promesse, à cause de l'épithète « électorale », est d'ailleurs dévalué. Candidat travailliste en Angleterre, Wilson fut battu parce qu'il l'avait inconsidérément reconnu en soulignant dans un discours « et ceci n'est pas une promesse, c'est un engagement ». Il ne pouvait plus ouvrir la bouche sans qu'on lui demande s'il s'agissait d'un engagement ou d'une promesse. En France, où le nominalisme est la règle, dire sans faire, et même sans aucune chance de faire, n'est pas aussi sévèrement condamné. Un élu du Cher m'avait conseillé de suggérer au président de la République d'aller à la télévision, journal de 20 heures, et de déclarer : « Je vous promets d'augmenter massivement les prestations sociales en réduisant massivement les cotisations. » Je m'étonnai : est-ce bien réaliste ou même honnête ? Réponse : « C'est certainement peu honnête et assez irréaliste, mais une fois tous les sept ans, c'est quand même bien agréable à entendre. »

Les sociologues, depuis des années, nous décrivent la société *duale* qui sera de plus en plus la nôtre. Une élite, très bien formée, parlant plusieurs langues, versatile au sens américain (pouvant s'adapter à des situations diverses), très bien payée pour des tâches de responsabilité. Et une majorité de citoyens assistés, ayant reçu une semi-éducation et en demi-chômage. Une autre dualité peut s'ajouter à la première. Celle d'un monde officiel purement nominal, avec ses institutions, ses gardes à plumet, ses lois et décrets, ses agents, ses représentants et leurs discours. Et un autre, le vrai, au ras du sol, efficace, familial, clanique, un état de fait ignorant celui de droit, le « modèle italien » dont les performances industrielles et à l'exportation sont tout à fait remarquables pendant que le théâtre politique se poursuit à part. L'idée simple en est qu'il faut préférer, au mensonge des textes, le refus de toute valeur aux textes. Je ne suis pas sûr que nous soyons aussi civilisés que nos voisins du Sud.

Nous croyons encore aux messages, surtout s'ils sont ambigus, voire contradictoires. Qu'un élu du peuple est à la fois un personnage douteux et le porteur d'un espoir. Que l'action politique est inutile mais que, c'est honteux, on ne fait rien. Qu'il faut moins d'impôts et plus d'intervention de l'État. Nous exigeons du concret et vive l'utopie. Notre grand acte de foi est le sacre du président de la République par le suffrage universel dans une vaste confusion nationale. Tout y est renvoyé, tout en découle. Nous attendons trop. Trop de l'Histoire, trop des autres. Pas assez de nous-mêmes. Pourtant, quand nous sommes bons, nous pouvons être les meilleurs. Et si le peuple pouvait être trompé ? Et si le peuple pouvait se tromper ? Aux États-Unis le tri est assuré par les primaires. Je me demande si en France un tour suffit pour éliminer.

L'action et le rêve ne doivent jamais être dissociés. Il faut de l'imagination et de la volonté, il faut de l'expérience et un idéal, il faut croire et oser. Comment déceler ces qualités contradictoires et complémentaires qui seules peuvent justifier qu'un homme porte un peuple et que le peuple le porte ? Harmoniser la durée de tous les mandats est dangereux. Il n'y aurait plus ni frein ni correctif. La démocratie, c'est le droit de se tromper mais assorti du droit aussi fondamental de se corriger. Toute élection est un brouillon. L'opinion ne s'y trompe pas : elle sait très bien qui a échoué. Mais quand son jugement est trop rapide, il n'est pas bon. Ce sont les questions d'actualité qui devraient lui être interdites. Au soir de Munich, Daladier et Chamberlain se font acclamer. Il y aurait eu des sondages à l'époque, ils auraient été au maximum des « en hausse » et autres « en forme ». Churchill, au plus bas, rejeté, sans avenir. C'est Churchill qui restera.

La politique est inscrite au « traité des passions » avec le jeu, le sexe, la drogue. Je n'ai jamais été assez fortement drogué pour perdre la liberté de m'arrêter. Les « vrais » hommes politiques ne peuvent se passer d'inaugurations, de meetings. Les réunions ne servent plus ni à expliquer ni à convaincre : les seconds couteaux chauffent la salle, tandis que la vedette fume des cigarettes avant d'entrer dans l'arène, allez, c'est à toi, projecteurs, hymne triomphal, vas-y, et la salle tape du pied, se lève, crie, scande « untel, untel », chante « on va gagner », applaudit, s'applaudit elle-même. Rares sont les auteurs dramatiques qui ont de tels succès de scène, rires et ferveur. Il est normal d'en être grisé et les hommes politiques s'en grisent, alors qu'ils ont eux-mêmes organisé le spectacle avec militants amenés en cars et brigades d'applaudissements payées d'avance ! Quelle drogue de voir son propre rêve porté par les rêves des autres. Le danger est bien sûr l'accoutumance. Les plus grands y cèdent et finissent par croire à leur destin, drogue dure. Les plus modestes ne se lassent pas de serrer des mains, être appelés par leur nom dans la rue, se voir cités dans la presse, apparaître à la télévision, rendre des services. Un très sympathique élu se trouva à la tête du plus puissant des ministères. Vivement samedi pour s'en évader, rejoindre son village, faire annoncer par le garde champêtre qu'il était « en mairie » et les amis et amies, ceux dont le dossier est toujours recalé, celles qui veulent la pension de veuve de guerre et qui n'ont jamais été mariées et pas à un ancien combattant, les importuns, les désœuvrés venaient lui raconter leurs problèmes. Il en réglait quelques-uns. Il en écoutait encore plus. On débat depuis des siècles des preuves de l'existence de Dieu. Et celles de l'existence de l'homme ? Leur difficulté d'être.

Toute méditation sur le pouvoir ne peut déboucher que sur la mise en cause du pouvoir. En tant que drogue. De celles qui appellent à la violence, peut-être, mais plus encore qui coupent du monde réel. A la fin de la dernière guerre mondiale, en 1945, les alliés craignaient un vaste mouvement de résistance en Allemagne, qui n'eut pas lieu. Ils craignaient aussi que ce mouvement s'alimente de l'espoir qu'Hitler aurait réussi à s'envoler de Berlin en flammes et à gagner le réduit alpestre, ou par sous-marin l'Amérique du Sud, où des groupes fidèles l'attendaient. L'Allemagne attend bien, depuis le douzième siècle, le retour de Frédéric Barberousse ! Les services anglais prennent au sérieux les mythes littéraires. Un professeur d'université, Trevor Roper, fut chargé d'établir en tant qu'historien les preuves de la mort de Hitler. Ce qui devait être une petite brochure de propagande, grâce à son talent, est devenu une admirable analyse de la folie du pouvoir.

Au-dessus du bunker de la chancellerie, les derniers combats du IIIe Reich, le « Reich de mille ans », à l'agonie. Dans les ruines fumantes, des Français de la division Charlemagne, des Belges de la légion wallonne, des membres de la Hitlerjugend. Qui ne se souvient de la photo tragique du gamin de quatorze ans regardant, extasié, son Führer qui lui pince la joue, avant d'aller se faire tuer pour lui ? Ces millions de réfugiés, femmes, paysans âgés, miliciens de quinze pays en rupture de ban qui n'ont plus ni patrie ni loi, encombrent les caves et les routes. Les troupes d'assaut soviétiques dégagent les carrefours au lance-flammes. L'OKW a renoncé à transmettre des ordres à des divisions de l'armée allemande qui n'existent plus depuis longtemps que sur le papier. A l'intérieur du bunker, alors que tout finit dans le sang, les cendres et la haine, autour du Führer, une apparence de vie continue dans le cercle des intimes avec cette seule question : à qui Hitler laisse-t-il le pouvoir ? Une sorte de délire froid, d'aliénation mentale planétaire. Ouvrez les yeux, regardez, écoutez, a-t-on envie de crier par-dessus le hurlement des orgues de Staline et le fracas des immeubles noircis qui s'écroulent quelques mètres plus haut. Regardez, écoutez. Vous voulez commander au monde ? Vous êtes seuls au monde. Vous n'êtes déjà plus de ce monde. Himmler ou Goering, le grand amiral Dönitz ou Martin Bormann ? Dans l'antichambre de la mort, ils intriguent, se poussent, envoient des messages, calculent des alliances. Comme les hiérarques franquistes ne voulaient pas laisser mourir le cadavre de Franco, eux se disputent au chevet d'un moribond pour savoir quel fantôme il va adouber. On a vu en août 1944 à Paris un invraisemblable complot de Laval, béni par Abetz et les Américains, pour tenter de mettre au pouvoir le président Herriot à la place du général de Gaulle. Un apologue persan distingue l'effet des drogues — haschisch, cocaïne, opium — en décrivant les réactions de trois voyageurs arrivés trop tard devant les portes de la ville qui sont fermées : « L'un dit : quelle importance ? Il se couche et s'endort. L'autre dit : enfonçons les portes de la ville. Le troisième dit : passons par le trou de la serrure. » Mépris de la réalité, violence, illusion, trois variétés de drogue. Est-ce la triple loi de tout pouvoir ?

Ce n'est pas mon expérience de ministre, trop limitée, trop partielle, qui me permet de juger. Mais comme en Afrique, rien n'est dans les textes, tout est dans la pratique et le choix de l'entourage. Il y a les puissants qui aiment et savent écouter. D'autres ne le supportent pas. Le plus intéressant pour l'esprit humain est de réfléchir sur les limites du pouvoir.

Mao dit à Pompidou : « J'ai voulu soulever les doigts des deux mains et à la fin de ma vie je m'aperçois que j'ai à peine soulevé un doigt d'une seule main. » Et, mains étendues devant lui, il soulève difficilement le petit doigt de la main droite. Deng Xiaoping s'arrêtera dans un discours officiel au Quai d'Orsay pour improviser (et l'interprète s'affole) : « J'ai tout oublié de mon séjour en France comme travailleur dans les années vingt. Sauf ceci : même dans les quartiers ouvriers des banlieues, même dans les villages perdus de la campagne, il y avait des chiens, des oiseaux et des fleurs. Nous n'avons plus ni chiens, ni oiseaux, ni fleurs. Nous avons interdit les fleurs comme bourgeois décadent, massacré tous les oiseaux au nom du rendement agricole. Nous mangeons les chiens. En France, plutôt que de prendre la Révolution culturelle comme modèle, gardez vos chiens, vos oiseaux et vos fleurs. » Et il reprend son texte. L'interprète respire.

Ismaïl Kadaré m'a fait remarquer que les dictatures modernes étaient les seules à avoir supprimé tout contre-pouvoir, dont l'ironie populaire. Dans les fabliaux du Moyen Age, le simple déclare que le roi est nu, le pauvre serf se moque de son puissant seigneur, le saint roule le diable et lui fait construire un pont sans lui livrer son âme. Le pouvoir, c'est le diable. Il faut non seulement, quand on dîne avec lui, prendre une très longue cuiller, mais à un moment lui voler la soupe. Il faut être hors normes, hors contrat, hors classe. Quand il se présente devant le roi Arthur, Tristan est vêtu d'un manteau fait de pièces dépareillées (celui d'Arlequin) : signe qu'il n'est d'aucune condition. Il peut librement participer au drame, comme à la comédie.

Au sommet de l'État, le pouvoir se maintient même quand il n'existe plus que comme clé du pouvoir des autres. Acharnement thérapeutique avec tuyaux, apparents ou non. Visite officielle à Moscou. Arrivée à l'aéroport, accueil au bas de la passerelle par Brejnev. Deux gardes du corps le guident en le soutenant discrètement par les coudes. Mais le rite exige que les deux chefs d'État, et eux seuls, passent la garde d'honneur en revue, s'arrêtent pour saluer le drapeau, écoutent les hymnes nationaux Brejnev, accompagné de Giscard d'Estaing, est lancé dans la bonne direction. A la hauteur du drapeau, Giscard s'arrête. Brejnev le sent s'arrêter et s'arrête aussi. Mais il est incapable d'effectuer le quart de tour nécessaire pour faire face et saluer. Il reste l'œil vague, perdu sur la ligne bleue des forêts russes. Giscard se dit que si lui fait face, l'angle droit avec Brejnev va être assez étonnant. Il se contente d'un tête à gauche, gauche. Puis repart, et Brejnev emboîte le pas. En bout de ligne, ses pilote et copilote reprennent le guidage.

La réunion au sommet en séance ultra restreinte (nous sommes trois de chaque côté) paraît sortie d'une pièce de théâtre anarcho-surréaliste. Brejnev lit un discours, à sa droite le Premier ministre Kossyguine, à sa gauche le ministre des Affaires étrangères, Gromyko. Comme tous les sourds, il crie. Gêne. Après le premier paragraphe, il se tourne vers Kossyguine et lui demande à tue-tête : « Alexis, les camarades étaient bien d'accord pour que je lui dise ça, à cet étranger ? » « Oui, oui, dit Kossyguine, continue. » Brejnev reprend la lecture. Au troisième paragraphe, il se tourne vers Gromyko et hurle : « Andreï, tu étais bien d'accord, toi aussi, pas seulement les autres ? » « Vas-y, Léonide, dit Gromyko, qui est obligé de lui crier aussi dans l'oreille. Vas-y. Lis tout jusqu'au bout. » Pour les kremlinologues, n'étaient significatifs que les arrêts du pouvoir : c'est aux obsèques qu'on pouvait juger, par l'ordre protocolaire, qui progressait ou rétrogradait dans l'équipe de tête du Parti. Personne n'a encore eu l'idée de proposer des funérailles nationales chaque trimestre en guise d'exercice de la démocratie.

Dans les civilisations traditionnelles, le roi porte des socques à très hautes semelles pour ne pas toucher le sol et accède à son trône par des marches pour être au-dessus de la terre. Il siège sous un dais ou un parasol qui l'isole du ciel. Parce qu'il n'appartient ni à la terre ni au ciel mais sert de médiateur entre les deux en assurant leur harmonie. Il ne meurt pas. Le roi est mort, vive le roi. Lénine vit toujours, affirmait le slogan soviétique. Nous avons la chance de vivre sous des régimes politiques imparfaits. Le professeur Kissinger, qui ne manquait pas d'audace intellectuelle, déclara un jour que tous les gouvernements en Europe étaient illégitimes depuis la Première Guerre mondiale. Soit. La démocratie touche à la terre. Elle est mortelle. J'ai écrit : toute élection est un brouillon. La vie aussi. Je préfère les brouillons.

Deng m'avait dit : quoi qu'il arrive, je quitterai le pouvoir à quatre-vingts ans. Il ne l'a pas fait. Il est assez bouleversant que des millénaires de lents progrès, des siècles de réflexions et d'expériences, des décennies de sacrifices humains et, tout l'appareil des livres, des études, des notes, des commentaires, et tout le travail des philosophes de l'Histoire et des professeurs de marxisme et des spécialistes de la Révolution prolétarienne, aient abouti à ce spectacle : un vieillard nonagénaire paralysé, gouvernant de son fauteuil roulant le plus vaste et le plus ancien empire du monde qui est communiste ; et comme il n'écrit plus, ne parle plus, sa fille prétend connaître sa pensée parce qu'elle sait lire sur ses lèvres. Au nom du mandat du ciel.

12

« Vous n'avez pas l'air d'une victime »
La leçon bulgare — Septembre 1982 : préface au Grand Jeu — Afghanistan, Moscou, Washington Qui a gagné, qui a perdu — Il faut se prendre au mot — Sarajevo — Salut

La préparation des sommets bilatéraux s'est le plus souvent bien passée. Sauf en Bulgarie. J'y ai pris une leçon très directe. Le premier secrétaire du PC et patron de la Bulgarie m'affirme d'emblée que son pays qui avait toujours eu le malheur de choisir le mauvais côté dans les guerres, celui du perdant, était enfin sûr avec l'URSS détentrice du sens de l'Histoire d'être du bon côté, celui du vainqueur. Puis il m'explique « l'approche cubaine » dernier dogme de l'Église de Moscou sur la façon de gagner la guerre sans la guerre, en jouant, contre l'Occident, du « tiers monde instable ». Puis il me dit : « Inutile de vous tuer. Vous êtes déjà morts. Vous ne croyez plus en Occident aux mots que vous employez, liberté et autres. Une civilisation qui ne croit plus aux mots qu'elle emploie est morte. » Je l'ai déjà raconté. Mais peut-être pas toutes les conséquences que j'en ai tirées en courant les maquis pendant quinze ans, dont la devise qui fut la bande d'un de mes livres et ma signature à une émission de télévision : « Je dis ce que je crois et je fais ce que je dis. »

En 1981, je me suis retrouvé sans aucun engagement, sans aucune fonction et même sans aucun salaire. Le cabinet du ministre des Finances me poussait à prendre ma retraite anticipée d'inspecteur général des finances. Ma femme m'ayant fait remarquer qu'elle n'avait pas épousé un retraité, j'ai dû accepter ma mise en disponibilité sans traitement. La menace était d'utiliser contre moi, dans un face-à-face programmé avec M. Mermaz, le fait « de critiquer le gouvernement (un article dans *Le Point* où je condamnais la politique économique qui accumulait les déficits), alors que j'étais payé par le gouvernement ». Chantage sans aucun fondement juridique, bien sûr, mais qui m'amena à céder pour ne pas perdre dix minutes en explications lors du face-à-face. Mon interlocuteur du ministère avait ajouté cette remarque assez étonnante : « Et n'allez pas vous plaindre, personne ne vous croira. Vous n'avez pas l'air d'une victime. » Le *Figaro* allait m'ouvrir ses colonnes comme grand chroniqueur. Je suis passé au journalisme.

La leçon bulgare continuait à me trotter dans la tête. Dans un long document publié par *L'Express*, en 1982, sous le titre « La détente froide », j'ai analysé la nouvelle stratégie de Moscou, progresser par les ailes marchantes du tiers monde instable, « l'approche cubaine », alors que les experts français ne privilégiaient que le conflit européen et nucléaire (zones grises, gesticulations de dernier avertissement et stratégie anti-cités...). J'ai décrit le mécanisme d'intégration progressive par cercles du nouvel empire qui avait ajouté, aux conquêtes des tsars, Caucase et Asie Centrale, et à celles de Staline, Est de l'Europe, les trois pays de l'Indochine et Aden en Asie, la Somalie, l'Éthiopie, l'Angola, le Mozambique, la Guinée Bissau, les Iles du Cap Vert, le Congo Brazzaville et d'autres en Afrique, le Nicaragua en Amérique Centrale. L'invasion de l'Afghanistan prenait ainsi un tout autre sens : celui de la capture d'une case clé dans un processus de type impérialiste classique que les Britanniques, maîtres internationaux en la matière, appelaient *le grand jeu.* J'ai proposé une réplique adéquate coordonnée. Le vocabulaire est toujours celui des échecs.

Voici les sept points de conclusion.

1. Il ne s'agit pas de déclencher la guerre mondiale, et on peut penser que personne ne souhaite la guerre mondiale. Le problème est précisément de répondre à une stratégie soviétique qui est, autant que possible, aussi loin que possible, de gagner sans la guerre...

2. L'Union soviétique est une grande puissance, et même une superpuissance, elle est de moins en moins un espoir. *Sinon dans le tiers monde, moins pour ce qu'elle apporte que par ce à quoi elle s'oppose.*

On s'inquiétait un jour, auprès du président Kennedy, du soutien qu'il apportait à un dictateur contesté ; sa réponse fut : « D'accord, c'est un salaud, mais c'est notre salaud. » Entre la naïveté qui consiste à soutenir ses propres adversaires (comme parfois on l'a vu) et le cynisme qui conduit aux alliances les plus douteuses, il faudra que l'Occident trouve et développe ses propres modèles. L'enjeu actuel, c'est le tiers monde instable. Il manque précisément d'espoir.

3. Il faut organiser la division du travail. Dans le tiers monde, les pays européens sont parfois mieux vus que les États-Unis ou l'Union soviétique. Il ne s'agit pas, évidemment, de « remettre en question Yalta », comme le déclarait le gouvernement français, en aidant le Vietnam (membre permanent du Comecon !) ou en vendant des armes au Nicaragua qui, trois jours après, approuvait solennellement l'état de siège en Pologne. Il s'agit d'éviter que Yalta ne s'étende et ne s'étende à sens unique. C'est le souhait profond de la majorité des pays du tiers monde.

4. Ce ne sont pas les hommes d'affaires internationaux qui assureront le triomphe universel des droits de l'homme, pas plus que les ostracismes très orientés de la gauche. L'Union soviétique sait très bien, elle, dissocier les relations d'affaires et le soutien politique. A l'égard du monde soviétique, réintroduisons la politique dans les relations d'affaires. Compte tenu de la situation de l'URSS et de certains de ses alliés, rien n'est « neutre » en ce domaine, ni les céréales, ni les crédits, ni la technique. Mais faisons-le dans les conditions de coordination que j'ai dites. En sachant notamment que l'arme économique comme réplique ou comme sanction a ses limites. Elle n'est efficace que si elle est massive, mais c'est le blocus et quasiment la guerre ; ou si elle est, au contraire, très ponctuelle. Ponctuelle, elle doit encore être graduée en fonction des buts recherchés : avertir, renchérir, affaiblir. C'est l'art de la réplique adéquate.

5. Tous les excès sont mauvais, et d'abord la différence entre les paroles et les actes. Appeler les Hongrois à la révolte quand il est évident qu'au moment décisif on ne fera rien pour eux est scandaleux. Condamner hautement l'état de siège en Pologne pour décider ensuite entre Européens, à Bruxelles, qu'on envisage de relever les droits de douane sur le caviar et la vodka est dérisoire.

6. La réplique adéquate, c'est aussi traiter les problèmes en eux-mêmes et ne pas seulement les utiliser. On peut « se servir » de l'affaire de l'Afghanistan pour monter une opération de propagande contre l'Union soviétique (boycottage des jeux Olympiques) : on peut aider les Afghans très modérément, pour aggraver le coût à payer par l'Union soviétique et l'inciter à parler ailleurs de désarmement ; mais c'est aussi comme cela qu'on perd ses alliés, en se servant d'eux pour autre chose que ce qui les intéresse eux-mêmes. Il faut donc définir d'abord quelle est la bonne solution pour l'Afghanistan, qui pourrait être, par exemple, un statut comme celui du Traité d'État autrichien, et, une fois l'objectif défini, prendre les moyens en tout domaine pour y parvenir.

7. Il faut que le sens de l'Histoire ne soit plus à sens unique. D'abord, en faisant la preuve que, si des pays sont passés d'un camp à l'autre, l'inverse peut être vrai. Des centaines de milliers d'hommes et de femmes de toutes conditions ont fui les régimes communistes, de Cuba au Vietnam. Il faut que des pays puissent aussi « choisir la liberté ».

Il faut croire à notre propre valeur. On sait aujourd'hui, par exemple, qu'en supprimant la liberté on supprime aussi l'égalité. Statutairement, juridiquement. C'est la Nomenklatura. Alors que, dans un régime de liberté, les inégalités qui existent sont toujours contestées et toujours corrigibles sous la pression de la liberté elle-même. Il faut définir un modèle de société libérale qui ne soit ni « laisser faire-laisser passer » ni la concurrence sauvage. Il faut donner au mot liberté un contenu positif dont nous soyons fiers. Et que ce soit notre sens de l'Histoire.

En cette fin de siècle, la liberté est une idée neuve.

Septembre 1982... L'occasion aidant, ou plutôt un réflexe lors de la visite d'un représentant du Front populaire de libération de l'Érythrée (« si vous voulez que je parle de vous, il faut que j'aille chez vous »), je suis passé à l'action. *Je me suis pris au mot.* A une époque, je comptais les passages clandestins de frontières, du Cambodge à l'Amérique Centrale, de l'Afghanistan au Liban, du Liban à Sarajevo. Puis j'ai renoncé à compter : l'important est seulement que le chiffre soit pair, autant de retours que d'allers. Agir n'est pas réussir mais toujours essayer. Je ne compte pas les réussites, je sais que les échecs sont plus nombreux. Parfois j'ai trop envie que mes amis gagnent.

Le Liban serait un autre livre. L'ex-Yougoslavie un autre livre, l'Albanie, les pays Baltes, et d'autres encore que je suis bien incapable d'écrire. C'est une sorte de malédiction : je ne sais faire que des préambules. Et pourtant tous les terrains d'opérations du « tiers monde instable », je les ai pratiqués. Les nuits dans la boue, le sable, la neige, je les ai vécues, et les heures avant l'attaque, et les marches forcées, et la fatigue, la faim, la peur. Parfois seulement l'attente, la tristesse, la poussière des jours. Et pourtant rien, jamais, n'est inutile. Je vais seulement évoquer à nouveau l'Afghanistan et la Bosnie comme exemples de ce qu'il fallait croire et oser. On ne sait pas qui a gagné, qui a perdu, et on ne le saura qu'à la fin des temps. « Les hommes font l'histoire, mais ne savent pas l'histoire qu'ils font. » En attendant, la seule réponse est de continuer à croire et oser. J'aidais les ONG humanitaires, dans leur tâche d'assistance et de témoignage, les plus célèbres et les plus discrètes. Dès le début, j'ai accompagné Handicap international (qui s'appelait encore OHI) dans son admirable lutte contre les mines antipersonnels. En usager, si je puis dire, des champs de mines. Vingt ans d'efforts aboutissent aujourd'hui à une interdiction à laquelle personne ne croyait au départ. Je parlais, j'écrivais quand il fallait parler, écrire. Je me taisais aussi.

En 1986, Matignon et l'Élysée vont me demander de prendre en main l'ensemble des éléments « politique, diplomatique et militaire » du problème afghan. J'ai déjà plusieurs fois traversé clandestinement la frontière dans la nuit glacée déguisé en Afghan. Je connais personnellement la plupart des commandants de la zone Est. Mon nom de code est Emir Khan. Alain Boinet est le merveilleux compagnon de la plupart de ces aventures. Il est imperméable à tout sens du danger. Le 31 décembre 1985, il m'annonce qu'il a dans son sac une bouteille de champagne, qu'il est minuit et que nous allons la boire ensemble pour fêter la nouvelle année. Halte là ! Nous sommes avec trente guerriers entassés sur le sol nu d'une mosquée (une mosquée !) et notre hôte est un Nouristani aux yeux verts, commandant du Hezb-i-Islami, les intégristes des intégristes ! Le champagne attendra d'avoir repassé la frontière. Il y eut plus périlleux. Je n'ai jamais caché aux Soviétiques ni ce que je pensais, ni ce que je faisais. Perez de Cuellar, le secrétaire général des Nations unies a été tenu au courant de tout ce que j'entreprenais. Je suis intervenu à Washington à de nombreuses reprises. Mes interlocuteurs étaient Schultz, le secrétaire d'État, Carlucci au NSC et en permanence Bob Oakley.

Mais c'est à Moscou, où j'ai été invité que peut-être l'essentiel va basculer quand Chevarnadze me dira : « Je vous en donne la promesse, il n'y aura plus un seul soldat soviétique en dehors des frontières de l'Union soviétique. » La longue conversation commence avec Vorontsov, premier vice-ministre des Affaires étrangères, esprit aussi brillant que réaliste. La délégation soviétique est composée d'apparatchiks solennels et fermés, visages de bois, sauf le très sympathique directeur général d'Asie au MID, Alexieff. De mon côté, l'ambassadeur de France et un collaborateur. Vorontsov lit un discours en langue de bois très long et ennuyeux. La première surprise vient quand l'interprète pour la troisième fois traduit le terme officiel pour désigner ceux qui s'opposent à l'ordre soviétique (*douchmani*) par « bandits », et que Vorontsov coupe l'interprète et dit : « Traduisez plutôt par “résistants”, ça fera plaisir à Deniau. » Têtes des apparatchiks, sculptées pleine pierre, façon île de Pâques. Ils feront encore plus tristes figures quand Vorontsov proposera que nous abandonnions les traductions et que nous continuions directement la conversation en anglais.

C'est comme en passant — il n'y a en cette vie que des passages et le père de Théodore Monod qui était pasteur appelait toute vie humaine « la barque prêtée » — que Vorontsov (ou Chevarnadze ?) dit : « D'ailleurs en aucun cas nous ne quitterons Kaboul avec nos amis accrochés aux patins de nos hélicoptères. » Phrase que je saisis au bond, pour moi elle veut dire que la négociation du départ soviétique est ouverte *puisque les conditions d'un départ sont évoquées, même négativement.* A l'est d'Aden, c'est clair. Et l'Orient commence sur le trottoir de Vienne face aux fenêtres du prince de Metternich. Il faut avertir les Nations unies et Washington, j'y vais. Schultz citera la phrase devant le congrès ! Puis il m'envoie son chef de cabinet pour mettre au point le dialogue avec Chevarnadze qu'il va rencontrer. Elle n'a pas été inutile, la descente folle dans la nuit de décembre où je sautais d'une pierre à l'autre sur la pente glacée de la montagne afghane. Ni la marche à l'aube dans la forêt qui s'éveille. Aux résineux succèdent les trembles de la haute vallée, puis les platanes. Sur les tombes des combattants, une pierre à la tête, aux pieds une perche chargée de longs rubans aux couleurs féeriques de l'Asie, vert émeraude très pâle, orange irisé inconnu, blanc éclatant, bleu à faire rêver la mer, rouge jamais vu et qui claquent, claquent au vent, symboles de l'âme. Le sentier suit un torrent. Des détonations de AK47. Toujours trouver tout naturel. Mon escorte, celle du commandant Walid Majrouh, répond. La vallée reprend à l'arme lourde, 12,7 puis

14,5. Puis d'autres vallées et l'écho reprennent à leur tour le bruit des tirs d'autres vallées encore plus lointaines jusqu'à ce que toute la montagne vibre de ces salves d'honneur. Pour saluer l'étranger venu témoigner qu'ils n'étaient pas seuls au monde. Rien n'est inutile, un mot, un geste, un pas.

La guerre sera gagnée, pas la paix. En Afghanistan les fanatiques islamiques encadrés par les services pakistanais, alimentés par l'or d'Arabie et bénis par les États-Unis, vont conquérir le terrain sans combattre : en payant. Lors des négociations de Moscou, Vorontsov dit :

— Nous allons changer de méthode en Afghanistan. Nous allons désormais « le faire à la française »...

— ? ?

— Éloge de Descartes. De l'analyse. De la raison. Nous aussi nous avons des ordinateurs. Nous avons mis dans l'ordinateur toutes vos interventions au Tchad. Intéressant, non ?

— Dites toujours.

— Voici les lois qui sont sorties de l'ordinateur.

1. Ne pas vouloir garder tout le Tchad. Ne garder que le Tchad utile et la capitale en tant que symbole du pouvoir et garant du siège aux Nations unies.

2. Ne pas utiliser de troupes françaises au sol. Tout jouer sur l'intervention aérienne avec des « lignes rouges » clairement fixées.

3. Garder les responsabilités logistiques, le renseignement, la formation.

4. A côté de l'armée régulière tchadienne qui comme toutes les armées dans ce genre de pays n'attend que le moment de basculer de l'autre côté et de jouer « perso », favoriser la création d'unités parallèles assez engagées

dans le conflit pour n'avoir pas d'espoir personnel de survie en cas de défaite...

— Ça suffit comme ça.

Il faut s'intéresser aux analyses des stratèges et des ordinateurs. Mais croire au pouvoir de l'homme seul aux mains nues qui dit non. Pas un expert ne donnait contre l'Armée rouge la moindre chance à la résistance afghane qui commença au fusil de chasse (les premières armes lourdes ne furent pas américaines, mais chinoises...). En obligeant pour la première fois l'Union soviétique à reculer, quand les pertes en avions et hélicoptères auront atteint trente par mois et que Moscou, comme prévu, sera mis devant le choix : ou tripler les effectifs au sol de l'armée d'intervention, ou se retirer, les barbus des montagnes ont changé le monde. Leur courage fou (trois semaines d'espérance de vie pour un servant de RPG7), le pape polonais et le bluff de Reagan avec la guerre des étoiles, voilà les trois vainqueurs de cette fin de siècle et de millénaire qui ont mis en question le partage de Yalta et fin au dogme du sens de l'Histoire. Dans le comité de l'épée constitué lors de mon élection à l'Académie française, il ne semble pas que beaucoup aient relevé les noms de Sakharov et du commandant Massoud. Pour moi, même combat. Perdu ? Aucun combat n'est perdu. Dublin, Pâques 1916. L'important est de combattre. Les écrivains latins racontent que lors de la grande révolte des esclaves, Spartacus leur promit de construire une ville idéale qui s'appellerait la Cité du Soleil. Et pour que le symbole soit plus fort encore, ce serait sur les ruines de la plus opulente et corrompue des cités de la Grande Grèce, Métaponte. Métaponte fut prise, incendiée, rasée. La Cité du Soleil n'a jamais été construite. Reste la rébellion de Spartacus.

Afghanistan, Cambodge, Angola, Liban, Bosnie... Que de ruines, sans même l'espoir d'une cité du soleil. Dans le silence de l'Europe. Je ne peux que répéter ce que je dis depuis quarante ans : sa mission doit être de défendre un type de civilisation et de démocratie. Le reste, droits de douane ou monnaie unique, n'est qu'instrument, outil. Si l'Europe n'apporte pas cet espoir d'une civilisation qui lui soit propre, elle n'a ni justification ni sens. La mauvaise humeur à l'égard de l'Amérique, seule superpuissance, n'est pas une politique suffisante. La meilleure critique des œuvres des autres — en fait l'unique critique admissible — est de composer une autre œuvre.

Moscou, Vorontsov :

— Vous nous avez convaincus, nous allons nous retirer. (Nadjibullah, ancien patron de la filiale afghane du KGB, le Khad, est le seul à avoir accepté le défi : garder le pouvoir au parti communiste sans la présence active des troupes soviétiques, le pari « tchadien ».) Mais nous gagnerons quand même. Les barbus de Peshawar — c'est-à-dire les chefs des partis reconnus de la Résistance afghane encadrés par les services pakistanais et que Vorontsov appelle assez drôlement « the not so magnificent seven » — vont chacun vouloir s'acheter un cheval blanc pour être le premier à entrer dans Kaboul. Bien sûr, cela nous coûtera pas mal d'argent pour payer le cheval et le reste. Mais ainsi nous resterons. Notre nouvelle politique s'appelle d'ailleurs *partir pour rester.* Ah, je me suis trompé : j'ai parlé d'argent. Non. Nous payerons en or. Ils aiment l'or.

J'ai repassé clandestinement la frontière afghane une autre nuit et revu les principaux chefs de la résistance de la région de Kaboul, sunnites et chiites. Je leur ai dit : voilà le grand jeu des Soviétiques. Vous avez juré de ne pas tirer sur la colonne, longue de quarante kilomètres qui évacuait l'armée Rouge de Kaboul, et vous avez tenu parole. Maintenant jurez que vous ne vous battrez pas entre vous. Il faut gagner la paix. Votre système d'assemblées locales et nationales, c'est votre jeu à vous — jouez-le. Mais tous disaient : « On ne peut pas voter si on ne connaît pas le résultat du vote à l'avance. » J'insistais : au moins fixons qui va avoir le droit de vote. Trois tiers. Un tiers, les partis au Pakistan, un tiers, les commandants de l'intérieur, un tiers, la diaspora en Allemagne, en France, aux États-Unis qui n'a pas été mêlée directement aux atrocités. Puis je corrige. Classons plutôt en quarts. Parce qu'il faudra aussi des représentants de l'autre camp s'ils n'ont pas de sang sur les mains. Un quart pour la catégorie que j'appelle les « bons musulmans ». Ce sont les cadres de l'armée et de l'administration qui ont servi le régime communiste, mais sans participer aux horreurs de la guerre civile. Les commandants, qui ont tous des frères ou des cousins dans l'autre camp, acceptent.

Cette quatrième catégorie, je ne l'ai pas inventée tout seul. Elle est née d'une question sans réponse, là-bas, loin, à l'intérieur, par-delà la crête si blanche des montagnes. Il faut expliquer. Les états-majors, dans leurs bureaux des capitales, ont décidé que le temps était venu de reconnaître *de facto* la résistance afghane. Une dizaine de pays musulmans saisiraient l'occasion d'une réunion de l'Organisation internationale musulmane en Arabie Saoudite. Mais il ne peut y avoir reconnaissance *de facto* que si un gouvernement provisoire siège déjà en territoire afghan. L'ordre est donc de prendre, juste avant la conférence, Djellalabad, deuxième ville d'Afghanistan, clé de la route de Kaboul et proche de la frontière pakistanaise. Attaque de Djellalabad. Contre les canons, les chars, l'aviation. Une boucherie pour rien. Après avoir pris l'aéroport, les moudjahidin vont s'épuiser en assauts contre la ville. Près de 1 400 tués, 4 000 blessés estimera-t-on, en bataille rangée, ce qui pour un mouvement de résistance est énorme, dramatique, et en plus n'est pas son combat. J'avais essayé d'arrêter cette folie et de trouver une solution pacifique négociée. Sans succès. D'abord les divisions entre les « not so magnificent seven ». Certains des chefs, plutôt que de prendre Djellalabad, pensaient à empêcher leur rival de la prendre. Ensuite le rôle de la « légion arabe », volontaires venus d'Algérie, de Tunisie, de Syrie ou du Golfe. Ils ne se sont jamais battus, ils n'ont fait que massacrer. Dans la Kunar la rumeur disait qu'ils avaient décapité à la hache des institutrices coupables d'avoir enseigné dans des classes *maternelles* mixtes, garçons et filles. Nous en avons croisé une compagnie, bandeau vert au front, dans un boyau qui menait aux premières lignes devant Djellalabad assiégée. Ils faisaient peur aux Afghans eux-mêmes qui avaient pressé le pas et serré les rangs autour d'Alain Boinet et moi. « Attention, les Arabes ! Les Arabes ! » Les avions soviétiques inspiraient moins de terreur.

Quelques jours avant l'assaut, rencontre entre les chefs de la résistance (dont le frère d'Abdul Hacq avec qui j'étais) et une délégation venue de la ville. Dans une guerre civile les combattants connaissent nom, prénom, âge, goûts et souvenirs d'enfance de ceux qu'ils vont tuer. On est entre cousins et beaux-frères. La vie du pays continue avec ses marchés, ses camions qui montent du Pakistan et redescendent chargés de réfrigérateurs soviétiques, ses nomades qui transhument, ses officiers qui pensent à leur carrière. Voici à peu près ce qu'avaient dit les hommes de la délégation de Djellalabad, sous la voûte des étoiles, assis sur leurs talons, buvant leur thé, trempant leur galette de pain dans le bouillon gras de mouton.

« A la ville se sont réfugiés tous les cadres régionaux du Parti, les employés des grands kolkhozes de la plaine, les fonctionnaires du régime, les miliciens des troupes du ministre de l'Intérieur (qui est d'une très bonne famille locale). Si vous ne leur promettez pas la vie sauve, ils vont se battre comme des chiens enragés jusqu'au dernier.

« Il faut exclure totalement "les Arabes" de la prise de la ville, sinon nous n'avons plus confiance

« Il ne faut pas seulement promettre la vie sauve, mais garantir que les soldes et traitements continueront à être payés aux officiers, agents, etc., du régime qui sont des "bons musulmans" et n'ont pas de sang sur les mains. »

Un silence. Et puis la question magique, fondamentale, qui résume toutes les interrogations et commande toutes les réponses, donne la couleur à la vie, à l'espoir, à ce monde, et personne ne regarde personne par politesse et la question est posée comme en passant comme passe la vie :

« Nous nous rallions à vous, et nous vous ouvrons la ville. Est-ce que les filles auront toujours le droit d'aller en classe ? »

Les commandants ont dit non. Parce que les extrémistes religieux (qui ont l'argent du Golfe) ont dit non. Dans la nuit glacée, j'ai repassé clandestinement la frontière, d'urgence, pour essayer vainement de convaincre à Islamabad le gouvernement pakistanais et l'ambassadeur américain. Sans succès.

Je n'aurai pas plus de succès après l'évacuation des troupes soviétiques dans les discussions de paix. Le secrétaire d'État à Washington, où j'ai été de nouveau invité, me répondra : « Le départ de l'Armée rouge est une victoire suffisante en soi. » Les Soviétiques ne chercheront qu'à protéger la zone nord qui est la frontière avec leurs musulmans à eux. Les Pakistanais voudront assurer le contrôle du pays Pashtoun qui est leur *Hinterland* indispensable du point de vue stratégique et politique. Les Iraniens chercheront à maintenir leur emprise sur les chiites. Les Nations unies ont sur place un représentant spécial, équatorien, qui est l'ennemi juré de Perez de Cuellar, péruvien, et ne m'aide pas. La guerre civile va faire rage. Vorontsov n'a même pas eu à payer « beaucoup d'or ». Chevarnadze m'avait annoncé qu'il serait nommé ambassadeur à Kaboul en ajoutant : « C'est votre camarade. Ce serait bien si vous aussi vous étiez nommé ambassadeur à Kaboul. » Je ne fais pas une mine très gourmande. « Attention, me dit Chevarnadze. Il garde son titre de premier vice-ministre des Affaires étrangères. » J'annonce la nouvelle au Quai d'Orsay qui n'a pas voulu me croire. « Le premier vice-ministre des Affaires étrangères soviétiques ambassadeur à Kaboul ? Une mauvaise plaisanterie. C'est un poste pour second conseiller. Vraiment, ce Deniau dit n'importe quoi. » Paris n'a jamais su, ne saura jamais ce qu'est le Grand Jeu.

A Kaboul, les Talibans interdisent aux enfants de jouer avec des cerfs-volants et aux femmes de faire du bruit, tap, tap, tap, avec leurs talons. A Phnom Penh, le Cambodge tombe de corruption généralisée en guerre civile larvée et dictature prolongée. A Beyrouth, le Liban sacrifie l'indépendance à la paix sous contrôle. Quinze ans de foi, d'efforts, de risques, d'attente n'ont-ils servi à rien ? Non. Chaque mot, chaque pas, chaque geste a servi ou servira. Dans un jour, un an, un siècle. Rien ne se perd, tout se crée. J'ai passé trois années à aller et venir sur le terrain en Bosnie, à dire et écrire à Paris qu'il fallait changer complètement le dispositif de nos troupes à Sarajevo, sortir du mandat des Nations unies hypocrite et inefficace, renverser les conditions de notre action. Pour établir la paix ? Au moins pour arrêter la guerre et donner une chance à la paix. Une chance. En juin 1992, de retour de Sarajevo assiégée, j'ai été, me semble-t-il, le premier à dénoncer « la purification ethnique du sol* ». Visite à risque le mois suivant du Président Mitterrand dont les Bosniaques sont persuadés qu'elle avait pour but, en mettant en avant l'humanitaire, d'empêcher une intervention militaire de l'OTAN sérieusement envisagée à la réunion de Lisbonne. En juillet 1992, avec le président de Médecins du monde, nouvelle expédition sur un Iliouchine soviétique affrété par une compagnie japonaise, piloté par des Polonais et qui répondait au nom sympathique d'Hubert. Pour dire le plus solennellement possible, depuis Sarajevo assiégée, que l'humanitaire ne doit pas être l'alibi de l'inaction politique. Les médecins doivent soigner les blessés et les ONG nourrir les affamés. Certes. Mais l'action humanitaire ne dispense pas les gouvernements de leurs vraies responsabilités : assurer la paix et la démocratie. Retour pittoresque, à court de carburant (pour limiter les risques d'explosion en cas d'impact) l'équipage rate une première fois la piste de Split. Dommage, c'était le bon axe, mais à gauche. Deuxième essai réussi.

Je reviendrai à Sarajevo pour participer avec les soldats français à leur mission impossible et écrire à la demande de l'armée « La journée d'un capitaine » (*Armée d'aujourd'hui*, juin 1993). Histoire d'un des nôtres qui navigue entre Serbes et Bosniaques, entre mines et coups de fusils comme un officier d'A.I. à la grande époque de Lyautey au Maroc, à la limite du bled Maghzen et du bled siba. Débloquer l'électricité de l'un contre l'eau de l'autre pour faire progresser la paix. Et en passant par où personne ne passe, nous conduisons le premier convoi de vivres à Dobrivnia depuis trois semaines. Mais nos troupes doivent aussi assurer l'engagement pris par le Président Mitterrand avec le général Mladič et le Président Karacič, contre l'évacuation de la piste de l'aéroport par les blindés serbes, qui est d'empêcher le ravitaillement de traverser la piste. De nuit, l'élite de nos unités surveille à l'infrarouge les gosses de dix ans qui vont se lancer pour franchir les cent mètres de largeur avec un sac à dos et dedans deux kilos de farine et un obus de 105. Pour les plaquer au sol et les ramener à leur point de départ. Des passeurs professionnels vont tenter quatre ou cinq fois leur chance. Je fais le travail avec nos troupes qui sont admirables de sang-froid et de dévouement. Un mort, quatorze blessés dans la nuit. La règle, si on peut appeler cela une règle, est de soigner les blessés graves côté où ils voulaient aller. Les blessés légers, retour obligé à leur fossé de départ. Une grand-mère essaie de traverser la piste avec une douzaine d'œufs pour l'anniversaire de sa fille. Plaquée au sol (il faut éviter les tirs des snipers qui ont aussi des viseurs à infrarouge) et retour en larmes du mauvais côté. Est-ce une tâche admissible pour nos soldats ? Je ne le pense pas et le dis. Si l'engagement a été pris par le Président Mitterrand, dont le général Mladič m'a dit « qu'il était le seul Français qu'il admirait et respectait », pourquoi ne pas mettre un grillage et des barbelés efficaces, au lieu de jouer à cette chasse cruelle ? Réponse : les Nations unies ne le permettent pas. Un barrage efficace serait un signe de guerre. *Il n'y a pas de guerre.* La mission des Nations unies n'est pas d'imposer la paix : elle est « de maintenir la paix entre toutes les parties intéressées ». Comme si elle existait. J'en ai assez de cette hypocrisie et de ces mensonges. Le fracas des mortiers lourds et des batteries d'artillerie, les concours de tir des snipers (j'abats d'abord le chien de la vieille dame, puis je coupe l'anse de son panier, puis je la tue, on ne les entend pas des bureaux de New York et des capitales européennes ?). Un très mince tunnel secret creusé sous la piste de l'aéroport changera peu à peu le sort du siège. Plus besoin de « crossing » suicide dans la nuit et l'élite de nos troupes a mieux à faire que de contrôler les grands-mères. Étonnant : jamais l'armée serbe ne l'attaquera pour le détruire, même si le général Mladič me fera une scène violente à son sujet. La seule explication est que les mafias des deux côtés avaient un accord. Les mafias des deux côtés vivent de la guerre, du pont aérien, du marché noir. Pour mettre fin au système, il faudrait rouvrir l'accès normal par la route. Je le dis et je l'écris.

Symboliquement, je le fais. Le 2 décembre 1993, avec le général Dubost et le directeur de la Commission de la défense de l'Assemblée nationale, nous louons une petite voiture à Split et nous allons forcer le blocus de Sarajevo. Par la route. Pour montrer que si on veut, on peut. Le cabinet du ministère des Armées a très vivement déconseillé à une équipe de France 3 de se joindre à nous. « Ils ne passeront pas. » A Mostar, l'administrateur européen nous explique son impuissance face aux clans mafieux qui s'entre-tuent en ville et refusent toute coopération. Le contingent espagnol nous fait un bout de conduite de protection. Dans la montagne, sous la neige, c'est le contingent malais qui devrait prendre le relais. Pas de Malais visible. Quel est le sadique des Nations unies qui a eu l'idée d'envoyer des Malais dans l'hiver terrible de la montagne bosniaque ? Il fait entre moins 10 et moins 20. Deux ponts bombardés ont sauté. Dans la nuit nous forçons le blocus par la piste du mont Ingman. Les officiers français de Sarajevo nous attendaient pour célébrer en chantant l'anniversaire d'Austerlitz. Trois ans de contacts sur le terrain, de passages répétés des lignes de feu, d'articles, d'émissions télévisées, de témoignages. De luttes contre l'hypocrisie internationale et le mensonge institutionnel. Et tout va se jouer en quelques minutes avec le nouveau président de la République quand il vient me voir à l'hôpital du Val-de-Grâce, puis quand je lui remets une note datée du 16 mai 1995, une autre du 17, rédigées après une longue séance de travail organisée par Philippe Morillon avec quatre généraux français :

Le 16 mai 1995

« On ne peut plus attendre. Deux ans de tergiversations ont aggravé la position de nos troupes militairement et moralement. La "mission humanitaire" qui avait pu être la leur est complètement en porte-à-faux. Les humiliations quotidiennes, le sentiment d'impuissance, l'hypocrisie des discours officiels sont de moins en moins supportables.

« Plus personne ne peut admettre les observateurs qui n'ont pas le droit d'observer, les zones d'exclusion dont rien en fait n'est exclu, les zones protégées ou de paix qui sont les cibles préférées des bombardements, les regroupements sans regroupements, les démonstrations verbales et sanctions militaires sans aucune conséquence...

« Le positionnement de nos troupes et leurs moyens, comme

les règles d'engagement sont complètement inadaptés face au conflit menaçant. C'est toute la "culture" des Nations unies qui est en cause. »

Le résultat est dans l'Histoire, qui est un autre livre. La lettre que le Président m'a adressée le 26 mai 1995* peut être citée. Rien n'est inutile. Le 27 mai, nos troupes passent à l'action et reprennent le pont de Vrbnia. Ce sera le début de la paix, ou de ce qui essaye de s'en approcher.

Qui sait où se forme l'Histoire, loin, très loin, dans la précession des équinoxes, l'enroulement des cyclones et anticyclones, la course des planètes et des nébuleuses. Un battement d'aile de papillon à Paris ou le courant El Niño qui apparaît vers Noël, surgi des mystères de l'Antarctique. Ne regrettons pas les trop longues marches avant l'attaque. Ne regrettons pas l'attente de la nuit. Tout ce qui bouge, croit, aime, est né la nuit. La nuit est le contraire du silence. La nuit vit. La nuit parle. Le bois craque, l'eau chuinte, le sable crisse, la forêt appelle, les bêtes feulent, jappent, rauquent. Et l'homme respire du souffle de l'espérance.

*

A mon âge, s'il est encore possible d'hésiter sur ce qu'on est, il n'y a pas de doute sur ce qu'on ne sera plus. Tous les petits garçons s'imaginent volontiers en héros de livres pour petits garçons. Je ne serai pas président de la République, ni chien d'aveugle, ni découvreur de terres inconnues, ni pompier sauveteur. Je ne rendrai pas à la France le Canada ou l'Inde, ni même Landau que les soldats de l'an II avaient pris au cri de « Landau ou la mort ». Mais quelque part le long du 15e parallèle, au fond de la jungle d'Indochine ou du désert mauritanien, au creux des montagnes afghanes ou des souterrains d'Érythrée, au large la nuit, surtout la nuit, un moment j'ai été roi d'un royaume : celui où être roi c'est vivre pour ceux qui ne croient plus à la vie et parler pour ceux qui ne savent pas parler.

A mon âge, il est possible de faire la liste des pays où on n'ira pas, des amours qu'on ne connaîtra plus, des bonheurs qu'on ne découvrira jamais au loin à l'horizon sous la voile. Jamais. Ce mot qui n'a pas de sens pour un enfant. Il est déjà si révoltant d'entendre celui de *plus tard,* et il n'y a plus de plus tard parce que la nuit est tombée et qu'il faut se coucher, trop tard les enfants, bonne nuit, dormez bien, à demain. Et si cette nuit était la dernière, et si je ne me réveillais pas. La vie n'a pas eu le temps de commencer. Arrêtez, arrêtez la nuit. Je veux encore rêver avant de m'endormir.

Je ne mouillerai jamais sur la route du Pôle Sud dans le havre abandonné des baleiniers d'il y a un siècle, Cap du Désappointement ou Baie de la Déception, au large des Iles Inaccessibles. Je n'aurai jamais une aventure tumultueuse avec une femme sculpteur brésilienne rencontrée au théâtre San Carlo de Naples dont l'acoustique est la meilleure du monde. Je sais que je ne traverserai jamais à cheval le désert de Gobi à la poursuite de l'ancêtre de tous les loups conduit par le dernier guide des dieux, des bêtes et des hommes. Qu'il y a deux ou trois livres que je voulais écrire et que je n'écrirai pas, et pourtant déjà j'aurais pu les raconter. Qu'une dame aux yeux violets ne me sourira pas dans le chemin de fer à crémaillère qui monte au Machu Picchu et je ne pourrai pas dire : Où ai-je vu ce regard, dans quel tableau de Piero della Francesca, ou dans quelle autre vie ? Peu importe si les bonheurs sont derrière ou devant nous. J'ai voulu gagner. Pas de victoire. Je peux seulement dire que je n'ai jamais cessé de combattre.

Comment avoir été si désordonné pour à la fois en faire trop et si peu ? Si peu que de ne pouvoir laisser en testament que pêle-mêle tout ce que j'ai désiré, voulu, cherché, cru et parfois osé. J'aurais pu, j'aurais pu, le voilà, le mode du malheur. Pardonnez-moi, ceux que j'ai aimés trop, mal, pas assez, jamais assez. Oubliez-moi, amis déçus, essais abandonnés, espoirs sans suite. Que vive ce monde immense et les autres plus grands encore, forêts magiques, océans étoilés, horizons plus lointains, nuits sans frontières, monstres des profondeurs. A vous peuple sans nom de la chaîne des temps, fantômes de nos pères et rires de nos petits-fils, passants de notre histoire, vagabonds de nos rencontres, inconnus de nos songes, salut. Dans un poing serré peut-on enfermer le vent ? Salut le vent. Il reste un peu de sable sous les ongles. Salut le sable. Un peu de sel sur les lèvres. Salut la mer. Je lègue tous les souvenirs dont j'ai rêvé et que je n'aurai jamais. Saluez les enfants pour moi.

Notes et Annexes

Page 14/15

DA AFP 06 décembre 1995 (19951206 - 199512) 18 : 32 GMT et 07 décembre (19951207 - 199512) 18 : 49 GMT.

(...) Devant l'urgence, Paris a demandé à l'académicien Jean-François Deniau, à peine remis d'une traversée à la voile de l'océan Atlantique, de se précipiter à Sarajevo et à Pale (le fief des Serbes de Bosnie) pour tenter d'arracher la libération des deux pilotes.
Mercredi, avant de regagner la France après 48 heures sur place, Jean-François Deniau s'était contenté de déclarer que « s'il n'y avait pas d'espoir, (il) ne serait pas là. (...) Il y a encore des incertitudes et je préfère ne pas en parler », avait-il lâché laconique. En mai dernier, Jean-François Deniau avait obtenu la libération de plusieurs membres de l'organisation humanitaire française « Pharmaciens sans Frontières », détenus pendant plus d'un mois par les Serbes de Bosnie.
bfr/nc.

Page 15

Le Figaro, 13 décembre 1995
Le Monde, 14 décembre 1995.

Page 31/32

14, rue Saint-Guillaume
75007 – Paris

Paris, le 19/02/86

À Son Excellence le général JARUZELSKI
Président de la République polonaise

Monsieur le Président,

Nous sommes de nombreux Français trés attachés aux liens historiques entre la Pologne et la France et ayant le désir profond non seulement de maintenir mais de développer entre nos deux peuples les relations traditionnelles d'amitié et de coopération en tous domaines, aussi bien économique et commercial que culturel. Pour nous la Pologne est et restera un symbole de courage et d'espoir que nous n'oublierons jamais.

Il est de notre devoir de vous dire, en nous adressant à vous en tant que la plus haute Autorité officielle polonaise, que nous sommes sincèrement inquiets pour l'avenir de ces relations. Des informations qui nous parviennent font état d'une aggravation de la répression envers des membres du peuple polonais qui expriment publiquement leur point de vue indépendant. Ces informations nous signalent que le nombre des détenus politiques s'élève à environ 200, sans d'ailleurs que ces détenus bénéficient du statut de prisonnier politique qui est reconnu et admis dans tous les pays de liberté. Les conditions des procès donnent de moins en moins de garantie aux inculpés. Les conditions d'incarcération se sont elles-mêmes aggravées.

Nous n'ignorons rien de la situation de la Pologne sur le plan historique, social, économique et politique ; et aussi géographique et stratégique. Mais soucieux de l'avenir des relations entre nos deux pays, nous avons cru bon de vous saisir personnellement de notre réelle inquiétude à défaut de décisions positives et significatives de la part des Autorités officielles polonaises, notamment en ce qui concerne la libération des détenus politiques.

Des personnalités, dont nous avons intentionnellement limité le nombre et dont on voit rarement ou jamais le nom dans les pétitions que publie la Presse, ont signé cette lettre. En attendant votre réponse, nous n'avons d'ailleurs pas l'intention de la publier. Cette réserve est pour nous le signe de la solennité et du sens des responsabilités que les auteurs de ce message ont voulu lui donner.

Dans l'attente d'une réponse positive, veuillez agréer, Monsieur le Président, l'expression de notre très haute considération.

Liste des signataires jointe

Liste des signataires

Raymond Barre, Ancien Premier ministre, Député du Rhône
André Bergeron, Secrétaire général de Force ouvrière
René Bernasconi, Président de la Confédération Générale des Petites et Moyennes Entreprises
Jean Bornard, Président de la Confédération Française des Travailleurs Chrétiens
Jacques Chirac, Président du Rassemblement Pour la République (RPR), Maire de Paris, Ancien Premier ministre
Jean-François Deniau, Ancien Ministre
René Friedman, Professeur à l'hôpital Antoine Beclère
André Glucksmann, Philosophe
Lionel Jospin, Premier Secrétaire Général du Parti Socialiste, Député de Paris
Docteur Bernard Kouchner
François Léotard, Secrétaire Général du Parti Républicain, Député du Var

Edmond Maire, Secrétaire Général de la Confédération Française Démocratique du Travail
Paul Marchelli, Président de la Confédération Générale des Cadres
Pierre Mauroy, Maire de Lille, Ancien Premier ministre
Professeur Paul Milliez, Président d'honneur de l'Union Internationale de la presse médicale
Louis Perrin, Président de l'Assemblée Permanente des Chambres d'Agriculture
Michel Rocard, ancien Ministre
Simone Veil, Ancien Ministre, Président du Groupe libéral au Parlement européen

Page 228

Note pour le ministre des Affaires étrangères

20 juin 1966

I

Il n'y a plus qu'un seul grand : les États-Unis d'Amérique. Un temps, après la fin de la Deuxième Guerre mondiale, on put penser à une sorte d'équilibre qui se maintiendrait entre les deux vainqueurs, États-Unis et URSS. Certains, peut-être égarés par leur confiance dans le système politique et social de la Russie, ont pu même imaginer que le vent tournerait en faveur de l'Est et que la nouvelle Rome serait Moscou. Il n'en a rien été. À la fin de la guerre, l'URSS avait considérablement agrandi son propre territoire, accru son prestige, recruté d'innombrables partisans qui espéraient en elle dans les pays situés en dehors de ses frontières parmi ce qu'on appelle les masses laborieuses comme chez les intellectuels. L'Amérique désarmait, paraissait se retirer comme après la victoire de 1918, faire confiance à la bonne foi de son partenaire, aux mécanismes des institutions mondiales mises en place, au partage du monde établi à Yalta. Elle s'est vite réveillée dès avant le coup de Prague qui fit basculer la Tchécoslovaquie à l'Est et l'envol du premier satellite artificiel, qui fut soviétique.

Aujourd'hui, la compétition reste limitée surtout aux exploits spaciaux. Partout ailleurs l'Amérique domine ou entend dominer. Sa suprématie militaire paraît incontestée. Sa puissance économique est incomparable : l'écart que la Russie s'était juré de rattraper, depuis Lénine, s'est sans doute réduit, mais en quelque sorte stabilisé. Si les deux pays ont des difficultés agricoles, ici c'est parce que l'on produit trop, et là pas assez, ce qui est une différence sensible. Par rapport à l'ensemble des autres pays, l'économie américaine est dominante, au sens des économistes. Le niveau de vie s'élève en URSS, mais l'écart des niveaux de vie avec les USA ne permet d'entrevoir aucune égalité.

Politiquement, l'Amérique a continué d'intervenir dans ses chasses gardées traditionnelles de l'Amérique latine. Mais elle s'est engagée aussi en tous pays, de l'Extrême-Orient à l'Afrique, ce qui est nouveau. Les interventions de ses troupes ont été nombreuses. Elle a soutenu des gouvernements, en a défait d'autres. Elle a parfois agi seule, parfois en liaison avec certains de ses alliés, parfois contre eux. Les exemples ne manquent pas. De façon permanente, l'influence passe par les pactes, bilatéraux ou multilatéraux, l'aide sous ses multiples formes, les conseils, les pressions, l'appui, ou le refus d'appui. Peu importe la liste, le détail, les justifications des actions américaines, leur caractère militaire ou pacifique. Ce qui compte c'est de voir que dans l'ensemble du monde, en dehors du domaine strict du camp dit « socialiste », c'est l'Amérique qui agit le plus et le plus souvent l'emporte.

Là même où l'on s'oppose aux États-Unis, il n'est pas sûr que ce ne soit pas encore, par un biais détourné, un signe de la puissance américaine et de son pouvoir d'attraction. Partout, la prospérité américaine, le mode de civilisation américaine attire, séduit, irrite, rebute mais tend à être le critère par rapport auquel on se détermine. Le souci de brûler les étapes, le dépit né de l'inégalité et d'une inégalité telle qu'on ne voit pas comment la réduire, peuvent amener bien des esprits à faire confiance à Moscou ou à Pékin, mais pour combien est-ce parce qu'il leur apparaît sans espoir de pouvoir vivre assez vite comme des Américains ? Déjà pour nous, Européens, nous savons que ce qui est un jour la mode, les besoins, les problèmes là-bas, seront un, dix ou vingt ans plus tard nos modes, nos besoins, nos problèmes.

Oui, il est en train de se constituer un monde, encore divers dans l'espace suivant les pays et les hommes, divers dans le temps suivant les stades de réalisation, mais un monde avec ses clients, ses ennemis, ses goûts, ses règles, son ordre, comme les connurent le monde romain, et qui est désormais américain. Le schisme au sein du camp « socialiste » renforce encore cette impression qu'il y a désormais un seul empire, celui dont la capitale est Washington ; et en dehors de lui d'autres puissances, parfois très grandes, parfois redoutables, mais pas l'Empire.

Les Pères fondateurs des États-Unis d'Amérique, nourris de Montesquieu, avaient le goût romain. On ne peut s'empêcher de voir quelque prescience dans le fait que les bâtiments publics, sièges du pouvoir américain, ont été nommés Capitoles, et Sénat l'organe suprême. Rome, aujourd'hui est bien à Washington.

⋆

Cet ordre américain qui tend à s'appliquer à tous, directement ou indirectement, les Américains ne l'ont sans doute pas voulu, en dehors, cas par cas, des représentants des intérêts spécialisés. Rome, non plus, ne souhaitait pas l'empire du monde connu. Il a fallu deux guerres, que les contemporains auraient pu aussi appeler mondiales. Face au danger punique et à cause de celui-ci, il a fallu que Rome intervienne en Espagne et en Grèce. S'occuper des autres, gouverner pour les autres lui a été imposé par un enchaînement de responsabilités sans cesse accrues. Elle a d'abord rendu la liberté à la Grèce qui l'avait perdue (et point, par la faute des Romains) ne voulant pas se mettre sur les bras les querelles de cités illustres et énervées. Cinquante ans après la décision de Flaminius, elle devait la supprimer, car l'agitation et l'intrigue en cette partie du monde étaient préjudiciables à tous. Quand le roi de Pergame légua son royaume à Rome, le Sénat voulut d'abord refuser. Mais il y a un enchaînement de la responsabilité et de la puissance auquel on ne peut se dérober. Province romaine d'Afrique, province romaine d'Espagne, province romaine d'Asie vont se succéder.

Les États-Unis qui s'étaient contentés d'exercer leur contrôle économique et politique sur les États de leur propre continent ont été aussi, par une Première Guerre mondiale, entraînés hors de chez eux en Europe. Vite, ils s'en sont dégagés comme l'on sait après la victoire. La Deuxième Guerre mondiale qu'ils ont gagnée ne leur a plus permis le choix. État le plus puissant du monde, la pourpre leur est échue, qu'ils l'aient réellement désirée ou non. Peu importe. On connaît l'histoire de Jovien qui n'avait accepté le manteau impérial que sous la menace de ses officiers, vingt épées sur la poitrine. Pour les États-Unis il y avait la menace de l'URSS, il y a ou il aura celle de la Chine. Il y avait les nécessités stratégiques des intérêts économiques, les interdépendances entre les responabilités diverses ou simplement le poids des choses. Au-delà d'un certain degré de grandeur et de succès, l'accroissement de la grandeur et la nécessité d'autres succès s'imposent d'eux-mêmes. On ne gagne pas l'empire, on y est entraîné.

Ainsi l'Amérique aujourd'hui est-elle présente et souvent dominante au Vietnam, aux Antilles, en Afrique, à Berlin, au Japon. Ainsi devra-t-elle sans doute relever l'Angleterre en Arabie ou à Singapour après avoir, il y a vingt ans, accepté de la relever en Grèce. Ainsi cette grande démocratie qui, par une erreur de vocabulaire s'est toujours déclarée anti-colonialiste sans avoir juridiquement de colonies a désormais tous les problèmes et toutes les responsabilités des anciennes métropoles et est amenée à se demander quel général elle doit soutenir à Saigon, quel potentat sur la côte de Guinée. Il lui faut sauver la livre sterling, ne pas se désintéresser de l'économie italienne, assurer son emprise technique sur l'armée allemande et se préoccuper des élections de l'Islande à la Turquie ou des coups d'État de l'Indonésie au Brésil. Ainsi, ce vieux pays isolationniste qui a attendu la troisième année pour s'engager dans la guerre en 1941 comme en 1917, en est-il venu à considérer à la fois que tout le concerne, que l'imperium ne se partage pas, et que quiconque en ce monde n'est pas avec lui est contre lui.

II

Ainsi se trouve posé le problème de l'Europe et celui de son autonomie.

Si pour l'Amérique c'est fait depuis longtemps, sans doute bien avant Christophe Colomb, l'Europe, elle, reste un continent à découvrir. Où est-elle ? Qui est-elle ? On ne le sait toujours pas. Elle n'a ni frontière précises, ni unité interne, ni spécificité. Elle n'a ni race commune, ni religion, ni langue. Elle n'est nulle part totalement chez elle et se retrouve plus ou moins un peu partout ; notamment en Amérique, extrême-Europe. Il n'est pas sûr pour un Anglais que l'Angleterre en fasse partie (« Européen » est souvent confondu dans l'idée populaire avec « continental ») alors que la Grande-Bretagne a exporté de la Jamaïque à la Nouvelle Zélande sa langue, ses institutions et jusqu'à la couleur de ses boîtes à lettres. Du côté de l'Est, encore moins de certitude ; l'URSS brouille tout. Ce sont les cas-limites. Mais ce n'est guère plus net au centre. Entre un Suédois et un Italien, quels traits communs découvrir, quel patrimoine, quelle appartenance ? Quel sentiment d'être chez soi en étant chez l'autre, qu'ils n'auraient pas davantage en étant celui-là dans l'Oregon (USA) et celui-ci à Buenos Aires (Argentine) ?

On peut dire seulement qu'il y a eu une Europe par moments ou par secteurs. Chacun de nous et l'histoire européenne ont un côté qui lui appartient. Il y a eu, un temps, une Europe des ordres monastiques quand l'île de Gotland, dans la Baltique, dépendait de l'abbaye de Cluny (Saône-et-Loire), un temps une Europe des universités, des villes libres, de la culture, des révolutions, des chemins de fer... et parfois, un temps, une solidarité négative contre un danger pressant, celui des Turcs à Lépante pour l'Europe du Midi, sous Vienne pour l'Europe centrale. On peut d'ailleurs noter que le mot « Europe », disparu du vocabulaire depuis les géographes antiques, a été utilisé pour la première fois dans les temps modernes, l'année de la chute de Constantinople. Il y a eu, aussi, quelques tentatives d'hégémonie européenne.

La seule constante, semble-t-il, reste l'idée européenne elle-même, une idée comme celle d'un continent perdu qui hanterait nos souvenirs ou nourrirait nos rêves. Les projets d'organisation et de définition de l'Europe, depuis Dante, n'ont jamais manqué, à aucune époque ; le souci d'organisation européenne assurant la paix entre les membres venant d'ailleurs relayer assez tard celui d'unité de la chrétienté et de sa défense. Toutes les catégories sociales ou professionnelles en tous pays, paraissent avoir produit leur auteur. On trouve des juristes, des militaires, un pape, des économistes, un souverain, divers philosophes, de nombreux poètes et même quelques diplomates. Qu'en est-il resté de tous ces appels, règlements et constitutions, parfois pittoresques, souvent admirables ?

Pratiquement rien. Si ce n'est un mot, l'Europe, toujours aussi prestigieux ou émouvant mais dont nous tentons encore, après des siècles, à découvrir et fixer ce à quoi il s'applique, et qui nous vient d'une fugitive princesse de Phénicie, égarée dans nos régions, partout cherchée, longuement poursuivie, jamais atteinte. Il semble que la mythologie ne donnait pas ses noms au hasard.

⋆

L'Europe existe moins dans sa réalité que dans nos désirs et par nos volontés. Tout le problème est de la fixer, de la matérialiser. Pour la première fois depuis sept siècles, à la suite de la Deuxième Guerre mondiale, il a été tenté de donner systématiquement un contenu concret à ce mythe vagabond par divers processus engageant les pays européens dans des mécanismes stricts de solidarité. Actuellement, ce sont les communautés à six qui en sont sans doute le meilleur exemple. Personne ne peut dire à quoi elles aboutiront exactement, et certainement pas quelle forme juridique d'entente européenne devraient-elles entraîner ; pas même avec quel nombre de participants plus ou moins de six, se stabiliseront un jour tous leurs efforts ou certains d'entre eux. On serait tenté de dire :

peu importe. L'objet du Marché commun ou de toute autre coopération, c'est d'abord une occasion permanente « de se compter ». C'est ensuite de fournir une base, un cadre à la multiplication des liens qui conduisent en fait, à la création de réalités européennes. Traité « hypocrite », il ne porte que sur le commerce et l'économie, mais les résultats attendus dans le commerce et l'économie par l'ampleur du domaine concerné et ceux des engagements réciproques à prendre ont déjà leur poids politique.

Ainsi se trouve en quelque sorte organisé le souci d'être européen, qui n'est pas séparable d'un sentiment de solidarité particulière, c'est-à-dire du sentiment d'être distinct des autres. Cela pose de nombreux problèmes en Europe même. Cela pose peut-être encore davantage la question de la nature de nos rapports avec l'Amérique dont l'attitude, compte tenu précisément de la fragilité et de l'incertitude qui affectent encore les réalités européennes, peut être déterminante.

⋆

Les États-Unis ont, dès l'origine, lucidement et fermement soutenu les efforts de construction européenne sous les différentes formes que ceux-ci ont connues après la Deuxième Guerre mondiale. Il leur semblait qu'ils constituaient la meilleure réponse à la menace soviétique, le meilleur cadre à l'utilisation de l'aide américaine, le meilleur cadre aussi à un nécessaire relèvement de l'Allemagne. Grande puissance elle-même née d'une entente entre États, l'Amérique se trouvait naturellement disposée à considérer que les pays européens morcelés et dévastés devaient trouver leur salut et assurer leur contribution à l'équilibre périlleux du monde non seulement par l'assistance des États-Unis, mais aussi par leur propre rapprochement et si possible leur union.

Mais depuis 1948 ou même 1958, les conditions matérielles et psychologiques ont changé, en Europe comme en Amérique. Aux yeux des États-Unis, l'Europe n'est plus une zone de misère à aider financièrement mais peut apparaître progressivement comme un concurrent dangereux sur le plan commercial, surtout sur les marchés des pays tiers. Politiquement, sa plus grande cohésion risque désormais d'apporter un renforcement à des tendances « autonomistes » qui, sans aller contre tous les desseins de Washington, lui compliqueraient la tâche. Il faudrait compter avec elle, à tous points de vue. Du côté européen, des incitations à se rassembler ont aussi diminué. En raison de ses succès eux-mêmes, la nécessité d'une action concertée contre le protecitonnisme intereuropéen apparaît de moins en moins. L'Allemagne a retrouvé toute sa puissance économique et commerciale et fait fort bien ses affaires sans Europe unie. Du point de vue politique, sa réintroduction dans le concert mondial qui avait besoin d'une caution, d'un cadre, est assurée et elle est en passe de devenir un concurrent de l'Angleterre au rôle d'« allié privilégié » des États-Unis. Au moment même où naissent les premières solidarités que le Marché commun entendait créer systématiquement, réapparaissent toutes les questions préalables que l'on avait voulu soigneusement écarter : où allons-nous, avec qui, pourquoi. En économie, le cadre normal n'est-il pas le monde entier auquel on étendrait le libéralisme acquis ? En politique, comme dans le domaine militaire, l'alliance atlantique ?

Les réponses nous appartiennent certes à nous, pays d'Europe. Mais elles appartiennent aussi aux États-Unis : parce que l'Europe n'existe toujours pas, parce que la direction du monde tend à être américaine, et parce que l'Amérique par ses liens bilatéraux dispose d'assez de moyens de pression d'une telle ampleur sur la plupart des États européens pris individuellement, que c'est encore aujourd'hui à elle de savoir si elle veut, ou non, une Europe indépendante d'elle-même.

III

Avant d'évoquer les solutions, avec leurs conséquences, qui s'offrent sans doute aux États-Unis, il faut préciser un peu ce que l'on doit entendre par indépendance et les conséquences de celle-ci.

– D'abord, peu importent les formes et les constitutions. Les sociétés fictives ou de complaisances ont parfois d'admirables statuts. Il ne s'agit pas ici de discuter d'une construction européenne qui en fait n'aurait pas les moyens d'une indépendance réelle à l'égard des États-Unis.

– Ensuite, ce que l'on pourrait appeler le « rêve grec » est totalement illusoire : entendons par cette expression la référence à une citation fameuse que connaissent tous les écoliers et que ne détestaient pas, paraît-il, certains hommes d'État britanniques : « La Grèce vaincue conquit son vainqueur. » Vieux pays d'Europe placés par rapport à la nouvelle Rome à peu près dans la situation psychologique et matérielle des anciennes cités grecques, nous pourrions avoir la tentation de croire que notre subtilité, notre expérience ou notre prestige nous amèneraient rapidement, tout en restant nous-mêmes à pouvoir exercer une influence dominante sur les décisions de Washington.

Malheureusement l'histoire démontre exactement le contraire. Une fois sa liberté perdue, la Grèce n'a plus compté militairement dans le monde antique, ce qui est normal ; elle a de moins en moins compté économiquement ; elle n'a plus du tout compté politiquement et intellectuellement, ce qui est à souligner. En Grèce même, elle n'a plus donné un seul grand philosophe, dramaturge ou mathémacitien, elle qui en avait été si prodigue que toutes les catégories intellectuelles et toutes les hypothèses scientifiques sur lesquelles nous travaillons encore paraissent avoir été fixées sur les deux rives de l'Égée. Non, elle n'a fourni à Rome, le snobisme aidant, que les maîtres d'éloquence et des professeurs de bonnes manières. Ni en tant que région, ni par les personnalités qu'elle aurait produites, elle n'a eu sous Rome de rôle notable dans la conduite de l'empire. L'esprit hellénique s'était d'ailleurs réfugié là où l'indépendance s'était prolongée, à Alexandrie.

– La puissance politique, la création artistique, l'influence intellectuelle vont de pair avec la richesse économique et la force militaire. Les exemples dans le passé sont nombreux. Le monde moderne n'a pu que renforcer cette loi. L'Angleterre peut exporter quelques chanteurs à succès, que l'on décore, mais elle perd ses savants au profit des États-Unis.

Tout se tient dans les processus de croissance comme tout se tient dans ceux de la servitude. Une Europe qui ne serait indépendante qu'économiquement est inconcevable autant qu'une Europe indépendante seulement militairement, ou seulement politiquement, ou seulement culturellement. Parfois l'homme de la rue conçoit difficilement de tels liens : il ne lui apparaît pas aisément comment sa vie quotidienne peut dépendre des vastes questions stratégiques ou diplomatiques dont parlent les journaux. Comment le prix du pain qu'il mange, la stabilité de son emploi, les chances de carrière de ses enfants et jusqu'aux distractions qui peuvent lui être offertes, sont inséparables d'équilibres globaux dont la monnaie, les échanges, l'armée, les traités existant sont des éléments ; équilibres globaux non seulement internes à son pays mais aussi et de plus en plus internationaux.

On peut trouver une illustration de cette interdépendance de tous les facteurs qui conditionnent les rapports entre puissances comme du lien entre les plus grands problèmes et certains aspects matériels particuliers, dans l'affaire qui opposa un temps le Marché commun et les États-Unis et que la presse décrivit sous le nom de « guerre des poulets ».

L'Amérique ayant quelques difficultés de balance des paiements, en raison non de sa balance commerciale (excédentaire) mais de l'importance de ses engagements extérieurs (aide et investissements de capitaux) cherchait à développer ses exportations agricoles vers les marchés les plus intéressants, ceux à hauts niveaux de vie de l'Europe. Très en avance sur nous en ce qui concerne les techniques de production massive de poulets, elle s'irrita de constater que les gouvernements européens, en accord avec nos agriculteurs, n'entendaient point laisser disparaître chez nous ce secteur de production et, par une protection appropriée, étaient résolus à limiter la concurrence américaine.

On peut signaler aussi, pour ajouter la touche nécessaire de politique intérieure, que l'État producteur de volailles est représenté au Sénat américain par une illustre personnalité du parti démocrate. Pendant plusieurs mois on assista à une multiplication de démarches diplomatiques des USA, soulignant « l'importance attachée à cette question à Washington », la valeur de « test » qu'on entendait lui donner sur l'appréciation des efforts de construction européenne et sur l'orientation à venir des rapports entre l'Europe et l'Amérique... Le vice-président des États-Unis (depuis, Président) dans une déclaration publique faite à Berlin lia la question commerciale en discussion avec le principe de la présence des soldats américains de ce côté-ci de l'Atlantique. À propos de poulets, la garantie de la sécurité allemande, ou encore le statut et la liberté de Berlin, se trouvaient évoqués. L'orateur devait répéter ses propos quelques jours après, à La Haye.

Certes, personne ne peut penser qu'à cause des excès de la production en Kentucky de volatiles engraissés aux hormones, les États-Unis d'Amérique allaient réellement réviser toute leur politique d'équilibre mondial, dont l'Allemagne, face à la Russie, est une clé. Mais l'Allemagne dépendant étroitement des États-Unis en des domaines vitaux, les États-Unis ne répugnaient pas à utiliser les moyens de pression dont ils disposaient et à propos de sujets auxquels ils étaient libres d'attacher une importance différente de celle que nous aurions été tentés de leur donner.

Si, pour prendre un autre domaine, l'Amérique s'oppose par tous les moyens qu'elle peut avoir à l'égard de chaque État européen pris individuellement (et il est évident qu'en aucun cas le dialogue n'est égal) à des accords de fournitures de matériel militaire ou de construction en commun qui seuls permettraient de maintenir chez nous certaines industries de pointe, les raisons du côté des États-Unis sont encore multiples et vont des plus particulières aux plus générales : du souci classique et pourrait-on dire normal d'éliminer la concurrence, à celui d'assurer son emprise technique sur les armées continentales en passant par celui d'améliorer la balance des paiments. Mais de notre côté, les conséquences aussi sont multiples, et peuvent aller très loin dans le temps. L'incapacité, faute de coopération européenne, de faire vivre une industrie aéronautique peut entraîner quelque chômage dans le secteur directement touché mais conduit à plus long terme à affecter nos possibilités dans les secteurs connexes de l'éléctronique et de la recherche scientifique. Répétée, l'opération peut nous écarter à la longue de toute une branche d'activités intellectuelles autant qu'économiques.

Un diplomate belge très connu disait un soir en privé : « mais qu'est-ce que vous avez, vous autres Français, à vous inquiéter de l'hégémonie américaine ? L'Amérique, c'est le maître idéal : il est riche, et il est loin ». Ce n'est plus le « rêve grec », mais son complément réaliste : croire qu'il peut exister des abandons partiels et que le serviteur y trouvera son compte. Il y trouvera son compte jusqu'au jour où le maître estimera que lui, il n'y trouve plus son intérêt. On est ramené à la question : quel est l'intérêt des États-Unis ?

★

L'attitude la plus normale, et en quelque sorte naturelle des États-Unis à l'égard d'une réelle indépendance des pays européens, paraît devoir être de s'y opposer.

Il y a les motifs commerciaux. La réaction naturelle, secteur par secteur, des intérêts privés est d'essayer de réduire la concurrence plutôt que de la provoquer. Dans les industries de pointe, de recherche, il peut être jugé particulièrement néfaste de laisser se développer hors des États-Unis une activité qui risquerait de contester à l'Amérique une suprématie scientifique dont, tôt ou tard, tout dépend, notamment dans la vie économique. On a pu voir récemment que les États-Unis s'opposaient à un regroupement des industries européennes de l'automobile qui aurait consacré en dehors d'eux d'importantes sommes aux études.

Il y a les motifs monétaires. Il y a les motifs politiques. Une personnalité américaine expliquait un jour que, dans le monde périlleux qui est le nôtre, l'unité de décision et de commandement est indispensable. Il lui semblait en particulier que celle-ci, réalisée sur le plan militaire, où tout dépend de Washington, pêchait encore sur le plan économique. La compétition avec le camp « socialiste » ne pouvait être menée à bien par une coalition d'États disparates animés de prétentions à l'autonomie. Sans aller jusque-là, il est évident que pour le pays devenu responsable de l'équilibre du monde, il est plus facile d'avoir pour alliés des interlocuteurs dont aucun n'a un réel pouvoir de contestation. C'est la pente naturelle. Pourquoi, alors qu'on dispose de moyens de pression incomparables, aller se créer à soi-même des difficultés ici ou là en renforçant la voix de ceux avec lesquels il faut discuter ?

En dehors des pays communistes, le monde n'a qu'un centre : Washington. Pourquoi en face de cette nouvelle Rome aller créer quelque Constantinople qui ne serait pas hostile au départ certes (tout ce discours exclut d'ailleurs l'hypothèse de l'hostilité aux États-Unis), mais différente, dont il faudrait tenir compte, ce qui peut parfois être très gênant sur les affaires graves et serait une complication gratuite dans la routine ? En outre, le risque d'avoir aidé à l'apparition en Europe d'une force réellement autonome, d'un poids comparable et qui un jour pourrait s'opposer aux États-Unis, ne peut être totalement éliminé. La facilité, le bon sens, l'intérêt commandant donc de se rallier à cette loi du Sénat romain, appliquée pendant six siècles, et qui interdisait toute alliance entre deux alliés de Rome.

On peut imaginer ainsi un monde composé encore de pays juridiquement indépendants, la puissance et la décision appartenant en fait aux États-Unis. Des regroupements en Europe, en Amérique latine, en Afrique, auraient pu même être favorisés par l'Amérique. Ils ne constitueraient toutefois en aucun cas des centres de contestation ou de concurrence possibles dans des domaines sérieux. Un libéralisme généralisé aurait réduit les distinctions commerciales. L'emprise des capitaux américains (qui porte déjà sur de nombreux secteurs importants en Grande-Bretagne et sur le Continent) assurerait des relais d'intérêts, complétés de participations croisées. L'économie américaine consoliderait sa position dominante. Sa prospérité serait la nôtre, ses crises les nôtres, comme il en a été plus ou moins par le passé. Nous utiliserions ses brevets et appliquerions ses techniques. La recherche serait pratiquement concentrée aux États-Unis. Notre sécurité à tous, organisée de Washington serait assurée pour l'essentiel par Washington, même si des corps européens venaient conjointement jouer le rôle tenu autrefois par les divers auxiliaires germains, gaulois, baléares ou numides autour des légions romaines. Les grandes options politiques seraient définies aux États-Unis, comme il est normal, puisque les moyens de leur application dépendraient des États-Unis. Tableau qui peut paraître à beaucoup assez satisfaisant. Le monde libre serait un, comme l'a été il y a vingt siècles le monde méditerranéen ; ce qui n'excluait pas ni n'exclut aujourd'hui une grande diversité de statuts plus ou moins privilégiés à l'intérieur du système d'ensemble.

Un exemple concret de ce type de régime, imaginé ici comme un « modèle » de réflexion, peut être donné : le cas de Porto Rico. Cette île enlevée par les États-Unis à l'Espagne à la fin du siècle dernier est décrite dans la Constitution de 1952 (approuvée par référendum et ratifiée par le Sénat américain) comme un « État libre associé aux États-Unis ». Les Portoricains ont l'autonomie interne. Ils élisent leur gouverneur et il existe divers partis locaux. La défense nationale et la politique étrangère de l'île sont assumées d'après la Constitution par le gouvernement américain. L'économie est largement dépendante des États-Unis qui ont d'ailleurs réalisé une œuvre très notable de mise en valeur. Les Portoricains sont citoyens américains, mais ils ne payent pas d'impôts fédéraux et n'ont pas le droit de vote aux États-Unis. Ils ne participent ni à l'élection du Congrès, ni à celle du Président américain.

Voilà un cas bien intéressant et qui pourrait être comparé à celui de quelques autres États de ce monde, États juridiquement indépendants. On pourrait se demander si dans l'avenir il ne sera pas, en fait, plus ou moins le nôtre, si l'on veut bien ne voir que les réalités et s'abstraire des querelles de forme. Si l'organisation du monde libre tend vers ce qui a été décrit ci-dessus, combien faudra-t-il compter de pays dont pratiquement l'économie, la diplomatie et la défense dépendront des États-Unis, dont les citoyens seront américains de fait mais sans les droits d'un citoyen normal, qui consistent à participer aux décisions à prendre par ses représentants élus ? Déjà, pour Porto Rico, ce régime hybride peut paraître transitoire. Il faudra bien un jour choisir entre l'indépendance ou l'octroi des droits politiques correspondants à la dépendance.

Porto Rico n'a pas trois millions d'habitants, mais les États-Unis qui ont admis Hawaii et l'Alaska, hésitent. Que feront-ils quand vingt autres États dans le monde, beaucoup plus importants, poseront inéluctablement le problème : notre vie dépend en fait de l'Amérique : il nous appartient à nous aussi d'élire le Président des États-Unis ? Il paraît difficile de croire que la Grande-Bretagne tolérerait longtemps un statut Porto-ricain.

On dira peut-être qu'il s'agit d'une question entièrement théorique, sans portée à vue humaine. Il n'en est rien. Déjà les prémisses sont posées par les liens volontiers établis entre les affaires européennes et celles de l'Alliance atlantique. Déjà on parle de « communauté atlantique » en l'opposant parfois à l'organisation européenne comme le cadre normal, naturel qui devrait finalement regrouper tous les efforts de coopération économique et politique. Les confusions d'esprit ou de vocabulaire ne sont pas toujours étrangères à de tels desseins. Mais cette confusion même montre souvent le souci d'éviter l'apparition de plusieurs centres du monde libre (c'est le problème de fond), tout en se refusant à envisager trop nettement les conséquences de l'unicité : le mouvement logique, inéluctable d'intégration qui conduira la métropole, si elle ne veut pas partager réellement son pouvoir avec des partenaires égaux, à concéder progressivement l'égalité en faisant de ses partenaires, ses concitoyens.

L'Amérique doit réfléchir à ce dilemme. Il n'est pas chimérique. La France l'a connu récemment avec l'Algérie. L'« Algérie française » n'avait de sens à long terme et donc de justification dès l'origine qu'avec le quart du Parlement français occupé un jour par des députés algériens. Concevoir un monde libre à direction unique américaine veut dire que les Américains sont prêts à accepter que tôt ou tard le monde entier puisse s'ajouter à la liste des États-Unis, avec toutes les prérogatives que cela comporte. Les délais, les modalités peuvent être variables. On l'a bien vu avec l'Empire romain.

Dirigé au départ de Rome, par les seuls citoyens de la ville, il comportait des alliances complexes, des statuts nombreux pour les pays qui dépendaient de lui. Il y avait des territoires de type colonial et des États « libres mais associés ». L'indépendance formelle était parfois maintenue un temps. La conduite de l'Empire a progressivement rapproché les régimes, elle a surtout rapidement amené l'extension aux non-romains des droits qu'il aurait été jugé inconvenable de concéder quelques années plus tôt. Il avait fallu une guerre civile pour qu'ils soient accordés aux Italiens de la péninsule. Ils le furent aux autres habitants du monde antique, cas par cas, puis de plus en plus vite, comme sous le seul poids des choses et de l'enchaînement logique des actes. À peine plus d'un siècle après la création de l'Empire, un empereur n'était plus romain, mais espagnol. Puis vont se succéder des empereurs gaulois, germains, illyriens, d'Afrique du Nord, et jusqu'à un syrien. Au début, l'assimilation ne touchait que les élites locales, parfois d'origine romaine, le plus souvent simplement romanisées. En 212, le droit de cité romaine est donné à tous les habitants libres du monde dont Rome était le centre.

On peut ajouter que l'Histoire, paraît-il, a tendance à s'accélérer.

Voici le choix qui se pose aujourd'hui à Washington. La réponse entraîne à des fins très nettes, qu'il faut admettre ou non. Elle comporte dans la pratique, dès maintenant, des attitudes qui vont dans un sens ou dans un autre et qui doivent être définies en de nombreux domaines : commerciaux, monétaires, militaires, diplomatiques.

Soit les États-Unis favorisent la création d'autres centres d'intérêt, de solidarité et de direction dans le monde, capables d'entrer en concurrence réelle avec eux ; soit ils s'engagent vers une transformation profonde des États-Unis eux-mêmes, si profonde qu'ils ne se reconnaîtrons plus.

Il ne faut pas minimiser les difficultés, peut être les sacrifices inhérents à la première orientation ; on a souligné tout le poids et l'étendue d'une indépendance véritable. Mais il ne faut pas non plus refuser de voir où conduit la seconde et si pour l'équilibre du monde auquel tous sont intéressés, y compris les États-Unis, elle n'est pas à long terme encore plus hasardeuse.

Car le choix, pour nous, pays dépendants qui n'aurions pour métropole que Washington, ne sera pas sans doute seulement celui d'améliorer progressivement notre position d'associé à l'intérieur du système. Ce sera aussi, par sursauts, dans le désordre et la rancœur, de la refuser. Le nouvel empire aura non seulement toujours dix Porto Rico à intégrer, il risque d'avoir toujours aussi à sa porte, en son sein dix Cuba à réduire.

Page 271

Discours de M. Jean Deniau
membre de la Commission des Communautés européennes
à l'occasion de la remise du Prix Charlemagne

Aix-la-Chapelle, le 15 mai 1969

Monsieur le Bourgmestre, Excellences, Mesdames, Messieurs,

Chers Collègues,

La Commission européenne a décidé que la distinction prestigieuse que vous avez bien voulu nous décerner serait reçue par le Président de notre Collège, comme il est juste, et par son plus jeune Membre, ce qui peut paraître symbolique.

Permettez donc que j'exprime tous mes remerciements au Comité du Prix Charlemagne et à la Ville d'Aix-la-Chapelle, mais aussi au Président Rey et à mes Collègues pour une intention qui m'a beaucoup touché.

Et puisque c'est au titre de mon âge relatif que j'ai l'honneur de m'adresser à vous, permettez qu'un homme parvenu aux premières réflexions politiques dans un continent amputé de sa partie orientale, détruit dans sa partie occidentale, dont les pays pour certains énervés et comme étonnés par leur victoire, pour les autres écrasés ou déchirés par leur défaite, devaient d'abord se retrouver eux-mêmes ; permettez qu'un membre de cette génération élevée dans le chaos d'un monde dont elle ne se sentait pas responsable, mais entraînée trop tôt par le malheur des temps à la conscience des responsabilités, vous dise aujourd'hui ce que l'Europe signifie pour lui. La responsabilité, c'est être capable d'apporter des réponses. Quelles réponses devons-nous, pouvons-nous attendre de l'Europe ?

L'Europe c'est à la fois une tradition et un espoir. La tradition commence par une nostalgie. L'espoir ne doit pas finir en rêve. Pourquoi et comment concrétiser le sentiment vague de ce qu'avait pu être autrefois une appartenance commune, de ce qu'elle pourrait être à l'avenir, voici la double interrogation qui, semble-t-il, fut toujours la nôtre.

Certes, il y a eu par secteur, par moment, des états de fait « européens ». Au Moyen Âge, l'université pouvait être dite « européenne » et pour ne citer qu'un exemple, parmi les plus grands noms de l'Université de Paris, on trouve un Allemand Albert le Grand, un Italien Thomas d'Aquin, un Britannique Duns Scot. Aujourd'hui, dans la plupart de nos pays, il est interdit à un étranger d'être professeur titulaire. D'autres domaines pourraient être évoqués où, au cours des siècles passés, un langage commun joint à une totale liberté de mouvement réalisaient ce qui, aujourd'hui, n'est malheureusement plus parfois qu'un objectif.

Mais ce qui fut général et constant, c'est une sorte de « nostalgie européenne » : comme le souvenir d'une unité perdue par nos fautes, souvenir lié au souvenir de Rome (le Saint Empire s'affirmait romain avant d'être germanique et même Clovis, Roi des Francs, avait pris le soin de se faire nommer Consul de Rome), puis du Grand Empereur d'Occident dont le nom reste indissociable de votre ville ; remords renforcé par le fait que l'unité de religion, puis de culture, ne se traduisaient par aucune harmonie politique et même pas par la paix.

Les mouvements de réelle cohésion ont été surtout négatifs . face à un danger qui mettait en cause non plus un pays, mais ce que nous appellerions aujourd'hui notre mode de vie lui-même, au sens le plus général. À Lopante puis sous Vienne, une partie de l'Europe, pour quelques jours, fut volontairement unie. Rappelons que le mot « Europe », utilisé par les géographes grecs pour désigner cette rive-ci des Dardanelles, tombé hors d'usage pendant des siècles, fut pour la première fois réemployé (dans un projet d'organisation européenne d'ailleurs) l'année de la chute de Constantinople !

Ce remords de n'avoir pu nous entendre entre Européens de façon permanente et organisée nous a accompagnés pendant tous les siècles et s'est traduit, sans aucun succès, à tous les siècles, par des projets « européens » signés de rois, de papes, de poètes, de ministres, de militaires, d'économistes et pourrais-je dire, même de diplomates. Les deux dernières guerres mondiales, nées en Europe, n'ont pu que renforcer ce sentiment d'incompréhension, voire de scandale, devant le spectacle de nos rivalités internes. J'ai encore dans l'oreille le souvenir des déclarations de guerre réciproques de 1939 et de 1940. Quand on juge aujourd'hui notre construction européenne, ses progrès, ses limites, et aussi ses motivations, il ne faut jamais oublier cette volonté et ce résultat (et, quant à moi, jamais je ne l'oublierai) : que ce que j'ai entendu il y a trente ans, et qui peut paraître incroyable à de plus jeunes que moi et donc irréel, mais qui fut tristement réel, ne soit plus possible, physiquement possible.

Ainsi j'en viens au Marché commun. Me permettrez-vous quelques commentaires personnels sur son esprit et ses mécanismes.

À la suite de diverses tentatives, on a choisi d'appliquer au domaine économique le souci général d'organisation européenne.

Toutes les dispositions du Traité de Rome ont ainsi une double valeur.

Celle, d'action, inhérente au domaine qui fut retenu : création d'un vaste marché avec ses avantages techniques de concurrence, de division du travail, de développement des échanges, d'élévation des niveaux de vie, de coordination des politiques économiques.

Celle, d'intention, qui est que la réalisation de tous ces objectifs commerciaux ou économiques, l'application de ces mécanismes techniques, en plus de leur intérêt direct créent indirectement des liens durables, une solidarité de fait qui peut et doit être la base de tout autre progrès et qui est déjà, en soi, un immense progrès politique. Le Marché commun, c'est à la fois le moyen et l'occasion permanente de se sentir européens.

Aujourd'hui, reconnaissons-le, ce schéma paraît parfois moins convaincant et d'abord en raison de ses succès, ce qui est injuste mais normal.

La nécessité d'une plus grande coopération en Europe dans le domaine économique était évidente il y a vingt ou même douze ans, alors que nos pays étaient séparés par de multiples barrières tarifaires et contingentaires, que leurs monnaies n'étaient pas convertibles, que même les mouvements de personnes étaient soumis à de multiples restrictions. Aujourd'hui, le plus grand libéralisme que nous avons atteint paraît un fait acquis, au moins en régime habituel. Quelle motivation évidente pousserait à aller plus loin ? Plus grave : quelle raison technique pousserait à aller plus loin *en Europe* ?

Alors que l'opinion européenne s'est habituée aux résultats obtenus et, en fonction de ceux-ci, ressent moins la nécessité de nouveaux progrès, une pression qui a toujours existé mais qui se développe tend à « mondialiser » les problèmes qui subsistent. Pourquoi faire quelque chose de « spécial » en Europe, de *spécial à l'Europe,* alors que le commerce, la conjoncture économique, les investissements, la monnaie dépendent de décisions ou de conditions qui dépassent de loin ce continent.

Parce que, et c'est la réponse technique, il peut être utile, même dans une concertation mondiale, d'avoir déjà à l'intérieur de celle-ci une aire géographique de plus grande cohésion et de plus grand dynamisme. Parce que, et c'est la deuxième réponse, nos mécanismes ont aussi leur valeur d'intention. L'union douanière, à ce second titre, avait pour vertu de conduire à l'union économique et celle-ci à l'union politique.

Mais ce mouvement ou enchaînement, que nos traités ont souhaité et, dans une certaine mesure, engagé, est lui aussi mis en cause. C'est le moment des interrogations contradictoires, au moment où la seconde génération des problèmes européens est bien celle des concertations et harmonisations en tous les domaines de l'action des États à incidence économique, le budget, les salaires, la monnaie...

Est-il vraiment possible de passer « naturellement » de l'économie au politique et ne s'agit-il pas de deux domaines totalement différents, exigeant un réexamen et une séparation des objectifs, des procédures, voire des institutions ? Est-ce qu'après douze ans d'expérience du Traité, il ne faut pas mieux distinguer les nécessités de gestion d'une Communauté économique aussi considérable (et qui ont déjà amené dans l'agriculture à des développements institutionnels intéressants) et les problèmes d'orientation générale, de principe, les lois-cadres de notre progrès en quelque sorte.

Ne peut-on dire en revanche que le progrès politique est indispensable à tout progrès sérieux de l'union économique, et doit donc venir avant ?

L'élargissement éventuel de la Communauté de six à dix ou douze pays remet-il ou non en cause la capacité même d'entraînement des mécanismes envisagés et donc ces mécanismes ?

Doit-on parler ou non des questions de défense, notamment nucléaire ?

– non, car ce n'est pas dans nos compétences, tout dépend des États-Unis, le problème allemand serait insoluble ;

– oui, car qu'est-ce qu'une Europe dite politique qui ne pourrait prononcer que des vœux pieux en politique étrangère, et surtout qui ne serait pas responsable d'elle-même, c'est-à-dire d'abord de sa défense.

Quand on évoque l'Europe politique dans les discours, il semble parfois qu'il s'agisse essentiellement ou uniquement de progrès institutionnels. Faire confiance aux institutions est certes une solution, souvent la meilleure, et je ne m'en plaindrai pas. Mais ne faut-il pas voir que toute solution institutionnelle est valable jusqu'à un certain degré de problème ; plus précisément, il faudrait dire « quantum de difficulté ». Si les divergences sur le fond sont trop graves, ou les incertitudes sur les objectifs trop étendues, ce n'est pas d'abord ou seulement des institutions qu'il faut parler, mais des probèmes de fond et des objectifs, ceux de la construction européenne. L'Europe politique, c'est quand même aussi de savoir quelle politique l'Europe veut faire.

Si l'Europe aujourd'hui intéresse moins, notamment la jeunesse, c'est en raison de nos succès, je l'ai dit. C'est aussi en raison du domaine choisi, qui conduit à une technicité économique à l'ésotérisme parfois décourageant et là, nous sommes un peu pris à notre propre jeu. Mais il y a plus, qui touche nos motivations.

Il est sans doute grave qu'entre les pays signataires d'un Traité, il n'y ait plus d'accord sur les arrières-pensées. Mais il est au moins aussi grave qu'il n'y ait plus pour le grand public d'attrait clair et puissant en ce qui concerne les objectifs, c'est-à-dire, si j'ose ainsi m'exprimer les avant-pensées.

En quoi l'Europe est-elle encore une attente, en quoi est-elle encore une réponse, voilà ce que nous devons nous demander. Certes, il ne faut pas confondre progrès et agitation. Mais quand on voit que sur les scènes ou parmi les personnages qui semblent passionner les gens qui ont vingt ans de moins que moi, du Vietnam au problème noir américain, de Che Guevara à Mao-Tsetung, il n'y a pas un thème, un nom européen, on peut sinon s'inquiéter du moins s'interroger.

Vers l'extérieur, en quoi ce que nous faisons, disons, projetons peut être compris aisément comme une réponse concrète au souci d'une détente en Europe et dans le monde, peut-être un espoir ici comme à Prague, et non pas seulement l'aménagement d'un « statu quo » tel que les puissances ont naturellement tendance à le maintenir ? Sur le plan intérieur, si les problèmes qui agitent nos consciences en tous pays sont des problèmes de rapports humains, depuis celui des rapports scolaires ou sociaux jusqu'à celui des rapports du citoyen et de l'État, quel lien avec nos efforts, quelles conséquences tirer de nos succès ou de nos échecs ?

Alors que le monde présente ce triste paradoxe d'être à la fois de plus en plus uniforme et de moins en moins ordonné, alors que dans l'agriculture, la ville, l'université, le Parlement, les solutions soviétiques paraissent de moins en moins celles de l'espoir, les solutions importées d'Amérique, de plus en plus devoir être adaptées, l'intérêt de l'Europe est d'être le cadre de certaines réponses que nous cherchons tous et, pour ne pas dire d'un « european way of life », d'être le lieu d'une nouvelle civilisation européenne.

Où sont les frontières de l'Europe ? Un Scandinave peut se sentir plus chez lui dans le Minnesota qu'au Portugal, un Italien plus chez lui en Argentine qu'en Belgique, un Anglais retrouve en Nouvelle-Zélande sa langue, sa religion, ses sports et jusqu'à la couleur de ses boîtes à lettres. Notre premier problème est de nous définir. Par la voix que nous pouvons faire entendre sur le plan mondial, certes ; mais aussi par la façon dont nous inventons, dont nous organisons notre propre vie, notre genre de vie. Et c'est peut-être là que nous trouverons à terme, la meilleure justification de quelque chose de concret et de particulier à ce continent qui fut toujours comme hors de lui-même.

Pendant des siècles, l'Europe a été une source quasi universelle d'idées, d'actions, de modes de pensée ou de vie, pour le bien ou le malheur des autres. L'Europe n'avait pas besoin de se définir, c'est le reste du monde qui se définissait largement par rapport à elle, soit en se façonnant selon elle, soit en s'opposant à elle. Pour qui, aujourd'hui, sommes-nous seulement un exemple ?

Il nous faut redevenir exemplaires, et d'abord pour nous-mêmes. Certes, ce n'est pas dans les compétences du Traité de Rome ni de la Commission. Je dirais même qu'en ce domaine ce n'est plus une affaire de Traité, ni d'Institutions. C'est une affaire de civilisation, donc d'hommes.

Le Marché commun apporte seulement une base, et il faut absolument qu'elle ne soit pas remise en cause, ni en ce qui concerne ses aspects économiques fondamentaux, ni en ce qui concerne certains liens déjà établis entre nous. À ce propos, je tiens à citer la réconciliation franco-allemande garante de la paix pour nous comme pour les autres.

Maintenant, il faut continuer. Goethe a dit un jour à Eckermann « Le but, c'est le chemin ». Ce qui reste à trouver en route, de la Suède à l'Espagne, de l'Irlande à la Turquie, et que nous trouverons si nous continuons, ce sont des Européens.

P. 442

Le Figaro, 23-06-1992

Avant qu'il ne soit trop tard...

Si nous avons des principes, allons-nous nous décider à les mettre en pratique ?

Après huit jours dans l'ex-Yougoslavie, le franchissement de la ligne de front en Slavonie puis en Bosnie, l'expérience d'un convoi humanitaire et celle d'un convoi de l'ONU, le blocage deux jours dans une caserne fédérale serbe dans la banlieue de Sarajevo, quatorze heures de bombardement, le passage de dizaines de « check points », le tir de quelques « snipers » et de multiples conversations, on peut penser que le temps n'est plus aux justifications vagues, affirmations de bonne volonté, rappel des initiatives plus ou moins avortées et justifications par les intentions dont l'enfer est pavé. Ça y est, l'enfer, il est là. En Europe, à notre porte. Certes les responsabilités sont toujours à partager dans tout conflit, certes rien n'est simple, le droit est compliqué, les diplomaties prudentes. On le sait. Mais peut-on poser quatre questions pour espérer quand même quatre vérités ?

« La pureté ethnique du sol »

Le docteur Karadzič, médecin psychiatre et président de la République serbe de Bosnie, a soutenu la thèse de « *la pureté ethnique du sol* ». C'est au nom de cette thèse que les milices détruisent les maisons des non-Serbes, bombardent, poussent les populations à fuir. La France, l'Europe, les Nations unies peuvent-elles encore parler de « *recherche de compromis* » ou d'« *accord entre toutes les parties* », face à une telle doctrine dont l'application, épouvantable en Yougoslavie, serait épouvantable aussi pour tous les continents, y compris le nôtre ? N'est-il pas nécessaire de dire pourquoi nous intervenons en dénonçant et condamnant avec précision le mal que nous voulons arrêter ? Oui ou non ?

PLUS D'UN MILLION DE RÉFUGIÉS

Depuis un an, le chiffre des morts se compte par milliers, celui des réfugiés a très largement dépassé le million. La haine réciproque se nourrit de toutes ces victimes. Le temps n'est-il pas venu de dire clairement notre solution, en fonction de nos principes de démocratie, de liberté, de respect des minorités ? D'affirmer ce que nous acceptons ? De préciser ce dont nous ne voulons pas ? Est-ce une communauté des peuples ? Ou, de fait, un partage racial ? Ou est-ce que cela nous est égal, et nous n'avons plus d'opinion ?

Après trois guerre, dont deux mondiales, en moins d'un siècle, Français et Allemands ont décidé non seulement de faire la paix mais de coopérer sur la base de quelques règles fondamentales : non-discrimination entre les personnes, liberté de circulation des hommes et des marchandises, respect des opinions politique et religieuse, etc. Croyons-nous encore à nos propres règles ? Pourquoi ne seraient-elles pas bonnes pour les autres ? Ce qui est bien à Maastricht n'aurait pas de valeur en Yougoslavie ? L'Europe, si elle ne défend pas une civilisation, a-t-elle encore un sens ? Oui ou non ?

EMPÊCHER LA FOLIE

Faire passer quelques tonnes de vivres est salutaire. Empêcher la folie est indispensable. Sarajevo n'est pas au Bangladesh à des milliers et des milliers de kilomètres, mais au cœur de l'Europe historique et géographique.

Son drame est même sans doute d'être situé sur la plus ancienne cicatrice de l'Europe, celle du partage entre l'empire d'Occident et l'empire d'Orient. Peut-on admettre que cette ville de plus de 300 000 habitants, à deux heures d'avion de Paris, soit encerclée depuis des mois, bombardée pendant des jours et des nuits, avec une population qui manque de tout terrorisée par des fanatiques qui veulent, à notre porte, chez nous, créer un nouveau mur de Berlin dans un nouveau Beyrouth ? Oui ou non ?

Imposer la paix

Les Nations unies, pendant 40 ans, ont respecté un principe de non-ingérence qui en fait protégeait les dictatures contre toute intervention et même critique. C'était le pacte américano-soviétique de la fin de la dernière guerre mondiale. Aujourd'hui, les circonstances ont radicalement changé. Peut-on sortir du système où il faut des massacres, dénoncés longuement par la presse, pour que les opinions s'émeuvent, et les opinions s'étant émues, que les bureaux des ministères se réveillent ? Autrement dit faut-il toujours que le drame ait eu lieu pour qu'on s'inquiète du drame ? Que penserait-on d'un médecin qui refuserait de soigner tant que le patient ne serait pas mort ? Faut-il renoncer à imposer la paix, et la justice, et le droit, sous prétexte qu'il faut d'abord un cessez-le-feu et l'accord de toutes les parties intéressées ? Faut-il attendre que le dernier Rambo local ait tiré son dernier chargeur d'AK 47 pour intervenir au nom de la loi ? Quelle est la loi ?

Si nous avons des principes, allons-nous nous décider à les faire respecter, à les appliquer, avec toutes les précautions nécessaires même si cela veut dire aussi par la force ? Oui ou non ?

Jean François Deniau.

Page 446

LE PRÉSIDENT DE LA RÉPUBLIQUE

Paris, le 26 mai 1995.

Monsieur le Ministre,

Cher Jean-François,

Je vous remercie vivement de votre note du 17 mai, par laquelle vous avez bien voulu me faire part de votre appréciation de la situation à Sarajevo.

Comme vous le soulignez, la dégradation constatée jour après jour sur le terrain a placé progressivement la FORPRONU dans une situation intenable, qui appelle des initiatives urgentes tant au niveau diplomatique que sur le plan militaire.

J'ai demandé au Gouvernement de me soumettre très rapidement des propositions en ce sens, dont il conviendra de saisir sans tarder nos principaux partenaires.

Je vous prie d'agréer, Monsieur le Ministre, l'expression de mes sentiments les meilleurs.

Bien amicalement,

Chirac

Jacques CHIRAC

Monsieur Jean-François DENIAU
Ancien Ministre
Député du Cher
Président du Conseil Général
Assemblée Nationale

Table

Cet ouvrage a été composé par
Nord Compo (Villeneuve-d'Ascq)
et imprimé par **Bussière Camedan Imprimeries**
à Saint-Amand-Montrond (Cher),

Achevé d'imprimer le 18 novembre 1997.

Édition exclusivement réservée
aux adhérents du Club
Le Grand Livre du Mois
15 rue des Sablons
75116 Paris

ISBN 2-7028-0630-9

N° d'Imp. : 1/3166.
Dépôt légal : septembre 1997.

Imprimé en France

